Alles was Recht ist

Zur Geschichte des Gerichtswesens in Münster

Herausgeber:
Landgericht Münster,
Nordrhein-Westfälisches Staatsarchiv Münster,
Stadtarchiv Münster

Verlag Regensberg

Redaktion: Dietmar Klenke
Rainer Pöppinghege

ISBN 3-7923-0650-6

Herausgeber: Landgericht Münster, Nordrhein-Westfälisches Staatsarchiv Münster und Stadtarchiv Münster
Autoren: Dietmar Klenke, Elisabeth Kloosterhuis, Dirk Manthey, Katja Mitze, Frauke Plate, Rainer Pöppinghege, Doris Tepe-Krienitz
Gestaltung: Thomas Hesselmann, Christoph Klümpel, Katrin Liebert
Gesamtherstellung: Regensberg, Münster

Inhalt

Seite

Grußworte 4
Vorwort der Herausgeber 6
Einführung 7

1 Sächsisches Stammesrecht (Doris Tepe-Krienitz) 11
2 Rechtsprechung im Mittelalter (Rainer Pöppinghege) 17
3 Das Täuferreich (Katja Mitze/Rainer Pöppinghege) 29
4 Das Erwachen des neuzeitlichen Staates (Elisabeth Kloosterhuis) 39
5 Hexen- und Zaubereiprozesse (Frauke Plate) 51
6 Die Durchsetzung des fürstbischöflichen Absolutismus (Dietmar Klenke) 61
7 Reformansätze im Zeitalter der Aufklärung (Dirk Manthey) 71
8 Münster unter Napoleon (Rainer Pöppinghege) 87
9 Die Inbesitznahme durch Preußen 1814/15 (Dietmar Klenke/Rainer Pöppinghege) . 101
10 Die Revolution von 1848 (Dietmar Klenke) 109
11 Der Kulturkampf (Dietmar Klenke) 127
12 Das Gerichtsverfassungsgesetz von 1877 (Dietmar Klenke) 140
13 Der Herrschaftscharakter der Justiz im Kaiserreich (Dietmar Klenke) 145
14 Die Justiz als Schwachstelle der Weimarer Demokratie (Dietmar Klenke) 153
15 Der Nationalsozialismus (Rainer Pöppinghege) 163
16 Die Entnazifizierung des Landgerichts Münster (Dietmar Klenke) 179
17 Die Sexualmoral und der Constanze-Prozeß (Dietmar Klenke) 191
18 Die Blomert-Weigand-Affäre (Rainer Pöppinghege) 199
19 Der Krüger-Prozeß (Dietmar Klenke) 207
20 Münster als Gerichtsstadt (Dietmar Klenke/Rainer Pöppinghege) 211
Bildanhang 218

Grußwort des Justizministers des Landes Nordrhein-Westfalen

Münster feiert sein 1200jähriges Stadtjubiläum. Aus diesem Anlaß haben das Landgericht, das Nordrhein-Westfälische Staatsarchiv und das Stadtarchiv eine Ausstellung zur Geschichte des Gerichtswesens in dieser Zeit zusammengetragen. Vom Sachsenreich bis in das Mittelalter, von der Zeit des Absolutismus bis zur Aufklärung, während der Herrschaft der Preußen, in der Weimarer Republik, im Dritten Reich und in der Nachkriegszeit – stets waren Geschichte und Recht von großer Bedeutung für die Menschen der Stadt und der gesamten Region.

Der Rückblick über die Jahrhunderte, der mit dieser Ausstellung unternommen wird, vermittelt uns Einsichten in die Quellen, aus denen unser heutiges Rechtswesen erwachsen ist. Er lehrt uns, daß unser freiheitlicher Rechtsstaat keine Selbstverständlichkeit ist. Er lebt nicht ohne unsere ständige Anstrengung, seine Grundlagen zu bewahren und bewußt zu machen. Denn obwohl unsere Rechtsordnung ständig verfeinert und präzisiert wird, bedeutet dies nicht, daß die Gerechtigkeit in gleichem Maße wächst. Aber es ist eine einfache Wahrheit: Das Recht muß für Änderungen stets offen sein, wenn es gerechter werden will.

Der Westfälische Frieden von 1648 war sicherlich das bedeutendste weltgeschichtliche Ereignis, das sich in den Mauern der Stadt Münster abgespielt hat. „Pax optima rerum – Der Frieden ist das Maß aller Dinge." Dieser Satz, der auf bildlichen Darstellungen aus der damaligen Zeit zu finden ist, gilt zu allen Zeiten für das Miteinander der Menschen. Am Ende jedes Rechtsstreits soll der gerechte Ausgleich und damit für die Zukunft der Rechtsfrieden stehen. Dies jedenfalls ist das Ziel, dem die Justiz gerade auch hier in Münster verpflichtet ist.

Mein Dank gilt den Initiatoren der Ausstellung „Alles was Recht ist", die mit der Verwirklichung dieses Projektes einen wertvollen Beitrag zum 1200jährigen Jubiläum der Stadt Münster geleistet haben. Ich bin sicher, daß die Ausstellung viele Besucher und der Katalog aufmerksame Leser finden wird.

(Dr. Rolf Krumsiek)

Grußwort des Oberbürgermeisters der Stadt Münster

„Zukunft hat Geschichte" unter dieses Motto hat die Stadt Münster ihr 1200jähriges Jubiläum gestellt. Gemeinsam mit den Bürgerinnen und Bürgern aber auch allen Einrichtungen und Institutionen, die in ihrer Gesamtheit und Vielzahl das Alltags- und Arbeitsleben Münsters bestimmen, soll das Jubiläum genutzt werden, um nach den historischen, wirtschaftlichen, kulturellen und geistigen Wurzeln der Stadt zu fragen. Die Stadtgeschichte mit ihren regionalen und überregionalen Höhepunkten, mit ihren zahlreichen bis heute lebendigen Traditionen und in die Zukunft führenden Entwicklungslinien soll in den Blick gerückt werden. So werden Anknüpfungspunkte für Zukunftsperspektiven gewonnen.

Die Beziehung zwischen der Entwicklung des Gerichtswesens und den herrschenden politischen Verhältnissen, ihre Zuordnung zum – auch jeweils in Münster spürbaren – ‚Zeitgeist' hat nicht nur die Bedeutung des Gerichtsorts Münster in seinen regionalen Bezügen geprägt, sondern auch das Lebensgefühl der Bürgerschaft durch die große Zahl der im Justizwesen beschäftigten und mit der Jurisdiktion befaßten Menschen beeinflußt.

Die Ausstellung und der Katalog „Alles was Recht ist" zeigen in ihrer wissenschaftlichen Aufarbeitung der verschiedenen Epochen des Gerichtswesens und exemplarischer Prozesse in Münster eine wichtige Entwicklungslinie unserer Stadt auf. Sie machen deutlich, daß das Recht in unserem demokratischen Staat ein besonders sensibles und schützenswertes Gut ist.

Mit „Alles was Recht ist" wird der Stadt und der Justiz ein Spiegel vorgehalten, der auch die dunkle Seite zeigt: Die Verführbarkeit durch Macht und politische Herrschaftswünsche für die eine und die andere Seite bis in die heutigen Tage hinein. „Alles was Recht ist" ist damit ein Jubiläumsgeschenk, das uns, wenn es richtig genutzt wird, bei der Entwicklung unserer Zukunftsperspektiven voranbringt.

Für die gemeinsame Arbeit von Landgericht, Staatsarchiv und Stadtarchiv, die diesen historischen Baustein für unser Jubiläum ermöglicht hat, bedanke ich mich mit Respekt vor der wissenschaftlichen Leistung.

(Dr. Jörg Twenhöven)

Vorwort

„Audiatur et altera pars" – „Diligite justitiam, qui judicatis terram". Diese und andere Inschriften im Friedenssaal des Rathauses zu Münster beschäftigen sich mit dem Recht und der Gerechtigkeit. Das Recht und die Rechtsprechung haben in der wechselvollen Geschichte der Stadt Münster, die im Jahre 1993 auf eine 1200jährige Geschichte zurückblicken kann, stets eine bedeutende Rolle gespielt. Noch heute ist die Stadt Münster in besonderem Maße vom Recht geprägt. Sie ist Sitz des Verfassungsgerichtshofs für das Land Nordrhein-Westfalen, also des höchsten Gerichts dieses Bundeslandes; alle Zweige der Rechtspflege sind mit dem Oberverwaltungsgericht, dem Finanzgericht, dem Landgericht, dem Amtsgericht, dem Arbeitsgericht, dem Sozialgericht und dem Verwaltungsgericht in Münster vertreten, so daß man diese Stadt mit guten Gründen auch als „Stadt des Rechts" bezeichnen kann. So lag es nahe, anläßlich des Stadtjubiläums in einer Ausstellung wichtige Stationen der Stadtgeschichte im Spiegel des Gerichtswesens lebendig werden zu lassen. Dabei wird die Rechtsprechung nicht isoliert dargestellt, sondern als bedeutsamer Bestandteil des politischen und sozialen Lebens. In 20 Abteilungen zeigt die Ausstellung ein anschauliches Bild von der Rechtsanwendung in Münster mit Themen von der Karolingerzeit bis in die Gegenwart, darunter so schicksalsträchtige Stationen wie Täuferreich, Absolutismus, Franzosenzeit, Kulturkampf und Nationalsozialismus. Die „Vergangenheitsbewältigung" im Justizbereich wird ebenso behandelt wie spektakuläre Prozesse in der Nachkriegszeit.

Die Ausstellung wird veranstaltet vom Landgericht, in dessen Eingangsbereich und Sitzungstrakt sie auch präsentiert wird, in Zusammenarbeit mit dem Nordrhein-Westfälischen Staatsarchiv Münster sowie dem Stadtarchiv Münster. Der vorliegende Katalog soll die Ausstellung näher erläutern, er stellt aber zugleich auch eine bleibende Dokumentation der Geschichte des Gerichtswesens in Münster dar.

Ausstellung und Katalog wurden erarbeitet von Privatdozent Dr. Dietmar Klenke und Rainer Pöppinghege M. A., denen für ihre sorgfältige und gründliche Arbeit bei der Zusammenstellung der Exponate und ihrer textlichen Erläuterung großer Dank gebührt. Unterstützt wurden sie durch eine studentische Arbeitsgruppe aus einem Seminar von Professor Jakobi im Wintersemester 1991/92 und im Sommersemester 1992, an dem auch Herr Dr. Behr und Herr Dr. Veddeler vom Staatsarchiv Münster mitwirkten. Der Arbeitsgruppe gehörten an: Elisabeth Kloosterhuis, Dirk Manthey, Katja Mitze, Frauke Plate und Doris Tepe-Krienitz. Gedankt werden muß auch Frau Katrin Liebert und den Herren Thomas Hesselmann und Christoph Klümpel, die als Designer für die äußere Gestaltung der Ausstellung und dieses Katalogs verantwortlich sind. Eine Arbeitsgruppe mit den Leitern und Mitarbeitern der drei die Ausstellung veranstaltenden Behörden, mit Vertretern des Münsteraner Anwaltsvereins und pensionierten Angehörigen des Landgerichts hat die zweijährige Vorbereitung der Ausstellung mit Rat und Tat begleitet. Viele Leihgaben, die zum Teil kostenlos überlassen wurden, tragen zur Bereicherung des Ausstellungsbildes bei, den Leihgebern sei dafür gedankt. Ohne eine großzügige Unterstützung durch das Land Nordrhein-Westfalen, insbesondere durch den Justizminister des Landes, und vor allem auch durch die Nordrhein-Westfalen-Stiftung für Naturschutz, Heimat- und Kulturpflege, sowie durch die Stadt Münster und die Vereinigung der Rechtsanwälte und Notare Münster e. V., wären diese umfangreiche Ausstellung und der Katalog gar nicht möglich gewesen. Dafür sei hier ebenfalls herzlich gedankt. Eine wertvolle Hilfe wurde auch durch die Unterstützung des Vereins für Geschichte und Altertumskunde Westfalens, Abteilung Münster, geleistet. Schließlich muß ganz besonders herzlich den beim Landgericht Münster ehrenamtlich tätigen Handelsrichtern gedankt werden, die persönlich oder über die von ihnen geführten Unternehmen die Herausgabe dieses Katalogs finanziell unterstützt haben.

Die Ausstellung wird im Jubiläumsjahr der Stadt Münster vom 22. Mai bis zum 30. Juli 1993 gezeigt. Sie soll aus Anlaß des Deutschen Juristentages in Münster vom 19. bis zum 23. September 1994 wiederholt werden.

Dr. Helmut Proppe
Präsident des Landgerichts Münster

Dr. Hans-Joachim Behr
Nordrhein-Westfälisches Staatsarchiv
Münster

Prof. Dr. Franz-Josef Jakobi
Stadtarchiv Münster

Einführung

„Alles was Recht ist", wurde in vergangenen Zeiten höchst unterschiedlich definiert. Was aber ist das Verbindende von 1200 Jahren Rechtsprechung und Gerichtsbarkeit?

Die Jurisdiktion war immer eingebettet in die jeweiligen gesellschaftlichen und politischen Verhältnisse einer Epoche. Sie regelte menschliches Miteinander und wurde zum wichtigen Element der Herrschaftsausübung und der Durchsetzung von Machtansprüchen. Ob unter Karl dem Großen oder in der Bundesrepublik, die Rechtsprechung diente der Stabilisierung politischer Autorität, indem sie den Grundlagen des gesellschaftlichen Systems angepaßt wurde. Die Geschichte der Justiz bzw. Jurisdiktion läßt sich daher nicht isoliert betrachten, sie ist Teil einer umfassenderen Ideen- und Sozialgeschichte. Den herrschaftlichen Charakter der Justiz mag zweierlei unterstreichen: Diejenigen Personen, die Recht sprachen, gehörten oft gesellschaftlichen Eliten an. Die Rechtsprechung spiegelte daher eher deren Blickwinkel, als daß sie getreues Abbild der sozialen Realitäten gewesen wäre. Zieht man in Erwägung, daß Frauen bis in die jüngste Vergangenheit der Weg in die Justiz (Richter und Staatsanwalt) versperrt blieb, werden beispielsweise Erfolge aufklärerischer Gleichheitsgrundsätze im Bereich der Jurisdiktion relativiert. Die durchgängige Fragestellung der Ausstellung ist demnach, wie sich das Verhältnis zwischen Rechtsprechung und politischer Herrschaft im Wandel der Zeiten gestaltete.

Auch in Münster spiegeln die Änderungen des Rechtswesens zumeist den Wandel der Herrschaftsstrukturen. Ungeachtet aller spezifischen Besonderheiten, die das münsterische Milieu über mehrere Jahrhunderte entwickelt und gepflegt hat, fanden epochale Veränderungen hier genauso ihren Niederschlag wie andernorts. Da die Ausstellung den Zeitraum von 1200 Jahren umfaßt, können nur die Hauptepochen schlaglichtartig beleuchtet werden. Diese stadtgeschichtlichen Epochen zeichnen sich durch eine höchst divergierende Quellenlage und einen ebenso unterschiedlichen Forschungsstand aus. Während einige Abteilungen bereits intensiv bearbeitete Gebiete um Aspekte der Jurisdiktion bereichern, wurde in anderen Abteilungen der Versuch unternommen, Neuland der münsterischen Rechtsgeschichte zu betreten.

Zu Beginn des Darstellungszeitraumes wandelte sich sächsisches Stammesrecht unter dem Druck der Sachsenkriege und der gewaltsamen Eingliederung in das Reich Karls des Großen. Zum bis dahin allein gültigen Gewohnheitsrecht gesellte sich das Recht der fränkischen Eroberer, zur Rechtsprechung des Volkes diejenige der karolingischen Grafen.

Im Hochmittelalter setzte ein neuartiger Trend ein: Gerichte waren zwar vorrangig für die Aufrechterhaltung der gottgegebenen Ordnung zuständig, doch dienten sie in ihrer weltlichen Funktion zusehends dazu, die Machtsphäre der Gerichtsherren auszubauen. Im Prozeß der Verdichtung dieser Sphären zu territorialer Macht bildeten die Gerichte das wichtigste Element, was zu dem für diese Epoche typischen Nebeneinander von konkurrierenden Gerichtsbarkeiten führte.

Das Täuferreich brachte die Abkehr von der herkömmlichen Art der Rechtsprechung, da die Täuferführer als Richter selbst das Urteil fällten. Jan van Leiden nutzte die Vollstreckungsgewalt zur Disziplinierung und Abschreckung der münsterischen Gemeinde und baute seine Position zur absoluten Herrschaft aus, indem er die alte städtische Gerichtsverfassung außer Kraft setzte und sich selbst zum obersten Richter ernannte. Die Gerichtsgewalt wurde somit zu einem der wichtigsten Bestandteile der Alleinherrschaft.

Unter der Regierung des Fürstbischofs Johann v. Hoya (1566–74) erlebte Münster eine umfassende Erneuerung des Justizwesens. Angelehnt an die Reichsreform (1495–1555) wurden spätmittelalterliche Rechtsunsicherheit und regionale Gerichtsvielfalt zunehmend beseitigt. Das Gerichtswesen überschritt die Schwelle zur Neuzeit.

Im Zeitalter der Hexenjagd entwikkelte die Stadt sich nicht zum Schauplatz massenhafter Hexenverfolgungen. Der Rat teilte zwar die Zaubereivorstellungen der Bevölkerung, glaubte aber nicht an die Existenz eines ausgedehnten Hexenwesens in Münster und richtete sich in den Zaubereiprozessen nach den geltenden Bestimmungen. Zauberei wurde nicht häufiger verhandelt als andere Delikte.

Eine Zäsur in der Geschichte der städtischen Gerichtsbarkeit setzte die militärische Unterwerfung Münsters durch Fürstbischof von Galen im Jahre 1661. Damit endete eine lange Periode von Machtkämpfen zwischen Landesherrn und städtischer Obrigkeit um die Gerichtshoheit. Seither wurde die städtische Rechtsprechung durch den landesherrlichen Stadtrichter integraler Bestandteil der territorialstaatlichen Herrschaftsausübung.

Der Wunsch nach rationellerer Verwaltung, die offensichtlichen Mißstände der Gerichtsverfassung sowie die Aufgeschlossenheit gegenüber naturrechtlichen Ideen der Aufklärung lieferten der Administration des Fürstbistums im 18. Jahrhundert den Anlaß für – allerdings nur halbherzige – Reformen. Den Reformkräften lag es jedoch fern, die ständisch verfaßte Gesellschaft anzutasten, obwohl insbesondere die althergebrachten Privilegien einem effektiv arbeitenden Gerichtswesen im Wege standen.

Die Napoleonische Zeit markiert den Übergang vom spätabsolutistischen Staat zur modernen bürgerlichen Gesellschaft. Die freiheitlichen Errungenschaften der französischen Revolution hielten ebenso Einzug wie die preußischen Reformen. Wegen der nur kurzen Dauer der neuen Herrschaften konnte die Justizreform nicht wirksam werden.

Trotzdem weckten die Ideen von Freiheit und Gleichheit auch unter den Münsteranern das Bedürfnis, sich der feudalen Relikte im Justizwesen zu entledigen. Als die Preußen zum zweiten Mal die Macht in der Stadt übernahmen, äußerten die Münsteraner entsprechende Wünsche. In dieser Zeit wurde das Fundament für eine der bürgerlichen Gesellschaft entsprechende Justizorganisation gelegt. Zunächst jedoch erfaßte auch das münsterische Gerichtswesen der Sog der monarchisch-adligen Restauration. Die Trennung von Justiz und Verwaltung blieb unvollendet, und die überkommene Ständeordnung wurde nur unvollkommen von der modernen, auf formeller Rechtsgleichheit beruhenden Staatsbürger-Gesellschaft abgelöst.

Die bürgerliche Revolution von 1848 brachte die Gerichtsverfassung auf dem Wege zur liberalen Rechtsstaatlichkeit ein entscheidendes Stück voran. Erstmals konnte die Unabhängigkeit der Richter sichergestellt werden, die Öffentlichkeit der Verfahren sorgte für mehr Transparenz und die Institutionen des öffentlichen Anklägers (Staatsanwaltschaft) und des Laienrichters (Geschworene) wurden aus der Taufe gehoben. Nach dem Scheitern der revolutionären Bewegung entzog die erstarkende Reaktion den Laienrichtern die politische Strafgerichtsbarkeit.

Als unmittelbar nach der Reichsgründung der Kulturkampf ausbrach, hatte dies auch Konsequenzen für das Gerichtswesen. Die päpstliche Disziplinargewalt über die Katholiken versuchte der preußische Staat durch ein nationalstaatliches Gerichtsverfahren zu ersetzen und dadurch die katholische Kirche in eine Nationalkirche zu transformieren. Bischof und Klerus, die sich dem kulturpolitischen Machtanspruch des Nationalstaates nicht unterwarfen, bekamen in mehreren Gerichtsprozessen den Durchsetzungswillen des preußischen Staates zu spüren, beugten sich aber nicht. In den 1880er Jahren kam es zur Rehabilitierung des im Exil weilenden Bischofs.

In den Jahren 1877–79 nahm mit dem Gerichtsverfassungsgesetz die bis auf den heutigen Tag bestehende Gerichtsorganisation Gestalt an. Den Anstoß gab das Bemühen, das Gerichtswesen reichsweit zu vereinheitlichen. Für die Geltungsbedürfnisse der Stadt Münster als Oberzentrum bedeutete die Reform der Gerichtsgeographie insofern einen Rückschlag, als die Stadt Hamm den Zuschlag für das neu einzurichtende Oberlandesgericht erhielt.

Auch wenn im Deutschen Kaiserreich die Unabhängigkeit der Rechtsprechung in der Gerichtsverfassung festgeschrieben war, fügte sich die Justiz doch in die obrigkeitsstaatliche Privilegienordnung nahtlos ein. Sie beteiligte sich am offiziösen reichsnationalistischen Militär- und Uniformkult ebensosehr wie an der Ausgrenzung der sozialdemokratischen Systemopposition.

Nach dem verlorenen I. Weltkrieg mochte sich die Richterschaft genausowenig wie die überwiegende Mehrheit des Bürgertums mit der aus der Novemberrevolution hervorgegangenen Weimarer Republik anfreunden. Der moralische Bruch mit dem Wilhelminischen Reich wurde in Verkennung der Kriegsursachen nicht vollzogen, die mißlichen Nachkriegsumstände den Trägern der republikanischen Staatsform angelastet. Letztere, an erster Stelle Sozialdemokraten und Liberale, wichen der Herausforderung aus, die wilhelminisch geprägte Justiz personell an die Funktionserfordernisse des neuen Staatswesens anzupassen. Seinen Niederschlag fand dies darin, daß die Richter bei der Aburteilung von linken Straftätern ungleich schärfere Maßstäbe anlegten als bei der Ahndung nationalistisch motivierter Straftaten. Auch die münsterische Justiz erwies sich – in abgeschwächter Form – als rechtslastig; allerdings näherte sie sich in den späten zwanziger Jahren an vernunftrepublikanische Haltungen an, d.h. sie stellte sich aus rechtsstaatlich-pragmatischen Gründen auf den Boden der Verfassung.

Die Nationalsozialisten erkannten die Bedeutung der Justiz als Instrument zur Bekämpfung der politischen Opposition und zur Disziplinierung der Bevölkerung. Die Rechtsprechung funktionierte in ihrem Sinne und bewährte sich als systemstabilisierender Faktor. Münsters Justiz unterschied sich nur graduell von derjenigen in anderen Städten. Man hatte auch hier wenig Skrupel, der Diktatur „Beihilfe“ zu leisten, solange die berufliche Karriere erfolgversprechend verlief. Das Verhalten reichte von widerwilligem Mitmachen bis zu übereifriger Anbiederung, in jedem Fall verhielt man sich loyal gegenüber der staatlichen Obrigkeit. Mochten sich viele Juristen auch nicht als Nationalsozialisten verstehen, so versuchten sie doch – aus beruflichen oder weltanschaulichen Gründen – sich mit dem Regime zu arrangieren.

Zweifel sind angebracht, ob die Entnazifizierung des Landgerichts in den Jahren nach 1945 diesen Namen verdient. Zwar stellten die britischen Militärbehörden einige politisch belastete Richter nicht wieder ein, aber je mehr die politische Überprüfung in die Zuständigkeit der mit Deutschen besetzten Entnazifizierungsausschüsse überging, um so weniger streng wurde das politische Vorleben beurteilt. So kam es, daß von den nominellen und politisch aktiven NS-Parteigängern, die zusammengenommen 80% des Landrichterkollegiums stellten, nur ein einziger mit spürbaren Nachteilen zu rechnen hatte: Bei der Bemessung der Altersversorgungsbezüge wurde sein politisch bedingter Karrieresprung während der NS-Zeit nicht berücksichtigt.

In den ersten Jahrzehnten der Bundesrepublik fand eine Reihe spektakulärer Prozesse vor dem Landgericht Münster statt. Eine Auswahl von drei Prozessen dokumentiert die Ausstellung. Jeder der Prozesse repräsentiert auf seine Weise ein gutes Stück Zeitgeist. Der ‚Constanze‘-Prozeß, in dem die Hamburger Frauenillustrierte gegen den Bischof von Münster eine Verleumdungsklage anstrengte, spiegelt die Konfrontation von traditionell katholischer Sittlichkeitsauffassung und aufkeimenden freizügigen Haltungen in Fragen der Sexualmoral auf eine für die Nachkriegszeit typische Weise. Das Landgericht machte in diesem Prozeß aus dem Ankläger, dem Constanze-Verlag, unterschwellig den Angeklagten. Sexuelle Freizügigkeit, nicht die Angriffe des Bischofs, betrachteten die Richter als Problem.

Im Weigand-Prozeß ging es um das Verhalten der Justiz gegenüber „querulatorischem“ Verhalten im modernen Rechtsstaat, dessen erklärtes Ziel es nach den Erfahrungen mit der nationalsozialistischen Diktatur war, die Position des Einzelnen gegenüber den staatlichen Behörden zu stärken. Wie aber ging man mit jemandem um, der exzessiv auf seine Rechte pochte und teilweise auch darüberhinausging? Günter Weigand konnte sich der Sympathie vieler sicher sein, denen wegen der mangelnden Transparenz anonymer Institutionen immer schon unbehaglich zumute gewesen war.

Im Krüger-Prozeß, dem dritten Beispiel, ging es um ein trauriges Kapitel deutscher Vergangenheitsbewältigung, um die Massenvernichtung der europäischen Juden. Er geriet im unruhigen Jahr 1968 zwischen die Fronten des Generationenkonfliktes: hier die Frontgeneration des II. Weltkriegs, die den Mantel des Vergessens über das Geschehene ausbreiten wollte, dort die rebellierende studentische Jugend, die all die ungesühnten Verbrechen ans Tageslicht befördern wollte. Das Landgericht Münster schlug sich auf die Seite derjenigen, die bei NS-Verbrechen keine mildernden Umstände im Sinne eines Befehlsnotstandes anerkennen wollten.

In der Hoffnung, aus den Fehlern der Vergangenheit gelernt zu haben, machte man sich nach 1945 daran, in der Bundesrepublik ein „demokratisiertes“ Rechtswesen zu schaffen. Entscheidungen der Gerichte sollten angreifbar sein, der Einzelne seine individuellen Rechte auch gegenüber staatlichen Behörden wahrnehmen können. Nach drei Jahrzehnten wurde diese Möglichkeit von den Bürgern verstärkt in Anspruch genommen, was u.a. dazu führte, daß im Zuge eines gestiegenen individuellen Selbstbewußtseins eine Flut von Prozessen bei den verschiedenen Gerichten einsetzte.

Die Autoren

1

Sächsisches Stammesrecht

Nachdem er [Karl der Große] den Kaisertitel angenommen hatte, widmete er seine Aufmerksamkeit den Gesetzen des Volkes. Er ließ alle ungeschriebenen Gesetze der von ihm beherrschten Stämme sammeln und schriftlich aufzeichnen.

(Einhard, Das Leben Karls des Großen)

Vor 1200 Jahren ... in Münster

Vor 1200 Jahren befanden sich Sachsen und Franken im Krieg miteinander. Der fränkische Herrscher *Karl der Große* wollte die heidnischen Sachsen unterwerfen und missionieren.

Die ersten sächsischen Bistümer waren bereits gegründet, als im Jahre 793 der friesische Missionar *Liudger* auf dem Horsteberg an der Aa ein monasterium (Kloster) errichtete. Am 30. März 805 wurde Liudger hier zum Bischof geweiht. Damit begann die Geschichte von Mimigernaford, dem späteren *Münster.*

1.1 Darstellung der Bischofsweihe Liudgers

Die Abbildung stammt aus einer illustrierten Lebensbeschreibung Liudgers aus der zweiten Hälfte des 11. Jahrhunderts. Sie zeigt Liudger zwischen zwei Klerikern, die ihn anläßlich seiner Bischofsweihe segnen (links) und salben (rechts).
(Bildarchiv Marburg)

1.2 Christianisierung und Siedlungsgründungen in Sachsen

(Stadtmuseum Münster)

Sachsen vor der fränkischen Eroberung

Wie gelangten die alten Sachsen zu ihrem Recht?

Sächsisches Stammesrecht war nicht durch Rechtsetzung oder Gesetzgebung entstanden, es war vielmehr *Gewohnheitsrecht. Ungeschriebenes* Gewohnheitsrecht.

Der Rechtsgang war bestimmt vom *Verhandlungsprinzip.* Dabei hingen Einleitung und Fortgang eines Gerichtsverfahrens allein vom Willen der Betroffenen ab. Selbsthilfe (Fehde) war die Alternative.

Die *Beweisaufnahme* war in der Regel außergerichtlich. Die formale Richtigkeit der Beweisleistung konnte der Gegner selbst prüfen, so daß seine Anwesenheit genügte. Als übliches Beweismittel galt der Eid: Der Beklagte konnte sich durch Eid vom Klagevorwurf frei schwören, sofern keine Zeugen für die Tat vorhanden waren. Dies geschah entweder als Eineid oder mit einer bestimmten Anzahl von Eideshelfern. Dem Kläger blieb die Möglichkeit, seinen Kontrahenten zum Zweikampf aufzufordern (Gottesurteil).

Die *Rechtsprechung* erfolgte in regelmäßig stattfindenden Gerichtsversammlungen, dem „echten Ding". Hierzu versammelte sich die *Gerichtsgemeinde* unter dem Vorsitz eines Richters an einem festgelegten Ort zu einer festgelegten Zeit. Jeder Freie war zur Teilnahme verpflichtet. Das *Urteil* kam auf Vorschlag der anwesenden Gerichtsgemeinde, des Umstandes, zustande. Mit Ausnahme der Todesstrafe übte das Gericht keinen Zwang zur Vollstreckung eines Urteils aus.

Über außerordentliche Rechtsfälle wurde offenbar nur einmal jährlich zu Gericht gesessen. Hierzu trafen sich Delegierte aller Sachsen an einer zentralen Gerichts- und Versammlungsstätte an der Weser.

Sachsenkrieg! Frankenrecht?

Die Eingliederung ins Frankenreich bescherte den Sachsen 782 die fränkische Grafschaftsverfassung – und eine gräfliche Gerichtsbarkeit: „. . .jeder Graf halte in seinem Amtsbereich Zusammenkünfte und Gerichtstage ab. . ." (*Capitulatio de partibus Saxoniae, c. 34*). Die gleichzeitige Einschränkung des Fehderechts sollte die Funktion des Gerichts stärken. Der Tätigkeit der Gerichtsgemeinde blieb jedoch trotz dieser Veränderungen bestehen.

Mit der Eroberung Sachsens durch die Franken hatte auch die Rechtsüberzeugung des Volkes aufgehört, alleinige Rechtsquelle zu sein: Stammesrecht und königliche Verordnungen (Kapitularien) existierten nun nebeneinander.

Aus der Zeit der Sachsenkriege (772–804) sind drei Rechtsaufzeichnungen für Sachsen überliefert:
- Capitulatio de partibus Saxoniae
- Capitulare Saxonicum
- Lex Saxonum

Beide Kapitularien enthalten rigide Bestimmungen zur Durchsetzung des Christentums in Sachsen. Ziel ist die Eingliederung ins Fränkische Reich. Dieses Ziel war weitgehend erreicht, als 802 auf Veranlassung Karls des Großen die *Lex Saxonum* entstand. An ihrer Aufzeichnung waren Rechtskundige aus ganz Sachsen beteiligt. Erstmals lag damit sächsisches Stammesrecht in schriftlicher Form vor.

Das Reich Karls des Großen besaß noch kein einheitliches Recht. Vielmehr war es zersplittert in eine Vielzahl von Stammesrechten. Im sächsischen Mün-

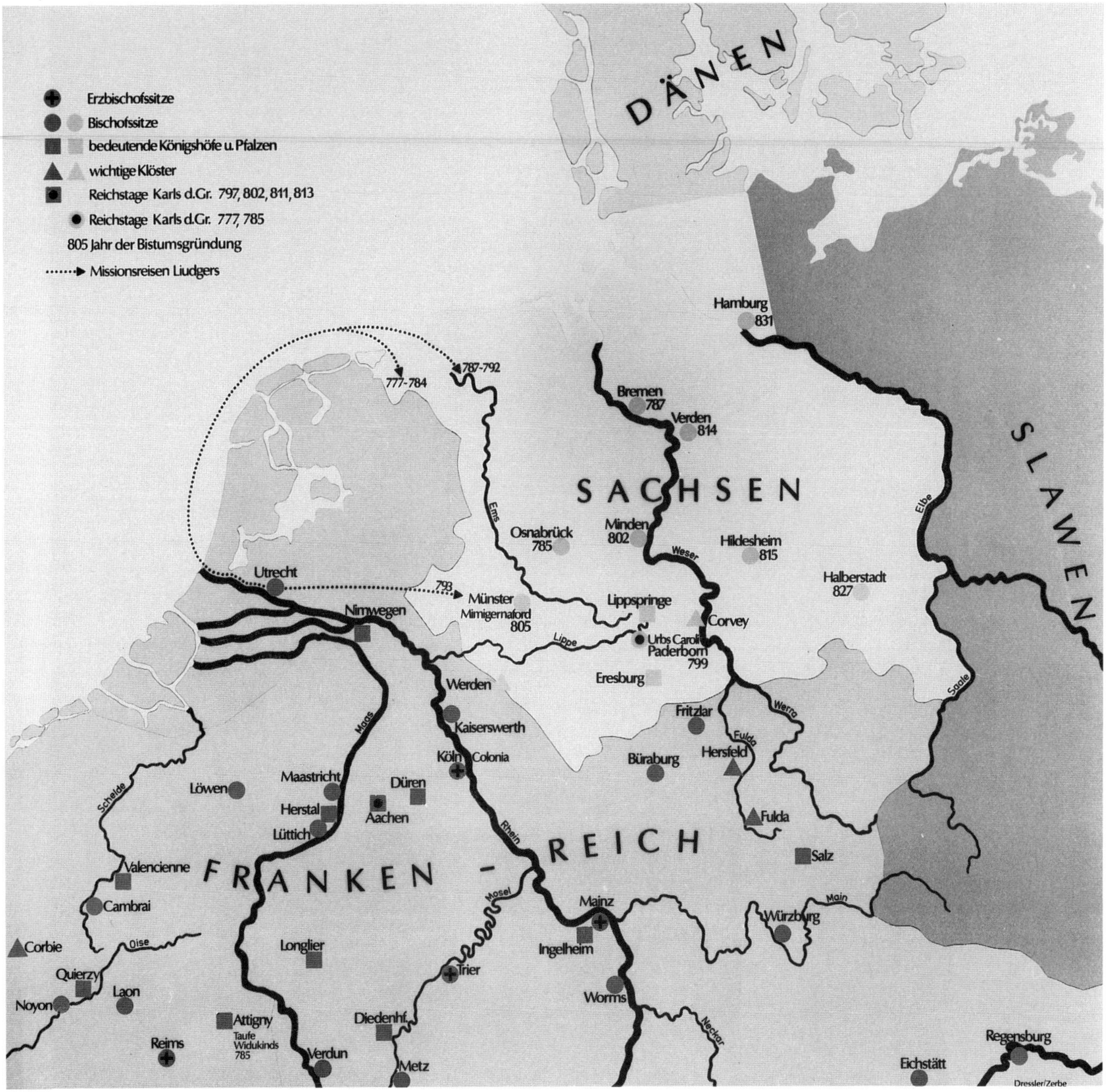

1.2 Christianisierung und Siedlungsgründungen in Sachsen

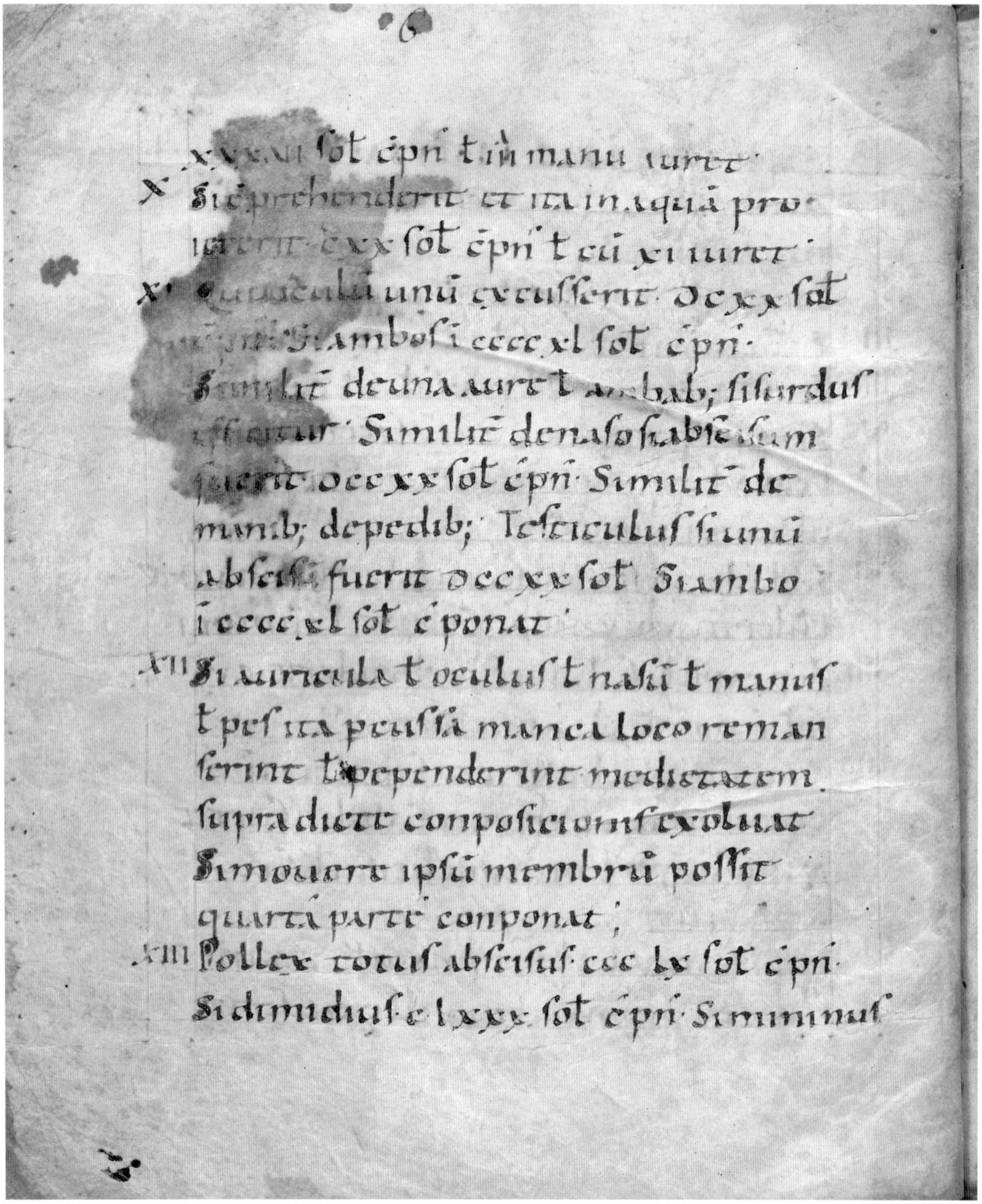
xxxxi sol cpn t in manu iuret.
X Si eprehenderit et ita in aquā pro-
iecerit cxx sol cpn t cū xi iuret.
XI Qui oculū unū excusserit dcxx sol
Si ambos i cccc xl sol cpn.
Similit de una aure t ambab; si surdus
efficitur. Similit de naso si abscisum
fuerit dcc xx sol cpn. Similit de
manib; de pedib; Testiculus si unū
abscisus fuerit dcc xx sol Si ambo
i cccc xl sol c ponat.
XII Si auricula t oculus t nasū t manus
t pes ita percussa manca loco reman
serint t dependerint medietatem
supra dicte conpositionis exoluat
Si mouere ipsū membrū possit
quartā parte conponat;
XIII Pollex totus abscisus ccc lx sol cpn.
Si dimidius e l xxx sol cpn. Si minimus

1.3 Ahndung von Missetaten

ster galt wie überall in Sachsen nun die *Lex Saxonum*. Im Unterschied zum altsächsischen Stammesrecht enthielt sie auch Bestimmungen zum Schutz von Kirche und Reich.

Heute ist die Lex Saxonum nur noch in zwei Handschriften aus dem 9. und 10. Jahrhundert sowie in zwei Drucken des 16. Jahrhunderts erhalten. Davon besitzt das Staatsarchiv Münster mit der *Corveyer Handschrift* eine Textfassung aus dem 10. Jahrhundert.

1.3 **Ahndung von Missetaten**

Die *Lex Saxonum* kennt zwei Arten der Bestrafung: *Sühnegeld* und *Todesstrafe*.

Das Sühnegeld soll den angerichteten Schaden ersetzen. Eine rasche und friedliche Aussöhnung mit dem Täter ist das Ziel. Es ist daher abgestuft nach dem Wert der gestohlenen Sache oder der Schwere der zugefügten Wunde. Die *Lex Saxonum* rechnet vor:

„Wer ein Auge herausschlägt, büße 720 Solidi [2 Solidi waren der Gegenwert für ein ausgewachsenes Rind]. Wenn beide [Augen], büße er 1440 Solidi. In gleicher Weise für ein Ohr oder beide, wenn er taub gemacht wird. In gleicher Weise büße er für die Nase, wenn sie abgeschnitten wird, 720 Solidi. In gleicher Weise für Hände...“ (c. 11)

Eine Variante des Sühnegeldes ist das sogenannte Wer- oder Manngeld:

„Wer einen Adligen tötet, büße 1440 Solidi.“ (c. 14)

„Die Tötung eines Halbfreien werde mit 120 Solidi gebüßt...“ (c. 16) Die Beispiele zeigen, daß die Sachsen verschiedene soziale Klassen kennen. Ausschlaggebend für die Höhe des Wergeldes ist der soziale Status des Getöteten. Nur ausnahmsweise wird zwischen Vorsatz und Absichtslosigkeit unterschieden. Ausschlaggebend für die Todesstrafe dagegen ist häufig „niedere Gesinnung“ und Heimlichkeit:

„Wer in der Kirche einen Mann tötet oder etwas stiehlt oder sie aufbricht oder wissentlich falsch schwört, werde mit dem Tode bestraft. [...] Wer ein vierjähriges Rind, das 2 Solidi wert ist, bei Nacht dieblich wegnimmt, werde mit dem Tode bestraft.“ (c. 21, 34)

Die insgesamt 66 Kapitel der *Lex Saxonum* enthalten neben Straf- und Bußenrecht auch familien- und sachenrechtliche Regelungen. Einen Anspruch auf Vollständigkeit erheben sie nicht. Sie sind vielmehr eingebettet in eine ungeschriebene Rechtsordnung.

Literatur:

Einhard, Vita Karoli Magni, hg. von O. Holder-Egger (MGH SSrG) 61911; dt. Übersetzung: R. Rau, Quellen zur karolingischen Reichsgeschichte 1 (Frhr.-v.-Stein-Ausgabe, 5, 1968, S. 163 ff).

Cl. Frhr. v. Schwerin, Grundzüge der deutschen Rechtsgeschichte, 4. Aufl. bes. v. H. Thieme, Berlin u. München 1950.

G. Theuerkauf, Lex, Speculum, Compendium Iuris. Rechtsaufzeichnung und Rechtsbewußtsein in Norddeutschland vom 8. bis 16. Jahrhundert, Köln 1968.

2

Rechtsprechung im Mittelalter

Oick doet ene de richter dat lyff hyer steruen, up dat des zeile ewelicke leue, want ouer wat sake dat wertelicke recht und richter richtet, ume der soluen daeth und sake ene richtet daer nae god nicht. [Der Richter nimmt einem das Leben, auf daß dessen Seele ewig lebe, da Gott danach nicht über dieselbe Tat richtet, über die weltliches Recht und Richter gerichtet haben.]

(Münsterische Sammelhandschrift v. 1371)

Religiöses Weltbild und mittelalterliches Recht

Das religiös geprägte Weltbild des Mittelalters kannte keinen Unterschied zwischen profanen und sakralen Dingen. Das Diesseits war Vorstufe für das Leben nach dem Tod, die göttliche Ordnung bestimmte Standeszugehörigkeit und Rechtsstatus der Menschen. Als Inhaber geistlicher und weltlicher Gewalt verlieh Gott den Gerichtsherren die Gerichte durch den Kaiser zu Lehen. Die Richter fungierten als Stellvertreter Gottes auf Erden, sie hatten für die Aufrechterhaltung der christlichen Ordnung (Ordo christianus) zu sorgen. Verbrechen wurden als Verstoß gegen diese Ordnung angesehen und entsprechend hart bestraft.

Lange Zeit verzichtete man auf die schriftliche Fixierung von Rechtsgrundsätzen. Mittelalterliches Recht war Gewohnheitsrecht und wurde überwiegend mündlich tradiert. Selbst die ersten Rechtssammlungen waren unsystematisch und wenig abstrakt. Da man Gott als obersten Richter und das Gewohnheitsrecht als unmittelbar gottgegeben ansah, hielt man an der Überlieferung fest. Rechtssetzung durch den Menschen galt als Ketzerei.

Für den mittelalterlichen Menschen stand außer Frage, daß Gott aktiv am Geschehen im Diesseits teilnahm. Er erwartete, daß Gott in gerichtliche Zweikämpfe eingriff oder einem Angeklagten, der ein Gottesurteil zu bestehen hatte, im Falle seiner Unschuld beistand.

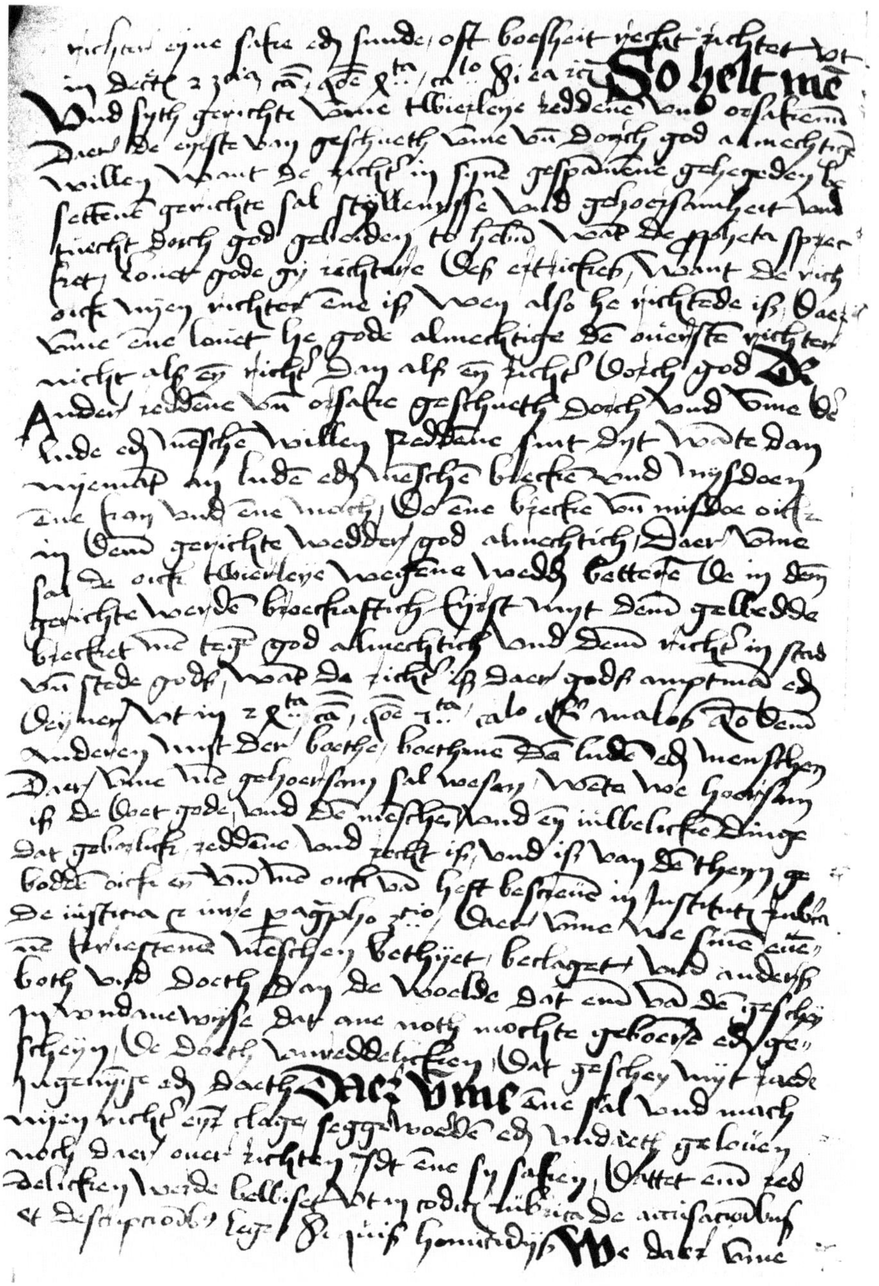

2.2 Der Zweck der Rechtsprechung

2.1 Die Zweischwerterlehre, Sachsenspiegel 2. Hälfte des 14. Jahrhunderts

Die Darstellung zeigt, wie Gott dem Papst die geistliche und dem Kaiser die weltliche Macht – jeweils symbolisiert durch das Schwert – verleiht. Dem Kaiser fällt somit auch die Verantwortlichkeit für die Rechtsprechung zu.

Der Sachsenspiegel (1224–35) Eike von Repgows gilt als das einflußreichste Rechtsbuch des Mittelalters. Sein Verfasser versuchte, das geltende sächsische Gewohnheitsrecht zusammenzufassen. In zahlreichen Übersetzungen und Abschriften diente der Sachsenspiegel als Vorlage für weitere Rechtsbücher und dehnte seinen Geltungsbereich weit über Deutschland bis nach Osteuropa hin aus. Die Wolfenbütteler Bilderhandschrift ist eines von vier noch existierenden illustrierten Exemplaren.
(Herzog August Bibliothek Wolfenbüttel Cod. Guelf. 3. 1 Aug. 20)

2.2 Der Zweck der Rechtsprechung, Münsterische Sammelhandschrift von 1371

Bei der hier aufgefundenen Quelle handelt es sich um eine Abschrift vom Beginn des 16. Jahrhunderts, die vermutlich der damalige Stadtrichter Sander Kleyhorst für seinen Amtsgebrauch anfertigen ließ. Auf 52 Folioblättern sind diverse Rechtsbestimmungen aus der Zeit von 1351 bis 1519 zusammengetragen, wobei der zweite Teil vom Rat erlassene Statuten beinhaltet. Der umfangreichere, ebenfalls vom Rat der Stadt Münster im Jahre 1371 erlassene erste Teil, erläutert in enger Anlehnung an den Sachsenspiegel und an Römisches Recht die Regularien des Gerichtsverfahrens sowie straf- und erbrechtliche Bestimmungen. Auf fundierte theoretische Rechtskenntnisse des Verfassers lassen die am Schluß einer jeden Erläuterung zu findenden Verweise auf die benutzte Vorlage schließen. Die Handschrift geht auch auf Gründe ein, die nach mittelalterlichem Weltbild Rechtsprechung und Gericht erforderlich machen.

„So hält und sitzt man zu Gericht wegen zweierlei Gründen und Ursachen. Der erste davon geschieht wegen und durch Gott des Allmächtigen Willen, weil der Richter in seinem gehaltenen, gehegten, besetzten Gericht Stille und Gehorsam und Zucht durch Gott gebieten soll, da der Prophet spricht: Lobet Gott, Ihr Richter des Erdreiches. Weil der Kaiser auch kein Richter ist, außer wenn er richtet, darum vertraut er Gott dem Allmächtigen, dem obersten Richter nicht als ein Richter, sondern als ein Richter durch Gott.

Die zweite Ursache und Grund geschieht durch und wegen der Leute oder Menschen Willen. Die Gründe sind dies, weil sich niemand an Leuten oder Menschen vergehen und Unrecht begehen kann und mag, denn dann vergeht man sich und begeht auch Unrecht in dem Gericht wider Gott den Allmächtigen. Darum sollen die auch auf zweierlei Weise wiedergutmachen, die in dem Gericht straffällig werden. Mit dem Gewette büßt man zuerst gegen Gott den Allmächtigen und den Richter an Statt und Stelle Gottes, weil der Richter Gottes Amtmann oder Diener ist [...]. Zum zweiten büßt man mit der Buße den Leuten oder Menschen. Darum soll man gehorsam sein, weil der gehorsam ist, der Gutes tut und den Menschen und jedwelcher Sachen das gebührlicher Grund und Recht ist aufgrund der Zehn Gebote.“

(Stadtarchiv Münster, A I Nr. 2)

Das Fehdewesen

Bis zum 12. Jahrhundert war die Fehde das allgemein übliche Rechtsmittel zur Beilegung von Rechtsstreitigkeiten. Das Gerichtswesen war nur unzulänglich ausgebaut. So griffen Adelige und Freie zur Selbsthilfe, wenn keine gütliche Einigung über Fragen der Wiedergutmachung zustande kam. In solchen Fällen wurde der, der dem Fehdeführenden Unrecht zugefügt hatte, durch gewaltsame Kampfmaßnahmen wie Körperverletzung oder Eigentumszerstörung bekämpft.

Da dieser Zustand den Frieden erheblich beeinträchtigte, bemühten sich Kirche, Kaiser und die Territorialfürsten darum, das Fehdewesen durch Einführung verbindlicher Regularien einzuschränken und es vom dominierenden zum subsidiären Rechtsmittel zu machen. Zum Zwecke der Herrschaftsstabilisierung bauten sie das Gerichtswesen aus. Seit dem 11./12. Jahrhundert wurden zur Gewährleistung der Sicherheit sogenannte Landfrieden verkündet. Diese nahmen bestimmte Orte und Personen – z.B. Kirchen, Geistliche, Pilger und Wirtschaftsgüter – zu bestimmten Zeiten von Gewaltakten im Rahmen einer Fehde aus. Friedebrechern drohte man harte Strafen an.

2.3 Landfriedensurkunde von 1372

Städte, Fürsten und Adelige verpflichteten sich in Landfriedensbündnissen zur Einhaltung des Friedens, obgleich diese nur von kurzer Dauer waren. Wer sich nicht an das Gelöbnis zum Gewaltverzicht hielt, wurde als Friedebrecher bestraft.

In dem Bemühen, die unkontrollierte Gewalt im Rahmen der Fehden zu unterbinden, tritt der Bischof von Münster einem am 28. April 1370 zwischen mehreren Parteien vereinbarten Landfrieden bei. Diese kommen überein, bei Rechtsstreitigkeiten keine Gewalt mehr auszuüben, auf Fehden zu verzichten und nicht ohne Gericht ihr Recht zu suchen. Initiator des Landfriedens ist das münsterische Domkapitel, welches bei Bedarf ein aus vier Domherren und zwei Bürgermeistern der Stadt Münster bestehendes Schiedsgericht einzuberufen hat.

„Zum ersten soll niemand Gewalt tun dem anderen. Jedermann soll ohne Arglist des andern Bestes tun und ausrichten und niemand soll des anderen Gegner weder beherbergen noch bewirten. Und was jeder zur Sache gegen einen anderen vorzubringen hat, das soll er tun mit Gericht und mit Recht und das soll man jedem ohne Verzug widerfahren lassen, wie es Recht des Gerichtes ist. Ferner gilt, daß, wenn sich jemand aus diesem Verbund vergreift, und ihm ohne Gericht Schaden mit Gewalt zufüge, das soll er innerhalb eines Monats demjenigen ersetzen und vergelten, dem die Gewalt angetan wurde. Geht das nicht, so sollen wir, die in diesem Bündnis sind, sämtlich zueinander stehen und seine Feinde werden und sein Ärgstes tun, gleich wie das jedem geschähe, so lange bis die Gewalt vergolten ist.“

(Staatsarchiv Münster, Domkapitel Münster Urkunden I D Nr. 1)

Rechtsprechung und Gerichtsbarkeiten

Mit einsetzender Territorialisierung, d.h. Stärkung der adeligen, geistlichen und auch städtischen Herrschaftsbildungen, gelangten die Gerichtsrechte, die ursprünglich den Grafen zustanden, teils in den Besitz von Herzögen und geistlichen Herrschern, teils in den Besitz von Städten. Das Amt des Richters war zu Zeiten des Stammespartikularismus noch durch Wahl bestimmt worden. Seit der fränkischen Eroberung wurde die Ausübung der Gerichtsbarkeit mehr und mehr zu einem Lehnsobjekt, schließlich zu vererbbarem Besitz.

Die Grafschaftsbezirke als königliche Gerichtsbezirke wurden mit der Zeit zunehmend von sogenannten Immunitäten „durchlöchert“. Kirchliche Güter und Personen sowie städtische Siedlungen beanspruchten eigene Gerichtsbarkeiten, so daß neben der Grafengerichtsbarkeit noch unzählige kleinere Gerichte existierten. In der Regel waren diese zunächst nur mit relativ geringen Kompetenzen ausgestattet. In den Freigerichten übten die vom Kaiser ernannten Freigrafen die Blut- und Niedergerichtsbarkeit aus, während ein Großteil der Streitigkeiten auch weiterhin im Rahmen des Fehdewesens geregelt wurde.

Die Niedergerichtsbarkeit kam in der Regel den Gogerichten und den Gerichten der Immunitätsbezirke zu. Gogerichte waren ländliche Verbände zur Rechtswahrung und Organisation des gemeinschaftlichen Zusammenlebens. Mit wachsendem Interesse der Fürsten an der Verfolgung von Straftaten wurden die Gogerichte als Machtfaktor bedeutsam. Durch die Landfriedensbewegung nahmen ihre Kompetenzen zu, bis sie am Beginn des 14. Jahrhunderts zu Regelgerichten mit Hoch- und Niedergerichtsbarkeit aufstiegen.

Der Verfahrensablauf

Wurde eine Streitsache nicht im Rahmen einer Fehde „geregelt“, bedurfte es eines Klägers, um ein Verfahren in Gang zu bringen, da es ein allgemeines Interesse an der Strafverfolgung zunächst nicht gab. Der Kläger brachte sein Anliegen auf den regelmäßig einberufenen Gerichtstagen vor, zu denen alle Mitglieder der Rechtsgemeinschaft zu erscheinen hatten. Handelte es sich um eine „handhafte Tat“ – das Ergreifen des Täters bei Ausübung einer Tat – konnte das Gericht auch kurzfristig zusammentreten.

Kläger und Beklagter wählten aus den Reihen der Umstehenden jeweils einen Vorsprecher, der für sie vor Gericht auftrat. Hatten die Parteien ihre Sache vorgebracht und beeidet, fragte der Richter die ihm zur Seite sitzenden Schöffen – ursprünglich sogar die gesamte Gerichtsgemeinschaft – nach dem Urteil. Diese „fanden“ das von Gott gesetzte Urteil. Der Spruch dieses Laienkollegiums konnte von den Umstehenden gescholten, d.h. abgelehnt werden, die dann ihrerseits an die Stelle der Schöffen traten, bis ein einhelliges Urteil gefunden war.

2.4 Verhandlung vor dem Stadtgericht Herford, Miniatur um 1375

Die Miniatur zeigt eine Versammlung des Herforder Vogtgerichts auf einem städtischen Platz. In der Mitte befindet sich der Richter mit vor ihm liegenden Richtschwert. Vor dem Richter steht die Reliquie, auf die der Eid zu leisten war. Dem Richter oblag die Verhandlungsleitung, nicht aber das Fällen des Urteilsspruches. Über diesen hatten die (rechts

2.4 Verhandlung vor dem Stadtgericht Herford
Siehe auch Bild-Anhang S. 219

und links) am Tisch diskutierenden Schöffen zu befinden. In der unteren Bildhälfte zeigt die Miniatur den Gerichtsschreiber.
(Stadtarchiv Herford Msc. 1)

2.5 Eidesleistung, Sachsenspiegel 2. Hälfte des 14. Jahrhunderts

s. Bild-Anhang S. 220

Der Eid hatte im mittelalterlichen Prozeß herausragende Bedeutung. Kläger und Beklagter mußten ihre Aussagen beeiden. Um diesen Eid wirksam werden zu lassen, war eine bestimmte Anzahl von sogenannten Eideshelfern nötig, die für die Glaubwürdigkeit des Eidleistenden einstanden. Je nach Delikt und sozialer Stellung bedurfte es bis zu 21 Eideshelfern, die den Leumund bestätigten – für soziale Unterschichten und fahrendes Volk eine selten zu erfüllende Bedingung.
(Herzog August Bibliothek Wolfenbüttel Cod. Guelf. 3. 1 Aug. 20)

Vom Vogtgericht zum Stadtgericht

Bis zur Mitte des 12. Jahrhunderts unterstand das Gebiet der späteren Stadt Münster der Gerichtsbarkeit des Grafen von Tecklenburg, der vom Kaiser mit der Vogtei belehnt worden war. Ausgenommen von dessen Gerichtsbezirk waren der bischöfliche Bispinghof, der Besitz des Domkapitels sowie einige Klöster. Auf den bischöflichen Gütern wurde die Gerichtsbarkeit für die Eingesessenen jeweils von einem Verwalter, dem Villicus, ausgeübt. Daneben unterstanden die in der Marktsiedlung lebenden auswärtigen Kaufleute und Handwerker dem Marktrecht.

Mit dem Streben der Bischöfe nach Landeshoheit gelang es diesen, den Einfluß des Tecklenburger Grafen zurückzudrängen und ihre Immunitätsgerichtsbarkeit auf die Marktsiedlung auszudehnen. Der bischöfliche Richter (iudex) urteilte von nun an über den Bezirk der Stadt und über die Siedlung Überwasser. Daneben existierten Anfänge städtischer Gerichtsbarkeit im Schöffenkollegium des bischöflichen Gerichtes sowie in niederen Sachen im Ratsgericht. Dieses bestand auch in späteren Jahrhunderten mit annähernd gleichen Kompetenzen, während sich städtisches Emanzipationsstreben vor allem im Stadtgericht bemerkbar machte. Der Bischof war schließlich gezwungen, neben dem Schöffenkollegium auch zwei städtische Beisitzer in seinem Gericht zuzulassen und die Gerichtseinkünfte mit der Stadt zu teilen. Nach und nach gewann die Stadt größeren Einfluß auf die Besetzung des Gerichts.

2.6 Urkunde Kaiser Friedrichs I., 1173

Kaiser Friedrich I. bestätigt die über die münsterische Vogtei zwischen Bischof Friedrich und Graf Heinrich und später zwischen Bischof Ludwig und Graf Simon von Tecklenburg geschlossenen Verträge. Die Grafen verkaufen die Gerichtsbarkeit über die bischöflichen Güter für 24 Pfund, über die Güter des Domkapitels für 40 Mark. Bischof und Kapitel erhalten das Recht, den Vogt frei zu wählen, der Graf soll ihn dann mit der Vogtei belehnen. Die Grafen von Tecklenburg hatten vom Kaiser die Gerichtshoheit im Bistum Münster erhalten. Die Urkunde ist ein frühes Zeugnis dafür, wie Bischof und Domkapitel mittels Erwerb der Gerichtsbarkeit ihren politischen Einfluß auszudehnen gedachten.

„So mögen denn die Menschen heute wie auch in Zukunft zur Kenntnis nehmen, wie Friedrich, Bischof der Kirche von Münster und Heinrich, Graf von Tecklenburg, in dem Streit übereingekommen sind, der zwischen ihnen hinsichtlich der Vogtei bestand, die der vorgenannte Graf in der Stadt Münster in dem dort gelegenen Hof des Bischofs und in allen zu demselben Hof gehörenden [Pfründen] und in den Pfründen des Domkapitels der Kirche von Münster innehatte, mit Ausnahme des Schultenhofs von Reken, der keineswegs dem Rechtsbereich seiner Vogtei zugehörig war. Es hat also der vorgenannte Bischof den Grafen Heinrich von Tecklenburg zu seinem Lehnsmann gemacht durch eine Zahlung von 24 Pfund, die zu dessen Verfügung stehen sollen, wobei aber des näheren 15 zum Lehen gegeben sind und neun unter der Bedingung zur freien Verfügung stehen, daß der Graf jene neun Pfund niemandem überläßt, sondern als Zeugnis des geschlossenen Vertrags dem eigenen Gebrauch und Nutzen vorbehält.

2.5 Eidesleistung. Siehe auch Bild-Anhang S. 220

Außerdem hat das Domkapitel der Kirche von Münster dem vorgenannten Grafen 40 Mark unter der Maßgabe gegeben, daß weder der Graf selbst noch einer seiner Nachfolger in der Stadt Münster und auf dem Hof des Bischofs oder in den Pfründen des Domkapitels irgendeine Gewalt durch das Vogteirecht haben, sondern vielmehr aufgrund der Wahl des Bischofs und des Domkapitels diese Vogtei einer Person als Lehen überlassen solle, die gleichwohl als Ausgleich für dieselbe Vogtei dem Grafen eifrig zu dienen gehalten sei.“

(Staatsarchiv Münster, Kaiserurkunden Nr. 110)

2.7 Konkurrierende Rechtsverhältnisse im 12. Jahrhundert, s. Bild-Anhang S. 221/222

Die – stark vereinfachte – Darstellung deutet die komplizierten Rechtsverhältnisse im Mittelalter an, ohne auf standesrechtliche Unterschiede abzuheben. Die Karten zeigen lediglich Rechtsräume, in denen verschiedene Rechte wirksam waren.

Vor der Ablösung der Tecklenburger Vogtei galt im Bereich der späteren Stadt Münster das Landrecht. Hiervon ausgenommen waren einige weltliche und geistliche Immunitäten, deren Bewohner einer eigenen Gerichtsbarkeit unterstanden. Daneben konnten die östlich der Domhofimmunität ansässigen Kaufleute ihr eigenes Marktrecht beanspruchen.

Nach der Ablösung der Vogtei durch Bischof und Domkapitel (s. Exponat 2.6) übte ein bischöflicher Stadtrichter die Gerichtsbarkeit über die Eingesessenen der Stadt aus. Die besonderen Immunitätsgerichtsbarkeiten der verschiedenen Personenverbände der bischöflichen Güter und des Domhofes blieben bestehen. Die Synagoge der inzwischen angesiedel-

2.6 Urkunde Kaiser Friedrichs I. von 1173

ten Juden erhielt ebenfalls den Status einer Immunität. Das Marktrecht ging in der Gerichtsbarkeit des Stadtgerichts auf.

2.8 Urkunde des münsterischen Stadtrechts, 1326

Das münsterische Stadtrecht wurde der Stadt Bielefeld bei ihrer Gründung zu Beginn des 13. Jahrhunderts verliehen. Ältere Rechte konnten bei Bedarf vom jeweiligen Nachfolger des Stadtherrn nach einiger Zeit erneuert werden, was die Datierung der Urkunde auf das Jahr 1326 erklärt, die ursprünglich zur Gründung der Stadt rund einhundert Jahre zuvor ausgestellt worden war. Die Rechtssammlung ist vermutlich das Ergebnis einer Befragung von mehreren Schöffen, die die einzelnen, auf tradierter Gewohnheit beruhenden Statuten zu Protokoll gaben. Die 61 Rechtssätze stellen nur einen Teil des in Münster bekannten Gewohnheitsrechts dar. Im einzelnen befassen sie sich mit Erwerb und Verlust des Bürgerrechts, mit Fragen des Erb- und Schuldrechts sowie mit strafrechtlichen Bestimmungen. Mehrere Artikel behandeln die städtische Gerichtsordnung.

„Wenn jemand einen Menschen tötet, soll er enthauptet werden. Wer jemanden mit scharfem Eisen bis zur Verkrüppelung verwundet, dem soll die Hand abgehauen werden; kommt es nicht zur Verkrüppelung, soll der Täter 60 Schillinge büßen. Wenn jemand dergleichen mit einem Holzschuh tut, wird er mit der gleichen Strafe belegt. Wer Blut vergießt ohne scharfe Waffen, der büßt 7 Schillinge oder wird ausgepeitscht und geschoren. Trägt es sich im Wirtshaus zu und nicht auf der Straße und sie vertragen sich wieder, so wird der Richter nicht angerufen. Wer vor dem Richter einen Wortstreit erhebt, ohne verletzende Worte, der büßt 3 Schillinge. Wer es außerhalb des Gerichtes tut, büßt 3 Schillinge, ein Drittel fällt an den Richter, ein Drittel an die Bürgerschaft, ein Drittel an den Kläger. Diejenigen, die außerhalb der Stadt Streitigkeiten anfangen, geben der Stadt 6 Schillinge, falls sie sich nicht vertragen. Wenn die Beteiligten sich vertragen, sollen die, die den Streit schlichten, 3 Schillinge haben und 3 die Stadt. Wer auf Vorladung nicht am Gericht erscheint, büßt 6 Pfennig, für die Zahlung dieser Strafe wird ein Pfand genommen. Ebenso am folgenden Tage; wer auf zweimalige Vorladung nicht kommt, den sollen Richter und Stadt vorführen lassen, wenn er sich in seinem Hause aufhält."

(Stadtarchiv Münster, Fotosammlung Nr. 87/7847)

2.9 Der Bischof überläßt der Stadt die Hälfte der städtischen Gerichtsbarkeit, Urkunde 1278

Nach einem Konflikt mit mehreren friesischen Städten sah sich der geschwächte Bischof Eberhard zu Konzessionen gegenüber der auf größere Eigenständigkeit drängenden Stadt gezwungen. Die Urkunde von 1278 schafft die vertragliche Absicherung eines faktisch wohl schon bestehenden Zustandes. Dem Rat der Stadt wird das Recht eingeräumt, zwei Beisitzer für das Gericht des bischöflichen Richters abzustellen. Außerdem erklärt sich der Bischof bereit, die Gerichtseinkünfte mit der Stadt zu teilen.

„Ferner ist vereinbart worden, daß die Urteiler der münsterischen Bürgerschaft im Gericht bei dem bischöflichen Richter sitzen. Alles, was ebendaselbst durch Übertretungen in bedeutenderen Sachen und Bagatellsachen anfällt, davon wird die Hälfte dem Bischof und die andere Hälfte für immer der münsterischen Bürgerschaft gehören."

(Stadtarchiv Münster, A I Nr. 1)

2.10 Bestätigungsurkunde Bischof Heidenreichs für Adolph v. d. Wyck über die Verpfändung der beiden bischöflichen Gerichte rechts und links der Aa vom 9. Oktober 1388

Für fünfhundert Mark erwirbt Adolph das Recht, selbst oder durch einen von ihm bestimmten Richter kleinere Vergehen abzuurteilen und Einkünfte unterhalb einer Mark für sich zu behalten. Darüberhinausgehende Beträge stehen auch weiterhin dem Bischof zu, ebenso wie die Hochgerichtsbarkeit bei schweren Straftaten. Adolph wird gestattet, die erworbenen Rechte zu vererben.

Der Erwerb und Verkauf von Gerichtshoheiten stellte im Mittelalter nichts Ungewöhnliches dar. Gerichte befanden sich oft im Besitz von Einzelpersonen und wurden als legitime Geldquelle betrachtet, da die Einnahmen aus Geldstrafen dem Eigentümer der Gerichte zuflossen.

„Ihm, Adolph von der Wyck und seinen rechtmäßigen Erben haben wir mit Willen und mit Einverständnis der angesehenen Herren des Domdechanten und des Kapitels von Münster unsere zwei weltlichen Gerichte in der Stadt zu Münster an beiden Seiten des Wassers mit all ihren Rechten, so wie sie von alters her gehalten werden, zu Vertrag und Pfand gesetzt und setzen sie zu Pfand in diesem Brief, auf daß Adolph von unserer Seite aus die beiden Gerichte halten und besitzen soll und alle Strafgelder und Bußen für den Bruch der Gesetze von einer Mark oder darunter zu seinem Bedarf und Vorteil erhebe und habe. Was über einer Mark ist, das kommt uns zu und das soll er uns entrichten."

(Staatsarchiv Münster, Domkapitel Münster Urkunden III A Nr. 11)

Die westfälische Veme

Vemegerichte gab es ausschließlich in Westfalen, doch beanspruchten diese für ihre Rechtsprechung den gesamten deutschsprachigen Raum. Als ehemalige Grafen- bzw. Freigerichte, deren Eigentümer vom König bzw. in Westfalen von dessen Stellvertreter, dem Kölner Erzbischof, belehnt wurden, waren die Vemegerichte keiner Landesherrschaft unterworfen.

Während ihrer Blütezeit in der ersten Hälfte des 15. Jahrhunderts kümmerten sich die Vemegerichte um schwere Verbrechen wie Mord, Notzucht und Raub. Die dem Gerichtsverband angehörenden Freischöffen waren verpflichtet, derartige Verbrechen anzuzeigen und einen verfemten Missetäter gegebenenfalls selbst zu richten. Darüberhinaus konnte jeder, der sich von einem anderen Gericht ungerecht behandelt fühlte, die Veme anrufen. Dies führte naturgemäß zu erheblicher Rechtsunsicherheit, der die Landesherren mit der Stärkung der Gogerichte begegneten und so letztendlich den Niedergang der Veme bewirkten.

Schauergeschichten und Legenden rankten sich um die Vemegerichte, die Zeugen und Angeklagte im ganzen Reich vorluden. Die Freischöffen waren ein elitärer Kreis, dem nur Eingeweihte angehörten und der sich eine rätselhafte Losung gegeben hatte: „Stock, Stein, Gras, Grein". Vemegerichte besaßen jedoch durchaus legalen und nur bedingt geheimen Charakter. Auch die relativ geringe Zahl der vollstreckten Todesurteile stand in keinem Verhältnis zu den unter Zeitgenossen kursierenden Erzählungen. Selbst bedeutsame Vemegerichte, wie beispielsweise die in Lüdenscheid, Dortmund oder Münster, besaßen nur eine begrenzte lokale Ausstrahlung.

2.11 Soester Vemegerichtsbild, kolorierte Federzeichnung 15. Jahrhundert

Die Abbildung stellt die Verhandlung eines Frei- bzw. Vemegerichtes dar. In der Mitte sitzt der Richter mit vor ihm liegendem Schwert, dem Zeichen seiner richterlichen Gewalt. Bei den beiden äußeren Personen handelt es sich um die sogenannten Freischöffen, die das Urteil fällen.
(Stadtarchiv Soest, Abt. A Nr. 3169)

2.12 Foto der Vemeiche bei Erle

Verhandlungen der Vemegerichte fanden grundsätzlich im Freien unter mächtigen Bäumen statt und knüpften damit an eine alte sächsische Tradition an. Das Foto zeigt die Eiche, unter der das Freigericht in Erle b. Raesfeld tagte. (Westfälisches Amt für Denkmalpflege Münster)

2.12 Vemeiche bei Erle

2.13 Mandat Kaiser Friedrichs III. an den Bischof von Münster über die Mißstände an den Freigerichten, 21. Dezember 1446

Kaiser Friedrich III. weist auf die von ihm nach seiner Krönung erlassene Neugestaltung (Reformation) zur Ordnung der Freigerichte hin. Er beklagt, daß dadurch keine größere Rechtssicherheit eingetreten sei. Seine Kritik am Verhalten von Stuhlherren, Freigrafen und Freischöffen betrifft das zentrale Problem der Vemegerichte: die Ladung von Angeklagten vor nicht zuständige Gerichte. In der komplizierten Juristensprache bezieht sich der Text auf die gröbsten Versäumnisse der Freigerichte. Das Mandat benennt verbindlich einzuhaltende Ladungsformalien und -fristen.

„Wenn uns jetzt aber mit schwerer Klage vorgebracht wird, wie zahlreiche Stuhlherren, Freigrafen, Freischöffen oder Wissende und zahlreiche andere aufgrund der Freiheit, die sie zu haben meinen, und auch sonst eigenmächtig solcher obgenannter Neuordnung heimlich oder offen dem geltenden Recht ungehorsam sind und sich der [Neuordnung] widersetzen, insbesondere dem Artikel, der da lautet, daß man niemand dahin laden soll, außer er gehört von der Sache und Person dahin. So schwatzen doch zahlreiche [Leute] dagegen, weder eine Sicherheit, Bürgschaft oder die Gestellung vor Gericht, wie es Recht und in der Neugestaltung angeordnet ist, noch unser Gebot und Schreiben aufzunehmen, auch wenn dem zuwider gehandelt wird, noch eine Berufung zuzulassen, auch keine Notare oder Abgesandte mit solcher, oben beschriebenen Bürgschaft, jemanden vor Gericht zu bringen, oder Berufung zuzulassen, zu hören, zuzulassen oder aufzunehmen.“

(Stadtarchiv Münster, A V Nr. 2 Gen.)

Folter und Strafen

Das dem Zeitgenossen des 20. Jahrhunderts grausam und irrational erscheinende Strafensystem des Mittelalters wird nur vor dem Hintergrund des religiösen Weltbildes der Zeit verständlich. Das fränkische und das ältere sächsische Recht kannten kaum körperliche Strafen, sondern ein Bußensystem, welches den Schuldigen zur Wiedergutmachung gegenüber der geschädigten Partei verpflichtete.

Ausschlaggebend für die Grausamkeit der Strafe war das abschreckende, aber auch das religiöse Moment. Als irdischer Vertreter Gottes hatte der Richter dafür zu sorgen, daß der gottgewollte rechtliche Zustand erhalten blieb. Dazu bedurfte es einer doppelten Reinigung. Zum einen sollte die Gesellschaft von den schlimmsten Verbrechern gereinigt werden, zum anderen leistete der Richter dem Missetäter einen unschätzbaren Dienst, wenn er ihm durch die gerechte Strafe die Möglichkeit zur Sühne bot. Insofern galten irdische Strafen, mochten sie auch noch so grausam sein, als letzte Möglichkeit, den Qualen der Hölle zu entgehen.

Da die Verurteilung einem Sieg über das Böse gleichkam, war ein umfassendes Geständnis der Tat Voraussetzung. Hierzu wurde seit dem Beginn des 14. Jahrhunderts verstärkt die Folter eingesetzt, die nicht Teil der Strafe, sondern legales Beweismittel im Prozeß war. Hatte der Gefolterte gestanden, galt sein Bekenntnis als innere Überwindung des Bösen.

Die Rechtspraxis wich von der theologischen Theorie ab, da das Strafensystem ständischen Charakter besaß. Die meisten körperlichen Strafen konnten durch Geldzahlung an den Geschädigten und das Gericht abgelöst werden. Fremde wurden in der Regel härter bestraft als Eingesessene, Unfreie härter als Freie. Auf Juden wurde ein Sonderstrafrecht angewendet und Frauen behandelte man anders als Männer. Oft stand dem relativ milden Strafmaß für Wohlhabende eine unerbittliche Härte gegen untere soziale Schichten gegenüber.

2.14 Enthauptung, Miniatur um 1315

Die Miniatur aus dem Soester Nequambuch zeigt die Enthauptung eines Verurteilten. Die Strafe des Enthauptens wurde bei schweren Verbrechen wie Totschlag und Raub verhängt. Im übrigen war es möglich, Verurteilte als Akt der Gnade vom ehrlosen Erhängen oder Rädern zum weitaus ehrenhafteren Enthaupten zu begnadigen.

Der Rat der Stadt Soest legte im 14. Jahrhundert das Soester Nequambuch an, um die Namen von Personen aufzulisten, die wegen eines Vergehens aus der Bürgerschaft ausgeschlossen worden waren. Bei der Anlage der Handschrift schuf ein unbekannter Künstler dreizehn Miniaturen, die einzelne Missetaten, Gerichts- und Vollstreckungsszenen darstellen.
(Stadtarchiv Soest, Abt. A Nr. 2771)

2.15 Rädern, Miniatur um 1315, s. Bild-Anhang S. 223

Das Rädern galt im Mittelalter als die schändlichste Strafe, mit der insbesondere Mörder und Räuber gerichtet wurden. Die Abbildung zeigt den auf einem Rad befestigten noch lebenden Verurteilten. Das Rad selbst steckte man waagerecht auf eine Stange, was aufgrund der aperspektivischen Zeichentechnik nur angedeutet wird. Dem Verurteilten waren zuvor vom rechts stehenden Henker die Knochen mit dem Rad zertrümmert worden.

Der Eintritt des Todes ließ im allgemeinen noch qualvolle Stunden oder sogar Tage auf sich warten, wenn der Henker nicht den Befehl erhielt, den Delinquenten gnadenhalber vorher zu töten. Die Leiche wurde auf dem Rad noch einige Zeit der Witterung und den Tieren ausgesetzt. Dies verdeutlichte die Schändlichkeit der Strafe, sollte aber auch abschreckende Wirkung erzielen.
(Stadtarchiv Soest, Abt. A Nr. 2771)

2.16 Gerichtssitzung und Todesstrafen, Holzschnitt 1539

Im Vordergrund ist eine Gerichtssitzung mit Richter und Schöffen dargestellt. Im Bildhintergrund finden sich verschiedene Todesstrafen: Gerädert und erhängt wurden insbesondere Mörder, Räuber und Diebe. Die Strafe des Pfählens konnte u. a. für sexuelle Vergehen wie Inzest und Notzucht oder auch für Kindsmord verhängt werden, wogegen das Ertränken und Verbrennen eher frauentypische Strafen waren. Hexen, die der Zauberei angeklagt waren, wurden im allgemeinen verbrannt, ebenso Ketzer und Brandstifter. Die ehrenvollste und gebräuchlichste Hinrichtungsart war das Enthaupten.
(F. Petrarca, Trostspiegel in Glück und Unglück. Francisci Petrarchae Trostbücher von Rath, That und Artzeney in Glück und Unglück auss d. Latein... verteutscht und mit schönen Fig. gezieret und in Truck von neuem verfest, Franckfurt 1596.)

2.17 Enthaupten und Verbrennen, Sachsenspiegel 2. Hälfte des 14. Jahrhunderts

Die Bestimmungen des Sachsenspiegels hinsichtlich der todeswürdigen Verbrechen stimmen mit denen der münsterischen Handschrift von 1371 überein. Bei der Darstellung in der Wolfenbütteler Bilderhandschrift handelt es sich um die Strafen des Enthauptens und des Verbrennens. Verbrennen auf dem Reisighaufen war auf Ketzerei, Zauberei und Giftmischerei beschränkt. Da man bei diesen Delikten einen Pakt mit dem Teufel vermutete, sollte der Körper physisch zerstört werden.
(Herzog August Bibliothek Wolfenbüttel Cod. Guelf. 3. 1 Aug. 20)

2.18 Strafrechtliche Bestimmungen, Münsterische Sammelhandschrift von 1371

In teilweise wörtlicher Anlehnung an den Sachsenspiegel sieht die münsterische Version von 1371 peinliche Strafen für bestimmte Delikte vor.

„Wo man über alle Verbrechen richten soll, da soll man nach allen Rechten den Dieb hängen und alle Mörder, und die den Pflug, Mühlen, Kirchen, Kirchhöfe, Einsiedlerwohnungen und alle Gott geweihten Häuser berauben, auch Mordbrenner, Verräter, Totschläger und auch die befohlene Botschaften zu ihrem eigenen Vorteil und Nutzen fordern und vollführen; die dieser Punkte schuldig befunden werden, die soll man alle rädern. Davon ausgenommen ist ein Mörder aus Notwehr, wenn der einen erschlüge aus seines Leibes Not oder wie er einen am hellichten Tag erschlagen wollte, dessen müßte und möge jener sich ohne Gefahr wehren. Wer so den anderen töten will, tötet der den, der ihn töten wollte, so bleibt er ohne Bedrängnis, Last und Schaden.

2.17 Strafe des Enthauptens und Verbrennens. Siehe auch Bild-Anhang S. 224

Derjenige, der auch einen ausbrennt, totschlägt, raubt ohne Mordbrand und Frauen und Jungfrauen schändet, was gewöhnlich Notzucht heißt, und die den Frieden brechen und die bei Ehebruch ergriffen werden, diesen soll man das Haupt abschlagen. Alle, die Diebesgut haben und Raub mit Hilfe stärken und die dessen mit Recht bezichtigt und überführt werden, über die soll man richten, wie vorhin geschrieben steht. Auch wenn ein Christenmensch ungläubig wird und auch die mit Gift und mit Wahrsagerei und Zauberei umgehen und dessen mit Recht überführt werden, die soll man auf einem Reisighaufen verbrennen. Und geschieht ein Diebstahl am Tage, der weniger als drei Schillinge wert ist, darüber mag der Richter am selben Tag zu Haut und zu Haar richten oder mit drei Schillingen abzulösen geben.“

(Stadtarchiv Münster, A I Nr. 2)

2.19 Galgen auf der Galgheide, 1658

Exekutionen wurden im Mittelalter zumeist auf der Galgheide südwestlich von Münster vollzogen. Die Belagerungsdarstellung (1657) von Alerdinck zeigt einige Galgen und an Pfählen aufgerichtete Räder.
(Stadtarchiv Münster, Fotosammlung XIIIa Nr. 8)

2.20 Mittelalterliche und Frühneuzeitliche Gerichts- und Vollzugsstätten

Die Fotographien zeigen derzeitiges Aussehen und Lage einiger Örtlichkeiten, in deren Umgebung im Mittelalter und der Frühen Neuzeit Strafen vollzogen bzw. zu Gericht gesessen wurde:

Bakenhof (Roxeler Straße) – Gogericht Bakenfeld
Niesingturm (Klosterstraße) – Folter
Mauritztor – Wippe für Gartendiebe
Kalkplatz (Zwinger) – Enthaupten
Prinzipalmarkt – Enthaupten
Hohe Ward (Hiltrup) – Hängen, Verbrennen, Rädern, Enthaupten
Galgheide – Hängen, Rädern, Enthaupten, Verbrennen
Tuckesburg (Alter Zoo) – Enthaupten
Nubbenberg (Kinderhaus) – Enthaupten
Pranger am Südende des Prinzipalmarktes 1716

Neben dem Brunnen (D) ist der Pranger (E) – auch genannt Kaek – zu sehen. Auf der oberen Plattform wurden an einem Pfahl Ehrenstrafen wie Stäupen und Ohrabschneiden vollstreckt, während ein darunter befindlicher Raum dazu diente, Verurteilte dem Spott der Bevölkerung auszusetzen. Weiter links befinden sich zwei Strafinstrumente für Militärangehörige aus späterer Zeit. Längeres Sitzen

auf dem sogenannten hölzernen „Esel“ bereitete beizeiten starke Schmerzen, zumal die Füße mit Gewichten beschwert werden konnten. Beim „Rollhäuschen“ handelte es sich um einen länglichen Holzkäfig. Drehte man den Käfig von außen um seine Mittelachse, so hatte der Übeltäter eine unangenehme Zeit zu verbringen und mußte sich zudem das Gespött der Leute gefallen lassen.
(Stadtarchiv Münster/Westfälisches Amt für Denkmalpflege Münster)

2.21 Folterinstrumente, Federzeichnung 1839

1839 erschien im Lippischen Magazin ein Artikel über Hexenprozesse des 17. Jahrhunderts. Für diesen Zweck wurden Zeichnungen von Folterinstrumenten angefertigt, die z. T. noch original erhalten waren. Im einzelnen handelt es sich um:

Fig. 1 Daumenschraube
- 2–3 Daumen- und Zehenschraube
- 4 Kloben zum Anziehen der Schraubenmutter
- 5–8 Spanische Stiefel zum Einlegen von Wade und Schienbein
- 9 Schraubenschlüssel zum Anziehen der Muttern
- 10 Hölzerne Maulsperre, der mittlere Zapfen wurde in den Mund eingeführt, wobei das Loch zum Atmen diente
- 11 Ledergeißel
- 12 Haarschnur, die um den bloßen Arm gelegt und rasch hin- und hergezogen wurde
- 13 Folterstuhl
- 14 Richtschwert
- 15 Verschließbarer Folterkasten mit Aussparungen für Kopf und Arme (a+b)
- 16 Flaschenzug, an dem der Delinquent mit auf dem Rücken zusammengebundenen Händen hochgezogen wurde

(Lippisches Magazin f. vaterl. Cultur und Gemeinwohl 4 (1839), Nr. 41)

Literatur:

M. Balzer, Mimigernaford-Münster als Vorort des Bistums – die topographischen, rechtlichen, sozialen und wirtschaftlichen Entwicklungen bis zum Ende des 12. Jahrhunderts, in: Geschichte der Stadt Münster Bd. 1 (hg. v. F.-J. Jakobi), Münster 1993.

W. Ehbrecht, Rat, Gilden und Gemeinde. Die Gemeinschaft der Bürger und Einwohner von Münster zwischen Hochmittelalter und Neuzeit (1200–1550), in: Geschichte der Stadt Münster Bd. 1 (hg. v. F.-J. Jakobi), Münster 1993.

J. Prinz, Mimigernaford – Münster. Die Entstehungsgeschichte einer Stadt, Münster 1960.

W. Schild, Alte Gerichtsbarkeit. Vom Gottesurteil bis zum Beginn der modernen Rechtsprechung, München 1980.

3

Die Täuferzeit

Wir wissen aber, daß das Gesetz gut ist, wenn es jemand recht braucht und weiß, daß dem Gerechten kein Gesetz gegeben ist, sondern den Ungerechten und Ungehorsamen.

(Rechtsgrundsatz der Täufer aus dem Paulusbrief 1. Tim. 1, 8–9)

Die Etablierung

Kaum ein anderes Ereignis der Stadtgeschichte hat Zeitgenossen wie spätere Generationen derartig beschäftigt wie das Reich der Täufer – durch deren Gegner und die Nachwelt wurde mit der Bezeichnung „Wiedertäufer" ein einseitiges Geschichtsbild zementiert. Allzu sehr verkannte man aus der Rückschau das Phänomen des Täuferreiches und projizierte aktuelle politische Problemlagen ins 16. Jahrhundert. So konnte den Ereignissen nach- und nebeneinander die Qualität eines frühen Kommunismus, Faschismus, einer Diktatur oder einer von auswärtigen Fanatikern aufgerichteten Pöbelherrschaft beigemessen werden, wobei einzelne Parallelen zum Nachweis des Ganzen herhalten mußten.

Um 1530 befand sich Münster im Ringen um religiöse und städtische Freiheiten mit dem bischöflichen Landesherrn. Seit Jahren verbanden sich frühbürgerlich-emanzipatorische Bestrebungen mit der Forderung, die Reformation in den münsterischen Kirchen einzuführen. Die Interessen des städtischen Bürgertums überschnitten sich mit den apokalyptischen Endzeiterwartungen der Täufer, die glaubten, in Münster werde das Gottesreich errichtet. Der Bischof hingegen drohte der Stadt zunächst mit militärischen Schritten, bevor er ihr schließlich im Frieden von Dülmen (14. Februar 1533) die Reformation zugestand. Die noch schwache Position der Lutheraner in der Stadt geriet ins Wanken, als Kaplan Rothmann – einer der vormaligen Verfechter des Luthertums – täuferisches Gedankengut predigte und die Verheißungen des Täuferführers Jan Matthys die „Gemeinde Christi" vor allem durch holländische Melchioriten (Anhänger des Täufers Melchior Hoffmann) anwachsen ließen.

Zu Beginn des Jahres 1534 war somit eine höchst instabile Situation entstanden: auf der einen Seite standen die neu hinzugekommenen Täufer, auf der anderen die lutherischen Münsteraner, die die gerade erlangte Glaubensfreiheit nicht gefährden wollten. Man entschied sich schließlich, städtische Emanzipation und Freiheit höher zu bewerten als die religiösen Konflikte mit der Täufergemeinde und gewährte dieser volle Glaubensfreiheit, was ein Novum in der kurzen Geschichte der Gemeinschaft darstellte. In den Augen des Bischofs war dies gleichbedeutend mit dem Bruch des Dülmener Vertrages.

Im Laufe des Februars 1534 vermeinten einige Täufer, Himmelszeichen ausmachen zu können, mit denen Gott die Auserwähltheit Münsters offenbare. Für die Ostertage wurde das Strafgericht über die Welt erwartet. Matthys predigte die Erwachsenentaufe, um den Gläubigen Heil zu gewähren und ließ diejenigen, die sich weigerten, die Taufe zu empfangen, aus der Stadt vertreiben. Aufgrund der so gewandelten Mehrheitsverhältnisse vermochten die Täufer die am 23. Februar 1534 stattfindende Ratswahl für sich zu entscheiden. Mit beginnender Belagerung durch bischöfliche Truppen galt es, die Lebensmittelverteilung und den Zuzug auswärtiger Täufer zu organisieren. Zu diesem Zweck wurden von Johann Matthys und Jan Bockelson aus Leiden Diakone in verwaltende Ämter eingesetzt und später eine Gütergemeinschaft nach dem biblischen Vorbild der urchristlichen Gemeinde eingeführt.

Das zu Ostern von der Gemeinde Christi erwartete Jüngste Gericht trat freilich nicht ein. Nachdem Matthys vor den Toren der Stadt von bischöflichen Landsknechten erschlagen worden war, ließ Jan van Leiden verkünden, daß dessen Tod ebenso Teil des göttlichen und prophezeiten Heilsplanes gewesen sei, wie seine eigene Nachfolge als Prophet. Nunmehr hatte man sich auf eine längere Zeit der Belagerung einzurichten. In Anlehnung an die biblische Vorstellung von den zwölf Stämmen Israels wurden die Befugnisse des abgeschafften Rates auf sogenannte Zwölf Älteste übertragen. Zur Aufrechterhaltung der inneren Ordnung und zur Abschreckung diente ein eigens entworfenes Strafgesetz.

Reformation und Täufertum

Obwohl die Ursprünge des Täufertums diffus und vielschichtig waren, bestanden generelle gedankliche Gemeinsamkeiten der Täufergemeinden in Deutschland, Holland und der Schweiz. Neben religiösen Belangen waren sie aufs engste mit sozialrevolutionären Bewegungen des beginnenden Bauernkrieges (1525) verbunden, eine Tatsache, die weltliche wie geistliche Obrigkeiten zum Anlaß nahmen, die Täufer zu verfolgen.

Während Luther und Zwingli die Reformierung der Amtskirche zu ihrem Ziel erklärten, gingen die Täufer über diese Positionen weit hinaus. Ihnen war an einer konsequenten Umsetzung biblischer Lehren als Fortführung der Reformation gelegen. Mit ihrem radikalen Antiklerikalismus wandten sie sich entschieden gegen die katholische Amtskirche und die lutherischen Landeskirche.

Zu den praktischen Forderungen der Täufer gehörten u.a. die Laienpredigt durch von Gott erleuchtete Gemeindemitglieder, die Gütergemeinschaft nach dem Vorbild der urchristlichen Gemeinde („Gemeinde Christi“) sowie die Ablehnung der Messe, was u.a. zu Bildersturm und Zerstörung von sakralen Gegenständen führte. Des weiteren weigerte man sich, die in der Bibel nicht belegte Kindertaufe anzuerkennen, da man der Ansicht war, nur Erwachsene könnten sich im vollen Bewußtsein ihres Glaubens taufen lassen. Das zeitgenössische Mißverständnis, die Gemeinde Christi propagiere die Erwachsenentaufe als zweite Taufe, brachte deren Anhängern den Namen *Wiedertäufer* ein, obwohl sie die Kindertaufe nicht anerkannten und nur die Erwachsenentaufe akzeptierten.

Durch wörtliche Auslegung einiger Bibelstellen gelangte man zu dem Schluß, daß das Strafgericht Gottes nach der Herrschaft des Antichristen – in den Augen der Täufer war dies der Papst – zu erwarten sei. Mehrere Berechnungen datierten das Jüngste Gericht auf den Beginn der dreißiger Jahre des 16. Jahrhunderts. Matthys verkündete als Zeitpunkt des Gottesgerichtes Ostern 1534. Bis dahin mußte sich, wer der göttlichen Strafe entgehen wollte, als Erwachsener taufen lassen.

3.1 Bischof Franz von Waldeck (um 1491–1553), Ölgemälde 17. Jahrhundert

Franz von Waldeck war seit 1532 Bischof von Münster und Osnabrück. Er zeigte sich reformatorischen Bestrebungen zunächst aufgeschlossen, reagierte aber mit militärischem Vorgehen, als sich die Stadt Münster gegen seine stadtherrlichen Ansprüche auflehnte.
(Polizeiführungsakademie Iburg)

Ältestenverfassung und Strafgesetz

Die zunächst friedliche Täufergemeinde entwickelte sich unter der äußeren Bedrohung zu einer durch willkürliche Gewaltanwendung seitens des Propheten und des engeren Täuferkreises gekennzeichneten darauffolgenden Herrschaftsphase. Hierbei nahmen die legislativen und verfassungsmäßigen Neuerungen vom Mai 1534 eine besondere Stellung ein. Mit der Einführung der Ältestenverfassung entfernte man sich von der frühneuzeitlichen Ratsverfassung Münsters und lehnte sich in der Organisationsstruktur der städtischen Konstitution an biblische Vorbilder an.

Jeder der Ältesten repräsentierte einen der zwölf Stämme Israels. Obwohl die Ältestenverfassung auf Ernennung – nicht mehr Wählbarkeit – der Mitglieder beruhte, blieb weitgehend personelle Kontinuität gewahrt, da es sich zumeist um ehemalige Ratsmitglieder handelte. Das Amt des Scharfrichters übte Bernd Knipperdolling mit vier Dienern aus. Die Ältesten versahen die höchste Regierungsgewalt in weltlichen wie auch in geistlichen Dingen. Sie erließen u.a. die *Ordnung des weltlichen Regiments in der Stadt Münster*, die in 33 Artikeln das Zusammenleben unter Belagerungsbedingungen regeln sollte. Die Ordnung besagte u.a., daß die Ältesten zweimal täglich Gericht hielten und Knipperdolling als Scharfrichter und Ankläger zu fungieren hatte.

Ein eigens erlassenes Strafgesetz diente vor allem der Disziplinierung im Innern. Die darin aufgestellte streng hierarchisch-patriarchalische Ordnung verlangte Gehorsam gegen die Obrigkeit, anderenfalls drohte, wie bei kriminellen Delikten, die Todesstrafe. Einmal verurteilt, stand dem Delinquenten allerdings noch die Möglichkeit der öffentlichen Buße und Bekehrung offen, um die Exekution zu vermeiden; Rechtsmittel konnten nicht in Anspruch genommen werden.

3.2 Bernd Knipperdolling (um 1490–1536), Kupferstich von H. Aldegrever 1536

Knipperdolling wurde als einer der Anführer der Täufer auf dem Prinzipalmarkt hingerichtet. Die von ihm seit dem Frühjahr 1534 ausgeübte Funktion als „Schwertträger“ (Scharfrichter) wird in dem Portrait durch die Darstellung des Richtschwertes angedeutet. Knipperdolling war sowohl für das Fällen der Urteile als auch für den Vollzug durch Enthaupten verantwortlich. Der Soester Künstler

3.2 Bernd Knipperdolling

Heinrich Aldegrever hatte nach der Eroberung Münsters durch bischöfliche Truppen die Möglichkeit, die gefangenen „Wiedertäufer“ zu portraitieren. Der Kupferstich basiert auf der 1535 entstandenen Portraitskizze.
(Stadtmuseum Münster)

3.3 Auszug aus dem Strafgesetz von 1534

Obwohl die Täufer Gesetze für Rechtgläubige ursprünglich nicht für nötig befanden (Vgl. 1 Tim. 1, 8–9), meinten sie auf eine Kodifizierung, welche über die biblischen Zehn Gebote hinausging, nicht verzichten zu können. Das Strafgesetz unterschied sich in den strafwürdigen Delikten nicht wesentlich von anderen, durch das religiöse Weltbild des Mittelalters geprägten Rechtssammlungen, stellte aber den unmittelbaren Bezug zur Bibel her. Als Leitlinie sollte es den Gemeindemitgliedern eine Anleitung zum sittlichen Wohlverhalten in der belagerten Stadt bieten. Die einzige überlieferte Fassung entstammt der etwa vierzig Jahre nach dem Täuferreich entstandenen probischöflichen Schilderung Hermann Kerssenbroichs.

„Gnade und Friede über alle, die Gott fürchten und seinem Willen gehorchen und Friede über ganz Israel, das Volk Gottes, Amen! Obgleich wir alle in dieser heiligen Gemeinde Münster, in deren Herzen Gesetz und Wille des Allerhöchsten durch den Finger Gottes eingeschrieben ist, ihn in Gedanken, Worten und Werken billig so erfüllen sollen, daß es von jetzt an nicht nötig wäre, das Gesetz des Herrn unseres Gottes uns schriftlich vor Augen zu stellen und zum Vorbild zu machen, so werden wir zwölf Älteste des Volkes trotzdem, da Gott der Allmächtige seinem Volke gnädig eine neue Obrigkeit verliehen hat, damit die Unbußfertigen ihre Freveltaten mit keinem Vorwande entschuldigen können und den Schwächeren und Nachlässigen, die etwa unter uns sind, ein Dienst geleistet wird, das, was die Schrift mit vielen Worten überall zu unserer Belehrung überliefert, damit der unglückliche Mensch in jedem guten Werke vollkommener werde, zum Schutze des neuen Staates gleichsam in einer Tabelle kurz zusammenfassen und jedem einzelnen vor Augen stellen, damit er sieht, was er zu tun und zu lassen hat. Dem Gerechten ist kein Gesetz gegeben, sondern den Ungerechten und Ungehorsamen (1. Tim 1,9). [...] Wenn wir aber Söhne Gottes geworden und auf Christus getauft sind, muß aller Überrest des Bösen aus unserer Mitte ausgerottet werden, wozu die Obrigkeit nach Gott das meiste beitragen kann, wie geschrieben steht Römer 13: Jederman sei untertan der Obrigkeit, die Gewalt über ihn hat. Denn es ist keine Obrigkeit ohne Gott; wo aber Obrigkeit ist, die ist von Gott verordnet. Wer sich also der Obrigkeit widersetzt, widersetzt sich der Ordnung Gottes; die sich aber widersetzen, werden über sich selbst ein Urteil empfangen. [...]

2. Niemand soll der Obrigkeit fluchen. Exo. 22: Den Richtern sollst du nicht fluchen und den Obersten in deinem Volke sollst du nicht lästern. 1. Petri 3. Apgesch. 23. [...]

9. Von Betrug und Übervorteilung 1. Thess. 4: Niemand bedrücke und betrüge seinen Bruder im Handel; denn der Herr ist der Rächer über alles dies. [...]

Wer sich nun mit diesen und ähnlichen der heilsamen und gesunden Lehre Jesu Christi entgegengesetzten Sünden befleckt, soll, wenn er nicht wahre Buße tut, dem Gesetze unterworfen und mit Bann und Schwert durch die von Gott gesetzte Obrigkeit aus dem Volke Gottes ausgerottet werden.“

(Zit. n. K. Löffler, Die Wiedertäufer zu Münster 1534/35, Jena 1923)

3.4 Bernd Krechting (?–1536), Kreidezeichnung von H. Aldegrever 1535/40

Bei der hier dargestellten Person handelt es sich vermutlich um den Täufer Bernd Krechting, der zusammen mit Jan van Leiden und Bernd Knipperdolling aufgrund seiner Tätigkeit als Rat des Königs hingerichtet wurde. Nach eigener Aussage war er auch als Richter tätig.
(Kupferstichkabinett Preußischer Kulturbesitz, Staatliche Museen zu Berlin)

3.5 Heinrich Gresbecks Bericht über die Hinrichtung eines Landsknechtes

Die umfangreiche Darstellung der Täuferzeit von Heinrich Gresbeck, der diese in Münster selbst erlebte und durch seinen Verrat maßgeblich zum Sieg der bischöflichen Truppen beitrug, gilt als wichtigste Quelle eines Augenzeugen. In diesem Fall schildert Gresbeck eine Begebenheit, die sich vermutlich im Frühjahr 1534 zugetragen hat. Betrunkene Landsknechte hatten in einer Gastwirtschaft die Wirtsleute beleidigt und versucht, sich eigenmächtig zu bedienen. Nach der Anklage durch Kanzler Heinrich Krechting, verkündeten die Zwölf Ältesten das Todesurteil über einen der Landsknechte, worauf dieser auf dem Domplatz erschossen wurde.

„Do giengen die twelf eldesten und lieten dieselve knecht fangen und lieten sie in den torn werpen. Vort des andern dages lieten sie gemeint halden up dem doemhof und lieten do dieselven knecht up den doemhof hollen. Do worden dieselve knecht verclagt, wat sie gedain hedden. Do stont der cantzeler Henrich Krechtigen, der boeswicht, und las, wat die lansknecht solden gedaen hebben. [...]

So is dair einer gewest, der heft gesacht „nu wolan dan, sol ick dan geine gnade hebben, war sal ick dan sterven, hir in den rinck?“ Do hebben die XII eldesten gesacht „nein“. So hebbet sie denselven geliet na einer linden up den doemhof und hebben in daran gebunden und do durchschotten mit halve haken und mit hantroer.“

(Geschichtsquellen des Bistums Münster Bd. 2)

3.6 Hinrichtung eines Landsknechts, Federzeichnung 18. Jahrhundert

Die Zeichnung beruht vermutlich auf der Schilderung Gresbecks. (Staatsbibliothek Preußischer Kulturbesitz, Libr. pict. A 96 Bl. 45r)

Das Königreich 1534/35

Die erfolgreiche Abwehr des Sturmangriffs bischöflicher Truppen vom 31. August 1534 verstärkte die Zuversicht der Täufer, daß Münster als „Neues Jerusalem“ unter göttlichem Schutz stünde. Zur Vervollständigung des parallelen biblischen Bildes bedurfte es nur noch eines Königs.

Nachdem der Prediger Dusentschuer verkündet hatte, Jan van Leiden solle nach göttlichem Ratschluß die Herrschaft als König über die Welt antreten, ließ sich jener Anfang September 1534 zum König salben. Die Ältestenverfassung wurde abgeschafft. Jan van Leiden erließ eine Hofordnung, umgab sich mit einem Hofstaat und wurde zum uneingeschränkten Inhaber weltlicher und geistlicher Macht in der Stadt.

3.6 Hinrichtung eines Landsknechts

Nach und nach zogen die bischöflichen Truppen den Belagerungsring um die Stadt enger, so daß im Frühjahr 1535 die Versorgungsprobleme zunahmen und eine Hungersnot folgte. Man gestattete Frauen, Kindern und Alten, die Stadt zu verlassen, doch auch ohne offizielle Genehmigung wählten viele das ungewisse Schicksal der Flucht. Hunderte wurden von den Belagerern teils erschlagen, teils verhungerten sie zwischen Stadt und Belagerungsring.

Die Bibel als Gesetz

Jan van Leiden war der alleinige Inhaber der Gerichtsgewalt. Die Bibel und der Wille des Königs bildeten, nachdem die Ältestenverfassung aufgehoben worden war, die einzigen Rechtsquellen. Dreimal wöchentlich hielt er auf dem Marktplatz in pomphaftem Aufzug Gericht. Dort sprach er Recht und vollstreckte sogar seine Urteile durch Enthauptung selbst, wenngleich auch Knipperdolling noch als Scharfrichter tätig war. Jedes Vergehen galt als Verstoß gegen die von Jan van Leiden vertretene gottgewollte Ordnung und wurde von diesem mit dem Tod bestraft. Dennoch gab es willkürliche Begnadigungen bei leichten Vergehen, wenn die Missetäter noch nicht für das Neue Jerusalem verloren schienen.

Als letztes gesetzgeberisches Dokument ist der sogenannte Artikelbrief Jan van Leidens vom 2. Januar 1535 überliefert. Es handelt sich dabei um eine relativ unsystematische Sammlung von Ge- und Verboten, die die Disziplin innerhalb der Stadt gewährleisten sollten.

3.7 Jan van Leiden (um 1510–1536), Kupferstich von H. Aldegrever 1536

Der niederländische Schneider Jan Bockelson aus Leiden traf im Januar 1534 zusammen mit weiteren Glaubensgenossen in der Stadt ein. Nach dem Tode Jan Matthys trat er an die Stelle des Propheten und ließ sich im Sommer 1534 zum König der Gemeinde Christi salben. (Stadtarchiv Münster, Fotosammlung XXVI Nr. 13)

3.7 Jan van Leiden

3.8 Jan van Leiden enthauptet einen Abendmahlsgast, Kupferstich von 1771

Im Sommer 1534 konnte Jan van Leiden seine Position als König ausbauen. Er schaffte die Ältestenverfassung ab, womit faktisch der Weg zur Alleinherrschaft bereitet war. Die Darstellung ist nicht authentisch, wenngleich z. B. der Dom zu erkennen ist. Zahlreiche Auflagen des Stiches belegen das fortwährende Interesse an den Münsteraner Ereignissen. (Die Wiedertäufer. Münsterische Kupferstiche aus dem Jahre 1771, Münster 1980)

3.9 Gresbecks Bericht über die Hinrichtung des Deserteurs Klais Northorn

Mit zunehmender äußerer militärischer Bedrängnis bemühten sich die Täuferführer um straffe Disziplin im Innern. Klais Northorn hatte versucht, Kontakt mit den bischöflichen Belagerungstruppen aufzunehmen. Nach Folterung und Geständnis seines Verrats, enthauptete ihn der König eigenhändig. Da der Leichnam zur Abschreckung dienen sollte, wurde er anschließend zerstückelt und auf die Stadttore verteilt. (Geschichtsquellen des Bistums Münster Bd. 2)

3.10 Auszug aus dem Artikelbrief vom 2. Januar 1535

Die vierundzwanzig Artikel vom Januar 1535 stellten einen weiteren Versuch des Königs Jan van Leiden dar, die Täufergemeinde Münsters unter dem Eindruck der sich verstärkenden Belagerung zu disziplinieren.

„II. Der könig, sein richter und alle regenten sollen onangesehen der personen, on einigen furtheils ydermeniglich recht thun und alle sachen nach gottes wort, es sei in stetten oder felden, in gerechtigkeit und pillichkeit richten und handeln und so es gefurdert wird, das schwert damit zu richten und zu straffen gebrauchen. [...]

VII. Es soll keiner unter dem baner der gerechtigkeit sich follsauffen, böss, unzüchtig, onzeitig, aigensichtig spillen, darumb zanck und hader erwechst; ob auch einig hürisch, eebrechisch unzucht erfaren würd, soll ungestrafft nit gestattet werden. [...]

XI. Niemant soll den andern mann als wol frauwen uss bösem vermuten oder bezeucht anderst nit, dan mit recht beweisen, beschuldigen und beklagen; und ob der kläger sein clag nicht beweisen kundt, soll die schult er der clag selbs tragen.

XII. Khainer soll auss dem leger sich begeben oder enthalten, es sei dan mit wissen und consenss seines hauptmans oder oberkeit.“

(Stadtarchiv Münster, Altes Archiv Nr. 15 a)

Strafgericht und Verfolgung

Erst durch Verrat gelang es den Belagerern am 25. Juni 1535 in die Stadt einzudringen. Nach geringem Widerstand wurde die Stadt geplündert, zahlreiche Täufer umgebracht und die Anführer gefangengenommen. In Verhören zur inneren Organisation des Täuferreiches kam es zu theologischen Disputen, in denen sich die Befragten als überzeugte Vertreter täuferischer Lehren erwiesen. Auch der Bekehrungsversuch des hessischen Theologen Corvinus scheiterte, so daß sich am 21. Januar 1536 weitere Befragungen unter Anwendung der Folter anschlossen. Die öffentliche Hinrichtung von Jan van Leiden, Bernd Knipperdolling und Bernd Krechting fand am folgenden Tage auf dem Prinzipalmarkt statt.

Die Leichen der Täuferführer wurden in drei Eisenkörben am Turm der Lambertikirche aufgehängt. In Sichtweite des Rathauses sollten sie die Bürgerschaft zu Gehorsam gegenüber dem Landesherrn mahnen. Bischof Franz von Waldeck gab der Stadt erst Jahre später ihre Selbstverwaltung zurück. Nach dem Fall des Täuferreiches existierten noch vereinzelte Gemeinden außerhalb Münsters, die Verfolgungen ausgesetzt waren. Die Überlebenden der münsterischen Gemeinde konnten ihren Besitz teilweise zurückerlangen, wenn sie von täuferischen Lehren abschworen und Bürgen stellten.

Aufruhr oder Ketzerei?

Bereits in den Reichsgesetzen von 1527/29 bildete nicht mehr die Ketzerei, sondern die Erregung von Aufruhr den Schwerpunkt der Beschuldigungen gegen Täufer. Durch das sogenannte Wiedertäufermandat des Speyerer Reichstages (1529) schloß man die geistliche Inquisition aus und gab genaue Anweisungen für die Strafpraxis. Damit wurde die strafrechtliche Behandlung zur Sache der weltlichen Obrigkeit. Die in Regensburg im Jahre 1532 verabschiedete *Peinliche Halsgerichtsordnung* Karls V. (Carolina) erwähnte zwar nicht die Täufer, dafür aber die Strafbemessung für Verräter, Brenner und Aufrührer.

Das Ziel der münsterischen Landesgesetze war die Verhinderung von Aufruhr bzw. die Bestrafung von Aufrührern, wobei man sich zunächst auf die Beschlüsse des Augsburger Reichstages (1530) berief. Am 5. Januar 1535 übernahm das Hochstift Münster ein klevisches Edikt gegen die *Wiedertäufer*. Erst am 3. Februar 1535 erließ der Bischof ein eigenes Edikt, das die Todesstrafe nach kaiserlichem Recht für „Wiedergetaufte" und Ablehner der Kindertaufe vorsah.

3.11 Auszug aus dem Bekenntnis Bernd Knipperdollings

Die drei Täuferführer wurden zunächst ohne, schließlich mit Anwendung der Folter verhört und die Antworten auf die vorformulierten Fragen protokolliert. In seinen Bekenntnissen weist Knipperdolling die Hauptverantwortung für die Ereignisse in der Stadt vor allem Jan Matthys und Jan van Leiden zu. Er gibt an, in seiner Funktion als Richter elf oder zwölf Personen enthauptet zu haben.
(Geschichtsquellen des Bistums Münster Bd. 2)

3.12 Auszug aus dem Todesurteil für die drei Anführer der Täufer vom 6. Januar 1536

Nach etlichen Verhören sprach das bischöfliche Hofgericht in Wolbeck die Todesurteile über die drei Anführer des münsterischen Täuferreiches aus. Noch einmal zählte es die Vorwürfe der Ketzerei, des Aufruhrs und der Rebellion sowie weitere Vergehen der Täufer auf. Auch die Art der Vollstreckung – Reißen mit glühenden Zangen, Durchstechen der Gurgel und des Herzens, Zurschaustellung der Leichen am Lambertikirchturm – war Gegenstand der Urteilsschrift.

„Demnach bey der gerichts handelung gestanden und erwiesen, das jetz bemelte angeklagte eine neue boeshafte und viehische im Reich nicht erduldete religion in hiesiger stadt eingeführet, die heilige Bilder zerstöhret, die sacramenta verunehret, dabey mit gewalt den armen unterthanen unter den schein der Tugend alles gemein zu machen, das ihrige ihnen abgenommen, auch viele aus der stadt nackend und bloes vertrieben, und dadurch das gemeine volck wieder eydt und pflichten von ihre obrigkeit abgeleitet und zur rebellion aufgewickelet, wodurch viel Blut vergossen, auch der eine gegen die Reichs gesetze sich selbst durch seine anhänger zum König gemachet, und viele menschen grausamlich tyrannischer weise unschuldig hat töten lassen, viele unzügtige lehr zu geschweigen, die laster verübet, welcher sachen alle welt kündig seyndt; Darumb gemelten Dreyen zur wohlverdienten straf anderen aber zum exempel alles fleisch mit glüenden zangen von gebeinen soll abgerissen werden, demnegst der gurgell und das hertz mit ein glüendes eisen durchstochen und ihr toter leib in eiserne körb eingeschlossen an Sanct Lamberti thurn sollen angeschlagen werden."

(Warendorfer Blätter Nr. 4, 1907)

3.13 Folterung der Täuferführer auf dem Prinzipalmarkt, Kupferstich von 1771

Das Strafgericht über die Täuferführer war zu allen Zeiten ein beliebtes Motiv künstlerischer Darstellung. In der ersten deutschen Übersetzung von Kerssenbroichs *Geschichte der Wiedertäufer* erschien dieser Kupferstich, der die Folterszene mit Uniformen des 18. Jhdt. darstellt.
(Die Wiedertäufer. Münsterische Kupferstiche aus dem Jahre 1771, Münster 1980)

3.14 Bericht über die Hinrichtung der Täuferführer am 22. Januar 1536

Die Hinrichtung der Täuferführer wurde im ganzen Reich bekanntgemacht, um als abschreckendes Beispiel zu dienen. Aus diesem Grunde verbreitete man Flugblätter mit Berichten über die Folte-

3.15 Die Leichenkäfige am Lambertiturm

rung und Hinrichtung der *Wiedertäufer*. Einem solchen Pamphlet ist diese detaillierte Schilderung entnommen. (M. Geisberg, Die Wiedertäufer in Münster, Velen 1930)

3.15 Die Leichen der Täuferführer in den Körben am Lambertiturm 1536

Titelblatt der im Jahre 1536 verbreiteten antitäuferischen Flugschrift *Des Münsterischen Königreichs und der Widertauffs an unnd Abgang, Bluethandel unnd End*. Während und nach dem münsterischen Täuferreich wurden viele dieser Schriften von den Anhängern und Gegnern in Deutschland verbreitet, um jeweils für die eigene Sache zu werben. (Staatsarchiv Münster, Bibliothek WG 110)

3.16 Folterzangen

Diese vier Zangen dienten vermutlich der Vollstreckung der Todesurteile an den drei Täuferführern, denen laut Urteilsspruch das Fleisch mit glühenden Zangen herausgerissen wurde. (Stadtmuseum Münster)

3.17 „Körbe“ am Lambertiturm

Die Leichen der „Wiedertäufer“ hängte man in drei eisernen Behältnissen am Turm der Lambertikirche in Sichtweite des Rathauses auf. Diese Ansicht sollte verbliebenen Anhängern der Täufer, insbesondere aber dem Rat der Stadt signalisieren, was mit denjenigen geschehen werde, die sich gegen den bischöflichen Stadtherren auflehnten. Zu Beginn des 19. Jahrhunderts vollzog sich ein Begriffswandel in Bezug auf die Behältnisse: hießen sie bis dahin noch *Körbe*, so wurden sie seitdem *Käfige* genannt. (Westfälisches Amt für Denkmalpflege Münster)

3.18 Bekenntnis und Abschwörung der Kunne Swerten von 1536

Als ehemalige Anhängerin mußte Kunne Swerten dem Täufertum abschwören, um in Münster ein „bürgerliches" Leben führen zu können. Hierzu bedurfte es zweier in Münster geborener angesehener Zeugen, die sich für die Bekehrung Kunne Swertens verbürgten.

„Ick Kunne, Johann Swerten ehelige frouwe, bekenne hirmit vor idermeniglichem so ick my in verschenner tiit to der verdompten sect der wederdoip (erbarms got) hebbe verfoeren laten unnd begeuen unnd also binnen der Stadt Munster mit andernn der Sect hovethernn unnd anhengernn verbleuen unnd allerley wedderwerdigheit handelen helpen, dair durch in myns gnedigen landtfursten und hern unnd myner rechten ouericheidt hoheste straiff gefallen unnd nu durch underdenige unnd demodige voirbede mynes manns wederumme tho genaden unnd binnen der Stadt Munster gestadet, dath ick demnae by myner hohesten truwen gelauet und geseckert, lauen unnd secken in krafft dusser bekentniß dat ick my der wederdopisscher unnd aller ketterisscher handlunge mit all erem anhengen van gantzen herten entslaen, der numer mer mit worden off wercken, heimlich edder oppenbair weder byfallen edder anhengich werden will, oick numantz dairtho reitzen noch boeße ler edder vorganck doen, sunder mit gotz hulpe vortmer als ein guidt fromm christlich mensch in gehoirsam der hilligen kercken und myner geordenter ouericheidt (mit annemmunge geboirlicher straiff und poenitentie) holden unnd leuen."

(Stadtarchiv Münster A XIV Nr. 26)

Literatur:

K.-H. Kirchhoff, Das Phänomen des Täuferreichs zu Münster 1534/35, in: Der Raum Westfalen, Bd. VI1, hrsg. v. F. Petri u. a., Münster 1989, S. 278–413.

D. Kluge, Rechts- und Sittenordnung des Täuferreiches zu Münster, in: Jahrbuch f. Westf. Kirchengeschichte 69 (1976), S. 75–100.

E. Laubach, Das Täuferreich zu Münster in seiner Wirkung auf die Nachwelt. Zur Entstehung und Tradierung eines Geschichtsbildes, in: Westfälische Zeitschrift 141 (1991), S. 123–150.

R. Klötzer, Die Täuferherrschaft von Münster. Stadtreformation und Welterneuerung, Münster 1993.

Stadtmuseum Münster (Hrsg.), Die Wiedertäufer in Münster, Münster 1982.

4

Das Erwachen des neuzeitlichen Staates

Jedermann, hohen und nedderen Standes, geistlich und weltlich, Arm und Reich moge gleichmeßig und schleunig Recht widerfaren und nemants Recht mit Unibillighheit beschweret... werden.

(Wahlkapitulation des Fürstbischofs von Münster Johann von Hoya vom 25. Oktober 1566)

Die Reichsreform schafft neue Rechtsstrukturen

Zwischen 1566 und 1574 wurde in Münster unter Fürstbischof Johann von Hoya der Rahmen für eine umfassende Erneuerung des Münsterschen Justizwesens geschaffen. Die Reformen führten das Münstersche Rechtswesen der Neuzeit entgegen und standen in engem Zusammenhang mit vergleichbaren Entwicklungen in anderen deutschen Territorien. Vor allem aber wurden sie durch das grundlegende Reformwerk auf Reichsebene zwischen 1495 und 1555 beeinflußt. Das mittelalterliche Recht ließ viele Fragen offen, unterschiedliche regionale Rechtsgrundlagen führten nicht selten zu gerichtlicher Willkür. Allgemeine Rechtlosigkeit war ein zunehmend beklagter Zustand in den deutschen Landesherrschaften. Bisherige Versuche, rechtliche Willkür zu beenden, waren fehlgeschlagen. Erst auf dem Reichstag zu Worms 1495 wurde mit der Verkündigung des ‚ewigen Reichslandfriedens' den bestehenden anarchischen Zuständen der Kampf angesagt. Der Landfrieden verbot die Fehde als Mittel adeliger Selbstjustiz. Die Friedensordnung mußte mit Hilfe neuer Rechtsnormen und Gerichtsinstitutionen, aber auch praktisch umgesetzt werden. Durch die Einrichtung eines höchsten, vom kaiserlichen Hof unabhängigen Reichsgerichts, des ‚Reichskammergerichts', erreichte man, daß Streitigkeiten zunehmend vor Gericht und nicht in persönlichen Auseinandersetzungen ausgetragen wurden. Dieses von den Ständen getragene Reichskammergericht diente zunächst zur Eindämmung des Fehdewesens und zur Sicherung des Landfriedens. Daneben war es die höchste Appellationsinstanz des Reiches.

Die 1495 eingeleitete Reichsreform wurde in der ersten Hälfte des 16. Jahrhunderts in einer Reihe weiterer Maßnahmen und grundlegender Gesetze fortgesetzt. Sie erfaßte dabei wesentliche Bereiche von Verfassung, Verwaltung und Recht und fand erst 1555 auf dem Reichstag in Augsburg ihren Abschluß. Neben der Gründung der Reichskreise im Jahre 1500 erließen die Reichsstände 1512 eine Reichsnotariatsordnung sowie 1530 eine allgemeine Strafordnung, die ‚Cautio Criminalis Carolina'. Der Bereich der öffentlichen Ordnung wurde abgedeckt durch die ‚Reichspolizeiordnung'. Alle Maßnahmen dienten der Rechtsvereinheitlichung und stärkten die Handlungsfähigkeit der Reichsorgane. Die Reichsreform bildete aber auch den Rahmen für zahlreiche Territorialgesetze wie etwa im Fürstbistum Münster.

4.1 Verspottung des mittelalterlichen Rechtswesens, Holzschnitt aus der Bambergischen Halsgerichtsordnung von 1510

Der Holzschnitt zeigt einen Richter und vier Urteiler (Schöffen) mit Narrenkappen und verbundenen Augen. Blind und dumm fällen sie ihr Urteil nach den Bestimmungen des oft als ungerecht empfundenen alten Gewohnheitsrechts. Um 1500 waren zahlreiche solcher bildlichen Darstellungen in Umlauf. Sie verdeutlichten die allgemeine Unzufriedenheit mit den bestehenden Rechtsverhältnissen und verbanden damit nicht selten den Ruf nach Reformen. Dem Holzschnitt ist folgender Text unterlegt: „*Auff boeß gewonheit urteyl geben/Die dem rechten widerstreben/Ist diser blinden narren leben.*" (F. Heinemann, Der Richter und die Rechtsgelehrten, Leipzig 1900.)

4.2 Der Reichstag als gesetzgebendes Beschlußorgan, kolorierter Kupferstich von J. Dürr, 1530

Auf dem Reichstag zu Augsburg im Jahre 1530 nimmt Kaiser Karl V. (1500–1556) aus den Händen der protestantischen Fürsten den Beschluß über die offizielle Einführung der evangelischen Konfession entgegen. Im Hintergrund beraten verschiedene Reichsstände über Reichsangelegenheiten. Dieses Gremium war das höchste gesetzgebende Beschlußorgan des Reiches, auf dem alle Fürsten, Ritter und reichsfreien Städte zusammenkamen. Der Reichstag 1530 galt als besonders bedeutungsvoll. Neben der ‚Confessio Augustana' erhielt hier die erste reichsverbindliche Strafgerichtsordnung, die ‚Cautio Criminalis Carolina', sowie die erste umfassende ‚Reichspolizeiordnung' Gesetzeskraft. (Kunstsammlungen der Veste Coburg)

4.3 Kaiser Karl V. und die Reichsreform, Gemälde von J. Seisenegger, 1532

Kaiser Karl V. (1500–1558), König von Spanien (1516–56) und Neapel, Kaiser des Heiligen Römischen Reiches deutscher Nation (1519–56) war die Schlüsselfigur der europäischen Politik in der ersten Hälfte des 16. Jahrhunderts. Während seiner Regierung mußte er mit zahlreichen internationalen politischen Problemen fertig werden, wie dem Konflikt mit Frankreich, dem Kampf gegen die Türken und der Auseinandersetzung mit der Reformation. Darum nahm er die Initiativen der Reichsstände und ihren

4.1 Verspottung des Rechtswesens

Wunsch nach Reformen auf und unterstützte die Erneuerung des Rechts. Alle von den Ständen beschlossenen Reichsgesetze galten ohne seine Zustimmung nicht als reichsweit verbindlich.
(Martin Luther und die Reformation in Deutschland. Ausstellung zum 500. Geburtstag Martin Luthers. Veranstaltet vom Germanischen Nationalmuseum Nürnberg in Zusammenarbeit mit dem Verein für Reformationsgeschichte, Frankfurt/M. 1983)

Neue Rechtsgrundlagen

Vordringlich erschien im 16. Jahrhundert die Reform des Justizwesens. Sie hatte das Ziel, der zunehmenden Rechtszersplitterung und der Verwilderung in der Rechtspflege energisch entgegenzutreten. Modernisierungen zeigten sich am greifbarsten an den neuen Rechtsgrundlagen, die mittelalterliche Vorstellungen von einem meist mündlich tradierten Regionalrecht ablösten. Erst langsam bildete sich im Spätmittelalter eine Trennung von Straf- und Zivilrecht heraus. Man suchte nach einheitlichen Vorschriften, die überall verbindlich sein sollten. Aber gerade im Zivilrecht war eine Vereinheitlichung deutscher Rechtsgebräuche wegen ihrer regionalen Vielfalt kaum möglich. So bediente man sich hier der einzigen bekannten kodifizierten Rechtsgrundlage, des ‚römischen Rechts' (Codex Justinianus, 6. Jh. n. Chr.) und seiner in den oberitalienischen Kommunen des 13. und 14. Jahrhunderts weiterentwickelten praxisbezogenen Kommentare. Interssant ist etwa der Bereich des Vertragsrechts. Beim Strafrecht hingegen blieben die deutschen Rechtstraditionen erhalten. Man vereinheitlichte hier

Des allerdurchleuchtigsten großmechtigsten vnüberwindtlichsten Keyser Karls des fünfften: vnnd des heyligen Römischen Reichs peinlich gerichts ordnung/auff den Reichßtägen zů Augspurgk vnd Regenspurgk/in jaren dreissig/vñ zwey vnd dreissig gehalten/auffgericht vnd beschlossen.

Cum gratia et priuilegio Imperiali.

4.4 Cautio Criminalis Carolina

die Rechtsgrundlagen aus dem deutschen Gewohnheitsrecht. Seit Anfang des 15. Jahrhunderts bemühten sich die Reichsorgane um reichseinheitliche Strafrechtsregelungen. Nach Jahren der Vorbereitung erließ der Augsburger Reichstag 1530 schließlich die ‚Cautio Criminalis Carolina'. Neben einheitlichen Rechtsgrundlagen blieb vor allem das große Ziel, praktische Rechtssicherheit durchzusetzen. Dies gelang durch zwei vom ‚gemeinen Recht' (römischen Recht) beeinflußte Grundlagen. Die schriftliche Fixierung des Prozesses machte ihn nachvollziehbar und brachte so mehr Sicherheit für den Angeklagten. In Strafsachen erfolgte die Durchsetzung der Offizialmaxime. Damit übernahm der Staat, also Reich und Territorien, die Erforschung von Straftatbeständen. Die Offizialmaxime war eng verbunden mit der Einführung des Inquisitionsverfahrens. Nach einer Anklage übernahm das Gericht in einer Voruntersuchung die Sammlung von Beweisen sowie das Verhör der Angeklagten, bevor es zum öffentlichen Prozeß kam. Die Voruntersuchung wurde streng geheim gehalten, was zahlreiche Gerüchte über die Brutalität ihrer Durchführung aufkommen ließ. Waren die Juristen des Mittelalters überwiegend Laien gewesen, so traten jetzt zur Auslegung des neuen geschriebenen Rechts zunehmend beamtete Berufsjuristen an ihre Stelle.

4.4 Die ‚Carolina' regelt als bedeutendes Reichsgesetz den Strafprozeß, Deckblatt der ‚Peinlichen Gerichtsordnung Kaiser Karls V.' (Cautio Criminalis Carolina), 1532

Die sogenannte ‚Carolina' gilt gemeinhin als das bedeutendste Gesetzeswerk des Alten Reiches. 1532 wurde sie von Kaiser Karl V., der ihr auch seinen Namen gab, in Kraft gesetzt. Für zwei Jahrhunderte stellte sie die Grundlagen der Strafrechtspflege in Deutschland dar. Schon der Titel umreißt den Anwendungsbereich des Gesetzes, was auch auf dem Deckblatt der ersten Ausgabe bildlich zum Ausdruck kommt. Folter- und Hinrichtungsinstrumente sowie der Gang eines Verurteilten zur Richtstätte zeigten auch dem Laien, daß sich die ‚Carolina' auf ‚peinliche' Strafsachen bezog, also Delikte, die mit körperlichen Strafen geahndet wurden. Die Carolina war kein Strafgesetzbuch im heutigen Sinn, sondern eine Strafprozeßordnung, die vor allem den Prozeßverlauf allgemein verbindlich machte. Damit wurden Schriftlichkeitsprinzip und Inquisitionsverfahren endgültig reichsweit eingeführt. (Die peinliche Gerichtsordnung Kaiser Karls V., hrsg. von J. Kohler u. a., Halle 1900)

4.5 Schaubild: Aufbau des Reichskammergerichts

Das 1495 geschaffene Reichskammergericht war die höchste Gerichtsinstanz des Reiches, und seine Urteile galten als bindend. Die Reichsstände machten das Reichskammergericht zu ihrem Organ. Es wurde von ihnen finanziert und mit Beamten besetzt. In drei Kammern saßen insgesamt 24 Assessoren (Urteiler) zu Gericht. Sie wurden paritätisch von Kaiser, Kurfürsten und Reichskreisen bestellt. Den Reichskammerrichter und seine beiden Vertreter (Präsidenten) ernannte der Kaiser. Entsprechend dem mittelalterlichen Schöffensystem fällten die Assessoren die Urteile. Der Richter führte den Vorsitz bei den Prozessen und verkündete das Urteil. Prokuratoren (Staatsanwälte) und Advokaten (Verteidiger) erhielten vom Gericht Zeitverträge. Eine eigene Kanzlei sorgte für die Abwicklung des umfangreichen Schriftverkehrs. Die Stände übernahmen auch die Visitation des Gerichts, die Kreise die Exekution seiner Urteile. Aufbau, Verfahrensweise und Stellenbesetzung regelte eine mehrmals erneuerte (1495, 1548 und 1555) Reichskammergerichtsordnung. Gelehrte Juristen und nicht länger Laien fällten die Urteile. Sie richteten im Strafrecht nach der ‚Carolina' und in Zivilsachen nach dem ‚gemeinen Recht'.

4.6 Aufbau des Reichsgerichts, Holzschnitt des Rottweiler Hofgerichts, 1536

Dargestellt sind die Gerichtsgebäude des kaiserlichen Hofgerichts in Rottweil. Dieses Gericht wurde im 15. Jahrhundert unter Kaiser Friedrich III. gegründet, um in Zeiten der zahllosen Sondergerichte der kaiserlichen Gerichtsbarkeit mehr Gewicht zu verleihen. Große Bedeutung erlangte es durch die Bestallung Kurfürst Adolfs von Mainz (1470–75) zum Hofrichter. Für dieses Gericht wurde auch zum ersten Mal 1471 eine Kammergerichtsordnung erlassen, welche spätere Ordnungen mitprägte. Ab 1486 versuchten die Stände zunehmend die kaiserliche Gerichtsbarkeit zu reformieren, d. h. vom königlichen Hof zu lösen. Dies

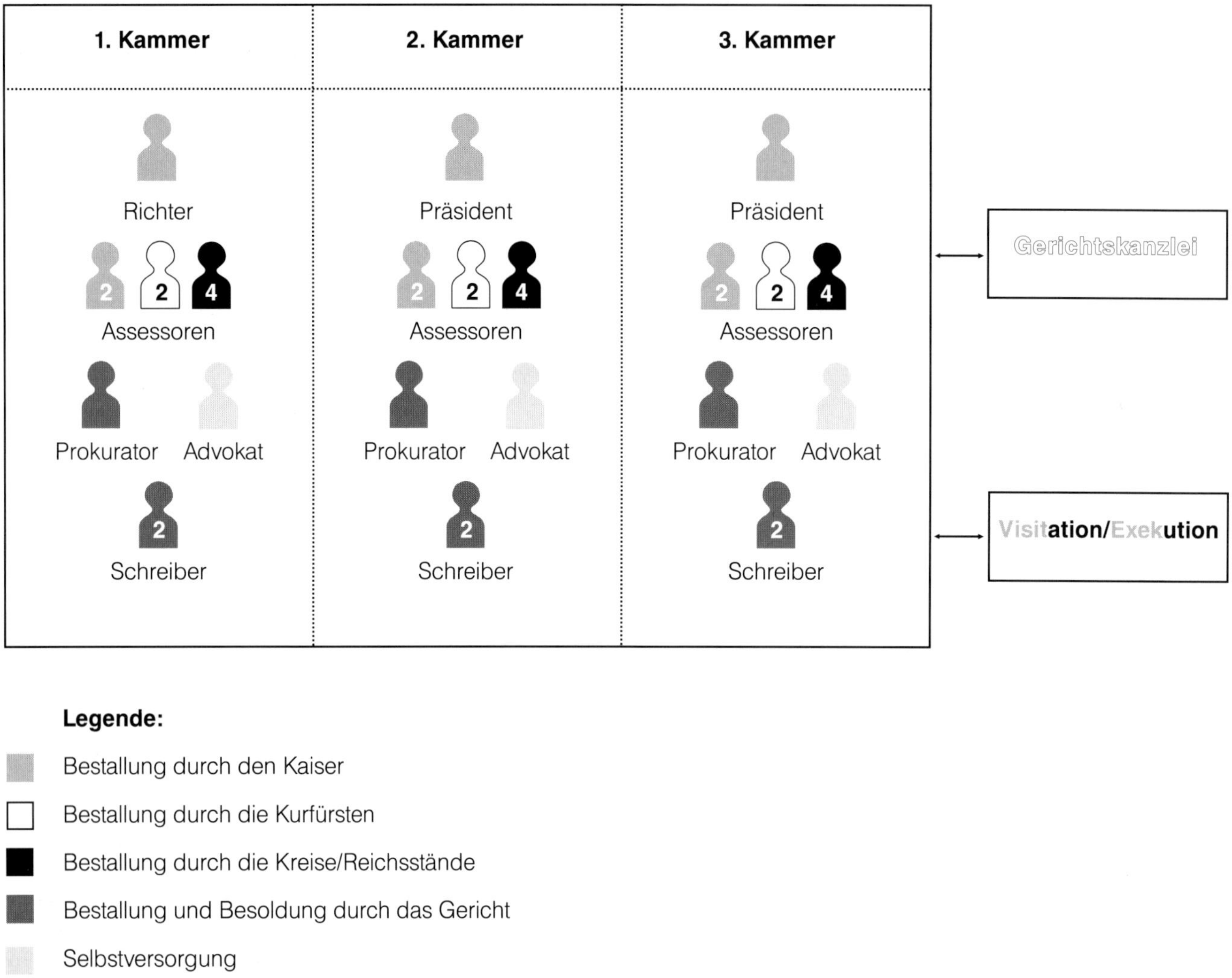

4.5 Aufbau des Reichskammergerichts. Siehe auch Bild-Anhang S. 225

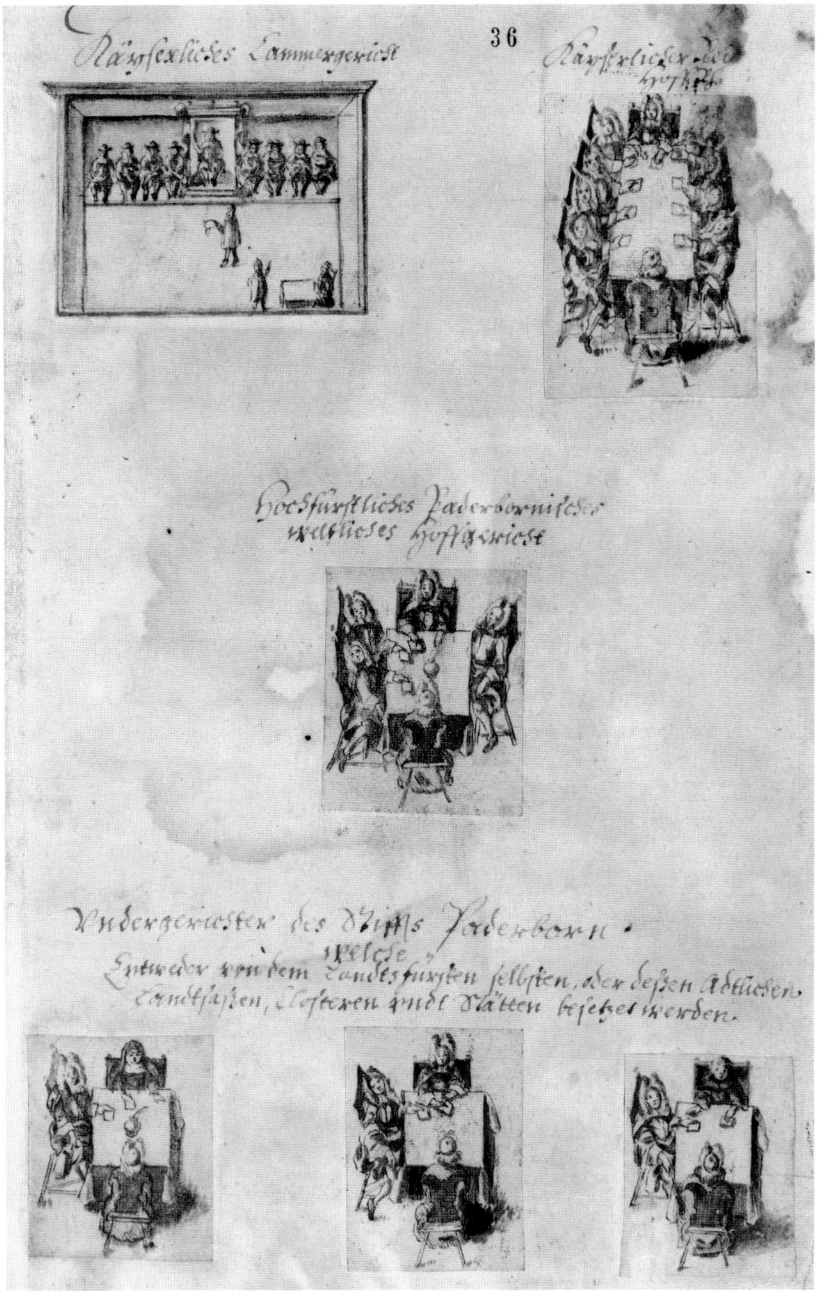

4.7 Instanzenzug der Gerichte

gelang ihnen schließlich mit der Errichtung des Reichskammergerichts 1495. In gewissem Sinn stellte das Rottweiler Hofgericht also eine Vorform des Reichskammergerichts dar, was im Aufbau deutlich zum Ausdruck kommt. Die Räumlichkeiten (Sitzungssaal, Kanzlei) entsprechen im wesentlichen denen des Speyerer Gerichts. Links befindet sich der Gerichtssaal, rechts, mit direkter Verbindung, die Kanzlei zur schriftlichen Abwicklung der Prozesse. Aus Speyer ist keine entsprechend gute Darstellung für das 16. Jahrhundert bekannt. (Heinemann, Der Richter und die Rechtsgelehrten. Leipzig 1900)

4.7 Der Instanzenzug innerhalb des Reiches, Federzeichnung in einer 1698 dem Reichskammergericht eingereichten Prozeßschrift aus dem Fürstbistum Paderborn

Der hier dargestellte Instanzenzug galt auch für den Weg aller Münsterschen Prozesse im 16. Jahrhundert. Im Alten Reich kannte man demnach drei Gerichtsebenen:

1. Die Untergerichte in den Territorien, welche sich im Besitz von Klöstern, Adeligen oder Städten befanden. Diese Gerichte waren zuständig für alle Bewohner des jeweiligen Gerichtssprengels.

2. Das Landesherrliche Hofgericht. In seine Zuständigkeit fielen die Prozesse der Adeligen des Territoriums in erster sowie aller anderen in zweiter Instanz.

3. Das Reichskammergericht in Speyer. Hier suchten alle Reichsstände in erster Instanz, der landesherrliche Adel in zweiter und alle anderen Bewohner des Reiches in dritter Instanz ihr Recht. (Staatsarchiv Münster, Bildersammlung Ü 29)

Justizreformen und Territorialausbau in Münster, 1566–74

Die Rechtssituation im Fürstbistum Münster war bis in die sechziger Jahre des 16. Jahrhunderts ähnlich unübersichtlich wie in den meisten anderen deutschen Territorien. Es gab kein eigenes landesherrliches Gericht. Zwei fürstbischöfliche Räte bearbeiteten die eingehenden Klageschriften, die Urteile wurden vom Landesherrn ausgesprochen. In Strafsachen galt die ‚Carolina', ansonsten wurde nach ‚des Stifts Gewohnheiten' gerichtet. Problematisch aber war vor allem die ständig anwachsende Macht des geistlichen Gerichts. Zunächst nur für geistliche Belange zuständig, nahm es zunehmend auch weltliche Klagen entgegen. Vor allem die Ritterschaft wollte die juristische Bevormundung durch das geistliche Gericht nicht hinnehmen. Als im Sommer 1566 Nachfolgewahlen im Stift Münster anstanden, fiel die Entscheidung der Stände deshalb auf Johann von Hoya, den Administrator des Nachbarstifts Osnabrück.

Johann von Hoya lagen die dringend notwendigen Rechtsreformen selbst am Herzen. Sein Ziel war vor allem eine Angleichung der Justiz an die Reichsgerichte. So wurde im Stift Münster die umfassende Reform der Justizverwaltung sowie die Kodifizierung der Landesrechte in den wenigen Jahren zwischen 1567 und 1573 erreicht. Um rasche Reformen zu ermöglichen, führte man zunächst im gesamten Stift eine Erhebung über die wirkliche Beschaffenheit der Gerichte durch. Sie bildete die Grundlage für die Reformen. In einem weiteren Schritt bemühte man sich, verbindliche Rechtsgrundlagen zu schaffen. Bereits im Sommer 1570 verabschiedete der Landtag eine Landesordnung, die wesentliche Elemente der Reichspolizeiordnung von 1548 enthielt. 1571 wurden mit der Landgerichtsordnung neue Rechtsgrundlagen für die Untergerichte im Stift erlassen. Das Inkraftsetzen der Hofgerichtsordnung (1571) war verbunden mit der Einrichtung eines neuen obersten Territorialgerichts. Dieses weltliche Hofgericht konnte aber nur erfolgreich arbeiten, wenn der Machteinfluß des geistlichen Gerichts eingeschränkt würde. Dies geschah 1573 mit dem Erlaß einer neuen Offizialatgerichtsordnung, welche die Annahme weltlicher Prozesse vor dem geistlichen Gericht stark einschränkte. Regelmäßige Visitationen der einzelnen Gerichte sollten eine erfolgreiche Arbeit der Justizbehörden garantieren. Die Zentralisierung der Justiz bewirkte für den Fürstbischof vor allem eine Stärkung seiner landesherrlichen Macht.

4.8 Porträt des Fürstbischofs Johann von Hoya, unsigniertes und undatiertes Ölgemälde

Johann von Hoya (1529–1574), Fürstbischof von Münster (1566–74), Administrator von Osnabrück (1553–74) und Paderborn (1568–74).

Bevor Johann von Hoya zu einem der bedeutendsten geistlichen Fürsten Nordwestdeutschlands aufstieg, hatte er eine juristische Karriere eingeschlagen. Nach dem Studium beider Rechte in Paris und Italien wurde er durch Protektion Kaiser Karls V. Assessor und schließlich Richter am Reichskammergericht in Speyer. Damit hatte er für einige Jahre das höchste

4.8 Johann von Hoya

Reichsrichteramt inne. Diese Arbeit wurde prägend für seine Reformtätigkeit in Münster. Eine Angleichung der Münsterschen Gerichtsbarkeit und Verwaltung an die Reichssituation blieb so das erklärte Ziel seiner Territorialpolitik. (Bistumsarchiv Münster)

4.9 Schaubild: Das Weltliche Hofgericht

Der schematische Aufbau des weltlichen Hofgerichts verdeutlicht besonders gut, wie eng Johann von Hoya sich bei der Umstrukturierung des Münsterschen Gerichtswesens an die Vorgaben der Reichsreform anlehnte. Das Schema zeigt eine Kopie des Reichskammergerichts, nur die personelle Besetzung fiel bescheidener aus. Bestellt wurden ein Richter und zwei Assessoren. Die Advokaten und Prokuratoren waren nicht bei Gericht angestellt, sondern vereidigte Notare aus

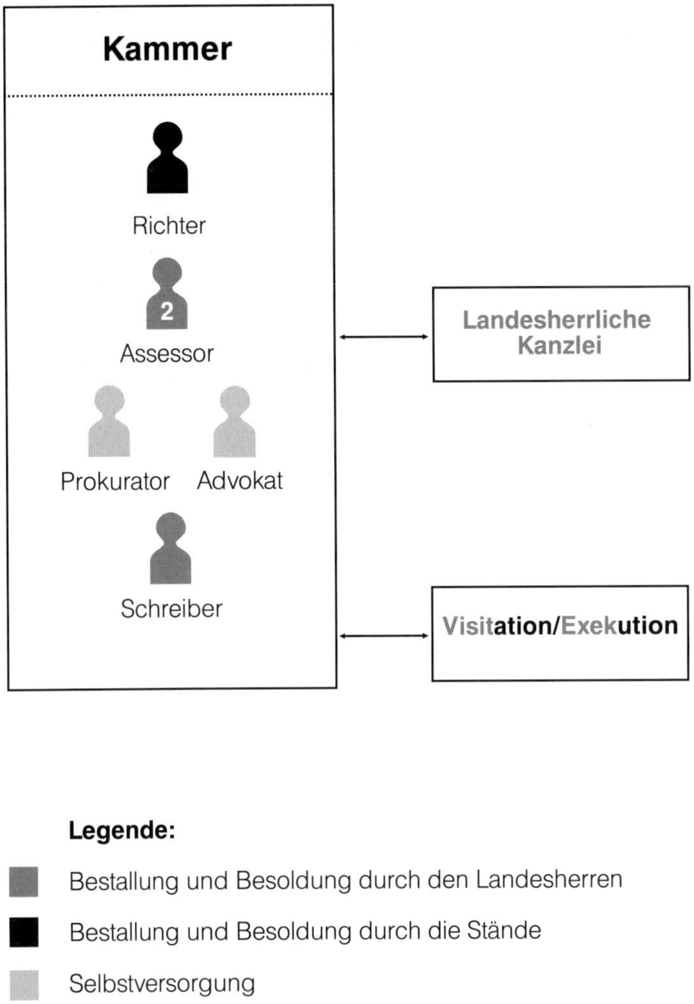

4.9 Weltliches Hofgericht in Münster. Siehe auch Bild-Anhang S. 226

Münster. In der Hofgerichtsordnung wurden Teile der Reichskammergerichtsordnung übernommen, soweit sie für ein Territorium wie Münster sinnvoll erschienen. Am 2. Juni 1572 erfolgte die feierliche Einsetzung des Weltlichen Hofgerichts in Horstmar. Kurzfristig zog man nach Rheine, bevor im Oktober 1573 die endgültige Übersiedlung nach Münster stattfand. Das weltliche Hofgericht residierte im bischöflichen Regierungsgebäude, neben dem heutigen Fürstenberghaus (Pferdegasse). Im ersten Stock des rechten Flügels trat zweimal pro Woche (dienstags und freitags) die Kammer zur Beratung zusammen. Nebenan befand sich die landesherrliche Kanzlei, die jeweils einen Schreiber für das Festhalten des Prozeßverlaufes bereitstellte. Die unmittelbare geographische Nachbarschaft zum Geistlichen Gericht im Dom zeigt die bewußt gewollte Konkurrenz zum Offizialatgericht.

4.10 Die erste Münstersche Landesordnung, 1571

Die Landes- oder Polizeiordnungen regelten das öffentliche Zusammenleben außerhalb des Straf- u. Zivilrechts und stellten somit eine notwendige Ergänzung zu den bestehenden Rechtsgrundlagen dar. Die erste umfassende Landesordnung im Fürstbistum Münster erließen die Stände 1571 gemeinsam mit dem anderen Reformpaket. Es wurden einige Paragraphen der Reichspolizeiordnung übernommen und teilweise in im Stift Münster bereits bestehende Anordnungen eingebaut und modifiziert. Die Landesordnung regelte vor allem Probleme des täglichen Zusammenlebens wie Gesundheitswesen, Handel, Gewerbe und Handwerk. Sie nahm sich auch

der Probleme der öffentlichen Sittlichkeit (Gotteslästerung, übermäßiges Trinken u.a.) an.
(J. J. Scotti (Hg.), Sammlung der Gesetze und Verordnungen, welche in dem Königlichen Erbfürstenthume Münster vom Jahre 1359-[...] 1806 und resp. 1811 ergangen sind. 3 Bde. Münster 1842)

4.11 Das Offizialatgericht

Neben der weltlichen Gerichtsbarkeit, über die der Bischof als Landesherr die Gewalt ausübte, spielte in einem geistlichen Territorium wie Münster auch die kirchliche Gerichtsbakeit eine große Rolle. Auch das geistliche Gericht war in der Hand des Bischofs, hatte aber schwerpuntkmäßig andere Aufgaben. Es regelte in erster Linie geistliche Sachen wie Ehe- und Testamentssachen, Vormundschaften sowie Verstöße gegen das Priesteramt. Es übte aber auch die weltliche Gerichtsbarkeit über alle Geistlichen des Stifts sowie ihre Bediensteten aus. In Mittelalter und früher Neuzeit erfüllte das Offizialatgericht teilweise auch staatliche Aufgaben in Strafsachen, wie etwa die Eintreibung von Schulden.

Die große Bedeutung des geistlichen Gerichts lag auch darin begründet, daß die Kirche ihr Recht bereits im 12. Jahrhundert schriftlich niederlegte. Der Hauptteil dieses ‚corpus iuris canonici' war eine Sammlung spätantiker Texte und basierte somit auf römischem Recht. Hinzu kamen noch päpstliche Entscheidungen in kirchlichen Gerichtssachen. Für die Anwendung dieses Rechts mußte der geistliche Richter, der bischöfliche Offizial, Kirchenrecht studiert haben. Das Gericht tagte einmal pro Woche im Paradies des Domes. Anders als bei den weltlichen Gerichten, übernahm der Offizial nicht nur die Verfahrensführung, sondern fällte als Einzelrichter auch das Urteil.

Vor der großen Justizreform Johanns von Hoya war das Offizialatgericht in Münster die einzige quasi ‚moderne' Gerichtsbehörde. Um die Aufgabenbereiche seines neuen weltlichen Hofgerichts zu stärken, mußte Johann von Hoya als Herr beider Institutionen das weltliche und geistliche Gericht stärker als bisher voneinander trennen. Sein Ziel blieb deshalb, den weltlichen Einfluß des Offizialatgerichts zurückzudrängen. Dies führte zu Auseinandersetzungen mit den Ständen, die vor allem aus finanziellen Erwägungen lieber am alten geistlichen Gericht festhalten wollten. Aber es gelang ihnen nicht, den neuen Einfluß des weltlichen Hofgerichts in Münster einzudämmen.
(Westfälisches Amt für Denkmalpflege Münster)

4.12 Gerichte in Münster im 16. Jahrhundert, Rechtsdreieck: Regierung-Dom-Rathaus

Durch die Gerichtsreform entstand in Münster ein Rechtsdreieck zwischen Regierung, Dom und Rathaus. Alle Straf- und Zivilverfahren aus dem Stift Münster in erster oder zweiter Instanz konnten vor dem weltlichen Hofgericht am Domplatz anhängig gemacht werden. Alle geistlichen Belange gingen weiterhin an das Offizialatgericht im Dom. Auch wenn es vereinzelt noch zu Kompetenzüberschneidungen dieser beiden Gerichtsbehörden kam, entwickelten sich geistliche und weltliche Gerichte in ihrer Zuständigkeit doch zunehmend auseinander. Das Stadtmünstersche Gericht war für alle Bürger der Stadt zuständig. Sein Recht hatte sich bereits im Spätmittelalter etabliert und entwickelte sich weitgehend unabhängig von landesherrlichen Einflüssen. Im 16. Jahrhundert arbeiteten auch hier zunehmend gelehrte Richter. Seit dem Kauf eines ‚privilegium de non appellando' (Appellationsbegrenzung) 1561 konnten die Bürger Münsters bei einem Streitwert bis zu 200 Gulden nicht mehr an das landesherrliche bzw. ans Reichskammergericht in Speyer appellieren. In diesen Fällen war das stadtmünstersche Gericht die erste und letzte Instanz für die Bürger. Diese Maßnahme stärkte den juristischen Machtanspruch der Stadt deutlich und förderte ihre unabhängige Stellung.
(Stadtarchiv Münster)

Strafen in der frühen Neuzeit

Die meisten Vergehen, 86% aller im 16. Jahrhundert vor Münsterschen Gerichten verhandelten Fälle, waren Zivilverfahren, 6% kleine Delikte, für die meist Geldstrafen erhoben wurden. Von diesen Geldern finanzierten sich die Gerichte überwiegend selbst. Bei den Strafverfahren (8%) für Delikte wie Raub oder Mord wurden nach wie vor drakonische Strafen verhängt. Hier bewirkten die frühneuzeitlichen Reformen noch keine Humanisierung der Strafen und des Strafvollzugs. Die ‚Carolina' enthielt das herkömmliche Spektrum grausamer Strafen. Trotzdem versuchte man eine Eindämmung der uferlosen Verhängung von Todesstrafen zu erreichen. So durften nur die in der ‚Carolina' angegebenen Fälle mit dem Tode bestraft werden, bei Abweichung nur auf eine nicht ans Leben gehende Leibesstrafe erkannt werden. Lediglich die Hexenprozesse bildeten eine Ausnahme. Erst im 18. Jahrhundert erfolgte eine gewisse Milderung der verstümmelnden Strafen durch Gefängnishaft.

4.13 Körperstrafen des 16. Jahrhunderts, Holzschnitt aus einem Laienspiegel, 1504

Als in Deutschland während des 16. Jahrhunderts am weitesten verbreitete Körperstrafen galten Verbrennen, Hängen, Blenden, Aufschlitzen, Rädern, Auspeitschen, Enthaupten, Handabhakken. In den meisten Fällen führten sie zum Todes des Deliquenten, zumindest aber zu einem armseligen Leben außerhalb der frühneuzeitlichen Gesellschaft. (F. Heinemann: Der Richter und die Rechtsgelehrten, Leipzig 1900)

Literatur:

H. Angermeier, Die Reichsreform 1410–1555, München 1984

J. Bartmann, Gerichtsverfahren vor und nach der Münsterschen Landesgerichtsordnung von 1571 und die Aufnahme des römischen Rechts im Stift Münster, Heidelberg 1908

H. Detmer, Johann, Graf von Hoya, in: ADB 14 (1881)

A. Laufs, Die Reichskammergerichtsordnung von 1555, Köln/Wien 1976

F.-L. Knemeyer, Das Notariat im Fürstbistum Münster, Jur. Diss. Münster 1964

H. Lahrkamp, Münstersche Reichskammergerichtsnotare 1543/1651, Münster 1970, MGQ V., S. 263–70

G. K. Schmelzeisen, Polizeiordnungen und Privatrecht, Münster/Köln 1955

F. C. Schröder (Hg.), Die Carolina, Die peinliche Gerichtsordnung Kaiser Karls V. von 1532, Darmstadt 1986

W. E. Schwarz, Die Reform des bischöflichen Offizialatgerichts in Münster unter Johann von Hoya (1573), in: WZ 74 (1916) S. 1–228

Ders, Die Anfänge des münsterschen Fürstbischofs Johann von Hoya (1566–68), in: WZ 69 (1911) S. 14–71

5

Hexen- und Zaubereiprozesse

So halte ich's gänzlich davor, daß in der Welt... etliche Zauberer und Unholde seien ... daß aber deren so viel... welche bisher unterm Prätext dieses Lasters in die Luft geflogen, Zauberer und Hexen seien oder gewesen sein sollen, das glaube ich nicht...

(Friedrich von Spee (1591 –1655) Jesuit und Kritiker der Hexenverfolgungen)

Der geschichtliche Ort der Münsterschen Hexen- und Zaubereiprozesse

Der traditionelle Zauberglaube

Der Glaube an Hexen, Zauberer und Magie existierte zu allen Zeiten und in allen Kulturkreisen. Schädigung durch Zauberei wurde zunächst strafrechtlich nicht von anderen Formen der Schädigung unterschieden. Delikte, die als Schadenzauber bewertet wurden, waren Krankheits-, Liebes- und Unfruchtbarkeitszauber, Wetter- und Erntezauber und Milchzauber. Unter Berufung auf die Bibel wurde Zauberei von der Kirche von alters her als Sünde bekämpft. Jedoch wurde eine organisierte Verfolgung abgelehnt. Die Seelsorger versuchten bis ins 13.Jahrhundert, den allgemein verbreiteten Hexen-und Zauberglauben zu beseitigen. Maßgebend für diese Haltung waren die Aussagen des ‚Canon episcopi' aus karolingischer Zeit, der die Zaubereivorstellungen der noch nicht lange christianisierten Bevölkerung zu falschem Blendwerk erklärte, das auf den Einfluß des Teufels zurückzuführen sei. Magische Praktiken wurden nach den Bestimmungen der Bußbücher bestraft.

Die Genese des kirchlichen Hexenbildes

Die Entstehung zahlreicher häretischer Sekten löste eine Legitimationskrise der römischen Kirche aus. Zur Bekämpfung der Sektenbewegungen wurde seit dem frühen 11. Jahrhundert für Ketzer die Todesstrafe durch Verbrennen eingeführt. Die Ketzerverfolgung wurde intensivert und als päpstliches Gebot institutionalisiert. In dieser Zeit gewann in der theologischen Literatur auch das Zaubereithema wieder an Bedeutung. Auf der Grundlage der Augustinischen Dämonenlehre (Paktschluß zwischen Dämonen und Menschen als Voraussetzung für magisch-okkulte Handlungen) entwickelte der einflußreichste scholastische Theologe des Hochmittelalters, Thomas von Aquin, ein ausdifferenziertes System der Dämonologie. Die traditionelle Zauberei wurde in einen engen Zusammenhang mit Häresie gestellt.

Die päpstliche Inquisition und die systematische Kriminalisierung der Zauberei

Die Zauberei wurde aufgrund der konstruierten Verbindung zur Häresie in den Zuständigkeitsbereich der Inquisition gestellt. Mit der von Papst Johannes XXII. (1306–1349) erlassenen Bulle ‚Superillius specula' erfolgte 1326 die Gleichsetzung von Häresie und Zauberei. Zauberer wurden fortan nach den Bestimmungen für Häretiker bestraft. Mit den ersten reinen Zaubereiprozessen entwickelte sich in den Köpfen der Inquisitoren ein Kulminativdelikt der Hexerei, das fünf Hauptpunkte umfaßte: 1. Teufelspakt, 2. Teufelsbuhlschaft, 3.Hexenflug, 4. Hexensabbat (mit Teufelsanbetung) und 5. Schadenzauber (Maleficium). Die Hexerei, ursprünglich als eine Form der Häresie bewertet, verselbständigte sich zu einem eigenständigen Deliktbegriff.

Der Hexenhammer

Die Kritik an dem neuen Hexenbild und die mangelnde Rezeptionsbereitschaft in den Reihen der Kirche führten zu der „Hexenbulle" von Papst Innozenz VIII. (1484), die nachdrücklich zur Hexenverfolgung aufforderte. Mit dem Hexenhammer (‚Malleus Maleficarum') von 1487 vollendeten die Verfasser Sprenger und Henricus Institoris die theoretische Ausbildung des gelehrten Hexenmusters. Neuartig an diesem von der Kirche autorisierten Handbuch war die systematische Verknüpfung der Elemente und die Zuspitzung des Hexereidelikts auf das weibliche Geschlecht. Das Werk beinhaltete zusätzlich Handlungsanweisungen für die strafrechtliche Praxis der Hexenverfolgung.

Der Hexenwahn

Nach Erscheinen von Hexenbulle und Hexenhammer dauerte es noch nahezu ein Jahrhundert, bis sich ein spezieller Hexenglaube, ein Konglomerat aus traditionellen Zaubereivorstellungen und Elementen der dogmatischen Hexenlehre, herausgebildet hatte. Erst dieser eigenständige Hexenglaube rief eine aktive Verfolgungsbeteiligung der Bevölkerung hervor. Der Hexenwahn war folglich kein Spezifikum des Mittelalters: Das theoretische Fundament wurde zwar durch die Scholastiker des Hochmittelalters gelegt, aber die Umsetzung dieses Konstruktes erfolgte erst in der Neuzeit.

5.1 Illustration der sog. ‚Teufelsbuhlerei' aus dem Hexenhammer

Im ‚Malleus Maleficarum' (1487) erfolgte die paradigmatische Kodifizierung des Hexenmusters, das später zwar noch präzisiert und weiter ausgebaut wurde, aber nicht mehr prinzipiell in Frage gestellt wurde. Die Verfasser, Heinrich Institoris und Jakob Sprenger, zwei dominikanische Inquisitoren, stützten ihre Ausführungen auf zeitgenössische theologische Spezialliteratur und auf zahlreiche Inquisitionsprotokolle.

(Malleus Maleficarum, Exemplar aus dem Jahre 1511, UB Münster)

5.2 Schaubild: Die Rechtsprechung in Münster

Zur Zeit der Hexenjagd lag die jurisdiktionelle Zuständigkeit zur strafrechtlichen Verfolgung von Hexerei und Zaubereidelikten beim Rat der Stadt. Der aus 24 Mitgliedern bestehende Rat wählte zwei Richtherren, die die Aufgabe hatten, die Ermittlungen gütlicher und peinlicher Art durchzuführen. Das Urteil wurde vom gesamten Rat gefällt. In Münster wurde gegen Zaubereiverdächtige auf Grundlage der Constitutio Criminalis Carolina prozessiert, wobei der Rat der Stadt im wesentlichen den Vorgaben der Carolina folgte.

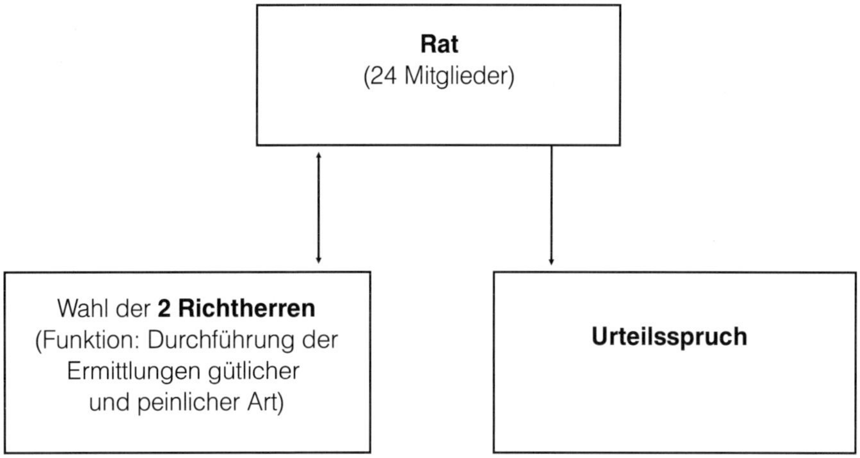

5.2 Die jurisdiktionelle Zuständigkeit bei Zaubereiprozessen

5.3 Artikel der Constitutio Criminalis Carolina zum Zaubereidelikt

Innerhalb des Heiligen Römischen Reiches deutscher Nation bildete die peinliche Halsgerichtsordnung Kaiser Karls V. von 1532, die Constitutio Criminalis Carolina (CCC), die Grundlage der strafrechtlichen Verfolgung des Zaubereidelikts. Insgesamt vier Artikel der CCC beziehen sich auf das Zaubereidelikt.

Artikel 21 zufolge soll auf Anzeige solcher Leute, die der Zauberei oder ähnlichen Künsten nachgehen, niemand verhaftet oder dem peinlichen Verhör unterzogen werden.

Artikel 44 bestimmt die Indizien, die eine Verhaftung und die peinliche Frage legitimieren: das öffentliche Angebot, andere das Zaubern zu lehren, die Drohung, Zauberei anzuwenden, das Eintreten des angedrohten Schadens, die Gemeinschaft mit anderen Zauberern/innen, der Umgang mit zauberischen Gegenständen, Gebärden und Formeln und das öffentliche Gerücht der Zauberei. Erst die Kombination von Verdachtsmomenten soll die Gerichte zur Anwendung der Tortur berechtigen.

Im Falle eines Geständnisses fordert Artikel 52 Angaben darüber, wie und zu welchem Zeitpunkt die Zauberei stattfand. Gegenstände, die angeblich zur Zauberei verwendet wurden, müssen konfisziert und überprüft werden. Der/die Lehrmeister/in und andere Beteiligte sollen angegeben werden. Des weiteren sollen die Geschädigten und der verursachte Schaden benannt werden.

Artikel 109 bestimmt das Strafmaß für der Zauberei überführte Personen: Unterschieden wird zwischen nichtschädigender Zauberei, die nach Ermessen des Richters bestraft werden soll, und schädigender Zauberei. Für ‚nachweisbaren' Schadenzauber wird das Strafmaß ‚Tod durch Verbrennen' festgesetzt. Der Begriff ‚Hexerei' und alle damit verbundenen Vorstellungen von Hexenflug, Hexentanz, Hexensabbat und Teufelsanbetung werden in den Artikeln nicht genannt. Die Bestimmungen der Carolina zur strafrechtlichen Verfolgung des Zaubereidelikts sind vergleichsweise gemäßigt.

Die gesetzlichen Bestimmungen zum Zaubereidelikt wurden in Münster wie folgt gehandhabt: Entgegen den Vorschriften der Carolina ordnete der Rat in vier von fünfzehn Fällen, in denen er die Tortur verhängte, eine zweite peinliche Befragung an. Abweichungen traten zudem bei der Verkündigung des endlichen Gerichtstages auf. Laut CCC sollte dieser den Angeklagten drei Tage vorher bekanntgegeben werden. In Münster wurden die Angeklagten erst einen Tag vorher von der bevorstehenden Verurteilung in Kenntnis gesetzt. Eigene Verordnungen des Rates oder der Erlaß von Hexenordnungen durch die Fürstbischöfe sind nicht überliefert.

5.4 Der prozessuale Verlauf der Zaubereiverfahren

Den Bestimmungen der Carolina zufolge konnten Verfahren wegen Zauberei entweder ‚ex officio‘ (von Amts wegen) durch einen öffentlichen Ankläger, d.h. durch eine Strafverfolgungsbehörde (Inquisitionsprinzip) oder durch die Klage eines in seinen Rechten Verletzten (Akkusationsprinzip) eingeleitet werden. Wenn beweiskräftige Indizien vorlagen, z. B. ein öffentliches Zaubereigerücht, wurde die verdächtigte Person verhaftet. Das Vorverfahren wurde mit einer Zeugenvernehmung oder einem Verhör der Angeklagten eröffnet. Oft wurde vom Rat eine Hausdurchsuchung angeordnet, die vermeintliches Beweismaterial sicherstellen sollte. Das gütliche Verhör der Angeklagten wurde von den Richtherren durchgeführt; dabei wurden Personalien aufgenommen (Name, Alter,Herkunft, Beruf, Stand der Eltern) und Fragen gestellt, die sich auf das zur Last gelegte Delikt bezogen. Die Fragen wurden zum Teil in Frageartikeln formuliert. Den Angeklagten wurden die vorliegenden Indizien vorgetragen. Man hoffte, sie so zu einem Geständnis bewegen zu können. Die Zeugenvernehmung wurde ebenfalls von den Richtherren durchgeführt. Zum Zeugenkreis gehörten Verwandte, Bekannte und Nachbarn, wobei in vielen Fällen die Identität von Hauptzeuge und Denunziant gegeben war.

Der Zeugenvernehmung folgte das peinliche Verhör, das bei Vorliegen ausreichender Indizien durch Ratsbeschluß angeordnet wurde. Die Tortur wurde in Anwesenheit eines Richters, zweier Gerichtsdiener und des Gerichtsschreibers vorgenommen. Den Angeklagten wurden die vorliegenden Indizien vorgetragen, und sie wurden aufgefordert, wahrheitsgemäße Aussagen zu machen. Dann folgte die Vorführung der Folterinstrumente (‚territio‘). Anschließend wurden die Häftlinge entkleidet. Einigen Delinquenten wurden die Körperhaare abrasiert, um die Suche nach einem ‚stigma diabolicum‘ (Teufelsmal) zu erleichtern. Bei Entdeckung eines derartigen Stigmas (z. B. Leberfleck, Warzen) wurde die Nadelprobe durchgeführt (Stigmata galten als schmerzunempfindlich). Dann folgte das Anlegen von Folterinstrumenten wie Daumenschrauben, Beinschrauben oder spanischen Stiefeln. Zweck der Tortur war das Geständnis der Angeklagten und die Besagung von Mittätern/innen. Das Geständnis mußte außerhalb der Tortur von der Angeklagten bestätigt werden. Die Hauptpunkte des Geständnisses wurden in einem ‚extrahierten Bekenntnis‘ zusammengefaßt, das der Rat anfertigen ließ. Durch die Ankündigung des ‚endlichen Gerichtstages‘ wurde der Angeklagten die bevorstehende Verurteilung bekanntgegeben. Zusätzlich mußte sie das ‚extrahierte Bekenntnis‘ bestätigen. Am ‚endlichen Gerichtstag‘ wurde die ‚arme Sünderin‘ zum Richtplatz an der Galgheide geführt und mußte dort nochmals ihre Taten öffentlich bestätigen. Nachdem zwei Bottmeister das Urteil des im Rathaus tagenden Rates emfangen hatten, folgte die Urteilsvollstreckung. Die Hinrichtungen fanden öffentlich statt.

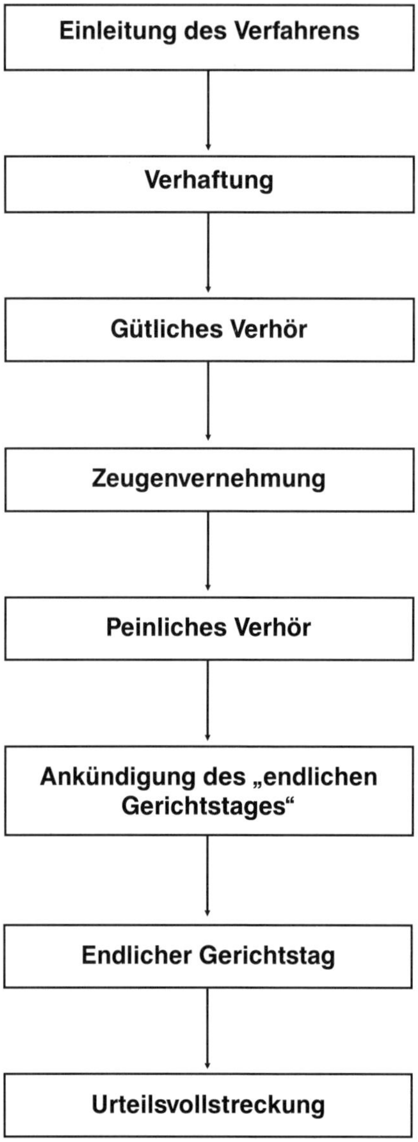

5.4 Der prozessuale Verlauf der Zaubereiverfahren

5.5 Die „Wasserprobe“, Holzschnitt aus dem 16. Jahrhundert

„Sey es denn Sach, daß sie oben schwimmt, hat sie Schuld. Geht sie zu Grunde, so findet man an ihr keine Schuld.“ Die Wasserprobe – auch Hexenbad genannt – gehörte zu den Hexenproben, die in Hexenprozessen als Mittel angewendet wurden, um zusätzliche Indizien zu erlangen. Bei dieser Prozedur band man der Probandin Hände und Füße kreuzweise zusammen; dann wurde sie an einem Seil 3 Mal ins Wasser hinabgelassen. Schwamm die Angeklagte auf dem Wasser, war ein bedeutendes, belastendes Indiz gegen sie gewonnen. Versank sie im Wasser, war sie unschuldig. Die vermutete Aussagekraft dieser Wasserprobe beruhte auf zwei Grundannahmen: 1. Mittelalterlichen Vorstellungen zufolge wurden Verbrecher von dem durch Christi Taufe geheiligten Wasser abgestoßen. 2. Man glaubte, daß die Hexen durch ihren Pakt mit dem Teufel über ein spezifisch leichteres Gewicht verfügten und der Teufel ihr Untersinken verhindere.

In Münster war die Wasserprobe bekannt und wurde nachweisbar bei zwei Frauen angewandt. Später verwarf der Rat die Wasserprobe als Teufelsbetrug. Einige der verdächtigten Frauen baten zum Nachweis ihrer Unschuld um Vornahme der Wasserprobe. Der Rat wertete diese Bitte als weiteres belastendes Indiz gegen die Angeklagte.
(W. Schild, Alte Gerichtsbarkeit. Vom Gottesurteil bis zum Beginn der modernen Rechtsprechung, München 1980)

5.6 „Die peinliche Frage", Holzschnitt aus dem 16. Jahrhundert

Zwei Frauen werden dem peinlichen Verhör unterzogen. Als Folterinstrument wird der sog. ‚Block' verwendet, eine Beinschraube, in die die Unterschenkel einzeln eingezwängt werden.
(R. van Dülmen, Hexenwelten, Frankfurt/M. 1987)

5.7 Der Zaubereiprozeß gegen Anna zur Steinhorst (1618/19)

Das Verfahren gegen Anna zur Steinhorst wurde aufgrund von Denunziation eingeleitet. Sie war über 60 Jahre alt, stammte gebürtig nicht aus Münster und war alleinstehend (möglicherweise verwitwet). Sie hatte zwei uneheliche Kinder und verdiente sich ihren Lebensunterhalt als Dienstmagd und durch gelegentliches Betteln. Das Vorverfahren wurde mit der Vernehmung des Schneiders Bernd Wentrup (Nachbar) und der Ehefrau des Johan Palserkamp eröffnet. Beide gaben zu Protokoll, Ernst Palserkamp (9 Jahre) habe in der Öffentlichkeit berichtet, seine Großmutter habe ihn das Zaubern gelehrt. Aufgrund unzureichender belastender Indizien beschloß der Rat, den Fall „Steinhorst" mit einer Stadtverweisung der Betroffenen zu beenden. Kurze Zeit später wurde Anna zu Steinhorst bei dem Versuch, wieder in die Stadt zu gelangen entdeckt und aufgrund zusätzlicher belastender Indizien erneut verhaftet. Bei einer Hausdurchsuchung hatte man ‚verdächtige Töpfchen' gefunden, mit deren Inhalt die Beschuldigte sich und den Jungen vor dem Flug beschmiert haben sollte. Im ‚gütlichen Verhör' (Vorlage von Frageartikeln) beteuerte die Angeklagte ihre Unschuld und erklärte, bei den aufgefundenen Töpfen handele es sich um Vorratsbehälter.

Ernst Palserkamp beschrieb in seiner Zeugenaussage die Flugvorbereitungen, den Hexentanz und die zauberischen Untaten. Nach der Vernehmung des Kindes wurden weitere Zeugen gehört, eine gelegentliche Arbeitgeberin und zwei Nachbarn. Sie berichteten von totem Vieh (Kühe, Schweine, Pferde), von auffälligen Wetterveränderungen, die Wetterzauber vermuten ließen, und von eigenartigen Vorkommnissen (zahlreiche Katzen in der Nähe des Hauses), die auf Milchzauber hindeuteten.

Anna zur Steinhorst wurde im Niesingturm dem ‚peinlichen Verhör' unterzogen und machte ein umfassendes Geständis: Absagung von Gott, Erlernen der Zauberkunst, Vergiftung von Vieh, Giftanschlag auf ein Mädchen, Unterweisung des Enkels in die Zauberkunst und Hexentanz. Nach Abschluß der Tortur widerrief sie die Aussagen. Es folgte eine weitere Tortur im Ludgeritor. Anna zur Steinhorst war wieder geständig und besagte einige Personen. In einem erneuten gütlichen Verhör bestätigte die Angeklagte einige Aussagen, andere widerrief sie. Eine weitere Zeugenvernehmung erbrachte zusätzliche belastendende Indizien.

Nach der Ankündigung des ‚endlichen Gerichtstages' bestätigte Anna zur Steinhorst das ‚extrahierte Bekenntnis'. Das Urteil des Rates lautete, ‚daß sie nemlich mit dem feur vom leben zum todte hinzurichten' sei. Auf Bitte ihres Beichtvaters wurde ihr die Gnade erwiesen, vor dem Einwerfen der Leiter in das Feuer stranguliert zu werden; dies sollte allerdings heimlich geschehen.

Die Angeklagte Anna zur Steinhorst repräsentiert das idealtypische Opfer einer Zaubereianklage. Bei den Opfern handelte es sich mehrheitlich um alleinstehende Frauen mittleren Alters, die der sozialen Unterschicht angehörten und sich ihren Lebensunterhalt in Dienstverhältnissen, z. B. als Mägde, verdienten. Die Angeklagte stammte wie alle Personen, gegen die der Rat wegen Zaubereiverdachts ermittelte, gebürtig nicht aus Münster. In der Regel handelte es sich bei den Denunzianten um Nachbarn und Bekannte, also um Personen aus dem näheren Kontaktumfeld des Opfers. Häufig standen die Opfer der Zaubereianklage in einem Abhängigkeitsverhältnis zu den Denunzianten. Kinder als Denunzianten traten nur in zwei Fällen auf. Elemente des gelehrten Hexenmusters spielten in den Münsterschen Verfahren keine entscheidende Rolle. Ausführlichere Schilderungen einzelner Elemente wie Hexenflug und Hexentanz erfolgten nur in drei Fällen. Diese Aussagen und sowie das Geständnis des Teufelspaktes wurden von den Angeklagten nur unter Folter gemacht. Im Mittelpunkt der Verfahren stand eindeutig der Schadenzauber, das Maleficium, während wesentliche Elemente des gelehrten Hexenmusters fehlten. Die Münsterschen Verfahren sind daher nicht als Hexenprozesse zu klassifizieren, sondern als Zaubereiprozesse.

5.8 Die Zeugenvernehmung von Ernst Palserkamp laut Kriminalprotokollen der Stadt Münster (Auszug)

In seinen Aussagen beweist der Junge genaue Kenntnis des ‚gelehrten Hexenmusters'. Der Fall Steinhorst ist damit zugleich der erste Prozeß in Münster, der Bestandteile der Hexenlehre aufweist wie z. B. die Flugfähigkeit von Hexen und den Hexentanz. Ernst berichtet, seine Großmutter habe ihn das Fliegen gelehrt und schildert die Vorbereitungen: Er habe sich vor dem Flug mit einer Salbe die Fußsohlen, die Schenkelinnenseiten und die Achselhöhlen eingeschmiert. Sie seien zum Haus der Jödefeldts geflogen. Seine Großmutter habe dort mit einem schwarzen Kraut, das sie vom Teufel erhalten habe, Pferde, Schweine und Kühe vergiftet. Der Junge nennt Plätze, auf denen die Tänze stattgefunden haben sollen, und beschreibt den Ablauf des Hexentanzes: Nach Aussage des Jungen tanzen die Teilnehmer (Donnertag- und Freitagnacht) paarweise auf einer Leine zu einer Musik, die der Teufel auf einer schwarzen Fidel spielt oder auf einer Trommel schlägt. Anschließend wird Kinderfleisch verzehrt.

„Was sie Ime mehr gelehret? Antwortet Sie hab ime auch fliegen gelehret, nemlich daß er seine Arme und fueßen hinrecken und sich erst schmieren sollte, nemlich under die füesse, Item zwischen die beine und under den Armens ... Worauß er sich geschmieret? Antwortet Auß einen Pötken, so Ime sein beste mutter behandet... Wo sie dan erst hingeflogen? Antwortet buhten nach Jödefeldts hin,... und weren des nachts dahin geflogen, und alß es zu 4 uhren liecht worden, weren sie dagewesen, und ... weren sie nach Jödefeldts hause , alda sein beste mutter zwei pferde vergeben mit Krude, welches alß die pferde gegessen, sie hetten die zunge aus dem halse hangen lassen, und were bluet auß heiler haut gesprungen, weren gestanden, hetten gebebet und gesprungen... Wie es die beste mutter gemacht? Antwortet Sie hette ... greß ausgerupft, darin das Kraut gewunden, die pferde drauf ruken lassen, welche drauf geröken un es gessen, uff selbige Zeit hette sie auch zwo Kühe ...und drei schweine...vergeben, hette ...das Kraut zu greß gewunden, welch kraut inen der teufel ufm tantz gebracht, ufm schilde...Ob er mit ufm tantz gewesen und wo? Antwortet Ja, Erst in dem hof ufr lyrmaueren, und darnach uf dem schilde, da sein vatter zu wohnen pflegen ...und pflege Inen der teufel zu sagen, wann sie zum tantz kohmmen sollten, pflegen zwei und zwei zusammen zu tantzen...wan sie das tantzen gethan, nehme der teufel die leijnen zu haufe hinweg, dan sie essen was der teufel pflege zu spielen ufr schwartzen fideln, bißweilen ufr trummen, pflegen kinderfleisch zu essen, und solches ufm platz, da sie getanzt haben,...Wan sie auß zu fliegen pflegen? Antwortet. Ufn donnerstag zu nacht, und freitag zu nacht."

(Stadtarchiv Münster, Bestand B II, Bd IV (1611–1620), S. 171–172)

5.9 Das ‚Extrahierte Bekentnüsß'

Das extrahierte Bekenntnis der Anna zur Steinhorst umfaßt sechs Artikel, die die Hauptpunkte ihres Geständnisses zusammenfassen. Nur der erste Artikel enthält Elemente der Hexenlehre: Die Angeklagte gesteht das Bündnis mit dem Teufel, die Absagung von Gott und das Erlernen der Zauberkunst. Der Teufelspakt wird nicht näher beschrieben. Es handelt sich eher um eine stereotype Formel, die in ähnlicher Form auch in anderen extrahierten Bekenntnissen von Münsterschen ‚Zauberinnen' verwendet wird. Den inhaltlichen Schwerpunkt bilden die von der Angeklagten verursachten Schäden. Genannt werden die geschädigten Personen und der angerichtete Schaden, die Vergiftung von Vieh. Neben dem Schadenzauber gesteht die Angeklagte, ihren Enkel das Zaubern gelehrt zu haben.

„(Das) Extrahierte Bekentnüsß Annen zur Steinhorst von Füchtorff, so sie zu und außerhalb der Pein gethan, und etliche mahlen wiederholet, 1. Erstlich hat Anna zur Steinhorst bekant, das sie vor Vielen Jahren die verfluchte Zauberkunst gelernet, Gott dem Allmechtigen abgesagt, und dem bösen feindt sich ergeben und verpflichtet, 2. Item bekant, das sie vermittels solcher Zauberkunst vorerst einen Johan vorn Hecke genant zu Gröpelingen mit schwartzen Kraute etliche Pferde vergeben, 3. Item bekant, das sie gleichfalß vor etlichen Jaren brinckman zu Gröpelingen etliche schweine vergeben, 4. Item bekant, das sie auch Lüthen Bracht etliche schaafe und kühe mit schwartzen Kraute vergeben, 5. Item bekant, das sie auch der Jödefeldischen etliche Pferde mit schwartzem Kraute, so ihr der böse feindt zugebracht, vergeben, Und einen theil des krauts zu der Jödefeldischen graben zu kampe mit füessen eingebretten. 6. Item bekant, das sie solche Zauberkunst auch ihrer Tochter kindt Ernstchen Palserkamp gelehret, und densölben angeweiset, wie er damit umbgehen solte."

(Stadtarchiv Münster, Acta Criminalia, Bestand B II, Nr. 87, S. 2 vom 2. 3. 1619)

5.10 Kupferstich von Jan Luyken, Hexenbrand in Amsterdam 1571. Der endliche Gerichtstag

Zeitgenössische Münstersche Darstellungen von Urteilsvollstreckungen existieren nicht. Die ‚armen Sünderinnen' wurden – wie auf der Abbildung- an einer Leiter festgebunden und in das Feuer geworfen. Der Fall Anna zur Steinhorst belegt dieses Verfahren. Der Richtplatz, die Galgheide, lag vor dem Aegidii-Tor ungefähr vier Kilometer von der Stadt entfernt. Die Hinrichtungen fanden öffentlich statt.
(R. van Dülmen (Hg), Hexenwelten, Frankfurt/M. 1987)

5.11 Hexenverbrennung in Dernburg

5.11 Flugblatt von 1555 ‚Eine erschröckliche Geschicht' aus Dernburg. Siehe auch die farbige Zeichnung nach dem Flugblatt im Bild-Anhang S. 227

Der Teufel entführt in Gestalt eines Drachens seine Geliebte – eine Hexe – vor aller Augen vom Scheiterhaufen. (Zentralbibliothek Zürich/Schweiz)

Hexenprozesse im 17. Jahrhundert

Zeitalter der Krise

In fast allen europäischen Ländern erreichten die Hexenverfolgungen zwischen 1560 und 1660 ihren Höhepunkt. Aber auch während dieser Zeit waren Hexenprozesse nicht gleichmäßig verteilt, sondern konzentrierten sich auf bestimmte Zeitabschnitte, wobei im deutschsprachigen Raum die Jahre 1626 bis 1630 den Höhepunkt der Verfolgung bildeten. Die Jahre intensiver Verfolgung sind zugleich Kriegsjahre und Jahre der Agrarkrise, in denen aufgrund unwetterbedingter Mißernten eine starke Teuerung der Grundnahrungsmittel einsetzte. In diesen Teuerungsphasen konnte sich die Bevölkerung nicht mehr ausreichend ernähren. Die Hungerkrisen hatten ein gehäuftes Auftreten von Krankheiten und Seuchen zur Folge und bewirkten einen Anstieg der Mortalitätsrate. Zusätzlich verschärft wurde diese Situation durch die seit Ende des 15. Jahrhunderts einsetzende Bevölkerungsexpansion. Die existenzielle Bedrohung führte zu einem Anstieg der sozialen Spannungen und zur Entstehung kollektiver Ängste.

Die Situation in der Stadt Münster

Seit Ende des 16. Jahrhunderts befand sich Münster in der näheren Umgebung von Kriegsschauplätzen. Auf den Spanisch-Niederländischen Krieg folgte der Dreißigjährige Krieg, während dessen Verlauf Münster kurzzeitig belagert wurde. Die Stadt mußte Kriegskontributionen an den Landesherrn zahlen und schützte sich durch Lösegeldzahlungen vor drohenden Brandschatzungen. 1625 trat die Pest epidemisch auf. Bedrohlicher noch als Pest und Kriegshandlungen waren die Mißernten und die darauf folgenden Teuerungsphasen und Hungerkrisen, von denen die Stadt insbesondere 1628/29 betroffen war. In diesen Jahren der Krise zwischen 1627 und 1635 läßt sich in Münster eine auffällige Zunahme des Prozeßaufkommens beobachten. Die Quellen belegen neben erhöhter Verfolgungsbereitschaft auch eine verschärfte Vorgehensweise der Richter gegen Zaubereiverdächtige. Fälle von Lynchjustiz an zaubereiverdächtigen Frauen und zahlreiche Beleidigungsklagen weisen auf einen Anstieg der sozialen Spannungen hin. In diesen Zeiten, in denen ein Zusammenbruch der städtischen Nahrungsmittelversorgung drohte, dienten Zaubereiprozesse offensichtlich als ein Mittel der Krisenbewältigung: Sündenböcke, die man für Not und Elend verantwortlich machen konnte, wurden gesucht und ihre Vernichtung als wirksame Gegenmaßnahme begriffen. Obendrein schuf man auf diese Weise ein Ventil für aufgestaute soziale Spannungen.

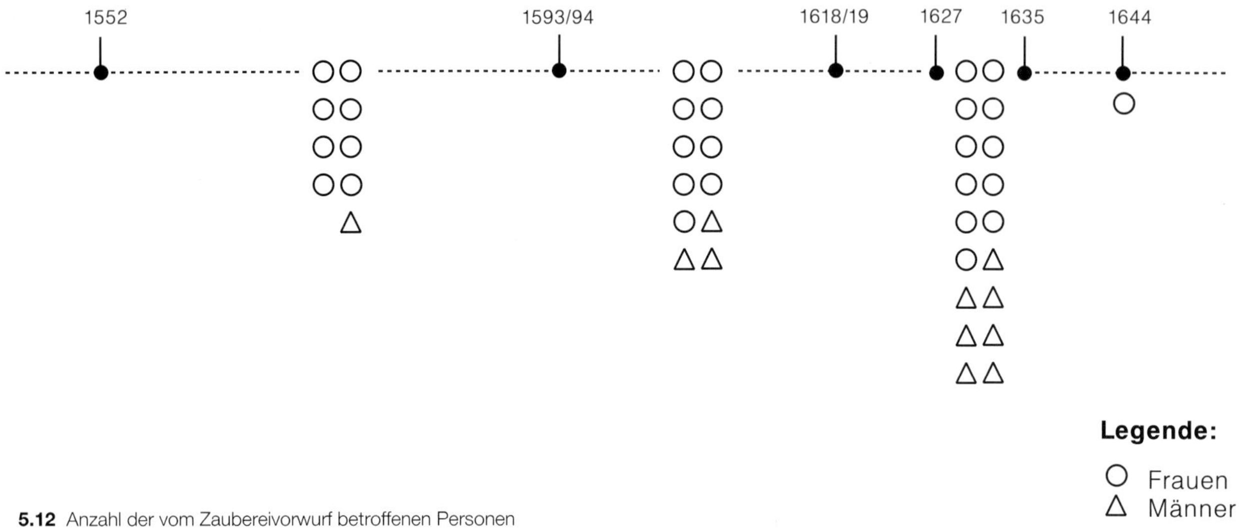

5.12 Anzahl der vom Zaubereivorwurf betroffenen Personen

5.12 Schaubild: Zaubereiverfahren in Münster 1552–1644

In der Zeit von 1552 bis 1644 strengte der Münsteraner Rat 29 Verfahren wegen Zaubereiverdachts an und ermittelte dabei gegen insgesamt 40 Personen. In diesem Zeitraum sind zwei Zäsuren erkennbar. Die Verfahren von 1552 bis 1593 sind durch eine sehr knappe Dokumentation gekennzeichnet. Das Quellematerial enthält keinerlei Informationen über Anlaß und Verlauf der Verfahren; lediglich der Vermerk „Venifitij halb" (der Zauberei verdächtig) weist die Verfahren als Zaubereiprozesse aus. Persönliche Daten (Herkunft, Beruf, Lebensumstände) der Angeklagten sind nur in Einzelfällen aufgeführt. Im Jahr 1594 wurde erstmals eine spezielle Kriminalakte angelegt; entsprechend wurde ausführlich dokumentiert. Die erste Zäsur zwischen 1593 und 1594 resultiert folglich aus der unterschiedlichen Qualität der Quellenbefunde. Die zweite Zäsur fällt in das Jahr 1627, das den Beginn einer Phase stark erhöhten Prozeßaufkommens markiert (1627–1635). In einem Zeitraum von 8 Jahren fanden 15 Zaubereiprozesse statt, in deren Verlauf gegen 18 Personen ermittelt wurde, während in der Zeit von 1552 bis 1618/19 – also in einem Zeitraum von 67 Jahren -nur gegen 16 Personen wegen Zaubereiverdachts prozessiert wurde. Die Zeit der Münsterschen Zaubereiprozesse endet 1644.

Die spezifische Betroffenheit der Frauen

Von insgesamt 40 Personen, gegen die der Rat ermittelte, waren 30 Personen weiblichen Geschlechts. Bei den weiblichen Angeklagten prozessierte der Rat in 29 Fällen aufgrund direkter Zaubereivorwürfe. Die betroffenen Männer waren mehrheitlich in kleinere Verfahren verwickelt, in deren Verlauf der Rat die Zaubereianklage mangels Beweisen fallen ließ. Gegen drei Männer prozessierte der Rat aufgrund von Delikten, die lediglich zum näheren Umfeld der Zauberei gerechnet wurden, wie z. B. Wahrsagerei, Geisterbeschwörung, Schatzgräberei und Kurpfuscherei. Nur in einem Fall ermittelte der Rat aufgrund direkter Zaubereibeschuldigung.

5.13 Schaubild: Die Urteile des Rates in Zaubereiprozessen, s. Bild-Anhang S. 228

Es lassen sich sechs Gruppen von Urteilen unterscheiden:

1. Todesurteil. Der Rat verhängte nachweisbar in fünf Fällen die Todesstrafe. In einem sechsten Fall ist das Strafmaß ‚Tod durch Verbrennen' wahrscheinlich.

2. Posthume Bestrafung. Drei Frauen starben bereits vor Abschluß des Verfahrens an den Folgen der Tortur. Der Rat beschloß, die Leichname zu verbrennen, da genug Indizien vorlagen, die eine derartige Bestrafung legitimierten.

3. Stadtverweisung. Achtzehn Personen wurden der Stadt verwiesen. Betroffen waren davon Personen, die trotz Folter kein Geständnis ablegten oder der Zauberei nicht überführt werden konnten. Personen, die Delikte begangen hatten, die zum näheren Umfeld der Zauberei gerechnet wurden (Geisterbeschwörung, Wahrsagerei, Schatzsuche), mußten die Stadt ebenfalls verlassen. In acht Fällen kombinierte der Rat zur Verschärfung der Strafe die Stadtverweisung mit Körper- und Ehrenstrafen: Die Verurteilten mußten am Pranger stehen oder die Schandsteine aus der Stadt tragen. Einer Frau wurde das linke Ohr abgeschnitten, ein Mann, der den Zaubereivorwurf zurückweisen konnte, wurde als überführter Gartendieb mit der Wippe in den Stadtgraben getaucht.

4. Geldstrafe. Zwei Personen kamen mit einer Geldstrafe davon.

5. Freispruch. Insgesamt acht Personen wurden vom Zaubereivorwurf freigesprochen und ohne Strafe aus der Haft entlassen.

6. Kein Urteil. In einem Fall wurde gar keine Klage erhoben. In einem weiteren Fall entzog sich eine der verdächtigten Frauen dem Urteil des Rates durch Flucht.

Die geringe Verurteilungsquote von sechs geständigen Zauberinnen innerhalb einer Zeitspanne von 92 Jahren und die Freisprüche belegen, daß Münster kein Schauplatz massenhafter Verfolgungen und Hinrichtungen von Hexen war. Die große Zahl der Stadtverweisungen zeigt zudem das Bestreben des Rates, Personen, die zur Verbreitung des Zauberglaubens beitrugen, aus der Stadt zu entfernen. Folglich wurden Personen, die in der Stadt magisch-abergläubische Praktiken ausübten (Wahrsager, Schatzsucher, Teufelsbanner, Kurpfuscher) und nicht geständige Angeklagte, die schon lange im Gerücht der Zauberei standen, der Stadt verwiesen. Die verhältnismäßig milden Urteile des Rates entsprachen keineswegs der rechtstheoretischen Konzeption und rechtspraktischen Handhabung des Zaubereiverbrechens als ‚crimen exceptum'. Das geringe Ausmaß der Hexenjagd in Münster ist darauf zurückzuführen, daß der Rat als Träger der Blutgerichtsbarkeit das gelehrte Hexenmuster nur unvollständig rezipierte und nicht an ein ausgedehntes Hexenwesen in der Stadt glaubte. Bei den Münsterschen Prozessen handelt es sich somit um einzelne voneinander unabhängige Schadenzauberverfahren.

Literatur:

S. Alfing, Hexenjagd und Zaubereiprozesse in Münster. Vom Umgang mit Sündenböcken in den Krisenzeiten des 16. und 17. Jahrhunderts, Münster/New York 1991

R. van Dülmen, Hexenwelten, Frankfurt/M. 1987

Ders., Theater des Schreckens. Gerichtspraxis und Strafrituale in der frühen Neuzeit, 3. Aufl., München 1988

S. Helbing, Die Tortur. Geschichte der Folter im Kriminalverfahren aller Völker und Zeiten, 2. Bde. 3. Aufl. Berlin 1913

Soldan-Heppe, Geschichte der Hexenprozesse, 2. Bde., neu bearbeitet u. hrsg. von Max Bauer, München 1911

6

Die Durchsetzung des fürstbischöflichen Absolutismus

Uns (ist)... austrücklich vorbehalten, daß ein gutes Regiment, Polizei und Justizwesen... wieder eingefueret, dagegen die vor einiger Zeit eingeschlichene Newerungen, Mängel und Gebrechen verbessert, und hierzu, sonderlich auch zu den vornehmbsten gemeinen Aempteren, gute katholische ehrliche und uns als dem Landtsfürsten aufrichtigh zugethane Leute gebrauchet... werden solle.

(Diktat des Fürstbischofs Christoph Bernhard von Galen vom 26. 3. 1661 anläßlich der Kapitulation der Stadt Münster)

Münsters Gerichtsbarkeit zwischen altständischer Autonomie und absolutem Herrschaftsanspruch des Fürstbischofs

Die Gerichtsbarkeit war in Mittelalter und früher Neuzeit ein landesherrliches, von der Königsgewalt abgeleitetes Hoheitsrecht, das nur den Reichsständen zustand, im Falle Münsters dem Fürstbischof. Jedoch ging mit dem gewerblichen und politischen Aufstieg Münsters auch die Hochgerichtsbarkeit auf die städtische Obrigkeit über, ohne daß Münster damit auch verfassungsrechtlich zu einer Reichsstadt geworden wäre. Das Privileg der hohen Gerichtsbarkeit, die Befugnis, Leibes- und Lebensstrafen zu verhängen, hob die Stadt Münster über den Rang von Landstädten hinaus, die lediglich die niedere Gerichtsbarkeit ausüben durften. Auf diese Weise nahm Münster eine eigenartige Zwitterstellung zwischen Reichs- und Landstadt ein, die zu fortwährenden Machtkämpfen zwischen Stadt und Landesherrn Anlaß gab. Seit dem Mittelalter war die Hochgerichtsbarkeit in Münster zwischen der Stadt und dem Fürstbischof geteilt: Der Rat der Stadt und der vom Fürstbischof ernannte Stadtrichter übten sie gemeinsam aus. Letzter leistete seinen Eid auf Landesherr *und* Stadt.

Als Münster nach der Niederschlagung des Täuferreichs im Restitutionsedikt von 1553 seine alten Privilegien zurückerhielt, baute die Stadtobrigkeit auch in Fragen der Gerichtshoheit ihre Position wieder aus. Die Stellung des Bischofs als Gerichtsherr der Stadt kam fast nur noch in Formalien zum Ausdruck. Der von ihm bestellte Stadtrichter hatte zwar die formale Verhandlungsführung bei Strafprozessen inne und verkündete das Urteil, jedoch lagen Beweiserhebung, Verhör und Tortur in Händen von zwei Richtherren, die der Rat aus seinen Reihen wählte. Dem Rat oblag als Schöffenkollegium die Urteilsfindung. Als Fürstbischof Ernst 1592 gegen die Zurücksetzung des Stadtrichters protestierte und diesem verbot, weiterhin am Peinlichen Gericht teilzunehmen, übte der Rat der Stadt über Jahrzehnte hin die Strafgerichtsbarkeit allein aus.

Einem Landesherrn jedoch, dem am Ausbau seiner Territorialherrschaft gelegen war, mußte die ohne landesherrliche Beteiligung ausgeübte städtische Hochgerichtsbarkeit ein Dorn im Auge sein. So versuchte Fürstbischof Ferdinand Ende der 1620er Jahre der Stadt das ‚merum et mixtum imperium', wie die hohe und niedere Gerichtsbarkeit im lateinischen Fachausdruck hieß, streitig zu machen. Er beanspruchte die Gerichtshoheit über sein Bistum als Ganzes, hatte aber nicht die Machtmittel, sich gegen die Stadt durchzusetzen. Er ließ den Stadtrichter seit 1641 wieder am Peinlichen Gericht teilnehmen, ohne daß dieser über den formellen Vorsitz hinaus die Urteilspraxis des Rates der Stadt hätte beeinflussen können. Die Stadt hatte jedoch in ihren Autonomiebestrebungen gegenüber dem heraufziehenden neuzeitlichen Territorialstaat einen schweren Stand; sie konnte sich in ihrem Anspruch auf uneingeschränkte Gerichtshoheit nur auf mittelalterliches Gewohnheitsrecht, nicht auf schriftliche Rechtstitel berufen, während der Fürstbischof und seine juristisch vorgebildeten Räte das römische, im frühneuzeitlichen Verwaltungshandeln stark aufblühende Rechtsdenken ins Feld führten, das von schriftlich kodifizierten Rechtsnormen und dem Bedürfnis nach rationaler, institutioneller Vereinheitlichung der staatlichen Hoheitsausübung geprägt war. Der Wildwuchs des mittelalterlichen Gewohnheitsrechts und das uneinheitliche Nebeneinander unterschiedlicher hoheitlicher Rechtszustände und Herrschaftsprivilegien wirkten beim Aufbau des einheitlichen neuzeitlichen Anstaltsstaates störend. Von der Woge dieses Trends getragen, unterwarf Fürstbischof Christoph Bernhard von Galen 1661 die Stadt mit militärischer Gewalt und ordnete sie seiner landesherrlichen Verwaltung, Gerichtsbarkeit und Militärhoheit unter.

6.1 Fotos der Ratskammer aus der Zeit vor der Zerstörung im II. Weltkrieg. Die Ratskammer im Rathaus dient in der frühen Neuzeit auch als Sitzungssaal des Stadtgerichts.

Die auf den Fotos abgebildete Gestalt erhält die Ratskammer in den Jahren 1576/77. Stadtregierung und Justiz sind noch nicht wie im modernen Verfassungsstaat getrennt. An den Längsseiten befinden sich je zwölf Plätze für die Ratsherren als Schöffenkollegium. Die Sitzplätze hinter dem Richtertisch waren für den Stadtrichter, die beiden Richtherren, den Stadtsekretär oder Syndikus als Protokollanten und möglicherweise für die beiden Bürgermeister vorgesehen. Am Richtertisch sind Reichsadler und Stadtwappen als Hoheitsinsignien der städtischen Gerichtsbarkeit angebracht. Der Kronleuchter trägt den Bibelspruch DILIGITE IUSTITIAM QUI IUDICATIS TERRAM: SAP I. (liebt die Gerechtig-

6.1 Ratskammer im Rathaus

keit, die ihr auf Erden Recht sprecht, Buch der Weisheit 1,1). An einem der Deckenbalken mahnt eine Schrifttafel Richter und Schöffen zur Unparteilichkeit: Audiatur et altera pars – Men hoere beide parte.
(Stadtmuseum Münster)

6.2 Fürstbischof Christoph Bernhard von Galen (1606–1678, Fürstbischof seit 1650) zu Pferde. Gemälde (Öl auf Leinwand) um 1661, Wolfgang Heimbach zugeschrieben

Die Darstellung des Fürstbischofs als reitender Landesherr unterstreicht den Herrschaftsanspruch über die Stadt Münster. Sinnfällig kommt dies darin zum Ausdruck, daß die Silhouette der Stadt unter dem Körper des Pferdes abgebildet ist, das hier für den Herrschaftsanspruch des fürstbischöflichen Landesherrn steht. Angesichts der gewaltsamen Unterwerfung Münsters im Jahre 1661 kommt dieses Reiter-Portrait einer demonstrativen

Geste gleich, daß sich die Stadt der Herrschergewalt des Fürsten unterzuordnen hat. Die beiden über ihm schwebenden Putten tragen die bischöflichen Insignien, die den göttlichen Herrschaftsanspruch unterstreichen.

Der absolutistische Durchsetzungswille des Fürstbischofs lag im Trend der Zeit. Als Christoph Bernhard 1650 vom Münsterschen Domkapitel zu Bischof und Landesherrn gewählt wurde, stellte er bereits eine selbstbewußte Herrscherpersönlichkeit dar. Von Jesuiten erzogen, studierte er später in Löwen und Bourges Rechtswissenschaft. Er lernte auf diesem Wege die moderne Staatslehre kennen, die von der Notwendigkeit einer einheitlichen staatlichen Zentralgewalt sprach. Diese sollte den Wildwuchs des mittelalterlichen Nebeneinanders unterschiedlicher lokaler Gewalten und Zuständigkeiten verdrängen. Zentrale Zuständigkeiten und beamtenmäßige Verwaltung, von römischem Rechtsdenken und systematischen Ordnungsvorstellungen begleitet, waren im 17. Jahrhundert noch etwas Neuartiges, das auch der Münstersche Fürstbischof zum Zuge kommen lassen wollte.
(Stadtmuseum Münster)

6.3 Kupferstich: Portrait des Domdechanten Bernhard von Mallinckrodt (1591–1664)

Mallinckrodt gilt als ehrgeiziger Konkurrent Christoph Bernhard von Galens. Wie dieser entstammt er einem alteingesessenen Münsterländischen Adelsgeschlecht. Aus Verärgerung über das Domkapitel, das seinen Gegenspieler von Galen am 14. November 1650 zum Bischof von Münster wählt, ficht er die Wahl vor den Reichsinstanzen als ungültig an. Nach mehrjährigen Querelen und mißglückter Entführung verlangt der Fürstbischof 1654 von der Stadt Münster die Auslieferung seines Gegenspielers; Mallinckrodt untersteht jedoch innerhalb der Stadtmauern außerhalb des Dombezirks der Gerichtshoheit des Magistrats der Stadt, der keine Anstalten macht, ihn auszuliefern, vielmehr gegenüber dem Landesherrn auf der unbeschränkten Gerichtshoheit der Stadt besteht. Der Machtkampf Mallinckrodt – Fürstbischof verschränkt sich mit den Auseinandersetzungen zwischen Stadt und Landesherrn um dessen absolutistischen Machtanspruch gegenüber der Bürgergemeinde.
(Stadtarchiv Münster)

6.4 Öffentlicher Anschlag des Fürstbischofs Christoph Bernhard vom 20. November 1654 anläßlich der aufrührerischen Aktivitäten des Domdechanten von Mallinckrodt und der Weigerung der Stadt Münster, diesen an die landesherrliche Obrigkeit auszuliefern

Die Bekanntmachung weist darauf hin, daß in Münster seit geraumer Zeit eine Rebellion gegen die weltliche und geistliche Obrigkeit des Landesherrn vor sich geht. Domdechant von Mallinckrodt, der exkommuniziert und mit dem Kirchenbann belegt ist, tritt laut Anschlag auf infame Weise der legitimen Herrschaft des Fürstbischofs entgegen. Sein erfolgreiches Bemühen, die Stadt Münster für seinen Standpunkt einzunehmen, hat eine Kette von Straftaten wider die landesherrliche Obrigkeit ausgelöst, u. a. die Sachbeschädigungen am Jesuitenkolleg anläßlich des Versuchs des Bischofs, Mallinckrodt im Dombezirk festnehmen zu lassen. Da die Stadt Münster aus fürstbischöflicher Sicht nicht bereit ist, gegen die Rebellierenden vorzugehen, behält sich Christoph Bernhard eigene Schritte zur Bestrafung der Aufrührer vor. Empört ist er darüber, daß der päpstliche Sublegat Möckel die Stadt Münster darin bestärkt hat, sich in der Frage Mallinckrodt dem landesherrlichen Auslieferungsbegehren zu widersetzen. Da der Rat der Stadt Münster gegenüber dem Fürstbischof auf seiner ausschließlichen Gerichtshoheit innerhalb der Stadtmauern besteht und die Kölner Nuntiatur das ‚Brachium saeculare' des Fürstbischofs, d. h. die weltliche Gewalt über die Stadt in Frage stellt, dringt der Fürstbischof auf einen päpstlichen Entscheid in dieser Sache.
(Staatsarchiv Münster, Fürstbistum Münster, LA 2 Nr. 17, Bd. 6)

DEmnach der Hochwürdigster in Gott Fürst vnnd Herr/
HERR Christoff Bernardt/ Erwöhlter vnnd Bestättigter Bischoff zu Münster/ deß Heiligen Römischen Reichs Fürst/
Burggraff zum Stromberg vnd HERR zu Borckelohe/2c. Vnser Gnädigster von dem Allmächtigen ordentlich vorgestelter
Lands Fürst vnd HERR/2c. eine geraume Zeit mit gedültigen Augen angesehen/ was massen durch deß/ in seiner boßhafften
wiedersetzlichen hartnäckigkeit/ vnnd Weltkündiger Rebellion erhärteten / alle ordentliche Geist- vnd Weltliche von Gott der
Obrigkeit in die Hände gegebene gehorsambsmittel verachtenden/ vnd allem ansehen nach / alles auff desperirte extremiteten
setzenden/ vor diesem rechtmässig suspendirt/irregulir- vnd in den Geistlichen Kirchen Bann vnd excommunication denunciirten Bernhardten von Mallin-
ckrodt böse Anschläge/ falsche beschmähung/ höchstgem. Ihrer Hoch Fürstl. Gn. eigener gesalbter vnnd Fürstl. Person/ dero gehorsamen Thumb Capittuls/
vnd getrewer Bedienten/ Lügenhaffte/ vnd mit frembder Farbe angestrichene schrifft- vnd mündliche seiner vngerechten Sachen bemäntelung/ heimb- vnnd öf-
fentliche verführung/ Geist- vnd Weltlicher Eingesessenen dero Statt Münster/ durch sich oder seinen anhang verbottener weise angeschlagene famoßschriff-
ten/ außgesprengte Paßquillen/ vnwahre Mährlein vnd gedichter/ so dann durch andere vielfaltig verbottene Mittel vnd practiquen es dahin vnd so weit ge-
bracht/ daß wegen deren darauff erfolgten/ von hundert vnd mehr Jahrn/ in diesem gantzen Löblichen der Catholischen Religion zugethanem Stifft vnerhör-
ten/ nunmehr leyder allenthalben viel zu bekandten Eyds- vnd Gewissens vergessenen Thathandlungen/ so gegen Ihrer Hoch Fürstl. Gnaden getrewe Thumb-
Capittularen Bediente/ ja so gar gegen die zu dem zwischen Ihrer Hoch Fürstlicher Gnaden/ deroselben Thumb Capittul an einem: gegen vnd wieder den von
Mallinckrodt am anderm Theil vorgehenden Missellen/ vnnd zweyträchtigen differentien/ keines weges interessirte Patres Societatis mit höchster vndanck-
barkeit/ durch rasende wüterey/ barbarische frechheit/ vnchristliches schmähen vnnd affterreden vorgangen/ so dann wegen andern fast vnsäglichen muthwil-
lens vnd exorbitantien/ insonderheit der Geistlichen Immunität gegen die Canones geschehener Violation / vnnd deß von Mallinckrodt auß gnugsamen
Criminal Vrsachen angelegter Custodi, gewaltsamer befreyung/ vnd höchst straffbahrer außnötigung (deßwegen Ihre Hoch Fürstl. Gn. Ihro gebührende
ahndung vnd bestraffung vorbehalten) leyder diese Tragœdi der gantzen Christenheit zum geschrey vnd fabula mundi worden/ vnd in allen Post Zeitungen
davon zu lesen ist; vnd wellen dann bekandt/ daß zu dieser gantz vnvernünfftigen vnnd wanwitzigen vnsinnigkeit der von Mallinckrodt sich deß falschen ge-
schreyes meisterlich bedienet/ als wann die Päbstliche Heyligkeit/ vnd ander Hohe Häupter diesen Gottlosen vnd verblendeten Händelen (zu welchem End
deß vnbesonnenen subdelegati Apostolici Möckel vngeschicktes gantz vermessentlich vnd nichtiglich durch den von Mallinckrodt/ vnnd seine der zeit zu Cölln
gehabte fauoriten vnd suffragatores expractizirtes/ vnd dennoch/ ob es zwar auß den gebührenden Schrancken mehr als zu weit gangen/ viel zu milt/ vnd v-
ber dessen inhalt außgedeutetes Brachium ihme trefflich zu statten gekommen) zustimmen/ vnd daran ein gefallen tragen solten; So haben mehr höchstge-
melte Ihre Hoch Fürstliche Gnaden damit männiglich so wol die vnwarheit deß angeregten falschen vorgebens wissen / als ins künfftig vor allen dergleichen
wieder die Obrigkeit/ von welcher man/ nach anweisung Göttlichen Gebotts vnd muthmassung der Rechten allezeit das beste zu præsumiren/ vnd zuvermuh-
ten/ auch reine Zungen zu haben bey zeit vnd ewiger straff schuldig ist/ durch vnruhige Lügenmäuler / oder auch auffrührische Feder außsprengenden betriegli-
chen rumoren vnd gerüchten/ vnd noch mehr vor allem Auffstandt vnd Rebellion sich hüten vnd versehen mögen/ vntengetrückte abschrifft HErrn Cardi-
nalis Ginetti von der Päbstlicher Heyligkeit in dieser Sachen besonders verordneten Commissarij rechtmässig vnd wolerkandter Processuum Citationis, In-
hibitionis, ihres rechten inhalts zu gemeiner wissenschafft kommen/ vnd öffentlich an den gewöhnlichen örtern affigiren zu lassen eigentlich vnd specialiter befoh-
len. Vrkundt deroselben Fürstlichen Secrets. Geben in dero Statt Coßfeldt den zwantzigsten Novembris, Anno 1654.

Locus
Sigilli

6.4 Bekanntmachung des Fürstbischofs von 1654

6.5 Verordnung des Rates der Stadt Münster vom 24. Februar 1655, die die Bürger zu Friedfertigkeit und Respekt gegenüber dem Landesherrn ermahnt

Nachdem der Streit um die Auslieferung Mallinckrodts zu schweren Spannungen zwischen Stadt und Fürstbischof geführt hat, versucht der Rat, die Lage zu entschärfen und dem Landesherrn entgegenzukommen. Im Vertrag von Schöneflieth im Februar 1655 kommt es zu einem Kompromiß im Hinblick auf die Militär- und Besatzungshoheit in der Stadt, die ebensosehr wie die Gerichtshoheit ein Streitpunkt zwischen Stadt und Fürstbischof wird. Im Vorfeld dieses Vertrages treibt den Rat die Sorge, wie die starke innerstädtische Opposition gegen einen Ausgleich mit dem Landesherrn unter Kontrolle zu halten sei. Die Verordnung mahnt zu Zurückhaltung und Respekt vor dem Landesherrn und droht bei widersetzlichem und aufrührerischem Verhalten mit harten Strafen. Im Hintergrund steht, daß die Bürgergemeinde politisch gespalten ist: zum einen eine gemäßigte Fraktion, die ihre Basis vor allem im Kreise der Rats-Juristen hat, zum anderen die Gilden als genossenschaftliche Vertretung der Handwerkerschaft und Kaufleute, die über ihre Führung, zwei Alder- oder Meisterleute, an der Stadtregierung beteiligt sind und im Falle des Nachgebens gegenüber dem Landesherrn um ihren angestammten Einfluß auf die Stadtregierung fürchten. Die Gesamtgilde begreift sich seit dem frühen 15. Jahrhundert als Vertretung und Kontrollorgan der Bürgerschaft gegenüber dem Rat und macht ein Mitspracherecht bei allen Ratsentscheidungen einschließlich der Rechtsprechung geltend. Gemäß ihrer Tradition erweisen sich die Gilden als

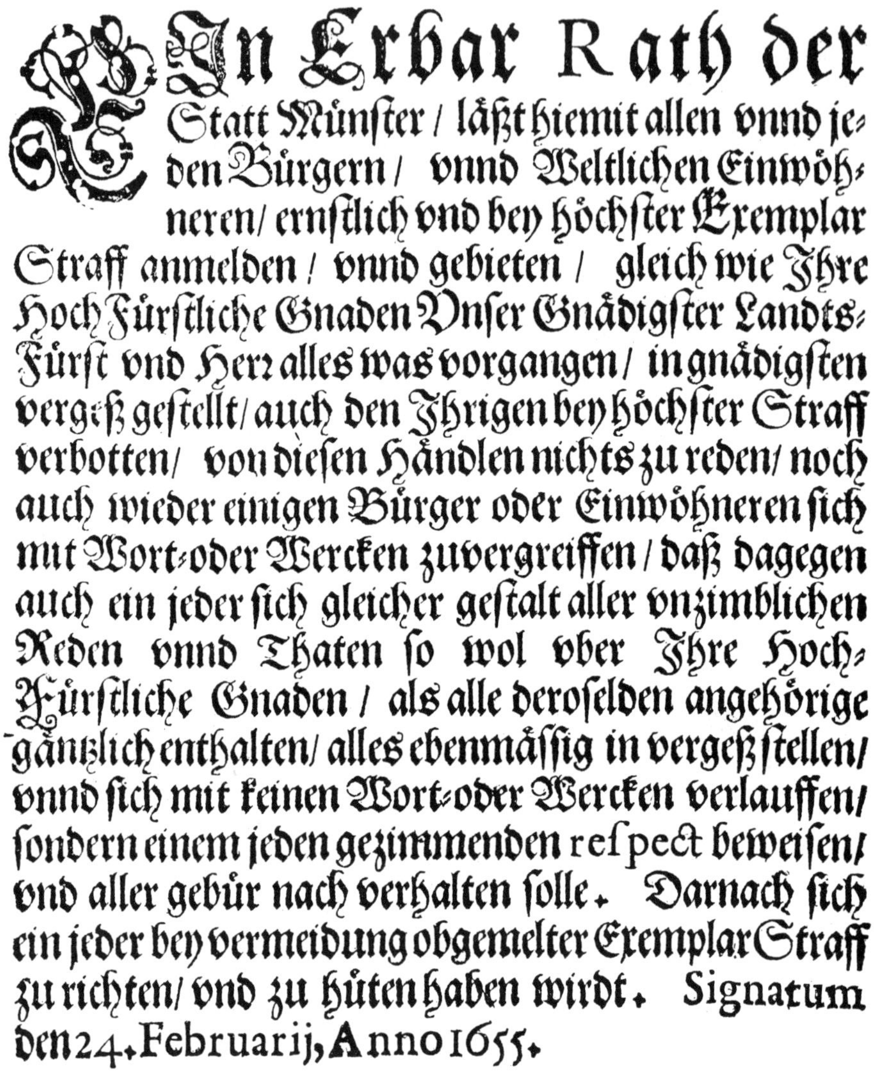
EIn Erbar Rath der Statt Münster / läßt hiemit allen vnnd jeden Bürgern / vnnd Weltlichen Einwöhneren / ernstlich vnd bey höchster Exemplar Straff anmelden / vnnd gebieten / gleich wie Ihre Hoch Fürstliche Gnaden Vnser Gnädigster Landts-Fürst vnd Herr alles was vorgangen / in gnädigsten vergeß gestellt / auch den Ihrigen bey höchster Straff verbotten / von diesen Händlen nichts zu reden / noch auch wieder einigen Bürger oder Einwöhneren sich mit Wort- oder Wercken zuvergreiffen / daß dagegen auch ein jeder sich gleicher gestalt aller vnzimblichen Reden vnnd Thaten so wol vber Ihre Hoch-Fürstliche Gnaden / als alle deroselben angehörige gäntzlich enthalten / alles ebenmässig in vergeß stellen / vnnd sich mit keinen Wort- oder Wercken verlauffen / sondern einem jeden gezimmenden respect beweisen / vnd aller gebür nach verhalten solle. Darnach sich ein jeder bey vermeidung obgemelter Exemplar Straff zu richten / vnd zu hüten haben wirdt. Signatum den 24. Februarij, Anno 1655.

6.5 Verordnung der Stadt Münster

besonders hartnäckige Verfechter der stadtbürgerlichen Unabhängigkeit gegenüber dem fürstbischöflichen Landesherrn.
(Stadtarchiv Münster, A XIV Nr. 129)

6.6 Doppelansicht der Stadt Münster vor und während der Beschießung Münsters 1657 durch bischöfliche Truppen (Radierung von Caspar Merian vor 1667)

Aus der Frage der Militär- und Gerichtshoheit erwächst allen Kompromissen zum Trotz ein Dauerstreit zwischen Stadt und Landesherrn. Er ist Ausdruck der ungeklärten Machtverhältnisse. Als der Fürstbischof dann schließlich versucht, eine neue Tranksteuer gegen den Willen der Stadt einzutreiben, ist der Punkt erreicht, wo sich der Rat der Stadt verleiten läßt, beim kaiserlichen Reichshofrat in Wien das freie Besatzungsrecht (ius praesidii) zu beantragen. Das Begehren bedeutet eine offene Kampfansage an den Fürstbischof. Der Kaiser lehnt den Antrag ab; aber der Rat der Stadt läßt sich in seinem Bestreben nach Unabhängigkeit nicht beirren. Beide Konfliktparteien, Stadt und Fürstbischof, verschanzen sich hinter ihren Positionen: Autonomierechte oder Unterwerfung unter die landesherrliche Gewalt. Der Bischof setzt auf die militärische Erorberung der Stadt, muß die Belagerung aber abbrechen, da die Ritterschaft im eigenen Land nicht mitspielt und die Stadt Münster in den Niederlanden einen mächtigen Verbündeten gefunden hat, der Christoph Bernhard unverhohlen mit dem militärischen Eingreifen droht.
(Stadtarchiv Münster)

6.7 Öffentliche Bekanntmachung des Fürstbischofs vom 14. August 1659, die die Stadt Münster davor warnt, sich dem Urteilsspruch des Wiener Reichshofrates über das landesherrliche Besatzungsrecht zu widersetzen

Nach der Thronbesteigung Kaiser Leopold I. 1658 verändert sich die außenpolitische Lage zugunsten des Bischofs. Die Hoffnung der Stadt Münster, vom Kaiser die alleinige Militärhoheit über das Stadtgebiet zugesprochen zu bekommen, wird durch ein Urteil des Wiener Reichshofrates vom 9. Juli 1659 enttäuscht. Dem Landesfürsten wird als ordentlicher Obrigkeit das uneingeschränkte Besatzungsrecht (das sog. ius praesidii) zugesprochen. Die Stadt Münster findet sich damit nicht ab und setzt auf Zeit, um niederländische Unterstützung zu erhalten. Es sind insbesondere die indirekt an der Stadtregierung beteiligten Gilden, die sich dem uneingeschränkten Herrschaftsanspruch des fürstbischöflichen Landesherrn energisch widersetzen. Sie dringen darauf, daß der Rat der Stadt eine Dreier-Delegation nach Wien entsendet, die dort gegen das Urteil Einspruch erheben soll.

Auf diesen Einspruch spielt die Bekanntmachung des Fürstbischofs an. Sie fordert die Münsteraner auf, sich nicht von solchen Kreisen verführen zu lassen, die sich der rechtmäßigen Obrigkeit einschließlich der höchsten Reichsinstanzen widersetzen. Obendrein führt sie den Münsteranern die Aussichtslosigkeit einer Appellation beim Reichshofrat vor Augen, der bereits ein letztinstanzliches, nicht revisionsfähiges Urteil gefällt hat. Der Fürstbischof verbindet seine Warnung vor fortgesetzter Widersetzlichkeit mit dem Versprechen, Gnade und Milde walten zu lassen, falls sich die Stadt doch noch zur Umkehr bewegen lassen sollte. Bereits vier Wochen nach der Bekanntmachung, am 11. September 1659, erfolgt der kaiserliche Exekutionsbefehl zur Durchsetzung des höchstrichterlichen Urteils.
(Stadtarchiv Münster, A XIV Nr. 139)

6.8 Vogelschau der Belagerung der Stadt Münster 1660/61 (Kupferstich signiert G. Bouttats, undatiert aus Galeazzo Gualdo Priorato, Historia di Leopoldo Cesare, Bd. 1, Wien 1670)

Der Plan zeigt die dritte und letzte Belagerung Münsters durch Christoph Bernhard von Galen. Die Stadt ist, wie 1657, durch ein System von Artilleriestellungen und Wällen eingeschlossen. Neu ist die Idee des Fürstbischofs, die Aa an ihrem Unterlauf hinter der Stadt aufzustauen. Der Rückstau, der auf dem Plan bis zur Stadtmitte reicht, soll den Widerstandswillen der Münsteraner brechen helfen.
(Stadtarchiv Münster)

6.9 Portrait des Bürgermeisters Johann Timmerscheid, der im Auftrage der Stadt mit dem Fürstbischof die Kapitulationsverhandlungen führt (Kupferstich von Anselmus van Hulle und Mathaeus Boreckens, 1649)

Bürgermeister Timmerscheid zählt zu den gemäßigten Kräften innerhalb der Stadtführung. Seine Politik zielt auf Ausgleich mit dem Landesherrn. Nicht zufällig tritt er als juristisch vorgebildeter städtischer Funktionsträger nach der Kapitulation in landesherrliche Dienste: Er wird Richter am Weltlichen Hofgericht. In Münster zeigt sich, daß die universell

6.8 Belagerung der Stadt Münster

verwendbaren Juristen, denen sich im Rahmen der frühneuzeitlichen Territorialstaatsbildung gute Aufstiegschancen eröffnen, den Herrschaftsansprüchen der Landesfürsten weniger ablehnend gegenüberstehen als das städtische Gilde- und Gewerbebürgertum, das im Zuge des Ausbaus der landherrlichen Kontrolle über die Stadt mit beträchtlichem politischen Bedeutungsverlust zu rechnen hat. Timmerscheid gehört zu denjenigen, die auf die Unabhängigkeitsbestrebungen der Stadt dämpfend wirken. Dies weiß der Landesherr zu würdigen.

Die Kapitulationsbedingungen, die Timmerscheid im März 1661 im Auftrag der Stadt zu unterschreiben hat, sehen folgendes vor: Abgabe der Torschlüssel, Widerrufung des Bündnisangebotes gegenüber den Niederlanden, Abführung der Hälfte der Multersteuer (Verbrauchssteuer auf Getreide) an den Landesherrn, Zahlung einer Übergabesumme von 45 000 Reichtalern und strikte Unterord-

nung und Verpflichtung der städtischen Verwaltung einschließlich der Rechtsprechung auf den Landesherrn.
(Stadtarchiv Münster)

6.10 Siegestaler Christoph Bernhard von Galens anläßlich seines Sieges über die Stadt Münster von 1661

Der Fürstbischof läßt nach der Kapitulation Münsters auf seinen Sieg einen Taler prägen, der sein christlich-absolutistisches Selbstverständnis zum Ausdruck bringt, ein von Gott berufener Landesherr zu sein. Die Münze zeigt auf der Vorderseite die Silhouette der Stadt mit dem heiligen Paulus, dem Patron des Bistums, über den Wolken. Unter der Stadtansicht ist zu lesen: MONAST. WESTPH. AD OBED. REDUCTUM (Das wieder zu Gehorsam gebrachte Münster in Westfalen). Die umlaufende Legende nennt die Jahreszahl 1661 in römischen Ziffern und Namen wie Titel des Landesherrn. Die Gegenseite trägt das fürstbischöfliche Wappen mit dem umlaufenden Psalmvers: PROTECTOR MEUS ET IN IPSO SPERAVI QUI SUBDIT POPULUM MEUM SUB ME. (Gott ist mein Beschützer, auf ihn habe ich vertraut, er hat mir mein Volk untertan gemacht.)
(Stadtmuseum Münster)

6.11 Auszug aus dem Regulament des Fürstbischofs Christoph Bernhard von Galen über das künftige Verhältnis von Bürgermeister, Rat und Stadtrichter zum Landesherrn vom 18. August 1661

In der Verordnung kommt der absolutistische Herrschaftsanspruch des Fürstbischofs gegenüber der Stadt Münster zum Ausdruck. Der Verordnung zufolge haben sich Bürgermeister und Stadtgericht dem vom Fürsten bestellten Stadtrichter als höchstem städtischen Beamten unterzuordnen. Nachdem der Fürstbischof die freie Ratswahl aufgehoben und die Mitglieder des Rates und die Bürgermeister auf Lebenszeit ernannt hat, verfügt er, daß die obersten städtischen Organe der Leitung und Kontrolle des fürstlichen Stadtrichters unterliegen. Auch die zuvor vom Rat der Stadt selbständig ausgeübte Gerichtsbarkeit untersteht wieder vollständig dem landesherrlichen Stadtrichter, dessen Rolle im Laufe des zurückliegenden Jahrhunderts auf eine Statistenrolle geschrumpft war. Er übt wieder die Kriminialgerichtsbarkeit mit den vom Rat bestellten zwei Beisitzern oder Richtamtsherren aus, ebenso die Zivilgerichtsbarkeit. Bei Verhaftungen, Tortur und Verurteilungen muß sich der Stadtrichter mit den Bürgermeistern und den Gerichtsbeisitzern zu einer Meinung vergleichen. Als Kontrollinstanz des Landesherrn hat er über den ordnungsgemäßen Verfahrensablauf der Gerichtsprozesse zu wachen.

„Regulament und Instruction, wie sich Burgermeistere und Rhatt bey kunfftiger Ihrer Bedienung, warzu Sie ietzo von Ihro Hochfurst(lichen) Gnad(en) gnedigst verordnet worden, zu Verhalten.

Und Zwarn sollen die Burgermeistere auff bestimpte Zeitt, Und dahe eß die nohtturfft erfordert, den Magistrat ordentlig convociren laeßen Und fleißige acht haben, daß Ihrer Hochfürst(lichen) Gnad(en) persohn, dero Ehr und respect, wie auch gemeine sicherung, nichts vorgenommen, consultirt oder gehandelt werde, Sonderen vielmehr deroselben Bestes und nuetzen Beforderen, und gemeiner Statt also vorstehen, wie Sie eß vor Gott, und Ihrer Hochfurst(lichen) Gnad(en) alß Landts Obrigkeit zu verandtworten getrawen. Sie sollen verfuegen, daß die Rhatspersohnen wochentlich zweymahl, nemblich am Mohn- und Freythag, und Zwarn morgens umb acht Uhren in der Rhatts Cammer zusahmmen kommen, wohbey ieder Zeitt Ihrer Hochfürst(lichen) Gnad(en) Statt Richter sich einfinden, den Obristen plaetz Bekleiden, in dero nahmen praesidiren, Und dabey seinem Ihme ertheilten Regulament gemeeß sich verhalten solle, Und dahe etwan außer denen gewohntlichen Rhatßthagen des Magistrats Versamblung nothig erachtet werden mögte, sollen Besagte Burgermeistere darzu ieder Zeitt des thagß Zuvorn Besagten Ihrer Hochfurst(lichen) Gnaden hiesigen Statt Richteren Zu vorg(emel-) tem endt, mit Bedeutung der Ursachen gebuerendt denuncijren, oder auch auff des Richteren ansage Zu Rhatt kommen und erscheinen. . . .“

(StA Münster, Domkapitel Münster, Akten Nr. 2571)

6.12 Stadt Münster und Zitadelle aus der Vogelperspektive (Federzeichnung von Peter Pictorius d. Ä. um 1680)

Nach der Eroberung der Stadt Münster läßt der Fürstbischof im Westen der Stadt sofort eine Festung anlegen, um seine Herrschaft über die Stadt auf Dauer zu sichern. Zu diesem Zweck wird die Stadtmauer im Westen geschliffen und eine sternförmige Anlage mit Gräben, Wällen und Schanzen errichtet. Der Zweck besteht darin, die Stadt effektiv kontrollieren zu können. Sie bietet eine offene Flanke, von wo aus sie jederzeit unter Beschuß genommen werden kann. Der Plan bringt die militärische Sicherung des absoluten Herrschaftsanspruchs sinnfällig zum Ausdruck.

(Staatsarchiv Münster, Kartensammlung A Nr. 1214)

Literatur:

H. Galen, Durchsetzung des Absolutismus. Dokumente, Fragen, Erläuterung, Darstellung (Geschichte original am Beispiel der Stadt Münster, Heft 1.), Münster 1980

A. Hanschmidt, Zwischen bürgerlicher Stadtautonomie und fürstlicher Stadtherrschaft (1580–1661), in: Geschichte der Stadt Münster, Bd. 1, hg. v. F.-J. Jakobi, Münster 1993

K.-H. Kirchhoff, Gesamtgilde und Gemeinheit in Münster (Westf.) 1410 bis 1661. Zur Entwicklung einer bürgerschaftlichen Vertretung innerhalb der Ratsverfassung, in: Forschungen zur Geschichte von Stadt und Stift Münster, Warendorf 1988

W. Kohl, Christoph Bernhard von Galen, Münster 1964

J. Thesmann, Die Auseinanderseztungen zwischen der Stadt Münster und Bischof Christoph Bernhard von Galen, (Examensarbeit/Hist. Seminar der Univ. Münster) Münster 1986

7

Reformansätze im Zeitalter der Aufklärung

Solange die Revisionen der Urteile so häufig sind, solange die verschiedenen Justizkollegia eines nämlichen Landes besondere Principia und Judicata haben, solange kann ich kein Zutrauen auf die Rechtswissenschaft haben.

(Max Franz, Fürstbischof von Münster, 1798)

Aufklärung und Justizgesetzgebung

Die Motive der späten Aufklärung für Reformen im Bereich der Justiz gründen in zwei wichtigen Prinzipien dieser Geistesbewegung: Die Menschen sollten aus alten, den Wohlstand des Staates hemmenden Bindungen befreit und alle Lebensbereiche nach Maßgabe der Vernunft neu geordnet werden. Für die Herrscher des aufgeklärten Absolutismus und ihre Beamten ergab sich daraus eine Vielzahl von Ansatzpunkten für eine richtungweisende Gesetzgebung. Kaiser Joseph II. faßte seinen Reformwillen in die Formeln „den Wohlstand fördern" und „die Rechte deutlich bestimmen" und gab – wie auch Friedrich II. von Preußen – diesem Willen Ausdruck durch eine umfassende gesetzliche Neuordnung von Recht und Justiz.

So gab es vor allem in der zweiten Hälfte des 18. Jahrhunderts eine große Anzahl von Versuchen, die Justiz im Sinne des populären Naturrechtes zu verändern. Die Rechtspflege sollte praktischer und vernünftiger ausgestaltet werden. Ein neues Verhältnis zum Gedanken der „Bestrafung" und der Wunsch nach einem systematischen und verständlichen Recht machten eine Fülle von Einzelmaßnahmen notwendig. In Preußen und Österreich wurde die Folter abgeschafft, neue Zivilprozeßordnungen modifizierten das Verfahrensrecht nach zeitgemäßen Vorstellungen. Neue strafrechtliche Bestimmungen ergänzten und ersetzten die reichsweit immer noch gültige peinliche Halsgerichtsordnung von 1532 (Carolina). Mit dem Allgemeinen Preußischen Landrecht von 1794 und dem Allgemeinen Bürgerlichen Gesetzbuch für die Deutschen Erbländer der Österreichischen Monarchie von 1811 entstanden erste umfassende und systematische Rechtskodifikationen.

Auch das Fürstbistum Münster reiht sich in die Gruppe der Staaten ein, in denen sich mit den Gedanken der Aufklärung auch Reformwille und Reformansätze einstellten. Sie begannen unter der Regierung des Fürstbischofs Maximilian Friedrich von Königsegg-Rothenfels (1762–1784). Er ernannte den Münsteraner Domherrn Franz von Fürstenberg zum Minister, der daraufhin über achtzehn Jahre fast uneingeschränkt die Regierungsgeschäfte des Fürstbistums leitete. In diese Zeit fielen die meisten Initiativen einer Justizreform. 1780 wurde Fürstenberg entmachtet, nachdem er sich um die Koadjutorwürde mit dem Recht zur Nachfolge auf den amtierenden Fürstbischof beworben hatte und bei der Wahl dem österreichischen Erzherzog Max Franz unterlag.

1784 wurde Max Franz von Österreich (1784–1801), der jüngste Bruder Kaiser Josephs II., Fürstbischof von Münster. Max Franz, der sich als ersten Diener des Staates betrachtete, setzte vor allem Akzente im Bereich des Strafvollzuges. Die münsterischen Geschäfte führte seit 1789 als Geheimer Staatsreferendar der gelernte Jurist Johann Gerhard Druffel. Der loyale, erste Beamte der münsterschen Administration warb nachdrücklich für eine Besserstellung der Beamten und eine Entflechtung ihrer Amtsgeschäfte.

Die Bilanz dieser 50 Reformjahre fällt jedoch bescheidener aus als die von Preußen und Österreich. Die Reformen blieben Stückwerk. Den einzelnen Gesetzen fehlte es vor allem aus zwei Gründen an Systematik, innerer Stringenz und Konsequenz. Einerseits war in dem geistlichen Territorium für einen absoluten monarchischen Willen kein Raum. Die Landstände, Klerus, Adel und Städte, achteten sorgsam auf ihre rechtlichen und politischen Spielräume. Die wirksamsten Grenzen zogen den Reformansätzen andererseits jedoch die Ordnungsprinzipien der ständischen Gesellschaft. Spätestens hier endeten – auch für Preußen und Österreich – die Bemühungen um eine Bereinigung, Fortentwicklung und Vereinfachung der Gerichtsbarkeit.

7.1 Friedrich II., König von Preußen (1740–86), Kupferstich von J.F. Bause nach A. Graff, 1787

(Westfälisches Landesmuseum für Kunst und Kulturgeschichte Münster, Foto-Nr. 77. 4. 2/10)

„Ich habe in diesem Lande einander widersprechende Gesetze vorgefunden, die, statt den Parteien zu helfen, die strittigen Sachen nur noch verwickelter machten und die Prozesse in die Länge zogen. Ich habe daher dem Großkanzler Cocceji meine Absicht mitgeteilt, die Gesetze zu reformieren und keine anderen zu erlassen als solche, die auf natürliche Gerechtigkeit gegründet sind."

(Politisches Testament 1752)

7.2 Maria Theresia, Kaiserin, Erzherzogin von Österreich, Königin von Ungarn (1740–1780). Kupferstich von J.C. Reinsperger nach J. E. Liotard, 1747

(Westfälisches Landesmuseum für Kunst und Kulturgeschichte Münster, Foto-Nr.: 92. 4. 76)

„In den Gesetzen selbst solle sich nicht an die römischen Rechte gebunden, sondern überall natürliche Billigkeit zum Grunde gelegt werden. Die Gesetze sollen so viel als möglich simplifiziert, daher ohne Not nicht vermehrt noch auch bei solchen Fällen, so wesentlich einerlei sind, wegen einer etwa unterwaltenden Subtilität vervielfältigt werden."

(Handschreiben vom 4. August 1772)

7.3 Kaiser Joseph II. (1765–1790). Kupferstich nach C.G. Schule, 1778

(Westfälisches Landesmuseum für Kunst und Kulturgeschichte Münster, Foto-Nr. 77. 4. 14/7)

„[...]die reine Justizpflege [hängt] nicht bloß von der Güte der bürgerlichen Gesetze [ab], sondern auch von vorsichtiger Auswahl jener Wege [...], in welchen dem Richter, ohne daß er seine Bestimmung verfehle, die Mittel zur Entdeckung der Wahrheit vorzulegen sind."

(Allgemeine Gerichtsordnung 1781)

7.4 Titelblatt des Allgemeinen Landrechtes für die Preußischen Staaten. Ausgabe von 1794

Wichtiger Mitautor des Allgemeinen Landrechtes (ALR) war der Jurist Carl Gottlieb Svarez (1746–1798). Das umfassende Gesetzeswerk war vom Nachfolger Friedrichs II., Friedrich Wilhelm II., zunächst suspendiert worden und trat dann 1794 in einer umgearbeiteten Fassung in Kraft.
(Allgemeines Landrecht für die Preußischen Staaten, Teil 1, Band 1, 1. Auflage, Berlin 1794)

7.4 Titelblatt des ALR

„Die Gesetze des Staates verbinden alle Mitglieder desselben ohne Unterschied des Standes, Ranges und Geschlechts. Dem Gehorsam gegen die Gesetze kann also kein Einwohner desselben, er sei von noch so hohem Range, sich entziehen. In dieser Rücksicht sind daher alle Untertanen in den Augen des Souveräns völlig gleich, und der Fürst, der unmittelbar an seinem Throne steht, ist seinen Gesetzen ebenso unterworfen als der niedrigste Landbewohner oder Tagelöhner."

(Vorträge über Recht und Staat, S. 246)

7.5 Joseph von Sonnenfels (1733–1817), niederösterreichischer Regierungsrat, Lehrer für Staatswissenschaft an der Universität Wien, Literat, Theaterkritiker. Radierung von Laicher nach A. Graff

(Westfälisches Landesmuseum für Kunst und Kulturgeschichte Münster, Foto-Nr. 92. 4. 78)

„Der Anblick einer Folterbank allein wird einem schwachen Unschuldigen das Geständnis nicht begangener Verbrechen auspressen, er wird verurteilt werden. Der nervichte und starkmütige Verbrecher hingegen, ein Held unter den Bösewichtern, wird die Folter standhaft ertragen, leugnen und losgesprochen werden."

(Grundsätze der Polizey-, Handlungs- und Finanzwissenschaft, 3. Auflage, 1777)

7.6 Karl Anton Freiherr von Martini (1726–1800), Jurist, Lehrer Max Franz von Österreichs, des späteren Fürstbischofs von Münster (1784–1801). Kupferstich von J.E. Mansfeld

(Westfälisches Landesmuseum für Kunst und Kulturgeschichte Münster, Foto-Nr. 92. 4. 79)

„Wenn einer, gegen den triftige Innzichten von einem irgend begangenen schwereren Verbrechen obwalten, am Leibe gequällt wird, auf daß er zu Bekennung der That gebracht werde, so heißt es, er werde gefoltert. Der gefoltert wird, steht ein Übel der Empfindung aus, wegen eines Übels der Handlung, die aber noch nicht hinlänglich bewiesen worden. Nun ist es zum öftern geschehen, daß Unschuldige, von der Heftigkeit der Schmerzen angetrieben, sich selbst Verbrechen angedichtet, Schuldige hingegen, eher die äußersten Qualen ausgestanden haben, als daß sie ihre Laster bekennen wollten. Überhaupt also kann man sagen, daß die Folter ein unschickliches Mittel ist die Wahrheit von dem, der peinlich gefragt wird herauslocken. Sie ist daher zugleich ein unzulässiges, und ungerechtes Mittel."

(Lehrbegriff des Natur-, Staats- und Völkerrechts, 1783/84, Bd. 3)

7.7 Maximilian Friedrich von Königsegg-Rothenfels, Fürstbischof von Münster (1762–1784). Kupferstich von J. Adam nach J. D. Giorgi, 1782

Seinem Minister ließ Maximilian Friedrich in den Regierungsgeschäften große Handlungsfreiheit. Franz von Fürstenberg fand in seinem Landesherrn einen aufgeklärten und toleranten Menschen, der selbst aber keinen Reformeifer entwickelte. Immerhin stand der Fürstbischof, der seine Wahl Fürstenbergs Einfluß im münsterischen Domkapitel verdankte, fast zwei Jahrzehnte zu seinem Minister. Und dies, obwohl Fürstenbergs Politik oft heftigen Widerstand in der Ständeversammlung provozierte.
(Westfälisches Landesmuseum für Kunst und Kulturgeschichte Münster, Foto-Nr.: 92. 4. 77)

7.7 Fürstbischof Maximilian Friedrich

7.8 Franz von Fürstenberg (1729–1810), Domherr in Münster und Paderborn, Minister für das Hochstift Münster von 1762–1780, Generalvikar für das Bistum Münster 1770–1807. Schabkunstblatt von J. G. Huck, 1806

Fürstenberg leitete als Minister eine Fülle von Reformen ein, die das vom Siebenjährigen Krieg in Mitleidenschaft gezogene Fürstbistum wieder gesunden lassen sollten. Auch für die Justizreformen gilt er als treibende Kraft. Bereits 1763 erfolgten erste Maßnahmen für die

7.8 Franz von Fürstenberg

beschleunigte Abwicklung juristischer Altfälle aus den Kriegsjahren. Drei Jahre später wurden die Hofgerichts- und die Revisionsordnung verabschiedet. Die Pläne Fürstenbergs, die partiell den Interessen von Klerus und Adel entgegenstanden, forderten mitunter starken Widerstand heraus. Fürstenberg wollte selbst zum Fürstbischof aufsteigen, scheiterte aber 1780 bei der Koadjutorwahl als Kandidat Preußens und mußte daraufhin sein Amt aufgeben. Als Generalvikar und Mitglied der Ständeversammlung behielt er auch nach der gescheiterten Kandidatur einigen Einfluß, zog sich aber mehr und mehr ins Privatleben zurück. (Westfälisches Landesmuseum für Kunst und Kulturgeschichte Münster, Foto-Nr.: 80. 3. 199)

7.9 Max Franz von Österreich (1784–1801), Fürstbischof von Münster, Kurfürst von Köln, Hochmeister des Deutschen Ordens, Bruder Josephs II., Stich von J. E. Mansfeld, 1782

Der Sohn Maria Theresias wurde von Karl Anton von Martini in den Staatswissenschaften unterrichtet und entwickelte dabei eine reformfreundliche, aber auch eigentümlich kritische, bisweilen nicht vorurteilsfreie Position zur Justiz. „. . . alles dieses bestätigt mich täglich mehr von der Zwecklosigkeit und Unzulänglichkeit der sogenannten Juristerei, und wie schwer, ja fast unmöglich es sei, ein rechtschaffener Mann bei dem Juristenhandwerk zu sein und in die Länge zu bleiben. . .“, klagte Max Franz in einem Brief. „Gerecht“ und „prompt“ müsse die Justiz sein, die eine der „vorzüglichsten Pflichten der Oberen“ sei. Sie müsse „zur Schützung des Schwächeren“ beitragen und bedürfe klarer, eindeutiger Ge-

setze. Als Landesherr nahm Max Franz aus humanitären Gründen im Falle von Todesurteilen oder Folter bei Inquisitionsprozessen die letzte Entscheidung für sich in Anspruch.
(Westfälisches Landesmuseum für Kunst und Kulturgeschichte Münster, Foto-Nr.: 87.3.24)

Schnellere Verfahren, humanere Strafpraxis, neue Aufgaben: die Reformgesetze

Die Reform der Justiz war in der zweiten Hälfte des 18. Jahrhunderts nicht nur eine Modeerscheinung der Aufklärung, sie war aus mehreren Gründen dringend geboten.

- Die Zahl der Prozesse nahm zu.
- Das alte Recht gab auf viele Rechtsfragen widersprüchliche oder keine Antworten mehr.
- Die Gerichte waren personell unterbesetzt, viele Richter und Anwälte schlecht ausgebildet und schlecht bezahlt. Oftmals holten die Gerichte von Universitäten Rechtsgutachten ein, die die Verfahrensdauer zusätzlich verlängerten.
- Die Vielzahl der Gerichtsbarkeiten und die ständischen Sonderrechte schufen große Rechtsunsicherheit. Die Menschen rätselten oftmals, vor welchem Gericht sie ihr Recht suchen konnten.
- Die Kodifizierung neuer Lebensbereiche in Gesetzeswerken brachte den Gerichten neue, zusätzliche Aufgaben.

Die Regierung Fürstenberg begann mit einer ganzen Reihe von Gesetzesinitiativen, die den zähen Geschäftsgang der Gerichte beschleunigen und die Verfahren straffen sollten. Zudem wollte sie durch klare Vorschriften für alle Gerichte die Prozeßkosten ohne Ansehung der Person vereinheitlichen und überall ein gleiches Verfahren gewährleisten. So ergingen verschiedene Gerichts-Taxordnungen, zuletzt 1781. Bereits 1766 traten zugleich eine neue Hofgerichtsordnung und eine neue Revisionsordnung in Kraft.

7.9 Fürstbischof Max Franz

Andere Gesetze (Edikte) versuchten – allerdings wenig erfolgreich – Klarheit in die durch Sonderregelungen und Privilegien verkomplizierten Zuständigkeitsfragen zu bringen. Denn eine Vielzahl von Vorschriften, die kleinsten Personenkreisen der ständischen Gesellschaft unterschiedliche Rechte in der Justizverfassung einräumten, behinderten vielfach die Prozeßführung.

Neu geschaffenes Recht bescherte der Justiz neue Aufgaben. Als Abhilfe für die finanziellen Risiken der häufigen und oft verhehrenden Stadt- und Häuserbrände wurden eine Brandversicherung (1768) und eine Brandordnung (1770) erlassen. Jedes Haus mußte vermessen und registriert werden. Die Gerichte übernahmen die Katasteraufgaben.

Seit 1785 rückten die Haftbedingungen im münsterschen Zuchthaus in die öffentliche Diskussion. Die Relationen zwischen Täter, Delikt, Strafe und Vollzug wurden gesetzlich klarer differenziert und stärker berücksichtigt. Zu einer Reform des Strafrechts kam es indes bis zur Säkularisierung des Fürstbistums nicht mehr.

Die Reformgesetze bildeten vier Schwerpunkte: 1. Die Gerichtsverfahren sollten einheitlich ausgestaltet und beschleunigt werden und damit die Kosten senken. 2. Kompetenzstreitigkeiten der Gerichte untereinander sollten ausgeräumt und Zuständigkeiten klar definiert werden. 3. Im Strafvollzug hielten nach und nach die humaneren Prinzipien des Naturrechts Einzug. 4. Gesellschaftliche Veränderungen im Verbund mit einem stärkeren Regelungsbedürfnis des Staates erforderten die rechtliche Kodifizierung immer größerer Lebensbereiche.

7.10 Vier Reformschwerpunkte Die Grafik bringt die ungefähr 80 Gesetze und Verordnungen zwischen 1762 und 1802 zur Justiz des Fürstbistums in eine systematische Ordnung. Vier Schwerpunkte lassen sich erkennen: 1. Die Gerichtsverfahren sollten einheitlich sein, beschleunigt werden und damit Kosten senken. 2. Kompetenzstreitigkeiten der Gerichte untereinander wollte man ausräumen und Zuständigkeiten klar definieren. 3. Im Strafvollzug hielten vorsichtig die humaneren Prinzipien des Naturrechts Einzug. 4. Gesellschaftliche Veränderungen erforderten deren rechtliche Kodifizierung, die Gerichten eine neue, klarere Ausgangsbasis für ihre Rechtsprechung gewährte, ihnen aber auch neue Aufgaben zutrug. Dies verweist zugleich auf die enge Verzahnung von Justizreform und durch Naturrechtsrezeption motivierte Rechtsreformen.

7.11 Gerichtsordnung, Edikt von 1766

Das Edikt tritt an die Stelle der Gerichtsordnung von 1571. Sie dringt mit der Fixierung der Gerichtsferien und regelmäßigen Geschäftszeiten auf eine bessere Erfüllung der Dienstpflichten. Außerdem umfaßt sie Änderungen zur Verfahrensweise bei der Zeugenbenennung und beim Abfassen von Prozeßschriften. Schließlich werden auch eine Reihe „überflüssiger" Formalitäten abgeschafft.
(Staatsarchiv Münster, Fürstbistum Münster Edikte A7, Bl. 128)

7.12 Gerichtsstand invalider Soldaten, Edikt von 1785

Die ständische Gesellschaft billigte unterschiedlichen Personenverbänden je nach gesellschaftlicher Position unterschiedliche Rechte zu, auch dem Militärstand. Der Sonderstatus für das Militär brachte aber Probleme für die Militärgerichte bei jenen, die aus dem aktiven Dienst ausgeschieden waren und sich damit auch von den Militärgerichten räumlich entfernt hatten. So stellte dieses Edikt klar: Soldaten und Unteroffiziere, die Invalidengage beziehen, verlieren ihren besonderen Gerichtsstand und unterstehen fortan den ordentlichen Zivilgerichten.
(Staatsarchiv Münster, Fürstbistum Münster Edikte A 10, Bl. 19)

7.13 Richtlinien über Zuchthaus- und Besserungsstrafen, handschriftl. Edikt von 1785

Das Edikt ergänzt die *Verordnung über die Absonderung der Policey- und geringern Verbrecher* aus dem gleichen Jahr. Die Justiz soll künftig kleine Vergehen nicht mehr mit Zuchthaus, sondern mit Besserungshaus ahnden. „Wegen geringerer Vergehungen" Verurteilte werden künftig im Vollzug von den Schwerkriminellen getrennt. Dies soll später ihre Eingliederung in die Gesellschaft erleichtern. Die Richtlinien über Zuchthaus- und Besserungsstrafen geben Erläuterungen für die Richter, wie sie künftig die neu eingeführte Besserungsstrafe handhaben sollten.

„In Ansehung der Fälle, wann eher die Strafe des Zuchthauses oder aber nur die des Beßerungshauses zu erkennen seyn, wird zwar fast bey jedem Verbrechen nach Verschiedenheit der Umständen und nach dem Grade wie weit der Handelnde, dabey fortgerückt ist, so wohl die eine als die andere Art der Bestrafung eintreten können, und überlaßen Wir zware die Bestimmung derselben im einzelnen Fall überhaupt dem vernünftigen Ermessen des Richters. Indeßen soll nur die Strafe des Beßerungs Hauses in folgenden Fällen vorzüglich eintretten:

1) Bey Bettleren in denjenigen Fällen, wo wider dieselben in den bisherigen Edikten die Zuchthaus Strafe verordnet ist.

2) Bey Lärmen und Schlägereyen in Wirthshäuseren, wobey kein Todtschlag begangen worden, und die aus Trunkenheit oder sonstige Ausgelassenheit entstanden, wan nemlich den Umständen nach die Strafe der körperlichen Hinsezung Platz greift.

3) Wenn aus Mutwillen Excessen ausgeübt und anderen beträchtliche Schäden zugefüget werden, und die Geldbuße den Thäter nicht bessert, oder nicht besseren zu können scheinet.

4) Bey fleischlichen Verbrechen, die noch keinen Ehebruch, oder Blutschande enthalten, wofern nur nicht eine schon einmal bestrafte Person ferner fortführe, aus der Lüderlichkeit ein Gewerbe zu machen.

Ingleichen, wenn im Fall deß einfachen Ehebruchs der unschuldige Theil dem schuldigen verzeihet, und um gelindere Strafe bittet.

5) Bey Diebställen sollen Richter aus aller Umständen sorgfältig zu ermeßen suchen, ob nicht von dem Thäter aufrichtige Besserung zu hoffen sey, und falls er nur nach vernünftigem Ermessen, auf zwey Jahren Condemniert werden kan, soll nur aufs Besserungs Haus die Verurtheilung geschehen; sonst aber die sache durch das Arbitrarium Judicis [Urteil des Richters] bestimmet werden.

6) Schließlich soll überhaupt bey Bestimmung einer Arbitrairen Strafe: die eigene Abstufung von einem zwar vorbereiteten, oder auch angefangenen aber nicht vollendeten Verbrechen; die bewiesene Reue; zeigend des Verbrechens; und was sonst zur Milderung der Strafe einen reichlichen Grund abgeben kan, auch besonders in der Rücksicht zur Erwegung gezogen werden; ob den Umständen nach die Verurtheilung zur Zuchthaus oder nur zur Besserungsstrafe zu verfügen."

(Staatsarchiv Münster, Fürstbistum Münster Edikte A 10, Bl. 28)

7.14 **Eigentumsordnung, Edikt von 1770**

Die Eigentumsordnung regelt subsidiär die Rechtsverhältnisse zwischen Eigenbehörigen und Grundherren, weil „deswegen zuweilen große Irrungen und schwere Prozesse entstünden, welche oftmals ganz ungleich und unterschiedlich entschieden würden . . .“. (Staatsarchiv Münster, Fürstbistum Münster Edikte A8, Bl. 7 u. 8)

Kompetenzwirrwarr und Ämterhäufung: die Gerichte

Ausgangsbasis der komplizierten Rechtsordnung, der vielen Sondergerichte und verworrenen Zuständigkeiten war die ständische Gliederung der Gesellschaft. Das fast statische und auch die feinsten Rangunterschiede berücksichtigende *ancien regime* räumte Adel, Klerus und Beamten vielfältige Sonderregelungen ein. Eigenbehörige und Erbpächter waren dagegen nur eingeschränkt rechtsfähig. Für Juden und Soldaten galten ebenfalls gesonderte Vorschriften.

Vielfach waren die bischöflichen Behörden deshalb damit beschäftigt, Zuständigkeiten zu präzisieren, Justizirrtümer zu korrigieren und Konflikte zwischen einzelnen Gerichten zu schlichten. So bestätigte 1786 ein Edikt, daß den Pächtern von landtagsfähigen Adelsgütern das Privileg der Exemtion von der Gerichtsbarkeit der Untergerichte ebenfalls zustehe. Immer wieder kam es zwischen den Obergerichten des Fürstbistums zu entgegengesetzten Auffassungen in Zuständigkeits- und Rechtsfragen. Zwischen *Regierungs- und Hofrat*, der höchsten Revisionsinstanz, und dem Generalvikariat entbrannte ein langjähriger Streit darüber, ob in bestimmten Fällen gegen ein Urteil des Generalvikariats an die Regierung appelliert werden durfte. Weltliches Hofgericht und geistliches Hofgericht (Offizialat) vertraten in Fragen des Erbrechts lange Zeit engegengesetzte Rechtsauffassungen.

So blieb bei der Gerichtsbarkeit in punkto Transparenz vieles beim alten. Fürstbischof Max Franz beklagte 1798 dieses Durcheinander, das nur dazu verleitete, sich *sein* Gericht mit *seinen* Richtern auszusuchen: „Was soll man von der Rechtswissenschaft denken, wenn es täglich heißt, in diesem Justizkollegio dominiert Bigottismus [blindgläubige Frömmigkeit], in jenem Illuminatismus [aufklärerisches-freimaurerisches Denken], hier Demokratismus, dort Aristokratismus, ... Gutsherren müssen ihre Prozesse beim Offizialat, und Untertanen, wenn sie gegen ihre Gutsherren klagen, beim weltlichen Hofgericht anhängig machen!“

Privilegien besaß der Adel nicht nur bezüglich seiner Rechtsfähigkeit, sondern auch bei der Besetzung der wichtigsten Positionen in der staatlichen Verwaltung. Doch gerade in der Gerichtsbarkeit wurde der Adel zum Ende des 18. Jahrhunderts aufgrund der immer unerläßlicheren und aufwendigen juristischen Vorbildung allmählich aus den Gerichten verdrängt, so daß im Jahre 1800 der Domdechant und früher als Richter selbst nicht untüchtige Ferdinand August von Spiegel dem Fürstbischof klagte: „Die Justizpflege ist ganz in den Händen des *tiers état*. . .“.

Doch solange vom Adel die Positionen bei den Gerichten nur unter Repräsentations- und Gehaltsgesichtspunkten angestrebt wurden, hatte der Fürstbischof die Argumente auf seiner Seite: „Insolange der Adel sich nicht bestreben wird, sich ebenso, wo nicht noch mehr, als der bürgerliche Stand zu Geschäften und durch Studien und Applikationen zu qualifizieren und in der Konkurrenz von Verdiensten und Eigenschaften den Sieg davonzutragen ... wird der Zivil- und Gelehrtenstand täglich mehr Fortschritte gegen den Adel machen. . . .“

Dem Erfolg der bürgerlichen Juristen in den Gerichten entsprach allerdings keineswegs die unzureichende Vergütung ihrer Dienste. Zumeist errechnete sich der Verdienst der Richter und Justizbeamten aus Entgelten, die für jede Amtshandlung zu zahlen waren, den Sporteln. Nur wenige Richter erhielten ein richtiges Gehalt – und dies reichte auch nicht zum Lebensunterhalt aus. Wo der Staat nicht für sie sorgte, suchten die Juristen auf anderen Wegen nach einem Auskommen: Wiederholt mußte der Landesherr gegen überhöhte Gerichtsgebühren und die künstliche Verlängerung und Vermehrung von Prozessen einschreiten. Bei Strafe verbot der Fürstbischof dem Gerichtspersonal, Geschenke anzunehmen.

Bis zur Säkularisation des Fürstbistums 1803 blieb es außerdem bei der fragwürdigen Praxis, daß die Richter nebenamtlich noch als Advokaten tätig waren und oftmals eine Adelsfamilie kontinuierlich juristisch berieten. „Bei uns liegt ein Hauptfehler darin, daß kein Justizbeamter – nur das Hofgericht abgerechnet – von seiner Stelle leben kann,“ klagte der Geheime Staatsreferendar Johann Gerhard Druffel noch 1798. Erst im Jahre 1800 wurde das Gehalt der „Regierungs- und Hofräte“ maßvoll erhöht. 1791 waren die Gehälter am Hofgericht angehoben worden. Erste Versuche, ge-

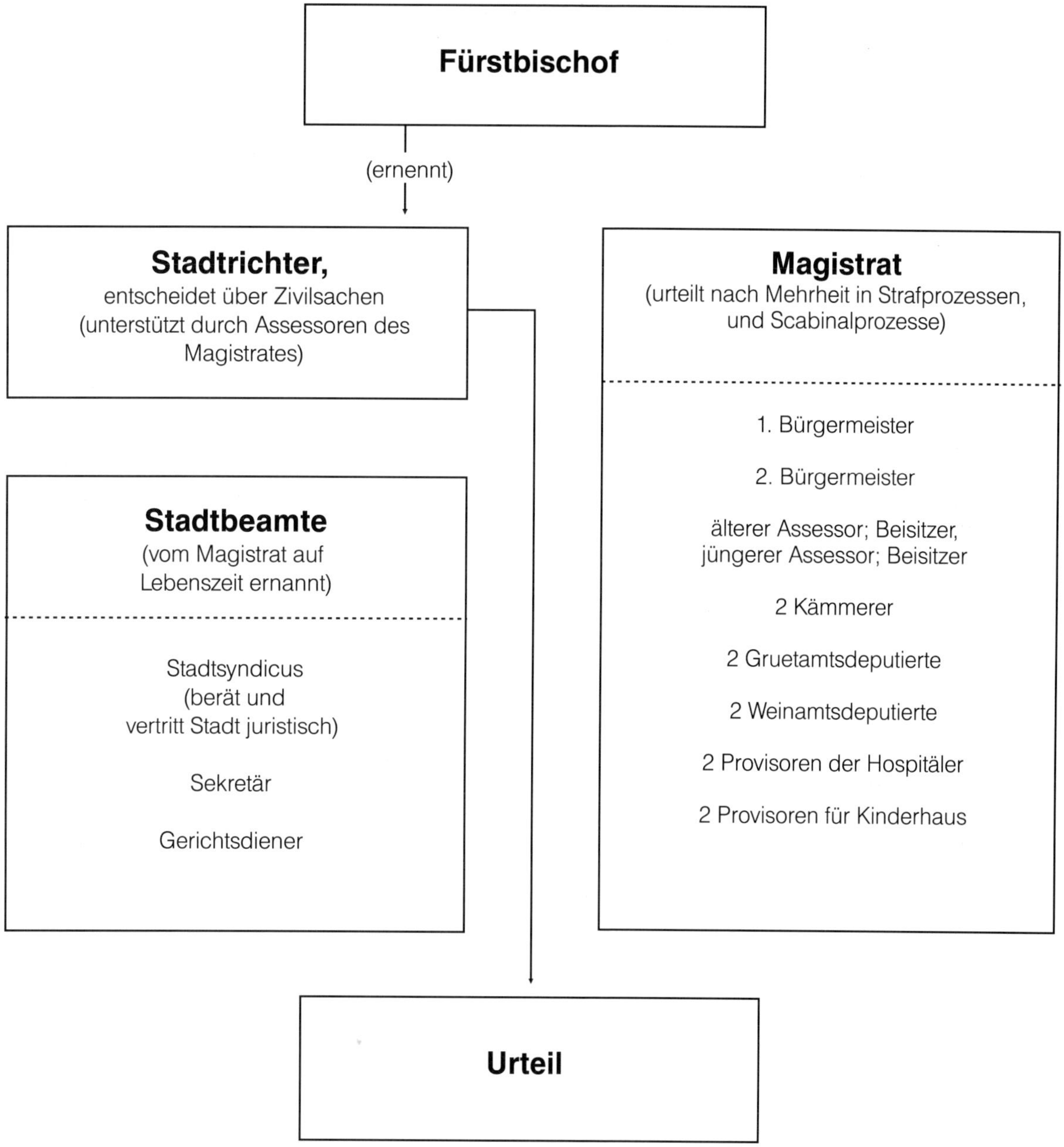

7.15 Stadtgericht Münster (1661–1802)

genüber den Landständen eine angemessenere Vergütung durchzusetzen, waren dagegen bereits in das Jahr 1772 gefallen.

7.15 Das Stadtgericht Münster. Geschäftsgang und Zusammensetzung (1661–1802)

Der vom Fürstbischof eingesetzte Stadtrichter entschied selbständig in Zivil- und Polizeisachen. Er übte außerdem die Aufsicht über die öffentliche Ordnung (z. B. Wirtshäuser, Armenwesen) aus. Die beiden Assessoren des Magistrats der Stadt vertraten und unterstützten den Richter. Sie waren als Beisitzer am Gericht tätig. In Strafprozessen, Scabinalprozessen (Nachbarrechte und Grenzstreitigkeiten) und Gildenstreitigkeiten fällte dagegen der Magistrat mehrheitlich ein Urteil. Der Stadtrichter unterrichtete in diesen Fällen lediglich den Magistrat über die Sachlage. Das Stadtgericht Münster war ein Untergericht mit dem Privileg der 1. Instanz. Nicht zuständig war das Gericht im Gebiet der Domhof-Immunität, der Kommende des Deutschen Ordens und dem Gericht auf dem Bispinghof. Gerichtsherr des Gerichts auf dem Bispinghof war aber gleichfalls der münsterische Magistrat.

7.16 Gutachten des Magistrats der Stadt Münster zum Streit über die Kriminal-Jurisdiktion über Exemte von 1789

Das Gutachten ist ein Beispiel für die vielen Kompetenzstreitigkeiten zwischen den einzelnen Gerichten. Es unterstützt die intensiven Bemühungen des Stadtrichters Christoph Gräver, in der Stadt Münster auch die Strafgerichtsbarkeit über die Exemten (Adel, Klerus, deren Bedienstete, Staatsbeamte) ausüben zu können. Der Stadtrichter begründete diesen Anspruch unter anderem mit einer Liste derjenigen Kriminalprozesse, die in der Vergangenheit bereits vom Stadtgericht entschieden worden waren. Und der Magistrat verweist in seinem Gutachten auf die Unordnung, die es mit sich brachte, als die Strafgerichtsbarkeit über die Juden der Stadt vorübergehend entzogen worden sei. Vermutlich auch finanzielle Gründe sind bei der Bemerkung angesprochen, daß „Ungelegenheiten" zu erwarten seien, wenn das Stadtgericht nur über „eine Klasse der Eingeseßenen", also die Stadtbürger, die Jurisdiktion habe. In einem Gutachten in eigener Sache lehnte die „Regierung" aber das Ansinnen von Stadtrichter und Magistrat mit der Begründung ab, ihr allein stünde laut Reichsrecht die Jurisdiktion über Exemte in Strafsachen zu.

„Hochwürdigst Durchlautigster Kuhrfürst,
Gnädigster Fürst und Herr,

Euer Kuhrfürstlichen Durchlaucht soll dem vernehmen nach in betref der neuerdings Zur Frage gekommenen Criminal Jurisdiction über befreite in dieser Stadt von Höchst Dero Hof Rathen der gnädigst geforderten Bericht erstattet sein. Wegen unsers bei diesen Punkt dahero, weilen die Criminal Jurisdiction alhier von Höchst dero Stadt-Richtern und uns zukommen hergebrachter und Standes herrlich gnädigst festgestelter maßen ausgeübt wird, habenden Interesse finden zu beibehaltung desselben wir uns veranlaßet zu Euer Kuhrfürstlichen Durchlaucht unsern unterthänigste Zuflucht zu nehmen. Nebst Beziehung auf den von Höchstdero Stadt Richtern unterthänigst eingedienten Berichte wollen Euer Kurfürstlichen Durchlaucht wir lediglich zur Höchst eigenen gnädigsten Erwegung überlaßen, welche ungelegenheiten in der folge es nach sich ziehen dörfte, wenn sothane Höchstdero Stadt Richtern und uns Zustehende Jurisdiction nur auf eine sichere Klasse der Stadt Eingeseßenen eingeschränkt seyn sölte.

Höchstdieselben Erlauben gnädigst, daß wir deshalb den vorfall mit den nur der Hochfürstlichen Hofkammer in Civilibus unterworfenen Juden in gnädigste Erinnerung bringen, daß nemblich, da dieselben vor eine Zeitlang von Jahren kraft ihres Hauptgeleits von 1763 und 1773 in Criminalibus gleichfalls der Hochfürstlichen Hofkammer privative unterwürfig gemacht worden, auf dagegen von Höchstdero Hofrathen geschehene Vorstellung der darvon zu besorgenden und wirklich sich begebenen unordnungen solcher gnädigst abgeändert, und die Criminal Jurisdiction über die Juden des Orts Richtern belaßen seyn.

Demnach Hoffen und Bitten wir unterthänigst gehorsamst Euer Kuhrfürstlichen Durchlaucht mildest geruhen werden die Criminal Jurisdiction hieselbst Höchstdero Stadt Richern und uns nach den bißherigen offenkundigen herbringen ohnbeschränket zu belaßen.
Die in tiefster Ehrforcht Ersterben
Euer Kurfürstlichen Durchlaucht
Unterthänigst Treugehorsamste
Bürgermeister und Rath der Haupt- und Residenzstadt Münster und namens derselben
Ferdinand Joseph Bruchausen
Friderich Christian von Vagedes"

(Staatsarchiv Münster, Fürstbistum Münster, Kabinettsregistratur Nr. 1539 Bl. 14/15)

7.17 Gerichtsstruktur im Fürstbistum Münster. Schematische Darstellung der komplizierten Gerichtsverfassung mit den wichtigsten Gerichten, deren Zuständigkeiten und dem Instanzenzug in Zivil-, geistlichen und Fiskal-Sachen nach Ständen.

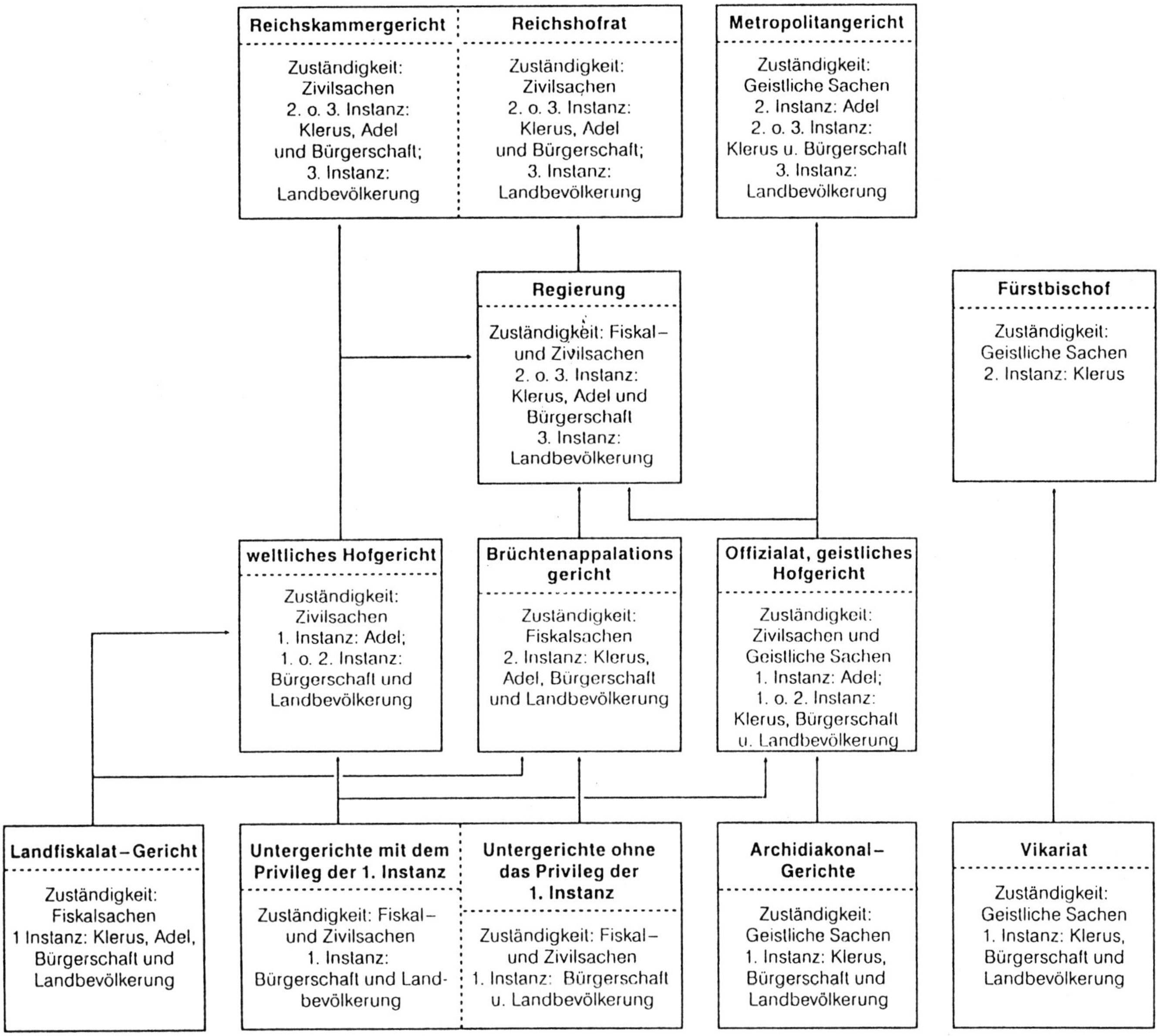

7.17 Gerichte im Fürstbistum Münster Ende des 18. Jahrhunderts

Nicht nur für den heutigen Betrachter erscheint die Gerichtsverfassung des 18. Jahrhunderts auf den ersten Blick verwirrend. Das vormoderne Gerichtswesen mit seinen vielen Sonderrechten und Sondergerichten galt auch den Zeitgenossen als undurchschaubar und reformbedürftig. Im wesentlichen gab es in der münsterischen Gerichtsverfassung drei Instanzen für den Zivilprozeß: Untergerichte, das weltliche und das geistliche Hofgericht (Offizialat) als 2. Instanz sowie die Regierung (Hofrat und Regierung) als oberste landesherrliche Revisionsinstanz und Justizaufsichtsbehörde. Als letzte Gerichtsinstanz konkurrierte die Regierung mit den Reichsgerichten (Reichskammergericht, Reichshofrat).

Bei den Untergerichten unterschied man in Untergerichte mit oder ohne Privileg der ersten Instanz. Besaß ein Untergericht dieses Privileg nicht, so stand es dem betreffenden Stadtbürger oder Bauern frei, statt vor dem Untergericht seines Amtes vor dem weltlichen oder geistlichen Hofgericht zu klagen.

Achidiakonalgerichte, Generalvikariat und Offizialat waren geistliche Gerichte, an denen kirchenrechtliche Vergehen (auch Ehesachen) und Zivilsachen von Geistlichen verhandelt wurden. Vom Offizialat, dem höchsten geistlichen Gericht des Fürstbistums konnte schließlich außer Landes, an das Metropolitangericht in Köln appelliert werden. Das Offizialat sprach aber auch in Zivilprozessen anderer Stände Recht, und zwar konkurrierend mit dem weltlichen Hofgericht.

Die Kriminalgerichtsbarkeit lag bei den Untergerichten sowie der Regierung. Die Regierung hatte das Recht, jedes Kriminalverfahren an sich zu ziehen (Evokationsrecht). Die Untergerichte wurden von der Regierung als assistierendes Organ herangezogen. Für kleinere Vergehen, die keine Leibesstrafen nach sich zogen, waren dagegen ergänzend das Landfiskalat- und das Brüchtenappellationsgericht zuständig.

So wie ein Mitglied des Klerus das Recht besaß (und dieses Recht übertrug sich auch auf seine Bediensteten), daß über ihn vor einem geistlichen Gericht Recht gesprochen wurde, so besaß ein Adliger das Privileg, daß seine Angelegenheiten nicht erst vor einem Untergericht, sondern sofort vor einem der beiden Hofgerichte verhandelt wurden. Diese Exemtion von den Untergerichten galt auch für fürstbischöfliche Beamte.

Nicht aufgenommen wurden die Sondergerichte des Fürstbistums. Als solche fungierten Lehenkammer, Hofkammer, Kriegsrat, Geheimer Kriegsrat und vom Fürstbischof eingesetzte Spezialkommissionen. Eigene Gerichtshoheit in Münster besaß die Kommende des Deutschen Ordens.

7.18 Auszug aus der Denkschrift des Reichsfreiherrn Clemens August Maria von Kerckerinck zur Borg von 1780

Der gebürtige Münsterländer war als damaliger Grenadierhauptmann bereits zwanzig Jahre in österreichischen Diensten und verfaßte die Denkschrift für den kurz zuvor zum Koadjutor für das Fürstbistum gewählten Max Franz von Österreich. Sie sollte offensichtlich den künftigen Fürstbischof mit der Verfassung des Bistums vertraut machen. Zuvor schon hatte Kerckerinck im Wahlkampf um die Koadjutorwürde für die Sache Österreichs und gegen die Anhänger Franz von Fürstenbergs geworben. In dem betreffenden Abschnitt über die „Regierung“ kritisiert Kerckerinck die schlechte Ausbildung und Besoldung der dort tätigen Juristen. Ämterhäufung und gleichzeitige Advokatentätigkeit stellten deren Unparteilichkeit als Richter in Frage und verzögerten das Verfahren.

„Ich finde mich gezwungen hier einige Erläuterungen beyzufügen, welche die Fehler der jetzigen Verfaßung aufdecken und vielleicht die Mittel eröffnen könnten, selbige in der Zukunft zu verbeßern: Der Hofrath bestehet ... aus Rechtsgelehrten, wovon aber nur zwey, höchstens dreye einen geringen und zum Leben nicht hinlänglichen Gehalt haben. Sie müßen sich also nothwendiger Weise mit Advociren ihren Unterhalt verdienen oder aber durch ihren Fleiß und Geschicklichkeit trachten, mehrere Chargen zu bekommen, durch deren Zusammen genommene Besoldung sie ihr nöthiges Auskommen erhalten. Ich will nur ein Beyspiel hiervon anführen. Ein gewißer Olfers ist Hofrat, Referendarius beym Geheimen Rath, Advocatus Patriae, Advocatus Fisci, Hofkammerrath und Referendarius, Advocatus camerae, erster Burgermeister, und nebst diesen allen noch verschiedene Partheyen als Commissarius und Advocatus bedient. Es ist also ohnmöglich, daß dieser Mann alles, was seine viele Chargen von ihm fordern, verrichte, und da allezeit die Privata den Publicis nachstehen müssen, so bleiben ordinari die Rechtssachen, so ihm als Referenten zugestellet werden, viele Jahre liegen und werden unendlich. In diesem Fall sind mehrere. Auf der andern Seite, mit was vor einem Vertrauen kann man die Entscheidung seines Schicksahls Richtern anvertrauen, die man als ordentliche Advocaten der Gegenparthey, besonders wann sie mächtig ist, erkennet? Es ist zwar vorgeschrieben, daß, wenn eine Sache vorkommt, worin sie bedient seynd, selbige abtreten müßen. Diesem Gesetz aber wird ganz leicht ausgewichen: Die großen und vornehmen Familien haben mehrere Hofräthe in ihrer Besoldung als Advocati familiae, welche ihre Rechtssachen bey dem Officialat oder Hofgericht vertreten. Sobald selbige aber allda ausgesprochen und zum Hofrath appelliret worden, so wird der bisher bedient gewesene Hofrath nicht mehr gebraucht, damit er seines Voti im Hofrath nicht beraubet werde, sondern ein anderer nicht in diesen Dicasterio sitzender Rechtsgelehrter wird angenommen, welcher unter der geheimen Direction des obgemelten fort arbeitet."

(G. Erler, Die Denkschrift des Reichsfreiherrn Clemens August Maria v. Kerkerink zur Borg über den Zustand d. Fürstbistums Münster im Jahre 1780, in: WZ 69 (1911)

7.19 Gerichts-Tax-Ordnung, Auszug des Edikts von 1781

Die Verordnung gliedert sich in vier Teile mit unterschiedlichen Gebührensätzen: 1. für die Obergerichte und das Münstersche Stadtgericht, 2. für die Untergerichte *in causis civilibus minoris* (in kleinen Zivilsachen), 3. für die Untergerichte *in causis majoribus* (in großen Zivilsachen), 4. für Criminal- und Inquisitionssachen. Der Auszug ist der Tax-Ordnung für Criminal- und Inquisitionssachen entnommen. Der Begriff des „Nachrichters" bezeichnet den Scharfrichter, Denudation meint Entkleidung, Ligatur bedeutet Fesseln.
(Staatsarchiv Münster, Fürstbistum Münster Edikte A9 Bl. 49)

Vergeltung oder Erziehung: das „Besserungs-, Zucht- und Fabrikenhaus"

Seit November 1785 waren die Richter im Fürstbistum aufgefordert, in ihren Urteilen genau zwischen der Verurteilung zu einer Besserungsstrafe oder einer Zuchthausstrafe zu unterscheiden. So waren Schlägereien und Lärmen von Betrunkenen in Wirtshäusern künftig nicht mehr von vornherein zuchthauswürdige Vergehen. Fürstbischof Max Franz legte den Richtern stattdessen mehr Fingerspitzengefühl ans Herz und schrieb vor, daß alles, was „zur Milderung der Strafe einen reichlichen Grund abgeben kann, auch besonders in der Rücksicht zur Erwegung gezogen" werde. „Bewiesene Reue", Selbstanzeige und nicht vollendete Tat konnten bewirken, daß nicht auf Zuchthaus, sondern auf Besserungshaus entschieden wurde.

Ausgangspunkt dieser vom Fürstbischof geforderten verfeinerten Rechtsprechung war eine mit einiger Offenheit geführte Diskussion über den schlechten Einfluß des Zuchthauses auf „Polizei- und geringere Verbrecher". Der Erkenntnis, daß man die Verurteilten nach der Schwere der Strafe unterbringen müsse, um später ihre Rückkehr ins normale Leben nicht noch zusätzlich zu erschweren, folgte der Beschluß, das Zuchthaus in der Lotharingerstraße durch bautechnische Veränderungen künftig mit einem Zuchthaus- und einem Besserungshaustrakt auszustatten.

Auch in der zweiten Hälfte des 18. Jahrhunderts wurden Menschen noch sehr schnell hinter Gitter geschickt. Immer wieder, besonders nach dem Siebenjährigen Krieg (1756–1763), ergingen in Münster Verordnungen gegen „Bettler" und „Müßiggänger". Bis zu vier Jahren wurden sie in das Zuchthaus eingewiesen, im Wiederholungsfall noch länger. Wer bei einem Brand seinen Brandeimer vorsätzlich verbarg, konnte mit einer Geldstrafe von zwei Reichstalern oder zwei Jahren Zuchthausstrafe belangt werden.

Im „Fabrikenhaus", das dem Münsterschen Zuchthaus angeschlossen war, verspannen die Einsitzenden Hanf und stellten Linnentuch her. Die armen Frauen und Kinder wurden seit 1771 im städtischen „Spinnhaus" zwangsbeschäftigt, zeitweise über einhundert Personen. Der Stadtrichter von Münster verwaltete das Arbeits- und Spinnhaus.

Fürstbischof Max Franz machte immer wieder deutlich, daß der Strafe in seinen Augen vor allem ein erzieherischer Charakter zukomme. Auf Begnadigung konnte bei ihm nur hoffen, wer „sich im Zuchthauß ... wohl betragen, und Deutliche merkmahle Der Reue, und Verbeßerung von sich gegeben hat." Für die Vollstreckung der Todesstrafe und die Anwendung der Tortur als wichtigem Bestandteil des Strafverfahrens behielt sich Fürstbischof Max Franz mit einem Edikt aus dem Jahre 1784 die letzte Entscheidung vor. Justus Gruner, der 1803 in seiner Reiseschilderung auch ein Kapitel den münsterischen Verhältnissen widmete, berichtete, daß in Münster die Kriminaljustiz „sehr gelinde" gehandhabt werde: „...man hatte in mehreren Jahren kein Beispiel der verhängten Todesstrafe gehabt, indem diese von dem ... Kurfürsten beinahe immer zum ewigen Gefängnis gemindert ward, bis vor zwei Jahren drei Kirchendiebe gehängt wurden. Allein alle Gefängnisse sind gewöhnlich vollgestopft, und die Inquisition befangene Verbrecher müssen oft drei bis acht Monate lang sitzen, ehe sie zum Verhör kommen. Man hat die Tortur nicht gesezlich abgeschafft, gebraucht sie aber gar nicht mehr, dagegen läßt man die unglücklichen Gefangenen nun desto länger in Kerkern schmachten, um sie mürbe zu machen und zum Geständnis zu bringen."

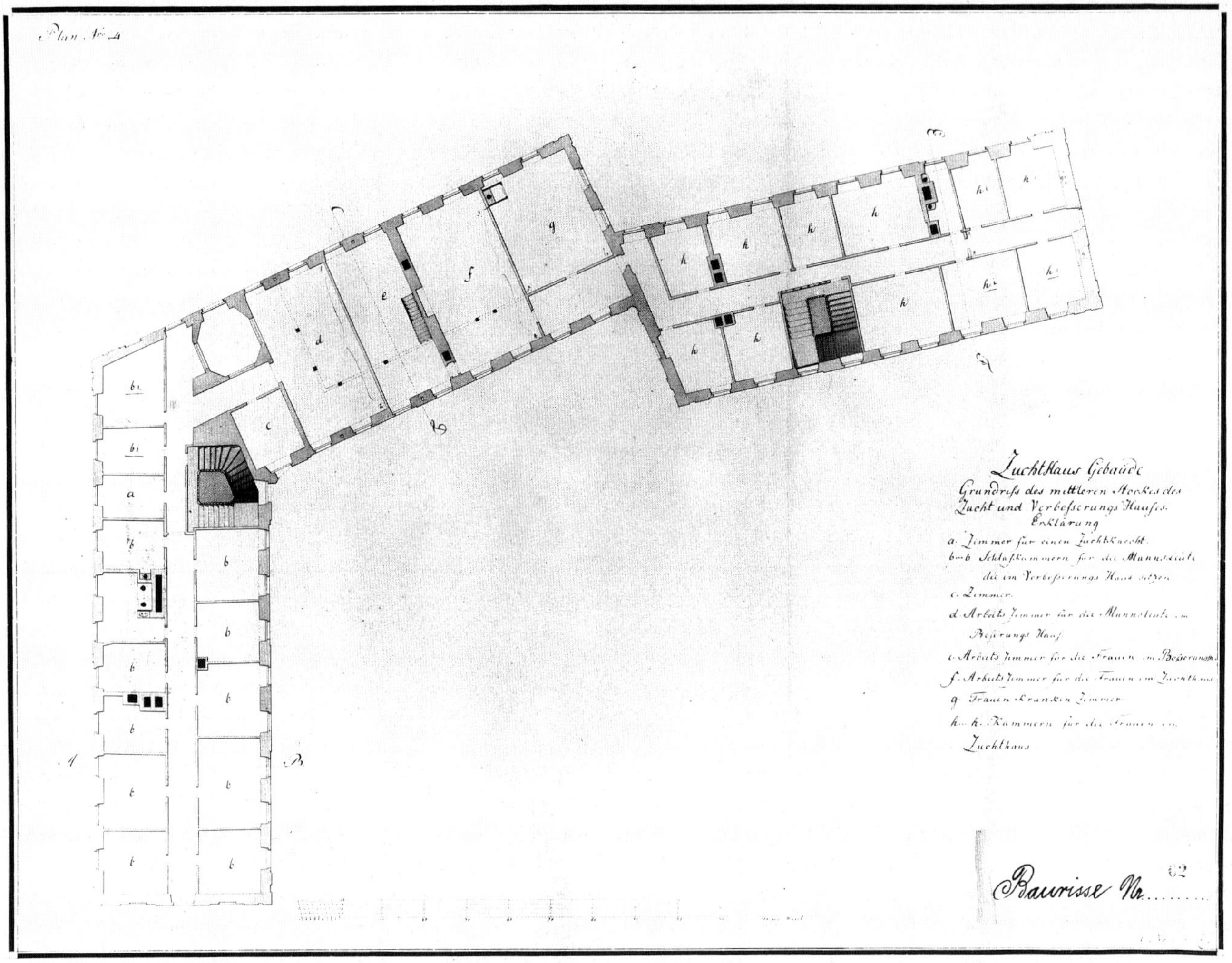

7.20 Gefängniszeichnung

7.20 Federzeichnung des Besserungs-, Zucht- und Fabrikenhauses von Conrad Boner, 1803

Der Grundriß des 2. Stockwerks weist den einzelnen Räumen den jeweiligen Verwendungszweck zu. Die Kammern für die in das Zuchthaus bzw. in das Besserungshaus eingewiesenen Frauen und Männer waren in verschiedenen Flügeln untergebracht. Im zweiten Geschoß logierten die zu Besserungshaus verurteilten Männer sowie die zu Zuchthaus verurteilten Frauen. Im dritten Geschoß saßen die zu Zuchthaus verurteilten Männer und die mit einer Besserungsstrafe belegten Frauen ein. Keller und Erdgeschoß beherbergten unter anderem Gefängnisse für Juden, Räume für die Ge-

fängnisverwaltung, Krankenzimmer und die Zuchthauskapelle.
(Staatsarchiv Münster, Kartensammlung Nr. A 3701)

7.21 Zuchthaus Münster, Lotharingerstraße 30, Aufnahme von ca. 1900

Das Zuchthaus wurde 1732–34 durch Johann Conrad Schlaun gebaut. 1914 wurde es abgebrochen. Aus dem Jahr 1785 ist eine Anzahl von insgesamt 89 Insassen überliefert: Im Besserungshaus saßen 15 Männer und 20 Frauen, im Zuchthaus 29 Männer und 25 Frauen ein.
(Westfälisches Amt für Denkmalpflege Münster)

7.22 Gerichtsakten der Regierung aus dem Mordprozeß gegen Henrich Frerking, 1790

Auf 40 handschriftlichen Seiten stellt die „Regierung" im März 1790 einen Bericht des Falles „Frerking" zusammen. Henrich Frerking wird verdächtigt, den Reisenden Friderich Niemeyer ermordet zu haben. Nach der Schilderung des Tatbestandes bittet die Regierung den Fürstbischof um die Genehmigung, den Angeklagten Henrich Frerking unter Folter (scharfe Frage) verhören zu dürfen.

Der Angeklagte war mit dem ermordeten Friderich Niemeyer gemeinsam aus Holland wieder in das Fürstbistum gewandert. Zeugenaussagen bestätigten, die beiden zusammen gesehen zu haben. Für unglaubwürdig hielt die Regierung unter anderem die Aussage Frerkings, er habe den Ermordeten frühzeitig verlassen und sei über einen Umweg, obwohl er die Gegend gut kenne, zum Anwesen des Vaters seiner Braut gelangt. Im Gefängnis verkaufte Frerking dann einem Schließer ein Paar „Knieschnallen", von dem die Regierung annahm, daß sie dem Ermordeten gehörten. Die Witwe Friderich Niemeyers bestätigte dem Gericht zwar den Besitz von „Schuhschnallen" dieser Art, mochte aber nicht beschwören, ob eben diese Schnallen es gewesen seien. Der Fürstbischof lehnte schließlich in dem nebenstehenden Schreiben die Folter für den Angeklagten Henrich Frerking ab.

„Relation

Zu Ossenbeck Kirchspiels Damme finden die Kinder des Coloni Lübken, eine halbe Viertel Stunde von des Lübkens Hause am 22ten August 1788 Jahrs des Morgens zwischen 5 und 6, oder 6 und 7 Uhr, wie sie die Kühe gehütet, an einem abgelegenen, und ungefehr eine Viertelstunde von Staringhausen entfernten Ort und Gegend, so fast rund umher mit Hügeln umgeben, ganz wild und einsam ist, und an welche ganz nahe kein Fahr- und Fuß-weg hergehet, einen todten Menschen. Wie dieses die Kinder im hause anzeigen, begiebt sich der Lübke nach solcher Gegend, und findet alda den todten Menschen auf die rechte Seite mit dem Kopfe auf den Arm liegend; bemerket dabei viel auf die Erde geflossen gewesenes Blut, und an dem Körper verschiedene Wunden, aus welchen seiner Anzeige nach, noch Blut gekommen sey.

Dieser zeigt solches dem Vogte an, worauf dann zuerst von dem Osnabrücker Amte Vörden die Untersuchung und Inspectio cadaveris vorgenommen. Aus dem von dem Osnabrückschen Landt Physicus Wehrkamp und Land Chyrurgus Sergel abgehaltene Visoreperto ergiebt sich: daß an den Entleibten äußerlich 13 Wunden bemerket worden [...].

[...] Deßelbigen Nachmittags geht der Frerking zu dem Vogt zu Damme, um diesen, wie er vorgiebt, über die Beschaffenheit der Rechnung, der über ihn und seinen Geschwistern gehabten Vormundschaft zu fragen. Wie bey dieser Gelegenheit die Rede von dem tod gefundenen Menschen vorgefallen, und der Frerking gestanden, daß Er mit einem solchen Menschen die Reise von Holland aus gemacht, demselben eine Schießpistole, die auch bey dem ermordeten ungefähr 5 Schritte von ihn auf der Erde liegend und losgeschlossen gefunden worden, zu seiner Sicherheit gelehnet; ist der Frerking so gleich von dem Vogte arretiert, und nach Vechte zur Haft gebracht worden. Und soll der Arrestat nach dem Berichte des Vogts, selbst verlanget haben, arretiert zu werden: damit er nicht in Osnabrück Hände finde, da Osnabrück anfänglich über diesen Vorgang sich die Cognition anmaßen wollte [...].

[...] Noch kommt die Geschichte mit den Schnallen hinzu. Der Schließer gestehet, daß der Inquisit ihn ein paar silbernen Knieschnallen verkaufet habe. Der Inquisit läugnet es anfänglich ganz ab, nachher gestehet er es ein, will aber nicht profitive wissen: ob die ihm vorgezeigte Schnallen, die von ihn verkaufte seyen, ob schon solches von dem Peter Tipher bestätigt wird und auch von dem Schließer nicht geläugnet werden kann.

Daß nun solche Schnallen der Ermordete zur Zeit wie er umgekommen, oder kurz vorher noch gehabt, oder er sie sonst besessen habe, ist zwar nicht völlig erwiesen, indessen doch wohl, allen vorkommenden Umständen nach, zu vermuthen [...].

[...] Wäre es völlig erwiesen: daß der Ermordete zur Zeit, wie er umgekommen, die mehrerwähnte Schnallen gehabt habe, so wäre der Besitz derselben wider den Inquisiten wohl die aller naheste Anzeige. Da es aber hier, an einem vollgültigen Beweise gebricht, so bleibet doch noch immer aus den angeführten Umständen, ein nicht geringer Verdacht übrig.

Da nun dahier so viele, teils entfernte, teils nahe Indicien zusammen treffen, daß man beynahe bis zur moralischen Gewißheit überzeugt wird: der Inquisit müßte die Mordthat begangen haben; So ist meine unterthänigst unvorgreifliche Meinung: daß wider den Inquisiten die scharfe

Frage per omnes gradus zu erkennen, und desfallß vorher an Seine Kuhrfürstlichen Durchlaucht der unterthänigste Bericht zu erstatten sey."

(Staatsarchiv Münster, Fürstbistum Münster Kabinettsregistratur Nr. 1782)

7.23 Fürstbischöfliche Entscheidung über die Folter (scharfe Frage) im Mordprozeß gegen Henrich Frerking

Fürstbischof Max Franz lehnt die Folter an dem Mordverdächtigen Henrich Frerking ab. Das Gericht, in diesem Fall die Regierung soll nach den vorliegenden Beweisen urteilen.

„M. F.

Wir haben zwar aus der uns unterm 27 d. M. in Sachen Fiscus ctr. Frerking gehorsamst eingeschickten relation die wider diesen – als Urheber des besagten delicti – vorhandenen Anzeigen ersehen, da wir aber die scharfe Frage zum Zweck, den Verbrecher dadurch zum eigenen Geständnis zu vermögen, als ein äußerst hart, und bedenkliches Mittel betrachten, so können wir uns im vorliegenden Fall nicht entschließen, die scharfe Frage vornehmen zu lassen, und eben laßen es daher eurem Ermessen, was der Lage der Sache, und den Vorhandenen Anzeigen gemäß sonst für ein Erkenntniß eintreten können. Bonn d. 6ten April 1790."

(Staatsarchiv Münster, Fürstbistum Münster Kabinettsregistratur Nr. 1782)

Literatur:

M. Braubach, Maria Theresias jüngster Sohn Max Franz. Letzter Kurfürst v. Köln und Fürstbischof von Münster, München 1961.

L. Dehio, Zur Verfassungs- und Verwaltungsgeschichte des Fürstbistums. Münster im 17. und 18. Jahrhundert, in: WZ 79 (1921).

H. Hülsmann, Geschichte der Verfassung der Stadt Münster von den letzten Zeiten der fürstbischöflichen bis zum Ende der Franz. Herrschaft 1802–13, in: WZ 63 (1905).

L. G. Katz: Das letzte Jahrzehnt des Fürstbistums Münster unter besonderer Berücksichtigung der Tätigkeit des Geheimen Staatsreferendars Johann Gerhard Druffel, Diss. Würzburg 1933.

R. Kuhna, Die ständische Verfassung in den westfälischen Landesteilen Preußens u. im Fürstbistum Münster 1780–1806, Diss. Münster 1963.

H.-G. Schmitz: Die Hochstift-Münsterische Regierung von 1574–1803. Zuständigkeit und Organisation, Diss. Münster 1964.

W. Wüllner: Zivilrecht und Zivilrechtspflege in den westlichen Teilen Westfalens am Ende des 18. Jahrhunderts, Münster 1964.

8

Münster unter Napoleon

Sehen wir uns in Deutschland um! Nirgends *ius*, sondern überall nur *confusio iurium* entdecken wir!

(Hazzy, französischer Staatsrat, ca. 1808)

Münster unter preußischer Herrschaft 1802–1806

Das Jahrzehnt nach der französischen Revolution war durch permanente politische Spannungen zwischen dem bürgerlichen Frankreich und den europäischen Monarchien alter Prägung bestimmt. Diese Konflikte entluden sich in einer Reihe von militärischen Auseinandersetzungen, den sogenannten Koalitionskriegen, in deren Verlauf der militärische und politische Aufstieg Napoleons seinen Anfang nahm. Während es dem republikanischen Frankreich zunächst darum ging, die revolutionären Errungenschaften gegen die restaurativen Absichten der Monarchien – hier vor allem England, Österreich, Rußland und Preußen – zu verteidigen, stellte sich bald als wesentliches Element des napoleonischen Konzepts das Streben nach Expansion heraus. Mit der Cispadanischen (1796) und der Cisalpinischen Republik (1797) schuf Napoleon u.a. in Italien Vasallenstaaten mit der Absicht, die französische Stellung gegenüber den Kontinentalmächten zu sichern. Ähnlichen Zwecken dienten französische Übergriffe auf deutsches linksrheinisches Territorium, welches seit der Besetzung im Jahre 1794 faktisch unter französischer Verwaltung stand.

Im November 1799 gelang es Napoleon, die alleinige Macht im Land zu erringen und auch außenpolitische Erfolge zu erzielen. Mit dem am 9. Februar 1801 unterzeichneten Frieden von Lunéville wurden Frankreich die linksrheinischen deutschen Gebiete zugeschlagen. Die weltlichen Fürsten, die hierdurch Territorium verloren, sollten rechts des Rheins durch die Auflösung der geistlichen Fürstentümer entschädigt werden. Am 23. Mai 1802 trafen Napoleon und der preußische König ein Abkommen über die Entschädigungsobjekte Preußens, zu denen auch ein Großteil des aufzulösenden Fürstbistums Münster gehören sollte. Im Februar 1803 wurden die für die preußische Krone günstig ausfallenden territorialen Veränderungen durch den Reichsdeputationshauptschluß formell bestätigt.

Mit der preußischen Machtübernahme begannen zwar Versuche, die Struktur von Justiz und Verwaltung zu ändern, konkrete Ergebnisse ließen zunächst jedoch auf sich warten. Zu o.g. Zweck wurde noch im August 1802 eine Organisationskommission unter Leitung des Freiherrn vom Stein eingesetzt. Um den lokalen Gegebenheiten Rechnung zu tragen, berief man mit Druffel und Forckenbeck zwei münsterländische Beamte in die Kommission. Die Aufhebung der Ratswahl (1804) signalisierte demgegenüber eine feste Einbindung Münsters in die zentralistisch-hierarchischen Verwaltungsstrukturen des preußischen Staates. Zwar kam die Umgestaltung unter weitgehender Respektierung des Bestehenden – das Allgemeine Landrecht erlangte lediglich subsidiäre Gültigkeit – nur langsam voran, doch machten sich erste Veränderungen deutlich bemerkbar. Eine Stufe der schrittweisen Integration der Entschädigungsländer stellte die beabsichtigte Schaffung eines Provinzialgesetzbuches im Jahre 1805 dar: die bis dahin gebräuchlichen Statuten der Gerichtsbezirke sollten gesammelt und auf ihre Notwendigkeit und Brauchbarkeit überprüft werden. Die Vereinheitlichung der Justiz in den westfälischen Gebieten stand zweifellos bevor; das unübersichtliche Gerichtswesen des Münsterlandes sollte klarer gegliedert werden.

8.1 Friedrich Wilhelm III. von Preußen (1770–1840), Kupferstich

Mit dem Einmarsch preußischer Truppen im Sommer 1802 erklärte sich Friedrich Wilhelm III. zum Landesherrn über weite Teile des ehemaligen Fürstbistums Münster. Der König hielt sich vom politischen Tagesgeschehen weitgehend zurück und überließ leitenden Verwaltungsbeamten und Politikern die Führung der Staatsgeschäfte sowie die Einleitung der Preußischen Reformen. Nach dem Sieg über Napoleon verschloß sich der Monarch liberalen Forderungen und verfolgte eine reaktionäre Politik.
(Stadtarchiv Münster, Portraitsammlung Nr. 87)

Kein Jubel für „dat prüske Volk“

Es war keineswegs freudige Erregung, die die Bevölkerung Münsters am 3. August 1802 die Straßen der Stadt säumen ließ. Mit dem Einmarsch preußischer Truppen unter General Blücher war es endgültig mit dem als milde empfundenen „Leben unter dem Krummstab“ vorbei. Die Münsteraner fürchteten um ihre scheinbar fortschrittlichen Verwaltungsstrukturen, welche Gefahr liefen, von der reformbedürftigen preußischen Verfassung beseitigt zu werden.

Mit dem Herrschaftsantritt der Preußen erwartete man nicht zu Unrecht auch den Einzug des berüchtigten Militärsystems und – was am schwersten wog – die Dominanz der protestantischen Monarchie über das katholische Münster. Kein

Wunder also, daß sich „dat prüske Volk" größtenteils der Abneigung der Bevölkerung gegenübersah. Das aufgrund des unbesetzten Bischofsstuhles regierende Domkapitel verlieh den antipreußischen Ressentiments am Tage des Truppeneinmarsches mit den Worten Ausdruck: *„Wir protestiren immittelst auf das Bündigste, daß wir, so lange des Hochstifts künftige Bestimmung von Kaiser und Reich nicht festgesetzet ist, die angekündigte Besitznahme mit ihren angedeuteten Folgen lediglich als Folge der Gewalt betrachten [...].“* Zu gewaltsamen Konflikten oder Widerstandsverhalten kam es angesichts der preußischen Militärüberlegenheit allerdings nicht.

8.2 Besitzergreifungspatent vom 6. Juni 1802

Nach den preußischen Gebietsabtretungen auf linksrheinischem Gebiet einigten sich Napoleon und Friedrich Wilhelm III. im Mai 1802 auf die Preußen zufallenden Entschädigungsgebiete. Hierzu gehörte auch ein Großteil des Fürstbistums Münster. In dem Patent fordert der König seine neuen Untertanen zum Gehorsam auf.
(Edikte und Verordnungen des Fürstbistums Münster von 1761–1802/08)

8.3 Politische Gliederung 1804

Die Karte verdeutlicht das Ausmaß der Neugliederung nach dem Reichsdeputations-Hauptschluß. Die geistlichen Fürstentümer (z. B. Münster, Paderborn) wurden säkularisiert und unter den weltlichen Herrschern aufgeteilt. Daneben kam es zur Gründung einer Reihe von Kleinstaaten (z. B. Salm-Horstmar, Rheina-Wolbeck).
(Geschichtlicher Handatlas von Westfalen, Münster 1975)

Das Allgemeine Landrecht (ALR) von 1794

Das ALR von 1794 entsprach dem Bedürfnis des Aufklärungszeitalters nach rechtlicher Sicherheit durch schriftliche Fixierung des geltenden Rechts. Nach dem Willen seines Schöpfers Carl Gottlieb Svarez sollte das neue Gesetzeswerk die Ideen der Aufklärung in die juristische Praxis umsetzen. Dieser wurde jedoch durch Friedrich Wilhelm II. und die gesellschaftlichen Strukturen des preußischen Ständestaates gezwungen, wesentliche fortschrittliche Elemente zurückzunehmen. Hierzu gehörte auch die vorgesehene Aufhebung der sogenannten Machtsprüche, d. h. der Annulierungsbefugnis jeglicher gerichtlicher Urteile durch den König. Damit war ein wesentliches Ziel der Verfasser, nämlich die Bindung des Monarchen an die Gesetze, nicht erreicht worden.

Das ALR war Ausdruck eines Kompromisses zwischen bürgerlicher Gesellschaft und Ständestaat. Es war eine Sammlung von Einzelfällen ohne hohen Abstraktionsgrad und wurde daher als kasuistisch bezeichnet. Durch Bindung der Entscheidung an den jeweils vorgegebenen Beispielfall des ALR waren die richterlichen Auslegungsmöglichkeiten eingeschränkt, um so die Untertanen des Landesherrn vor Willkürakten der Justizbeamten zu schützen, wie sie in vorfriederizianischer Zeit oftmals vorkamen.

8.4 Exemplar des Allgemeinen Preußischen Landrechts

Zum schrittweisen Vordringen preußischer Herrschaftsstrukturen gehörte die Einführung des Allgemeinen Landrechts, das faktisch jedoch erst im Sommer 1804 in Kraft trat. Bis zu jenem Zeitpunkt urteilten die übernommenen Beamten nach herkömmlichem Recht. Selbst nach seiner Einführung erlangte das ALR im Münsterland nur subsidiären Charakter.
(Amtsgericht Bocholt)

Die Trennung von Justiz und Verwaltung

Erste Schritte auf dem Weg zu einem modernen Rechtsstaat waren in Preußen unter Anlehnung an das französische Vorbild durch die Trennung von Justiz und Verwaltung unternommen worden. In Münster schlug sich die entsprechende Diskussion vor allem bei der Neuordnung der Untergerichte nieder. Da die ehemaligen landesherrlichen Untergerichte in königlich preußische umgewandelt wurden, bedurfte es der Abstimmung mit den die Patrimonialgerichtsbarkeit ausübenden Grundherren, um die bestehende, für die preußischen Gerichte unvorteilhafte konkurrierende Gerichtsbarkeit abzubauen. Dies betraf die Kriminalgerichtsbarkeit erster Instanz, die im Münsterland vorwiegend von Patrimonialgerichten ausgeübt worden war, welche nunmehr der Kontrolle staatlicher Instanzen unterworfen wurden.

Die Trennung von Justiz und Verwaltung sollte der Überlastung der Richter entgegenwirken. Diese waren aufgrund des § 13 der „Instruktion für die im Fürstenthum Münster angesetzten Landräthe" vom 3. Februar 1804 von den Landräten wiederholt veranlaßt worden,

Kriminaluntersuchungen selbst vorzunehmen. Der Fall eines Beckumer Richters, den ein Landrat beauftragte, den Tod einer Schafherde persönlich zu untersuchen, verlieh der Diskussion um die richterliche Vernachlässigung der Rechtsprechung offenbar neue Dringlichkeit. Das Landesjustizkollegium, wandte sich an höchste Stellen in Berlin mit der Bitte: *„Die Regierung zu Münster wiederholt allerunterthänigst ihren früher gemachten Antrag: daß bey künftiger Organisation der Untergerichte des Erbfürstenthums Münster die Justiz- von der Polizey- und Kriminalverwaltung völlig getrennt werden möge."*

8.5 Freiherr vom Stein (1757–1831)

Karl Freiherr vom Stein war von August 1802 bis zu seiner Abberufung im Jahre 1804 Leiter einer Organisationskommission für den Verwaltungsaufbau im preußisch gewordenen ehemaligen Fürstbistum Münster. Aufgrund seiner Erfahrung als Oberpräsident aller Kammern der Westprovinzen bemühte er sich darum, die westfälischen Gegebenheiten bei der Einführung preußischer Verwaltungsstrukturen zu berücksichtigen, was allerdings nur teilweise gelang.
(P. Schreckenbach, Der Zusammenbruch Preußens 1806, Jena 1906)

8.6 Das Landesjustizkollegium 1803

Zur Neuorganisation des Justizwesens gehörte die Einsetzung von sogenannten Regierungen bzw. Landesjustizkollegien, denen die Verwaltung der Justiz in bürgerlichen und „peinlichen" Sachen sowie die Aufsicht über die Untergerichte oblag. Der Zuständigkeitsbereich der aufgrund der Kabinettsorder vom 10. Mai 1803 gebildeten Regierung zu Münster umfaßte das Territorium der ehemaligen kleve-märkischen Regierung in Emmerich, den preußischen Teil des Fürstentums Münster und die Abteien Essen, Werden und Elten. Das Landesjustizkollegium vereinigte damit die Kompetenzen der verschiedenen weltlichen und geistlichen Obergerichte auf sich, während die Organisation der Untergerichte vorerst weitgehend unangetastet blieb.

Das Weltliche Hofgericht, der Hofrat, das Oberlandesfiskalat sowie das Brüchten- und Appellationsgericht wurden aufgelöst. Das ehemalige Geistliche Hofgericht war nunmehr ausschließlich für kirchenrechtliche Sachen zuständig. Das Offizialat nahm sich der geistlichen Zivilgerichtsbarkeit, das Generalvikariat der Kriminal- und freiwilligen Gerichtsbarkeit der Geistlichen an.

Der Oberappellationssenat bildete die zweite Instanz für erstinstanzliche Urteile des Instruktionssenats, des Samtgerichts zu Lippstadt, der Regierung Minden und der Regierungsdeputation zu Paderborn. Ausgenommen hiervon waren Bagatellinjurien und geringfügige fiskalische Sachen. Für Minden und Paderborn fungierte er zudem als dritte Instanz. Des weiteren oblag dem Oberappellationssenat die Untersuchung sämtlicher landesherrlicher Lehenssachen, für die im übrigen auch der Instruktionssenat verantwortlich zeichnete. Für Vormundschaftssachen war das aus dem ersten Präsidenten und vier Geheimen Räten des Oberappellationssenates gebildete sogenannte Pupillenkollegium (v. lat. *pupillaris* „zu den Waisen gehörig") zuständig.

Der Instruktionssenat führte die Aufsicht über die im Gerichtsbezirk ansässigen Untergerichte, ferner organisierte er die Ausbildung der Referendare. Er war zweite Instanz für die Regierungen Kleve, Minden und die Regierungsdeputation Paderborn. Der Instruktionssenat umfaßte zunächst je eine Deputation für Kriminal- sowie für Zivilsachen minderer Bedeutung. Letztere sprach in zweiter Instanz Recht für Bagatellinjurien und geringfügige fiskalische Sachen.

Die Besitzergreifung durch Frankreich

Nachdem Napoleon im Jahre 1804 zum Kaiser gekrönt worden war, schritt er an den Ausbau der französischen Hegemonie in Europa. Die schon andernorts ausgeübte Praxis der Bildung eines von Frankreich abhängigen Staatensystems wurde auf Deutschland mit der Gründung des Rheinbundes (1806) übertragen. Sechzehn süd- und westdeutsche Fürsten sagten sich vom Reichsverband los und bereiteten damit die Auflösung des Deutschen Reiches vor. Kaiser Franz II. legte die deutsche Kaiserkrone nieder.

Um sich der Zustimmung der preußischen Krone zur Gründung des Rheinbundes zu versichern, hatte Napoleon die Gründung eines norddeutschen Kaisertums in Aussicht gestellt. Preußen geriet bei dem Versuch, seine Hegemonie in Norddeutschland auszubauen, in die Isolation. Als es zum bewaffneten Konflikt kam, blieb die moderne französische Armee gegen die schlecht ausgerüstete und wenig motivierte preußische siegreich. Mit den Niederlagen bei Jena und Auerstedt am 14. Oktober 1806 schien das

Landesjustizkollegium (Regierung)

Oberappellationssenat	**Instruktionssenat** (1805/06 Kriminalsenat wird beigeordnet)
Präsident	Präsident
7 Geheime Regierungsräte (aus Kleve)	geheimer Regierungsrat (aus Moers)
2 Geheime Regierungsräte (aus Münster)	Geheimer Regierungsrat (aus Kleve)
Subalterne (Archivar, Kanzlist, etc.)	6 Geheime Regierungsräte (aus Münster)
	2 Assessoren
	Subalterne

Pupillenkollegium ← Landesjustizkollegium

8.6 Landesjustizkollegium 1803

Ende Preußens gekommen. Im Frieden von Tilsit (Juli 1807) entging es zwar der Auflösung, doch verlor es weite Teile seines Territoriums. Auch aus Westfalen mußten sich die preußischen Truppen zurückziehen. Am 14. November 1806 nahm General Loison die „Länder" Münster, Osnabrück, Mark und Tecklenburg für den Kaiser von Frankreich in Besitz.

Die durch die Preußen begonnene administrative Neuorganisation war damit beendet, obwohl noch im Oktober alle alten Behörden und Beamten in ihren Funktionen durch die Franzosen provisorisch bestätigt wurden. Bis zur Eingliederung Münsters in das Großherzogtum Berg (Frühjahr 1808) kam es zu keinerlei Versuchen, die Justiz- und Verwaltungsstrukturen zu ändern.

8.7 **Die Schlacht bei Jena am 14. Oktober 1806, Kupferstich**

In der Doppelschlacht bei Jena und Auerstedt wurde das preußische Heer von der französischen Armee vernichtend geschlagen. Preußen mußte seine Gebiete westlich der Elbe an Frankreich abtreten; das westfälische Münsterland ging in französischen Besitz über.
(P. Schreckenbach, Der Zusammenbruch Preußens 1806, Jena 1906)

„Nu sallt wull wier biätter wärden"

Anders als die Preußen im Jahre 1802, waren die neuen Machthaber diesmal willkommen. Immerhin hatten sie die ungeliebte preußische Herrschaft beseitigt und schienen als Katholiken die Gewähr für eine Rückkehr zu alten konfessionellen Zuständen zu bieten, so daß die Münsterländer ihrer Hoffnung auf eine bessere Zukunft mit den Worten „nu sallt wull wier biätter werden" Ausdruck verliehen. Doch in dieser Hinsicht trogen die Erwartungen der Bevölkerung. Bald stellte sich heraus, daß die Franzosen nicht unbedingt zu den gläubigsten Katholiken zu zählen waren. Auch die Toleranz, die sie in aufgeklärtem Geist gegenüber Protestanten walten ließen, erschien den an das homogene römisch-katholische Milieu gewöhnten Münsteranern höchst suspekt.

Weitere Gründe für den Stimmungsumschwung der Folgejahre lagen in den häufigen Rekrutierungen für Napoleons Feldzüge sowie in den außerordentlich hohen steuerlichen Belastungen. Erhebliche Kosten entstanden zudem bei der Finanzierung des riesigen französischen Heeres und anläßlich zahlreicher angeordneter Feierlichkeiten. Häufig wurden Geburtstage eines kaiserlichen Familienangehörigen im ganzen Land offiziell gefeiert, wobei die von der Stadt aufzubringenden Kosten vielen Münsteranern die Feststimmung verleideten.

8.8 Publicandum zur Fortführung der Justiz vom 26. Oktober 1806

Mit der französischen Besetzung änderte sich im Verwaltungsbereich weder etwas in personeller noch in institutioneller Hinsicht. Oberappellations- und Instruktionssenat wurden zunächst ebenso beibehalten, wie die Kriegs- und Domänenkammer, die ihre Amtsgeschäfte als *Collége administratif de Munster* mit dem bereits vorhandenen Personal fortsetzte. (Staatsarchiv Münster, Landesregierung Münster Nr. 322)

8.9 Die Stimmung unter der Bevölkerung, Zeitzeugenbericht

Aus der Sicht eines preußischen Beamten schildert ein Zeitzeuge mit unverhohlenem Spott die anläßlich des Einmarsches napoleonischer Truppen im Nachhinein enttäuschten Hoffnungen der Münsteraner. Die anfängliche Zuversicht aufgrund der gemeinsamen Konfessionszugehörigkeit wurde alsbald enttäuscht, da die Franzosen die Religion nicht so ernst nahmen, wie es die Münsteraner gewohnt waren.

„Es war ein heiterer Herbsttag, als dieses Fußvolk, ein schwaches Bataillon, von Wesel her zum Ägidiitor einrückte. Ganz Münster war auf

Auf Befehl Seiner Majestät des Königs von Holland Commandanten en Chef der Nord-Armee ist das Münstersche Cammer-Departement durch die unter dem Commando des Herrn Divisions-Generals Michaux, Lieutenants Sr. Majestät stehenden Avant-Garde dieser Armee, besetzt worden; und in Folge der fernern Befehle wird allen und jeden Beamten und Eingesessenen desselben Folgendes hiermit zu ihrer Achtung bekannt gemacht:

Die obrigkeitliche Behörden sind provisorisch in ihren Aemtern bestätiget.

Sr. Majestät der König von Holland halten Sich versichert, daß sie ihre Amtsverrichtungen mit Redlichkeit und Thätigkeit erfüllen, gute Ordnung und Sicherheit in allen Stücken erhalten, damit den Eingesessenen keine Ursache zu gegründeten Klagen gegeben werde.

Sr. Königl. Majestät werden ein solches Benehmen in Gnaden erkennen und Ihren Schutz und Beystand angedeihen lassen.

Die unterzeichnete Behörde wird unter dem Titel College administratif de Munster ihre Amtsverrichtungen fortsetzen, sie wird von dem gedachten Herrn General die zu Beyschaffung der verschiedenen Bedürfnisse der Armee erforderlichen Befehle erhalten, und solche durch Mitbewürkung der ihr bisher untergeordneten Special-Behörden, deren Verhältnisse zu ihr völlig die nehmlichen bleiben, in Ausübung bringen; und nur allein solche von dem Herrn General Michaux eigenhändig gezeichneten Befehle sind gültige Normen auch in Fällen, wenn einer Special-Behörde Anforderungen zu Beyschaffung dieser oder jener Bedürfnisse etwa directe gemacht werden mögten.

Allen und jeden Militair-Personen welche die Preußische Armee verlassen haben oder noch verlassen werden, um sich in

En conformité des ordres de Sa Majesté le Roi de Hollande Commandant en chef l'armée du Nord, le général divisionnaire Michaux, Lieutenant de Sa Majesté commandant l'avant garde, ayant occupé les pays du departement de la chambre de Munster nous enjoignons et ordonnons aux authorités, et aux habitans en général, ce qui suit:

Les authorités sont provisoirement confirmées dans leurs Fonctions, vûque Sa Majesté se confie gracieusement en ce qu'elles maintiendront le bon ordre, la sûreté publique en tous les points, afin que les habitans n'ayent aucun sujet de plaintes.

Sa Majesté verra avec satisfaction ceux, qui s'acquitteroient de leurs devoirs et elle daignera leur accorder Sa Protection.

L'authorité soussignée continuera à exercer ses fonctions sous le titre de college administratif de Munster.

Monsieur le général divisionnaire donnera les ordres nécessaires pour fournir à l'armée les différens besoins. Ces fournitures seront realisés de la maniere et par les moyens usités jusqu'ici sous la concurrence des fonctionnaires subalternes; mais ce ne seront que les requisitions visés de la main de Monsieur le génénal divisionnaire Michaux, qu'on regardera comme valables et obligatoires, toutes les fois qu'il s'agira de fournir un objet quelconque.

On promet de la part de Sa Majesté le Roi de Hollande, sûreté et protection à tous les Militaires de quelque grade

8.8 Publicandum zur Fortführung der Justiz von 1806

8.10 General Loison

den Beinen, die Erretter zu sehen, die gekommen waren, Stadt und Land von dem verhaßten Ketzervolk, den ... 'luthersken Dickköppen' ... zu befreien. ‚Dat sind doch nao Lüde, de met us in eene Kiärke gaoht! hieß es, wohin das Ohr eines protestantisch-preußischen Beamten lauschte, ... 'nu sallt wull wier biätter wärden ... [...]' Und als man allmählich inne wurde, daß die Franzosen nicht, wie man erwartet hatte, Anstalt machten, die Protestanten aus der Minoritenkirche zu vertreiben und sie samt den Klostergebäuden den Mönchen zurückzugeben; – daß die Franzosen nicht allein nicht ... 'mit uns in eine Kirche' ... sondern gar nicht in die Kirche gingen, es sei denn bei anbefohlener Abhaltung eines Tedeum wegen eines über die Preußen und Russen erfochtenen Sieges, an dem sie von Amts wegen teilnehmen mußten; – als man merkte, daß ihnen die Kirchengebäude ganz gleichgültig waren, und sie als Freigeister und Freidenker nach wie vor der ... ‚Göttin der Vernunft ... – und dieser in Gestalt schöner Weiber – huldigten, – da schlief der Enthusiasmus der Münsteraner ganz ein. Denn sie mußten sich sagen, man sei so doch eigentlich aus dem Regen in die Traufe – aus dem Ketzerregen in die Atheistentraufe – geraten.“

(Karl Berghaus, Wanderungen durchs Leben, Münster 1925)

8.10 General Louis Henri Loison (1771–1816), Kupferstich

Wenige Tage nach der französischen Inbesitznahme im Jahre 1806 setzte Napoleon General Loison als Gouverneur in Münster ein. Ihm oblag u. a. die Überwachung der Verwaltung und der Justiz. (Stadtmuseum Münster)

Münster als Teil des Großherzogtums Berg

Zu Beginn des Jahres 1806 trat Kaiser Napoleon das Großherzogtum Berg an seinen Schwager Joachim Murat ab. Schon am 15. Juli 1808 dankte dieser als Großherzog ab, um sich zum König von Neapel machen zu lassen. Daraufhin übernahm Napoleon selbst die Herrschaft im Großherzogtum.

8.11 Politische Gliederung 1809

(Geschichtlicher Handatlas von Westfalen, Münster 1975)

Die Justizorganisation

Die seit der Preußenzeit bestehende Verwaltungsorganisation wurde erstmals im Jahre 1808 angetastet. Das *Dekret über die Eintheilung des Großherzogtums Berg* sah die Bildung von vier Departements vor, wobei sich das Emsdepartement in drei Bezirke (Arrondissements) gliederte: Coesfeld, Lingen und Münster. Der Bezirk Münster mit seinen rd. 14500 Einwohnern bestand aus sieben Kantonen.

Mit der Jahreswende 1808/09 traten auch Veränderungen im Justizwesen ein. Der Oberappellationsgerichtshof in Düsseldorf nahm nunmehr an Stelle des Geheimen Obertribunals in Berlin die Rechtsprechung in letzter Instanz wahr. Den ehemaligen Untergerichten fiel die provisorische Funktion der geplanten Friedensgerichte auf Kantonsebene zu. Für die Bezirke fungierten die Obergerichte vorerst als Tribunale. Erheblichen Einfluß auf Rechtsprechung und die gesellschaftlichen Verhältnisse hatten die Dekrete über die Abschaffung der Leibeigenschaft, die Aufhebung der Stände und Lehen sowie die Einführung des Code Civil.

Der Code Civil (CC)

Die Bedeutung des Code Civil – seit 1807 hieß er Code Napoléon – lag u. a. in seiner für damalige Verhältnisse einzigartigen Rechtseinheit und -gleichheit. Er galt in galt in ganz Frankreich und für alle französischen Bürger unter Aufhebung der Standesunterschiede. Im Gegensatz zum Allgemeinen Landrecht war der CC ein Gesetzbuch mit hohem Abstraktionsgrad und keine Sammlung von Einzelfällen. Er führte u.a. die Zivilehe als bürgerlichen Vertrag sowie die Möglichkeit der standesübergreifenden Heirat ein. Zu seinen Mängeln gehörten zweifellos hierarchisch-autoritäre Elemente, die sich u.a. an der starken rechtlichen Position des Familienvaters erkennen lassen. Einer konsequenten Durchsetzung des Gleichheitsgrundsatzes widersprach die Tatsache, daß Frauen in Frankreich nicht klageberechtigt und auch in Scheidungsfragen benachteiligt waren.

Während der CC im nachrevolutionären Frankreich durch die Revidierung einzelner fortschrittlicher Errungenschaften in gewisser Weise als Rückschritt anzusehen war, bedeutete seine Rezeption im ständisch geprägten Deutschland eine erhebliche soziale Neuerung, da er die juristischen Voraussetzungen zur Durchsetzung der bürgerlichen Emanzipation bot. Daß er nach Frankreichs Niederlage nur noch im linksrheinischen Teil Anwendung fand, hat seinen Grund in der für seine Verwurzelung in der deutschen Rechtstradition sicherlich zu kurzen Rezeptionszeit sowie im Fehlen einer konstitutionellen Verfassung. Die Autoren des CC waren bei dessen Schaffung von den Voraussetzungen einer bürgerlichen Gesellschaft ausgegangen, die in Deutschland noch nicht existierte. So konnte der oberste Grundsatz – die Sicherung des Eigentums – meistens zugunsten der Grundherren ausgelegt und damit dem Fortschritt Abbruch getan werden. In Regionen, in denen der CC zur Anwendung gekommen war, hinterließ er einen nachhaltigen Eindruck. Einmal eingeführt, verstärkte er das Verlangen nach bürgerlichen Freiheiten und wirkte daher auch nach seiner Aufhebung fort.

8.12 Deklaration zur Einführung des Code Civil vom 31. März 1809

Das Ziel, die Bewohner französischer Vasallenstaaten in den Genuß der univer-

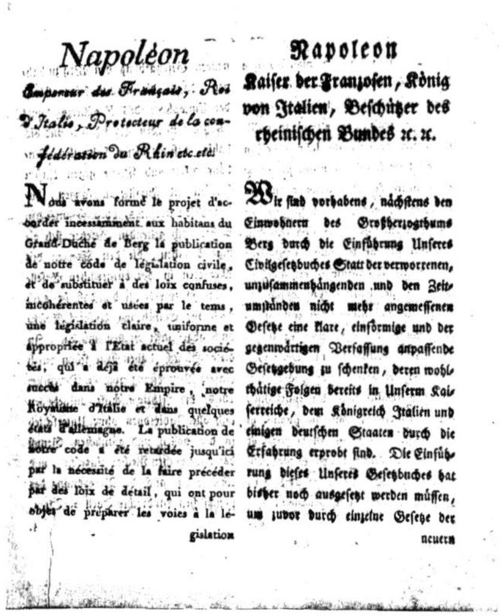

Napoléon

Empereur des Français, Roi d'Italie, Protecteur de la confédération du Rhin etc. etc.

Nous avons formé le projet d'accorder incessamment aux habitans du Grand-Duché de Berg la publication de notre code de législation civile, et de substituer à des loix confuses, incohérentes et usées par le tems, une législation claire, uniforme et appropriée à l'Etat actuel des sociétés, qui a déjà été éprouvée avec succès dans notre Empire, notre Royaume d'Italie et dans quelques états d'allemagne. La publication de notre code a été retardée jusqu'ici par la nécessité de la faire précéder par des loix de détail, qui ont pour objet de préparer les voies à la législation

Napoleon

Kaiser der Franzosen, König von Italien, Beschützer des rheinischen Bundes rc. rc.

Wir sind vorhabens, nächstens den Einwohnern des Großherzogthums Berg durch die Einführung Unseres Civilgesetzbuches statt der verworrenen, unzusammenhängenden und den Zeitumständen nicht mehr angemessenen Gesetze eine klare, einförmige und der gegenwärtigen Verfassung anpassende Gesetzgebung zu schenken, deren wohlthätige Folgen bereits in Unserm Kaiserreiche, dem Königreich Italien und einigen deutschen Staaten durch die Erfahrung erprobt sind. Die Einführung dieses Unseres Gesetzbuches hat bisher noch ausgesetzt werden müssen, um zuvor durch einzelne Gesetze der neuern

8.12 Einführung des Code civil 1809

sellen Errungenschaften der Revolution kommen zu lassen, bildete die Grundlage für Napoleons Ankündigung, den Code Civil im Großherzogtum Berg einzuführen. Um die französischen zentralistischen Verwaltungsstrukturen auf die deutschen Gebiete ausdehnen zu können, bedurfte es zuvor der Angleichung der unterschiedlichen Rechtsverhältnisse, da die ständestaatlichen Strukturen der Einführung des bürgerlichen Rechts noch im Wege standen. Beispielsweise war der Gleichheitsgrundsatz der Aufklärung mit dem in Preußen bis dahin gültigen Verbot standesübergreifender Ehen unvereinbar.

(Staatsarchiv Münster, Großherzogtum Berg A 1 Nr. 2a)

8.13 Exemplare des Code Procédure Criminel, Code Procédure Civil und des Code Civil, 1809/11

Zur Einführung bürgerlicher Freiheiten erließ Napoleon ein umfangreiches zivil- und strafrechtliches Gesetzeswerk, von dem der Code Civil einen Teil darstellte. In Frankreich war der CC im Jahre 1804 eingeführt worden; die Bürger Münsters kamen fünf Jahre später mit dem neuartigen Gesetzeswerk in Berührung, als dieses im Großherzogtum Berg Geltung erlangte. Dort trat der CC am 1. Januar 1810 in Kraft, die Neuordnung der Gerichtsverfassung kam gegen Ende des Jahres 1811 hinzu, als Münster zum Kaiserreich Frankreich gehörte.
(Landgericht Münster)

Vasallenstaaten und Machtpolitik

Zu Beginn des 19. Jahrhunderts verdankten zahlreiche Staaten ihre Existenz dem französischen Kaiser und waren mehr oder weniger von diesem abhängig. Der Rheinbund diente einerseits der Schwächung der deutschen Mächte und damit der Ausweitung des französischen Einflußbereichs, andererseits hatten die Satellitenstaaten einen erheblichen Anteil der Kriegskontributionen zu tragen.

Die enge administrative und politische Anbindung an das Kaiserreich war mit einem bemerkenswerten Maß an politischem Sendungsbewußtsein verbunden. Es hieß, die Errungenschaften der französischen Revolution seien Gemeingut der Menschheit und müßten allen Völkern zuteil werden. Eine konstitutionelle Verfassung, die Einführung des CC, die Abschaffung des Feudalsystems und die Aufhebung der Eigenhörigkeit sollten die Attraktivität und Überlegenheit des bürgerlichen Frankreich demonstrieren und somit zur Absicherung der französischen Hegemonie innerhalb Europas beitragen.

In dem Maße aber, in dem die neugeschaffenen Staaten ausschließlich als Finanzierungsquelle für Kriegskontributionen benutzt und der Bevölkerung in der Praxis nur geringe Mitwirkungsmöglichkeiten eingeräumt wurden, verloren sie an Attraktivität. Der moralische Anspruch auf Befreiung der Völker Europas wurde dem Expansionsdrang Frankreichs untergeordnet. Die Einwohner wußten bürgerliche Freiheiten und Verfassung durchaus zu schätzen. Dennoch wogen diese den Unmut über die immer größer werdenden Kriegslasten nicht auf: Die Vasallenstaaten zerfielen, als Napoleon seine Macht in Europa einbüßte.

8.14 Joachim Murat (1767–1815)

Murat stammte aus einfachen Verhältnissen und machte als Anhänger Napoleons eine steile Militärkarriere. Für wenige Monate war er als Großherzog von Berg der Landesherr Münsters, das dem Großherzogtum im Januar 1808 zugeteilt worden war. Bereits im Juli dankte er ab, um an die Spitze des Königreiches Neapel zu treten.
(Stadtarchiv Münster, Portraitsammlung Nr. 185)

8.15 Stellungnahme des Kommissionsberichterstatters zur rechtlichen Situation in Deutschland um 1808

Um die Einführung des Code Napoléon im Münsterland vorzubereiten, wurde eine Kommission unter Leitung des Staatsrates Hazzy eingesetzt. Dessen Bericht liefert ein markantes Beispiel für das auf den freiheitlichen Errungenschaften der Revolution gründende französische Sendungsbewußtsein. Zu Recht verweist er auf das uneinheitliche und rückständige Rechtssystem in den deutschen Staaten.

„Sehen wir uns in Deutschland um! Nirgends *ius*, sondern überall nur *confusio iurium* entdekken wir. Hat nicht auch hier jede noch so kleine Provinz eigene Landstatute, Municipalrechte und Localrechte, die mit einer Menge alter und neuer Verordnungen, dem ganzen Koloss des römischen Rechtes, den Canonisten, Lehnrechten, eigenen Gewohnheiten, Herkommen in Concurrenz stehen und ein unübersehbares Feld bieten! [...]

Die Entfernung der Überbleibsel der Barbarei – keine wohlerworbenen Rechte – sind Früchte der französischen Revolution, und die französische Revolution gehört der ganzen Welt an. Deshalb leben schon fessellos die Bewohner Italiens und die von Westfalen unter dem milden Einfluss des Code Napoleon, und durch ihn ist es auch verheißen, dass der Landmann des Münsterlandes nicht länger Sclave bleiben und dies Land nicht länger eine Wüste vorstellen soll.“ “

(R. Goecke, Das Großherzogtum Berg 1806–1813, Köln 1877)

Münster wird dem Kaiserreich Frankreich eingegliedert

Die Zugehörigkeit Münsters zum Großherzogtum Berg währte nur kurz. Im Dezember 1810 wurden die Arrondissements Münster, Steinfurt und Rees auf drei holländische Departements verteilt. Wenige Monate später kam es am 28. April 1811 unter Hinzunahme des Arrondissements Neuenhaus zur Bildung des Lippe-Departements. Gleichzeitig mit der Übernahme neuer Verwaltungsstrukturen führte man die französische Gerichtsverfassung ein, die als höchste Appellationsinstanz für das Departement den Appellationshof in Lüttich vorsah.

Neben dem Tribunal erster Instanz erhielt Münster am 28. April ein Handelsgericht (*Tribunal de Commerce*). Dieses bestand aus einem Präsidenten, vier Handelsrichtern sowie weiteren vier Stellvertretern. 25 vom Innenminister berufene münsterländische Kaufleute wählten am 11. November 1811 die Tribunalsangehörigen, die sodann durch Napoleon bestätigt wurden. Das Tribunal war zuständig für Handelsstreitigkeiten des gesamten Lippedepartements.

8.16 Politische Gliederung 1811

(Geschichtlicher Handatlas von Westfalen, Münster 1975)

Der französische Prozeßverlauf

Als wesentlichste Neuerungen der Franzosenherrschaft sind die Trennung der Justiz- und Verwaltungsgeschäfte, die wachsende Bedeutung des Laienelements durch das Geschworenenverfahren, die Aufhebung der Patrimonialgerichtsbarkeit sowie die in der französischen Gerichtsverfassung vorgesehene Einrichtung von Staatsanwaltschaft, Notariat und Rechtsanwaltschaft anzusehen.

Die bedeutsamste Veränderung mochte für die Bevölkerung allerdings

COUR IMPÉRIALE DE LIEGE. | DÉPARTEMENT DE LA LIPPE.

ORDONNANCE.

NOUS, TOUSSAINT DANDRIMONT, premier Président de la Cour Impériale de Liege, Chevalier de la Légion d'Honneur;

En vertu des articles 16 & 20 de la loi du 20 avril 1810 & des articles 79 & 80 du Décret impérial du 6 juillet de la même année,

Ordonnons que les Assises du Département de la Lippe pour le premier Trimestre de l'an 1812, s'ouvriront le trois février, à Munster.

Et attendu que SON EXC. MONSEIGNEUR LE GRAND-JUGE MINISTRE DE LA JUSTICE n'a point usé, pour lesdites Assises, du droit de nomination qui lui est conféré par la loi,

Nommons, pour les présider, Mr. KOENEN, Conseiller en la Cour.

Ordonnons qu'à la diligence de Mr. le Procureur-Général, notre présente Ordonnance sera notifiée & publiée ainsi qu'il est prescrit par les articles 88 & 89 dudit Décret impérial du 6 juillet 1810.

Fait & ordonné en notre Hôtel, à Liege, le 9 Décembre 1811.

Signé DANDRIMONT, *premier Président.*

Par le premier Président:

Le Greffier en chef de la Cour Impériale de Liege,
Signé L. P. POSWICK.

8.17 Einrichtung des Kriminalgerichts Münster

das neuartige Gerichtsverfahren darstellen, das im Gegensatz zur herkömmlichen Praxis mündlich und öffentlich war. Die kurze Periode, während der das französische Gerichtsverfahren in Münster Anwendung fand (1811–13), führte zu keiner tatsächlichen Etablierung desselben, da Justizbeamte und Richter dafür nur wenig Verständnis aufbrachten.

Die Bedeutung der französischen Herrschaft ist demnach weniger in ihren unmittelbaren politischen Auswirkungen zu sehen, als vielmehr in der Belebung und Mobilisierung bürgerlich-liberaler Kräfte im Anschluß an die sogenannten Befreiungskriege. Das reaktionär-konservative Lager begann alsbald damit, das französische Rechtssystem als „undeutsch“ und fremdartig zu diskreditieren. „Vaterländische Gesinnung“ veranlaßte diese Kräfte dazu, den CC als französische Schöpfung kategorisch abzulehnen und stattdessen die überkommene preußische Justizpraxis zum Ideal zu verklären.

8.17 Verordnung zur Einrichtung eines Kriminalgerichts vom 9. Dezember 1811

Kriminalsachen wurden für den Bereich des Lippedepartements an mehreren festen Terminen im Jahr vor dem Assisenhof in Münster verhandelt.
(Stadtarchiv Münster, Stadtregistratur Fach 11 Nr. 3)

8.18 Der französische Prozeß in den Augen eines Münsteraners

Als Zeitzeuge beschreibt Hofgerichtsassessor Schücking mit deutlicher Abscheu das während der französischen Zeit auch in Münster übliche Verfahren in Strafsachen, wobei er weder Verständnis für die liberale Forderung nach Transparenz der Gerichtsverfahren noch für die Stärkung des Laienelements aufbringt.

„Der ärgerlichste Spektakel war das sogenannte Assisen- oder Kriminalgericht, welches alle Vierteljahr gehalten wurde. Das geschah auf dem vormahligen Hofsaale, komische Weltveränderung, einem Ort, wo man sonst Bälle und vornehme Gastmahle hielt. [...] Aller männliche und weibliche Pöbel war als Zuschauer zu diesem edlen Trauerspiel gelassen und fand sich natürlich [...] häufig ein. Der arme Verbrecher, er mochte nun nachher schuldig befunden werden oder nicht, wurde mit Gendarmen eine große Strecke der Stadt hindurch durch die sumsende wirbelnde Menge der Neugierigen und des gemeinen Pöbels nach diesem Schauspiel gebracht, wo ihn aller Augen zur Weile erwarteten. [...] Dann wurde der Angeklagte von dem Prokureurfiskal brav haranguiert, zuweilen auch tüchtig ausgezankt. [...] Nun wurden auch alle zum Beweise vorgeladenen Zeugen öffentlich verhört.

[...] Um das Urteil des Assisengerichts zu fassen, wurde eine Anzahl teils unwissender, teils doch durchgehends der Rechte unkundiger Menschen gewählt oder vielmehr berufen, die man Juris oder Geschworene nannte. [...] Leute, die oft nur Handwerker, sehr oft gar Bauern waren, mußten dies entscheidende Urteil fällen, da doch genügsam bekannt ist, daß die Materie von den Beweisen auch für den geschicktesten und erfahrensten Rechtsgelehrten fast die schwerste ist. [...] Der zum Tode Verurteilte wurde vor der Kanzlei auf dem Domhofe guillotiniert – sonderbarer Wechsel der Zeiten, auf dem Domhofe, wo es vormals eine Zeit gab, daß der Domdechant einem fürstlich münsterischen Soldaten nicht gestatten wollte, mit aufgepflanztem Gewehr vorüberzugehen.“

(L. E. Schücking, Die Fürstenthümer Münster und Osnabrück unter französischer Herrschaft, Münster 1904)

8.19 Napoleon Bonaparte (1769–1821)

Münster gehörte von 1806–1813 zum direkten Einflußbereich Kaiser Napoleons. Dieser begann 1812 auf dem Höhepunkt seiner Macht den Feldzug gegen Rußland, mit dessen Scheitern auch das Ende der französischen Herrschaft in Deutschland nahte. 1814 wurde Napoleon zur Abdankung gezwungen und mit dem Fürstentum Elba abgefunden, bevor schließlich, nach mißglückter Rückkehr an die Macht, 1815 seine Verbannung erfolgte.
(O. v. Bismarck, Prinz Wilhelm und Napoleon, Dresden 1929)

8.20 Die Justizorganisation im Lippe-Departement 1811

Nach Jahren der Vorbereitung griffen die Franzosen 1811 in den Justizaufbau der ehemaligen preußischen Gebiete ein, indem sie die zentralistische Organisationsstruktur Frankreichs einführten. Münster behielt seine Stellung als Justiz- und Verwaltungszentrum, da es neben dem Tribunal erster Instanz auch den Handelsgerichtshof des Departements erhielt.

8.21 Reglement betr. die Exekutionen

Der französische Zentralismus regelte die Exekutionen bis ins Detail. Lokale Handwerker wurden damit beauftragt, die hierzu notwendigen Geräte nach genauesten Anweisungen anzufertigen.

„AUSZUG
aus dem Reglement Sr. Exzellenz des Großrichters Justizministers die Executionskosten der peinlichen Urtheile betreffend; erlassen zufolge des 113ten Artikels des kayserlichen Dekrets vom 18. Juni 1811.

Art. 1

Die notwendigen Aufwendungen für die Execution der peinlichen Urtheile sind:

1. Die Kosten der ersten Errichtung der zu den Executionen dienenden Instrumente;
2. Die Kosten für Erhaltung, Reparatur, Transport, Aufstellen und Verschiebung dieser Instrumente;
3. Der Transport der Verurteilten sowohl zur Hinrichtungsstätte als auch zur Begräbnisstätte;
4. Die Zubehörungen zu den Executionen;
5. Die Reisekosten der Vollstrecker und der Transport der Instrumente zu den Stätten, wo die Executionen stattfinden sollen.

Art. 2

Die zu den Executionen dienenden Instrumente bestehen in folgenden,

1. In einem großen Chaffot zu den Hinrichtungen mit einem mit Bley gefütterten Behälter;
2. In einem kleinen Chaffot zu den öffentlichen Ausstellungen;
3. In einer Maschine zum Enthaupten mit Zubehör;
4. In einem Pfahl zu den Ausstellungen;
5. In Halseisen mit ihren Bolzen, Schraubenmutter, Ketten und Vorlegeschloß;
6. In einem Klotze.

Art. 3

Die Zubehörungen zu den Executionen sind zweyer Art:

1. Solche, die zu mehreren Executionen dienen;
2. Derartige, die bloß zu einer einzigen Execution gebraucht werden.

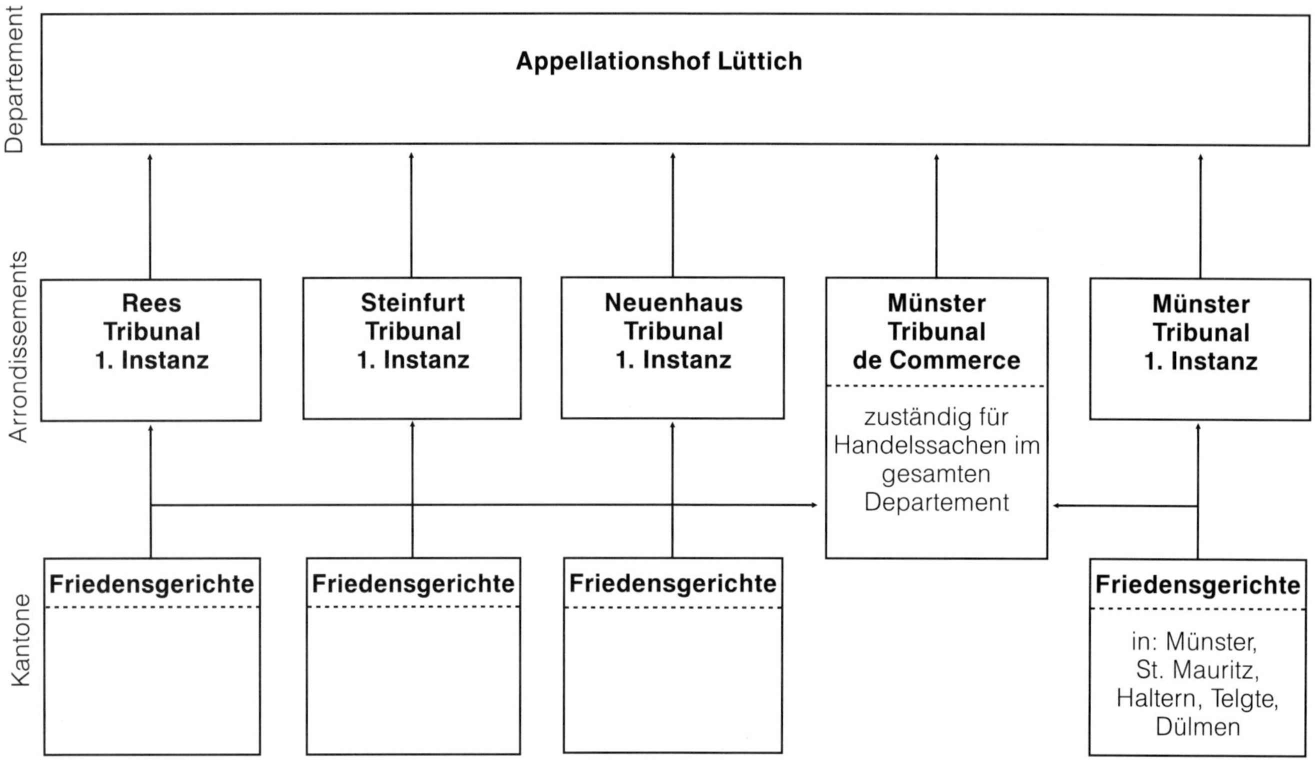

8.20 Justizorganisation im Lippe-Departement

Art. 4

Die Zubehörungen, welche zu mehreren Executionen dienen können, sind:

1. Die weidenen Körbe mit Leder gefüttert;
2. Die Gürtel und ledernen Riemen;
3. Die Besen;
4. Die Dielen zu den Aushängetafeln;
5. Die Eisen, Kohlenpfannen, Schaufeln, Zangen und Blasrohr;
6. Ein Beil oder Hackmesser;
7. Die Italiener oder Stricke.

Art. 5

Die Zubehörungen, die nur zu einer einzigen Execution dienen, sind:

1. Die zum Anbinden der zur Ausstellung Verurtheilten an den Pfahl erforderlichen Stricke;
2. Das Hemd;
3. Ein schwarzer Umhang;
4. Die Kleye oder Sand oder Sägespäne und Stroh;
5. Die Aushängetafeln;
6. Fett oder Seife;
7. Kohlen;
8. Pomade und Schießpulver zum Einreiben der Brandmarke der dazu Verurtheilten;
9. Die Nägel;
10. Die Stricke oder Fesseln zur Befestigung der Beine;
11. Westen, Schürzen, lange Beinkleider für die Gehülfen;
12. Wasser zum Reinigen der Körbe und des Platzes, wo die Executionen vorgenommen

werden, in den Städten, wo man Wasser kaufen kann."

(Stadtarchiv Münster, Stadtregistratur Fach 11 Nr. 8)

MINISTÈRE DE LA JUSTICE.

4.ᵉ DIVISION.

COMPTABILITÉ.

2.ᵉ BUREAU.

N.° 601. L.

NOUVELLE RÉDACTION

DU RÉGLEMENT

Sur les Frais d'exécution des Arrêts criminels, dressé en conformité de l'article 113 du Décret impérial du 18 juin 1811.

ART. 1.ᵉʳ

Les dépenses nécessaires pour l'exécution des arrêts criminels, sont :

1.° Les frais de premier établissement des instrumens servant aux exécutions;

2.° Les frais d'entretien, réparation, transport, placement et déplacement de ces instrumens;

3.° Le transport des condamnés tant au lieu du supplice qu'au lieu de l'inhumation;

4.° Les fournitures relatives aux exécutions;

5.° Les frais de déplacement des exécuteurs et le transport des instrumens dans les lieux où les exécutions doivent se faire.

2.

Les instrumens servant aux exécutions, consistent;

1.° En un grand échafaud pour les exécutions à mort, avec son réservoir doublé en plomb;

2.° En un petit échafaud pour les expositions;

3.° En une machine à décapiter, avec ses accessoires;

4.° En poteaux pour les expositions;

5.° En carcans avec leurs boulons, écroux, chaînes et cadenas;

6.° En un billot.

3.

Les fournitures relatives aux exécutions sont de deux espèces :

1.° Les fournitures qui servent à plusieurs exécutions;

2.° Celles qui ne servent qu'à une seule exécution.

8.21 Exekutions-Reglement

8.22 Der Michaelisplatz

Während der französischen Herrschaft befand sich das Schafott auf dem Michaelisplatz zwischen Rathaus und Dom.
(Westfälisches Amt für Denkmalpflege Münster)

Literatur:

E. Fehrenbach, Traditionale Gesellschaft und revolutionäres Recht, Göttingen 1974.

M. Lahrkamp, Münster in napoleonischer Zeit 1800–1815 (Quellen und Forschungen zur Geschichte der Stadt Münster, NF Bd. 7/8), Münster 1976.

H. Siegmund, Der französische Einfluß auf die deutsche Verfassungsentwicklung 1789–1815, Freiburg 1987.

Stadtarchiv Münster (Hrsg.), Münster wird preußisch. Von der fürstbischöflichen Residenzstadt zur Provinzialhauptstadt. Dokumentation, Münster 1992.

9

Die Inbesitznahme durch Preußen 1814/15

Als Entschädigung für so manches Unheil von einer im allgemeinen mit Recht verhaßten fremden Gesetzgebung hatte man die Beibehaltung des einzelnen doch darin vorhandenen Guten gehofft.

(Der Oberpräsident der preußischen Provinz Westfalen Freiherr Vincke im Oktober 1814)

Die Eingliederung Münsters in den preußischen Staatsverband

Um seinen Hauptwidersacher England zu schwächen, hatte Napoleon die Kontinentalsperre, d.h. einen umfassenden Handelsboykott englischer Waren auf dem Festland, eingeführt. Das wirtschaftlich geschwächte Rußland unterlief die Sperre, worauf eine Reihe von Sanktionen und schließlich im April 1812 der Einmarsch französischer Truppen in Rußland folgten. Nach der Einnahme Moskaus ließen Nachschubschwierigkeiten, die klimatischen Verhältnisse und der Widerstand der russischen Bevölkerung und Armee den Feldzug der ‚Großen Armee' rasch zu einem Debakel werden. In Deutschland waren Volksaufstände und der Abfall preußischer Hilfstruppen sichtbarer Ausdruck der französischen Niederlage und eines erwachenden Nationalgefühls. Der Beginn des Jahres 1813 war durch die Formierung von Widerstand gekennzeichnet. Schließlich erkannte auch der preußische König die Zeichen der Zeit und erklärte Frankreich im März den Krieg. Einer Koalition gegen Napoleon trat Österreich bei, so daß die französischen Truppen in der Schlacht bei Leipzig (16.–19. Oktober 1813), die über 100.000 Tote und Verwundete forderte, entscheidend besiegt wurden. Nach der Besetzung von Paris mußte Napoleon am 6. April 1814 abdanken.

Nur sieben Jahre waren vergangen, seit der französische Gouverneur Loison erklärt hatte, daß die Besitzungen Münster, Osnabrück, Mark und Tecklenburg „... ‚niemals wieder unter die preußische Oberherrschaft kommen sollen'". Am 18. November 1813 wurde Münster zum zweiten Mal preußisch. Die nach französischem Muster aufgebaute Justiz blieb vorerst unangetastet, lediglich die Kriminalsachen sollten nach dem ALR und der Kriminalgerichtsordnung von 1805 verhandelt werden. Mit dem Patent vom 9. September 1814 wurden die Allgemeine Gerichtsordnung und das ALR zum Jahre 1815 in den neuen Provinzen wiedereingeführt, nachdem die Verhandlungen des Wiener Kongresses Klarheit über den Verbleib der westfälischen Gebiete bei Preußen gebracht hatten. Für das Oberlandesgericht Münster waren mit dem Präsidenten Sethe und dessen Stellvertreter v. Bernuth die Leiter schnell ernannt, doch klagte Zivilgouverneur Vincke über ‚eine völlige Stockung der Justiz', da es an Gerichtspersonal mangelte. Zudem dauerte es bis weit ins Frühjahr des Jahres 1815, bis auch die Untergerichte ihre Arbeit aufnahmen. Die Justizorganisation ging nur stockend voran.

Eximierte

Als ‚eximiert' bezeichnete man Personen, Sachen oder Grundstücke, die von der ordentlichen Gerichtsbarkeit in irgendeiner Weise ausgenommen waren und beispielsweise nicht der Gerichtsbarkeit der Untergerichte unterstanden. Eximierte genossen dieses aus dem Ständezeitalter herrührende Privileg in Preußen bis zur Mitte des 19. Jahrhunderts. Durch die bürgerliche französische Gerichtsverfassung wurde der Eximiertenstand in Münster zeitweilig aufgehoben, mit der preußischen Besitzergreifung jedoch wieder eingeführt.

Zu den eximierten Personen bzw. Institutionen zählten Geistliche, Adelige, Offiziere sowie höhere preußische Beamte, ferner u.a. das Domkapitel, Klöster, königliche Gerichte und Bergwerke. Die Angehörigen der Universitäten unterlagen ebenfalls einer besonderen Gerichtsbarkeit. Der Universitätsrichter war noch bis zum Beginn des 20. Jahrhunderts in Disziplinarsachen zuständig.

Die Bewahrung eines eximierten Gerichtsstandes verdeutlichte, daß die zwischenzeitlich eingeleiteten Stein-Hardenberg'schen Reformen auf dem Wege von der ständisch organisierten zur Staatsbürgergesellschaft auf halbem Wege stecken geblieben waren. Die wiedererstarkte preußische Monarchie hielt auch weiterhin an der rechtlichen Bevorzugung der führenden Stände des spätabsolutistischen Beamten- und Adelsstaates fest. Die Vollendung der bürgerlichen Emanzipation ließ trotz einiger Ansätze noch Jahrzehnte auf sich warten.

Die Untergerichte

Neben den Oberlandesgerichtskommissionen wurden 1815 die Untergerichte reorganisiert. Die Land- und Stadtgerichte des OLG-Bezirks Münster waren in erster Instanz für die Zivilgerichtsbarkeit zuständig. Zusätzlich zu den königlichen Untergerichten, die ausschließlich kollegialisch, d.h. mit mehreren Richtern besetzt waren, erwog man die Wiedereinführung privater Patrimonialgerichte. Da im OLG-Bezirk Münster jedoch sämtliche Grundherren darauf verzichteten, die Patrimonialgerichtsbarkeit auszuüben, kam es hier zu der in Preußen einzigartigen Situation, daß es ausschließlich staatliche Gerichte gab, wohingegen im Jahre 1837 noch rd. ein Drittel der preußischen Bevölkerung privaten Gerichten unterstand.

Für erstinstanzliche Untersuchungen der Kriminalgerichtsbarkeit wurden den Untergerichten die als Organe der Oberlandesgerichte fungierenden sogenannten Inquisitoriate beigeordnet und die Kriminalgerichtsbarkeit den Patrimonialgerichten damit schon frühzeitig entzogen. Das Inquisitoriat für den OLG-Bezirk Münster entstand im Jahre 1814.

9.1 Ludwig Freiherr Vincke (1774–1844), Lithographie

Vincke war nach der preußischen Besitzergreifung zunächst als Zivilgouverneur für die Reorganisation von Justiz und Verwaltung im Gebiet zwischen Rhein und Weser zuständig. Kurz darauf avancierte er zum ersten Oberpräsidenten der neugegründeten Provinz Westfalen.
(Stadtarchiv Münster, Portraitsammlung Nr. 270a)

9.2 Die politische Neuordnung Westfalens nach den Beschlüssen des Wiener Kongresses von 1814/15.

Das ehemalige Oberstift Münster wird Preußen zugeschlagen und gehört damit zur neugeschaffenen Provinz Westfalen.
(Geschichtlicher Handatlas v. Westfalen, Münster 1975)

Die Stimmung unter der Bevölkerung

Das Ende einer ungeliebten Herrschaft wurde von den Münsteranern, ähnlich wie 1806, freudig begrüßt. Waren es damals die Franzosen, die Hoffnungen auf eine gerechtere Herrschaft weckten, so verknüpfte man im Gegensatz zum Jahre 1802/03 mit der zweiten preußischen Besitzergreifung positive Erwartungen.

Verschiedene Gründe sprachen dafür, daß man sich nunmehr mit den neuen Machthabern arrangieren zu können glaubte. Die Preußen hatten die zunehmend unpopulärer gewordene Fremdherrschaft der Franzosen beendet, darüberhinaus brachten die Stein-Hardenberg'schen Reformen in Preußen Fortschritte wie z. B. die Aufhebung der Leibeigenschaft. Die Herrschaft des reformierten preußischen Staates erschien daher erträglicher als die des alten Preußen 1802/03. Zudem trug die allgemeine nationale Euphorie der Befreiungskriege dazu bei, daß eine jegliche deutsche Obrigkeit der französischen vorgezogen wurde. Dennoch existierten weiterhin konfessionelle Vorbehalte nebst einer verständlichen Abneigung gegen den preußischen Militarismus. Die Anzahl der Desertionen war 1814 in den katholischen Regionen um Paderborn und Münster besonders hoch.

9.3 Bericht des Oberpräsidenten vom 3. März 1815

Nach der Niederlage des napoleonischen Frankreich verhandelten Fürsten und Diplomaten auf dem Wiener Kongreß über die territoriale Neugliederung Europas. Die Stimmungslage der münsterländischen Bevölkerung beschreibt Vincke in einem Bericht an die königliche Regierung in Berlin, nachdem das ehemalige Fürstbistum endgültig Preußen zugeschlagen worden war, in recht euphorischer Weise.
(H. Kochendörffer, Die Berichte des Militär- und Civilgouverneurs in den Provinzen zwischen Weser und Rhein 1813–1816, in: Westfälisches Adelsblatt 7, 1930)

ALR und CC nach 1813

Während der Code Civil im linksrheinischen Teil des preußischen Rheinlands auch weiterhin Anwendung fand, führte man in der Provinz Westfalen nach und nach das ALR und die Allgemeine Gerichtsordnung wieder ein. Zwar boten die Stein-Hardenberg'schen Reformen Ansätze zur Verwirklichung bürgerlicher Freiheiten, doch handelte es sich bei der preußischen Justizverfassung weitgehend um ein Relikt des Ständestaates, dessen Wiedereinführung die Reaktionsperiode nach dem Wiener Kongreß einläutete.

Die zeitweilige Übernahme des CC hatte unter Münsters Bevölkerung das Bedürfnis nach einer freiheitlichen Gesetzgebung geweckt, welches erst in der Revolution von 1848 wenigstens teilweise verwirklicht werden konnte. Während die national-konservativen Verfechter des ALR gleich nach 1815 damit begannen, den CC als ‚undeutsch und künstlich' zu diskreditieren, und deren antifranzösische Stoßrichtung offenbar wurde, erkannten Weitsichtigere die Problematik der rechtlichen Ungleichheit. Zivilgouverneur Vincke notierte am 19. September 1814 in seinem Tagebuch: *„Berliner Zeitung mit Wiedereinführung der preußischen Gesetze, aber auch der Patrimonialgerichte und der exempten Gerichtsstände, mir ein großes Ärgernis."*

9.4 Bericht des Oberpräsidenten vom 30. Oktober 1814

In einem Schreiben an die Regierung erläutert Vincke die Vorbehalte der Bevölkerung gegenüber der rückständigen preußischen Gesetzgebung, die auch nach den Stein-Hardenberg'schen Reformen mit dem bürgerlich-liberalen französischen Gesetzeswerk nicht konkurrieren konnte. Dennoch entschloß man sich zur Wiedereinführung des Allgemeinen Preußischen Landrechts von 1794.
(H. Kochendörffer, Die Berichte des Militär- und Civilgouverneurs in den Provinzen zwischen Weser und Rhein 1813–1816, in: Westfälisches Adelsblatt 7, 1930)

9.5 Patent zur Wiedereinführung des ALR vom 9. September 1814

Um die Justiz in den neuen Territorien an die preußischen Verhältnisse anzugleichen, wurde das ALR relativ zügig eingeführt. Gleichzeitig errichtete man neue Oberlandesgerichtskommissionen in Emmerich, Minden, Aurich und Münster. Diesen fiel die Gerichtsbarkeit über den Eximiertenstand sowie als Appellationsinstanz die Aufsicht über die Untergerichte des jeweiligen Bezirks zu.
(Münsterisches Intelligenzblatt v. 30. September 1814)

Die Münstersche Gerichtsverfassung von 1815–1848 im Zeichen ständestaatlich-monarchischer Restauration

Das anbrechende Zeitalter der monarchischen Restauration hinterließ auch im Münsterschen Gerichtswesen seine Spuren. Die preußischen Reformbestrebungen blieben auf halbem Wege stecken: Zwar konnte der Kompetenz-Wirrwarr der altständischen Gerichtsverfassung aus fürstbischöflicher Zeit endgültig als überwunden gelten, aber die überkommene, Geburtsadel, Klerus und Beamtentum privilegierende Ständeordnung wurde nur unvollkommen von der modernen, auf formeller Rechtsgleichheit beruhenden Staatsbürger-Gesellschaft abgelöst. Auch blieb die Gewaltenteilung zwischen Verwaltung und Justiz unvollendet.

In dieser Ära beruhte die Gerichtsverfassung im OLG-Bezirk Münster auf folgenden Grundsätzen:

1. Die Unterscheidung in normale Staatsbürger und privilegierten (eximierten) Gerichtsstand blieb bestehen. Für die Eximierten waren in 1. Instanz nicht die Untergerichte, sondern ein Senat des Oberlandesgerichts Münster zuständig.

2. Justiz und Staatsverwaltung waren im Münsterland in allen Instanzen der Gerichtsbarkeit getrennt. Die Unabhängigkeit der Rechtsprechung stellte der preußische Staat aber erst als *sachliche* Unabhängigkeit sicher, womit die institutionelle Trennung von Verwaltung und Rechtsprechung gemeint ist. Die Durchsetzung der *persönlichen* Unabhängigkeit der Richter von der Einflußnahme der königlich-obrigkeitlichen Exekutivorgane ließ noch auf sich warten.

3. Die Rechtsprechung übten ausschließlich juristisch vorgebildete und beamtete Berufsrichter aus, die sich einer staatlichen Prüfung unterziehen mußten und von der Justizverwaltung des preußischen Staates nach Loyalitätsgesichtspunkten ausgewählt wurden.

4. Die Untersuchungen im Strafprozeßverfahren fanden im Rahmen der *Inquisitoriate schriftlich* und *geheim* statt. Das öffentliche und mündliche Verfahren des französischen Strafrechts, das in den preußischen Rheinlanden fortgalt, wurde in Westfalen und in den östlichen Provinzen nicht übernommen.

5. Das Oberlandesgericht Münster nahm in beschränktem Maße auch für die OLG-Bezirke Hamm und Arnsberg Aufgaben eines Obergerichtes wahr.

6. 1835 wurde den provinzialen Obergerichten die Zuständigkeit für Hoch- und Landesverrat entzogen und das Berliner Kammergericht mit der Aburteilung schwerer politischer Straftaten betraut. Diese Maßnahme der preußischen Regierung stand in Zusammenhang mit der verschärften politischen Überwachung, auf die sich der Deutsche Bund unter der Führung Metternichs 1834 nach dem Hambacher Nationalfest verständigt hatte, um die wiedererstarkende bürgerlich-liberale Nationalbewegung einzudämmen.

9.6 Landkarte: Gerichtsorganisation und Gerichtsbezirke in der preußischen Provinz Westfalen von 1815 bis 1848, s. Bild-Anhang S. 229

Münster wurde in der neu geschaffenen preußischen Provinz Westfalen Sitz

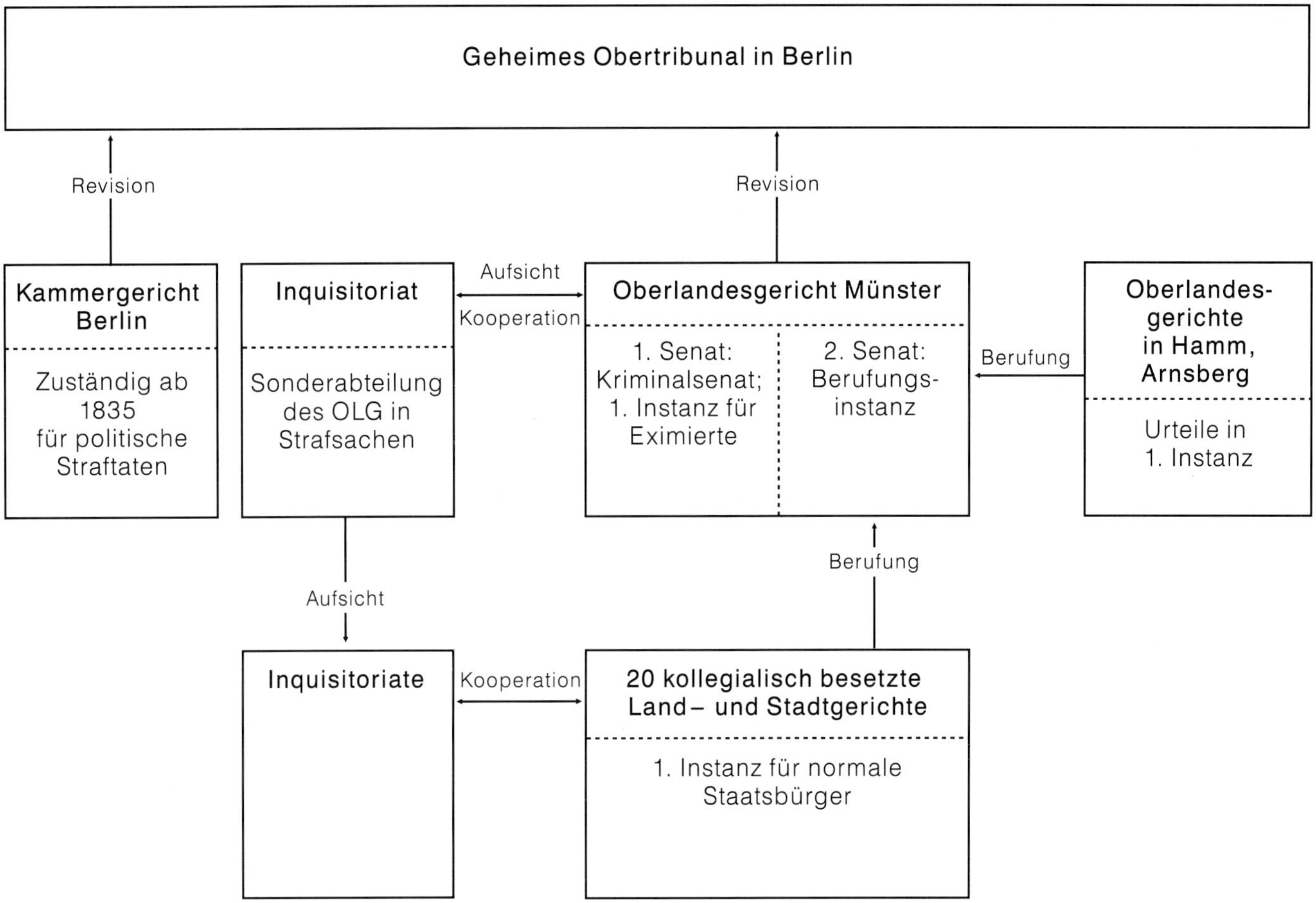

9.7 Die Gerichtsorganisation des Oberlandesgerichtsbezirks Münster 1815–1849

eines Oberlandesgerichts, das für den bis auf den heutigen Tag in seinen Grenzen nahezu unveränderten Regierungsbezirk Münster zuständig war. Der OLG-Bezirk umfaßte seit 1823 zwanzig Land- und Stadtgerichtsbezirke. Vier Sitze von Stadt- und Landgerichten wurden zwischen 1815 und 1823 aufgegeben und benachbarten Gerichtsorten zugeschlagen.
(Geschichtlicher Handatlas von Westfalen, 2. Lfg.)

9.7 Schautafel: Die Gerichtsorganisation des Oberlandesgerichtsbezirks Münster 1815–1849

Begriffserläuterungen:

Unter Berufung ist ein Rechtsmittel zu verstehen, bei dem in der nächsthöheren Instanz der *gesamte Prozeßgegenstand* einschließlich Beweismittel und Tatsachenerhebung nochmals verhandelt wird.

Unter Revision ist ein Rechtsmittel zu verstehen, bei dem in der nächsthöheren Instanz *nicht mehr der Prozeßgegenstand selber* der Überprüfung unterzogen wird, sondern nur noch das *Prozeßverfahren* und die *Anwendung der Gesetze*.

9.8 Fotoaufnahme der Landsberger Kurie in der Pferdegasse, die 1839 Sitz des Oberlandesgerichts Münster wird

Das Gebäude ist benannt nach dem Domkapitular Freiherr von Landsberg, der es in den Jahren 1703–07 erbauen ließ.
(Westfälisches Amt für Denkmalpflege Münster)

9.9 Bestallungsurkunde des preußischen Königs Friedrich Wilhelm III. für den Direktor des Land- und Stadtgerichts Münster vom 20. 12. 1839

Die Ernennungsurkunde bringt die enge Bindung der preußischen Richterschaft an das Königtum der preußischen Hohenzollern zum Ausdruck. Als Träger staatlicher Hoheitsgewalt erscheint die Rechtsprechung hier noch als eine aus dem Gottesgnadentum des Königtums abgeleitete Gewalt. Im Lichte moderner Rechtstaatlichkeit betrachtet, kommt in der monarchisch-obrigkeitlichen Bestallung und Loyalitätserwartung zum Ausdruck, daß die Gewaltenteilung zwischen Exekutive und Judikative noch nicht vollendet ist.
(Stadtarchiv Münster)

Literatur:

H. Duhme, Die Generalstaatsanwaltschaft Hamm, in: Rechtspflege zwischen Rhein und Weser. Festschrift zum 150jährigen Bestehen des Oberlandesgerichtes Hamm, hrsg. vom Verein für Rechtsgeschichte im Gebiet des Oberlandesgerichts Hamm, Hamm 1970

E. Kern, Geschichte des Gerichtsverfassungsrechts, München/Berlin 1954

R. Koselleck, Preußen zwischen Reform und Revolution. Allgemeines Landrecht, Verwaltung und soziale Bewegung von 1791 bis 1848, 2. Aufl. Stuttgart 1975

K. Schumacher, Der Westfale hängt an seinem Recht. Ein Beitrag zur Geschichte des Landgerichts Münster, in: Rechtspflege zwischen Rhein und Weser, a. a. O.

W. F. C. Starke, Beiträge zur Kenntnis der bestehenden Gerichtsverfassung, und der neuesten Resultate der Justizverwaltung in dem preußischen Staat, Teil 2.2., Berlin 1839

10

Die Revolution von 1848

Unter allen Übeln, die einen Staat treffen können, halte ich für das größte eine servile, zur feilen Dirne der herrschenden Gewalt herabgesunkene Rechtspflege.

(Jodokus Temme – Vizepräsident des OLG Münster im Januar 1849 nach seiner Entlassung aus dem Münsterschen Zuchthaus)

In Preußen bedroht die Revolution das absolutistische Regime der Hohenzollern-Könige.

Der absolut regierende preußische König Friedrich Wilhelm IV. weigerte sich bis zur Revolution von 1848 beharrlich, der bürgerlich-liberalen Forderung nach einer Verfassung und einer gesamtstaatlichen Volksvertretung nachzukommen. Als der preußische Staat 1847 in Finanznöte geriet, berief der König einen Vereinigten Landtag aus Vertretern der Provinziallandtage ein. Von einem Parlament im modernen Sinne war dieses Gremium noch weit entfernt. Es ging weder aus direkten Wahlen durch das Staatsvolk hervor, noch hatte es das Gesetzgebungs- und Haushaltsbewilligungsrecht. Der Landtag sollte der königlichen Regierung lediglich die dringend benötigten Staatsanleihen für den Bau der Ostbahn bewilligen. Aber der Landtag spielte nicht mit: Er nahm das königliche Begehren zum Anlaß, jedwede Steuer- und Anleihenbewilligung von einer Staats- und Verfassungsreform abhängig zu machen. Jedoch weigerte sich der von romantisch-ständestaatlichen Ideen und von pietistischen Adelskreisen beeinflußte König hartnäkkig, die preußische Monarchie in einen modernen Verfassungsstaat mit echt parlamentarischer Volksvertretung zu überführen. Die Unnachgiebigkeit des Monarchen trug in Zusammenhang mit der Ernährungskrise und den sozialen Spannungen der Jahre 1845–48 entscheidend zum Ausbruch der Revolution bei. Als es im März 1848 zu Unruhen kam, konnte sich der König der Forderung nach einer demokratisch gewählten Nationalrepräsentation nicht mehr entziehen. Nach den nächtlichen Barrikadenkämpfen am 18./19. März in Berlin ließ der König das Militär aus der Hauptstadt abziehen und beugte sich den bürgerlich-liberalen Revolutionären.

10.1 Zwischen mir und mein Volk soll sich kein Blatt Papier drängen.

– Karikatur aus dem Jahre 1847: Zur Zielscheibe wird die hartnäckige Weigerung des preußischen Königs, der Volksvertretung verfassungsmäßige Rechte zu gewähren.

Die Karikatur zeigt ein Gemach des königlichen Schlosses: Abgeordnete des Vereinigten Landtages versuchen einzutreten, um dem König eine Petition zu überreichen, in der sie für das frisch einberufene Gremium parlamentarische Rechte fordern. Von General Wrangel unterstützt, bemüht sich der König verzweifelt, die Abgeordneten am Eintreten zu hindern. Das Szenarium verspottet den mangelnden Weitblick des Königs, der sich der Illusion hingibt, das Bürgertum bis auf weiteres von staatlicher Mit-

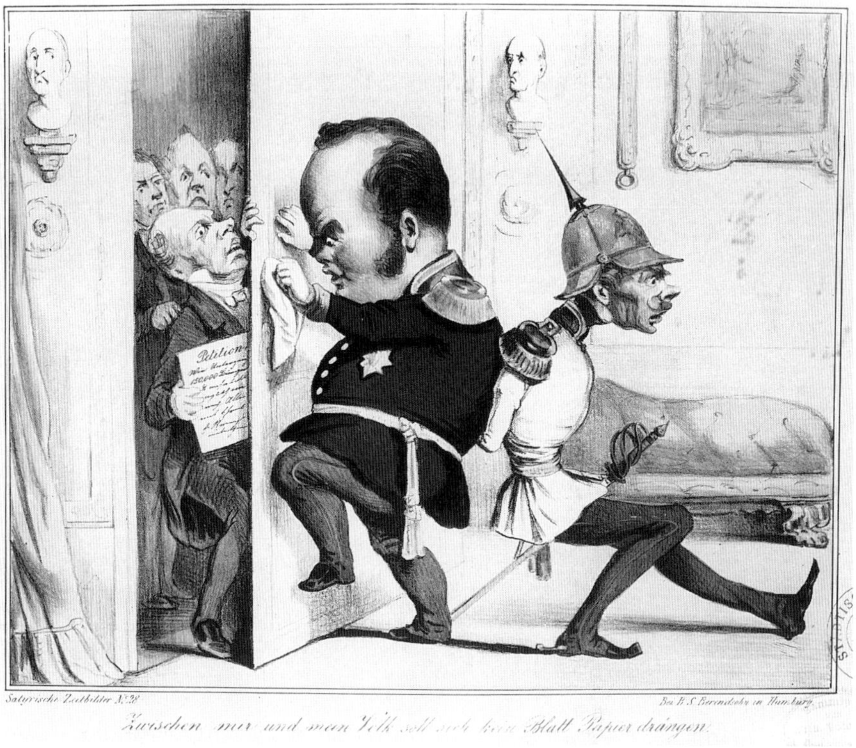

10.1 Verspottung des preußischen Königs

wirkung fernhalten zu können. Die Überschrift der Karikatur spielt auf die Rede an, mit der der König am 11. April 1847 den Vereinigten Landtag eröffnet hatte: „Kein Stück Papier", heißt es dort gegen die liberale Forderung nach einer Verfassung gerichtet, „soll sich zwischen den Herrn Gott im Himmel und dieses Land drängen wie eine zweite Vorsehung!" (Lithographie, bei Berendsohn in Hamburg, Nr.28 aus der Serie ‚Satyrische Zeitbilder' – Altonaer Museum/Hamburg)

10.2 Barrikadenkämpfe in der Breiten Straße in Berlin, Nacht vom 18. auf den 19. März 1848 (Anonyme handkolorierte Lithographie)

Am 18. März 1848 zieht eine große Menschenmenge auf den Vorplatz des Berliner Stadtschlosses, um den König zur Annahme der liberalen Verfassungsforderungen zu bewegen. Friedrich Wilhelm IV. lenkt ein, weigert sich aber, das Militär, seine einzige ihm noch verbliebene Machtstütze, aus der Hauptstadt abzuziehen. Als die Menge daraufhin auf dem Abzug des Militärs beharrt, läßt der König den Schloßplatz gewaltsam räumen. Mehrere Tote bleiben zurück. Im Nu wachsen Hunderte von Barrikaden aus dem Boden, hinter denen die empörte Berliner Bevölkerung die gesamte Nacht über dem Militär trotzt. Am folgenden Tag, dem 19. März, sieht sich der König genötigt, nachzugeben und der revolutionären Bürgergarde in der Hauptstadt das Feld zu überlassen. Die bürgerliche Revolution, in der schwarz-rot-goldenen Fahne symbolisiert, gewinnt zeitweilig die Oberhand.
(Bildmappe Revolution 1848, hg. v. Studiengruppe Geschichte der Arbeiterbewegung, Stuttgart 1979)

Die preußische Justizreform von 1849 als Produkt der Revolution: Liberalismus und Rechtsstaatlichkeit siegen.

Die Revolution von 1848 hinterließ auch in der preußischen Gerichtsverfassung tiefe Spuren. Die Forderungen des bürgerlichen Liberalismus schlugen sich unverkennbar in den Justizreformgesetzen nieder, die Anfang 1849 in Kraft traten und auch für das Gerichtswesen im Münsterland galten. Sie brachten im Justizwesen bemerkenswerte Fortschritte auf dem Wege zum modernen bürgerlich-liberalen Rechtsstaat. Adlige Privatgerichtsbarkeit und privilegierte Gerichtsstände gehörten nunmehr der Vergangenheit an. Die Unabhängigkeit der Rechtsprechung von der monarchischen Exekutive wurde weiter ausgebaut. Selbst die demokratische Forderung nach Laienrichtern fand Eingang in die Strafprozeßordnung. Damit wollten die bürgerlichen Revolutionäre den Einfluß des monarchischen Militär- und Beamtenstaates auf die Rechtsprechung schwächen, die bis dahin allein in den Händen juristisch vorgebildeter Berufsrichter lag. In der politisch hochsensiblen Sphäre des Strafrechts sollte der Laienrichter für die Unabhängigkeit der Rechtsprechung und für Volksnähe bürgen. Aus dieser Haltung sprach das über Jahre aufgestaute Unbehagen über den preußischen Richterstand, der nach 1815 die monarchisch-ständestaatliche Restauration und die absolutistische Alleinregierung der preußischen Könige mitgetragen hatte und sich aus liberaler Sicht eine gewisse Unterwürfigkeit gegenüber Adel und Verwaltungsbehörden hatte zuschulden kommen lassen. Folglich identifizierte man auch den Richterstand mit dem verhaßten Absolutismus.

10.3 Artikel der ‚Westfälischen Volkshalle': Der preußische Richterstand – Polemik aus bürgerlich-liberaler Sicht gegen die überkommene Unterwürfigkeit und Obrigkeitshörigkeit des preußischen Richterstandes

Welch geringes Ansehen der beamtete preußische Richter vor und während der Revolution genießt, bringt ein polemischer Artikel der liberaldemokratischen ‚Volkshalle' zum Ausdruck, die in Münster Anfang 1849 von liberalen Revolutionsanhängern, unter ihnen Gerichtsreferendare, gegründet wird. Man erblickt im Richterstand ein korruptes und unterwürfiges Werkzeug des monarchisch-absolutistischen Ständestaates. Diesen Staat, der durch Privilegien für Adel und Beamtentum gekennzeichnet ist, wollen die liberalen Revolutionäre von 1848 beseitigen. Sie sprechen ihm die traditional und religiös begründete Legitimität ab. Aus diesem Blickwinkel geißelt der Artikel die Parteinahme der Richter für die alten Gewalten.
(Westfälische Volkshalle/Münster vom 9.3. 1849)

10.4 Von der richterlichen Gewalt – Auszug aus der preußischen Verfassung vom 5. Dezember 1848 (Titel VI)

Die oktroyierte Verfassung vom Dezember 1848 garantiert die Unabhängigkeit der Rechtssprechung von der staatlichen Exekutivgewalt. Der entscheidende

Fortschritt gegenüber der vorrevolutionären Gerichtsverfassung besteht darin, daß die *sachlich-institutionelle* Unabhängigkeit der Gerichte, die es bereits vor der Revolution gegeben hat, um die *persönliche* Unabhängigkeit der Richter ergänzt wird. Indem die Verfassung die Richterschaft im Hinblick auf die staatliche Exekutivgewalt für ‚unabsetzbar' und ‚unversetzbar' erklärt und eine Amtsenthebung und Versetzung nur durch Richterspruch zuläßt, sichert sie die Gewaltenteilung (Art. 86). Die Möglichkeit, die zwangsweise Versetzung von Richtern als Hebel der politischen Disziplinierung zu nutzen, ist der königlich-preußischen Regierung nunmehr genommen.
(Gesetz-Sammlung für die königlichen preußischen Staaten 1848)

10.5 Schaubilder: Die Gerichtsorganisation des Appellationsgerichtsbezirks Münster von 1849–79

Die Justizreform von 1849 bedeutet in mehrfacher Hinsicht einen revolutionären Einschnitt in der Geschichte des Münsterschen Gerichtswesens.

1. Sie beseitigt die privilegierten, d. h. die von der Gerichtsbarkeit der Untergerichte freigestellten Gerichtsstände: Auch für Adel und Beamte gelten fortan dieselben Instanzenzüge wie für die breite Masse der Staatsbürger. Das Appellationsgericht, das aus dem Oberlandesgericht hervorgeht, ist künftig nicht mehr die 1. Instanz für die privilegierten Stände, sondern nur noch Rechtsmittel-Instanz. Damit kommt man auf dem Wege zur modernen staatsbürgerlichen Rechtsgleichheit ein gutes Stück voran.

2. In Strafprozessen wird das mündliche und öffentliche Verfahren eingeführt. Zum ersten muß das Inquisitoriat, das vordem das Ermittlungs- und Untersuchungsverfahren geheim geführt hat, der neuartigen Institution des Staatsanwalts weichen, der öffentlich Anklage erhebt. Zum zweiten findet das Hauptverfahren im Strafprozeß nunmehr öffentlich und mündlich statt. In dieser Neuregelung kommt der Argwohn der Bürger gegenüber der traditionellen Geheimniskrämerei der Strafprozesse zum Ausdruck.

3. Bei der Aburteilung schwerer Straftaten sehen die Reformgesetze erstmals die Mitwirkung von Laienrichtern vor. Sie kommen damit einer alten liberalen Forderung nach, die Staatsbürger an der Rechtsprechung zu beteiligen. In Münster findet dies seinen Niederschlag in der Bildung eines Schwurgerichts, in dem 12 Geschworene als Laienrichter zusammen mit fünf Berufsrichtern für das Gebiet des Regierungsbezirks Münster über schwere Straftaten und über politische Vergehen zu Gericht zu sitzen haben. In der Schuldfrage hat allein die Geschworenenbank zu entscheiden, während die Richterbank über Verfahrensfragen und das Strafmaß zu befinden hat. Als Rechtsmittel ist *Revision*, nicht *Berufung* zulässig; d. h. nur Verfahrensregelungen und Strafmaß können angefochten werden, nicht aber der Schuldspruch der *Geschworenenbank*. Kein Berufsrichterkollegium soll befugt sein, das Urteil der Laienrichter umzustoßen. Als Politikum ersten Ranges erweist sich, daß auch *politische* Straftaten in die Zuständigkeit der Laienrichter fallen. Kein Wunder, daß die Revolutionsgegner alles darauf anlegen, den Laienrichtern die Zuständigkeit für politische Straftaten wieder zu entreißen.

In den Geschworenen erblickten die bürgerlichen Revolutionäre von 1848 einen Garanten unabhängiger Justiz und Volksnähe. Man wollte die Strafjustiz der staatlichen Willkür und der ausschließlichen Beamten-Rechtspflege entziehen. Im Hindergrund standen die Erfahrungen mit der ‚kasten'-mäßigen Abschließung des preußischen Beamtenapparates im Zeitalter des preußischen Spätabsolutismus, dem erst die Revolution von 1848 ein Ende setzte. Pressezensur und politische Verfolgungen hatten die Forderung nach Laienrichtern in der Strafjustiz zu einem zentralen Element der bürgerlich-liberalen Reformbestrebungen werden lassen. Welches Gewicht die Reformer den Laienrichtern verliehen, unterstreicht in aller Eindringlichkeit der Umstand, daß das Reformgesetz gegen das Urteil der Geschworenen keine Berufung vorsah. Man wollte verhindern, daß in einem etwaigen Berufungsverfahren das Urteil der Laienrichter durch ein Berufsrichterkollegium umgestoßen würde.

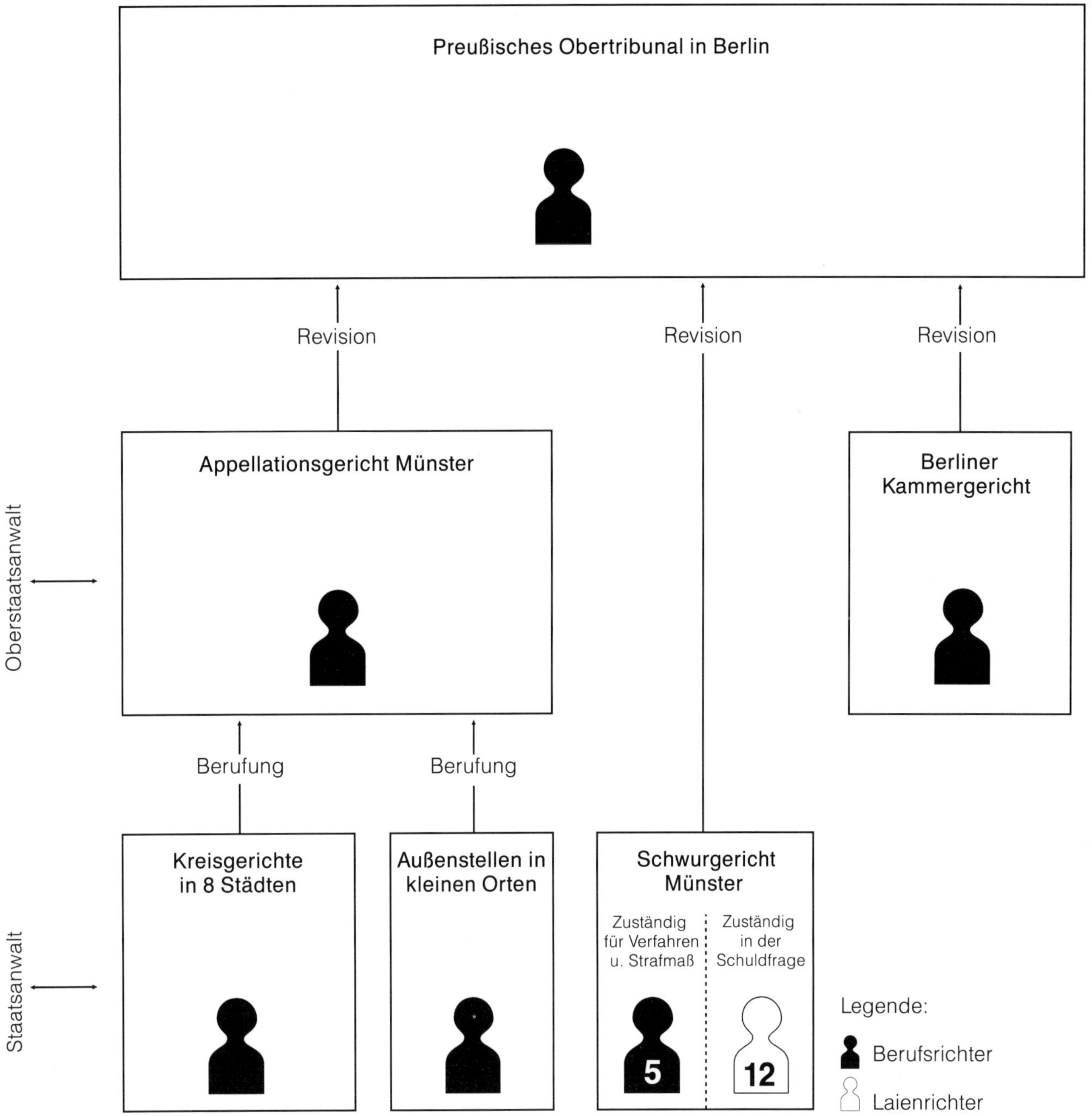

10.5.1 Die Gerichtsorganisation des Appellationsgerichtsbezirks Münster 1849–1879

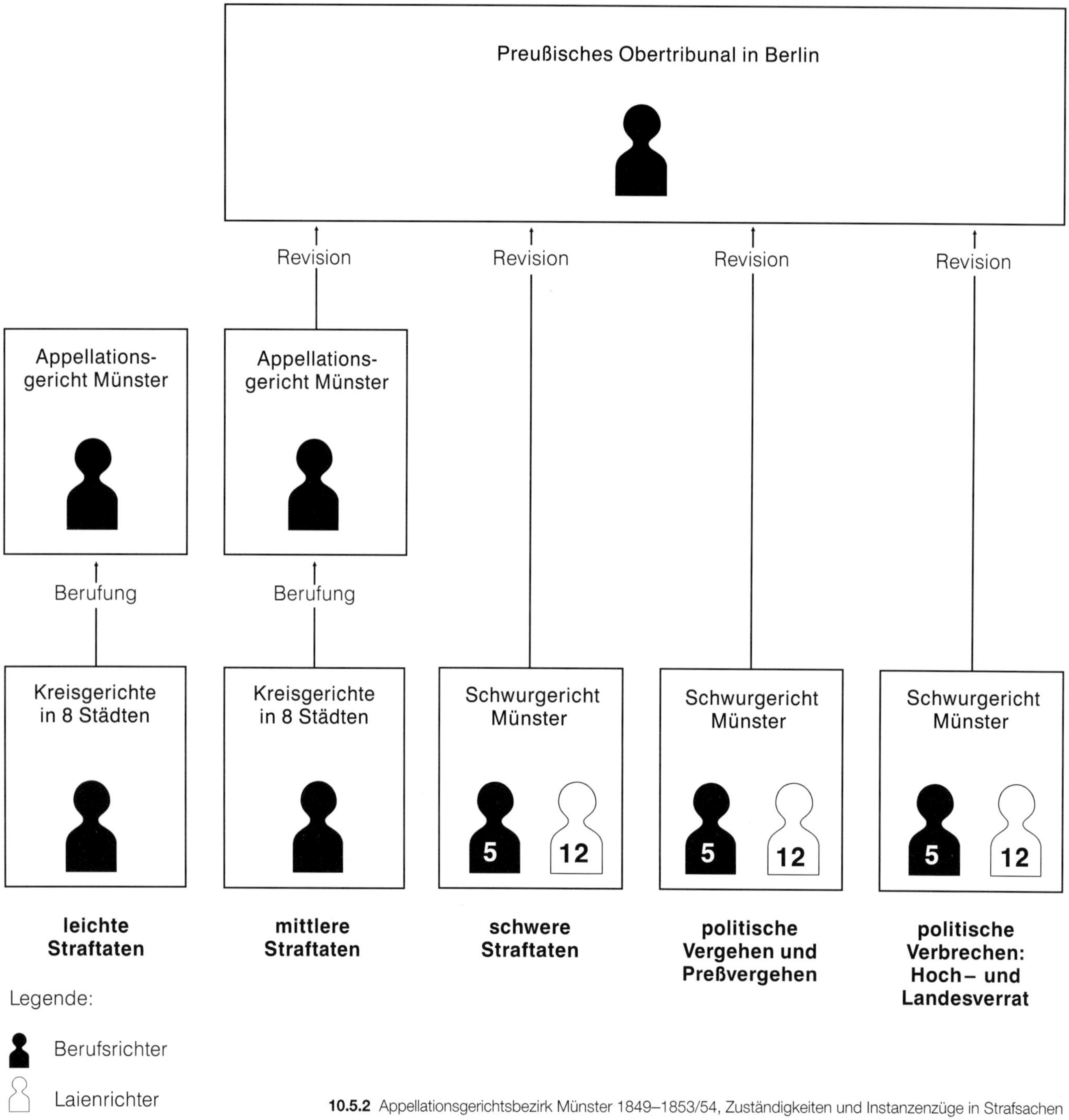

10.5.2 Appellationsgerichtsbezirk Münster 1849–1853/54, Zuständigkeiten und Instanzenzüge in Strafsachen

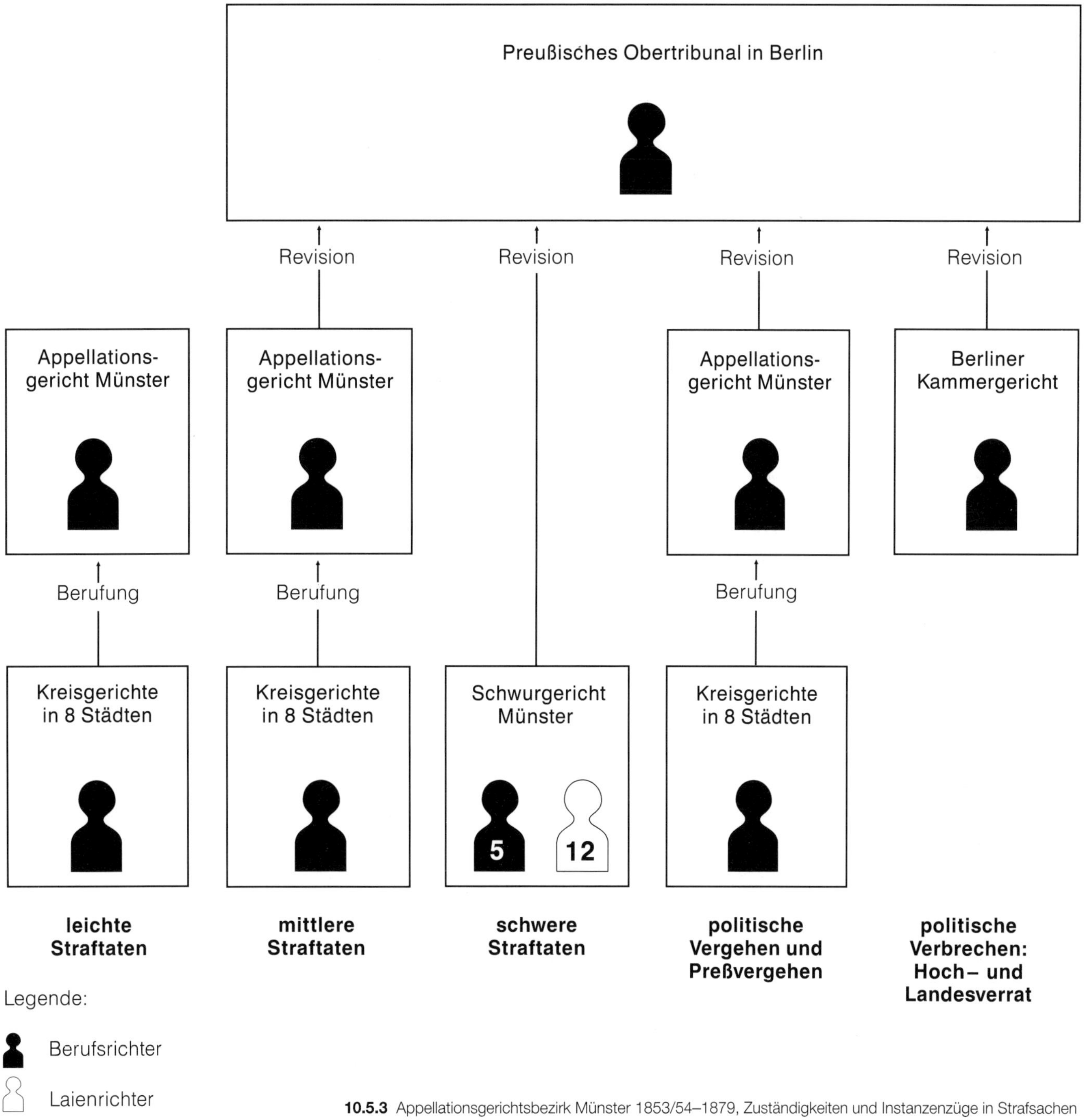

10.5.3 Appellationsgerichtsbezirk Münster 1853/54–1879, Zuständigkeiten und Instanzenzüge in Strafsachen

10.6 Schaubild: Die Auswahl der Geschworenen des Schwurgerichts Münster von 1849–1879

Das Auswahlverfahren für die ehrenamtliche Geschworenentätigkeit ist recht kompliziert. Es spiegelt die gegensätzlichen Interessen, die in die Verfahrensvorschriften einfließen. Zum einen macht die königlich preußische Regierung ihren Einfluß geltend: Sie gibt zwar der revolutionären Forderung nach Laienrichtern nach, vermag dieser aber die Spitze zu brechen, indem sie institutionelle Sicherungen durchsetzt, die die unteren Volksschichten und oppositionell-liberale Kräfte vom Geschworenendienst fernhalten sollen. Diesem Bestreben tragen die Mitwirkung des Regierungspräsidenten und die Zugangsbeschränkungen nach Zensus (jährliche Mindeststeuerleistung von 18 Reichstalern) und Bildungsgrad (Universitätsabschluß) Rechnung. Eine dieser beiden Bedingungen muß der (männliche) Staatsbürger erfüllen, um Geschworener werden zu können.

Zum anderen finden liberale Vorstellungen ihren Niederschlag, deutlich erkennbar an der Institution des *Laien*richters und am Losentscheid, der in das Auswahlverfahren eingeflochten ist. Erst unmittelbar vor der jeweiligen Hauptverhandlung entscheidet das Los über die endgültige Zusammensetzung der Geschworenenbank. Aus einer Urne, die Lose mit den Namen von 36 Kandidaten enthält, werden solange Lose gezogen werden, bis die vorgeschriebene Zahl von 12 Geschworenen erreicht ist. Gegen jeden gezogenen Namen können Staatsanwalt und Angeklagter ihr Veto einlegen. Das Einspruchsrecht erlischt jedoch in dem Moment, wenn sich in der Urne nur noch so viele Lose befinden, wie noch Geschworene zu bestimmen sind. Mit

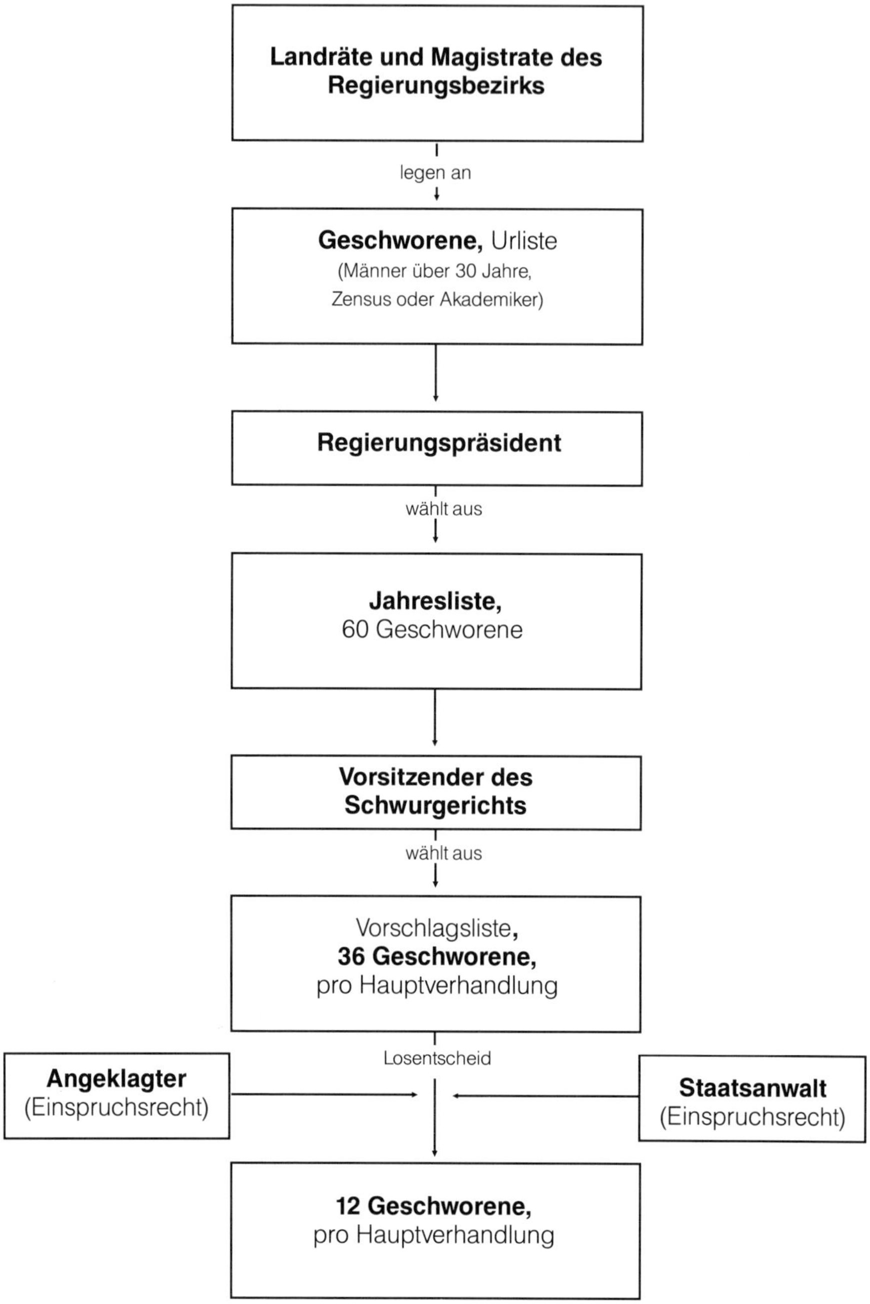

10.6 Die Auswahl der Geschworenen des Schwurgerichts Münster 1849–1879

dem Losentscheid soll im Vorfeld des Gerichtsprozesses unzulässiger Einflußnahme auf die Geschworenen vorgebaut werden. Diesbezügliche Befürchtungen zielen in erster Linie auf Manipulation von Seiten der Staatsbehörden.

10.7 Landkarte: Der Bezirk des Appellationsgerichts Münster von 1849–1879

Der Bezirk des Appellationsgerichts, das nach Maßgabe der preußischen Justizreformgesetze vom Januar/Februar 1849 das Oberlandesgericht ablöst, fällt mit dem Regierungsbezirk Münster zusammen. Innerhalb des Bezirks treten an die Stelle der seit 1823 bestehenden 20 Land- und Stadtgerichte acht Kreisgerichte mit Sitz in Ahaus, Borken, Coesfeld, Münster, Recklinghausen, Steinfurt, Tecklenburg und Warendorf. (Geschichtlicher Handatlas von Westfalen, 2. Lfg.)

Die Radikalisierung der Revolution und die reaktionäre Wende in Münster: Die Verhaftung von Jodokus Temme

Die Verfassungsforderungen der März-Revolution führten in Preußen zur Wahl einer verfassungsgebenden Volksvertretung, die in Berlin zusammentrat und sich von Beginn an mit dem König einen erbitterten Machtkampf um die Vorrangstellung im Staat lieferte. Friedrich Wilhelm IV. geriet im Laufe des Jahres mehr und mehr unter den Einfluß einer konservativen Adelsfronde, die ihn ermutigte, es auf eine Machtprobe mit dem Bürgertum und der Berliner Nationalversammlung ankommen zu lassen. Der König ernannte daraufhin den reaktionären Grafen Brandenburg zum Ministerpräsidenten, der den monarchischen Machtanspruch gegenüber der Nationalversammlung durchsetzen sollte. Die Nationalversammlung griff den Fehdehandschuh auf und protestierte gegen die Berufung des Grafen. Als sie daraufhin Anfang November 1848 ein Recht auf gleichberechtigte Mitwirkung bei der Regierungsbildung beanspruchte, ordnete der König eigenmächtig die Vertagung und Verlegung der Nationalversammlung an, was einem Staatsstreich gleichkam. Trotz Verhängung des Ausnahmezustandes widersetzte sich die linke Mehrheit der Versammlung der Anordnung und setzte die Beratungen fort. Sie erklärte das Vorgehen des Königs für widerrechtlich und forderte die Bevölkerung auf, der Regierung solange die Steuern zu verweigern, bis die Nationalversammlung ihre Beratungen ungestört fortsetzen konnte.

Auch der Vizepräsident des Oberlandesgerichts Münster, Jodokus Temme, stellte sich als radikalliberaler Abgeordneter der Nationalversammlung hinter den Steuerverweigerungsbeschluß. Kaum war der Beschluß gefaßt, wurde die Versammlung von den Truppen des Generals Wrangel aufgelöst. Der Staatsstreich gegen die preußische Nationalversammlung wurde landesweit, so auch in Münster, mit Empörung aufgenommen. Die revolutionären Kundgebungen radikalisierten sich. In dieser Situation ließ der Kriminalsenat des Oberlandesgerichts Münster seinen Vizepräsidenten Temme unter dem Verdacht des Hochverrats ins Münstersche Zuchthaus einliefern. Als Haftgrund genügte dem königstreuen Richerkollegium, daß Temme den Steuerverweigerungsbeschluß der Nationalversammlung mitgetragen hatte. Der Fall Temme löste eine ungeahnte Solidarisierungswelle aus, die Ende Januar 1849 zu seiner Haftentlassung führte. Noch während seiner Inhaftierung in Münster entsandten ihn die preußischen Wähler in die Deutsche Nationalversammlung in Frankfurt, die sich ausdrücklich hinter Temme stellte. Im Juli 1849 wurde Temme erneut in Haft genommen, aber im April 1850 vom Schwurgericht Münster freigesprochen.

10.8 Lithographie: Die gewaltsame Auflösung der preußischen Nationalversammlung am 14. November 1848 im Gasthaus Mielentz

Der Machtkampf zwischen Krone und Parlament spitzt sich zu, als der preußische König am 8. November die Vertagung und Verlegung der Nationalversammlung anordnet. Die linke Mehrheit des Parlaments widersetzt sich dieser eigenmächtigen Anordnung und setzt trotz Verhängung des Belagerungszustandes über Berlin die Beratungen fort. Am 14. November 1848 appelliert sie im Gasthof Mielentz an die preußische Bevölkerung, der Regierung solange die Steuern zu verweigern, bis das Parlament wieder ungestört zusammentreten kann. Unmittelbar nach der Beschlußfassung über die Steuerverweigerung sprengen die Truppen des Generals Wrangel die Rumpfversammlung auseinander. Unter den Steuerverweigerern befindet sich auch der Vizepräsident des Oberlandesgerichts Münster Jodokus Temme. (Leipziger Illustrirte Zeitung vom 2. Dezember 1848)

10.9 Plakat: ‚An das Volk Westfalens!' vom 15. November 1848. Auch in Münster schlägt die Empörung über den Staatsstreich gegen die Nationalversammlung hohe Wellen.

Das Plakat fordert auf, sich der reaktionären Wende der preußischen Regierungspolitik notfalls mit Gewalt zu widersetzen. Empörung lösen die Verhängung des Ausnahmezustandes über Berlin und die gewaltsame Behinderung der Arbeit der Nationalversammlung aus. An den Widerstandsaktionen in Münster sind maßgebend Gerichtsreferendare des Oberlandesgerichts beteiligt. Die wachsende Unruhe zeigt, daß sich auch in Münster die Stimmung radikalisiert. (Staatsarchiv Münster, Regierung Münster, Nr. 1023, Bl.23)

10.10 Bekanntmachung des Magistrats der Stadt Münster anläßlich gewaltsamer Ausschreitungen am Rande einer öffentlichen Kundgebung. Der Magistrat droht den beteiligten Bürgern schärfste Bestrafung an. (Plakat vom 27. November 1848)

Am 26. November 1848 kommt es in Münster am Rande einer Kundgebung zu tätlichen Auseinandersetzungen zwischen Kundgebungsteilnehmern und Militärpersonen, die die Versammlung mit regierungstreuen Parolen provozieren. Magistrat und Gericht ergreifen für das Militär Partei und arbeiten mit diesem Hand in Hand, um gegen die an den Ausschreitungen beteiligten Zivilpersonen strafrechtlich vorzugehen. (Stadtarchiv Münster, Stadtregistratur, Fach 154, Nr.6)

10.11 Der Kriminalsenat des königlichen Oberlandesgerichts Münster bittet die Bezirksregierung Münster, sich der radikalisierenden Revolution energisch entgegenzustellen. (Schriftstück vom 27.November 1848)

Den Anlaß zu diesem Schreiben liefern die gewaltsamen Ausschreitungen vom Vortage. Daß die Richter den Staatsstreich des Königs gegen die demokratisch gewählte Nationalversammlung mit keinem Wort erwähnen, macht deutlich, wie wenig Verständnis sie für den Protest gegen den militärischen Handstreich des Königs aufbringen. Sie begreifen die Radikalisierung vor Ort nicht als legitime Reaktion auf die Berliner Vorgänge, sondern ergreifen Partei für den König und sein reaktionäres Kabinett. Indem sie das Schreckensbild der Anarchie an die Wand malen, versuchen sie die reaktionäre Wende in Berlin zu kaschieren und gegen die revolutionären Bestrebungen Stimmung zu machen. Nicht das Vorgehen der preußischen Regierung qualifizieren sie als illegal, sondern den Widerstand dagegen.

„Die Absichten und Bestrebungen einer Partei, welche auf eine gewaltsame Umwälzung der Zustände des Staates gerichtet sind und das ganze Land in den Abgrund der Anarchie stürzen wollen, sind durch die jüngsten Zeitereignisse so unzweideutig ans Licht getreten, daß demselben mit aller Kraft entgegengewirkt werden muß.

Die Presse und die Volksversammlungen sind es insbesondere, welche nur zu häufig alle gesetzlichen Grenzen überschreiten, sich gegen Ordnung und Gesetze auflehnen, ohne Scheu Aufruhr und Umsturz der Verfassung oft in Druckschriften predigen und zur Anarchie führen wollen. Das königliche Land- und Stadtgericht wird es nicht verkennen, daß es hier vorzüglich der hohe Beruf und die schwere Verpflichtung der Justizpflege ist, treu und mit Kraft das Recht zu wahren, dem Gesetze seine volle Geltung zu verschaffen und zu erhalten.

Deshalb ist diesen Verbrechen gegen die öffentliche Sicherheit und Ordnung eine ganz besondere Aufmerksamkeit zu widmen, die Anzeigen der Polizeibehörden hierüber sind einer sorgfältigen Prüfung zu unterwerfen, mit Nachdruck weiterzuverfolgen und nach Lage der Sache sofort die Verhaftbefehle zu erlassen; ebenso sind die Untersuchungen besonders zu beschleunigen.

Zugleich wird das königliche Land- und Stadtgericht angewiesen, binnen acht Tagen anzuzeigen, ob und welche Untersuchungen über derartige Verbrechen eingeleitet sind, und mit dieser Anzeige von vier zu vier Wochen unter kurzer Angabe der Lage der Sache fortzuführen.

Münster, den 27. November 1848 – Der Criminal-Senat des königlichen Oberlandesgerichts"

(Staatsarchiv Münster, Regierung Münster, Nr.1023, Bl.103)

10.12 Der Vizepräsident des Appellationsgerichts Münster, Jodokus Temme, als Häftling in der Strafanstalt Münster (Radierung von G. Wolf vom Frühjahr 1849)

Am 27. Dezember 1848 wird Jodokus Temme auf Veranlassung des Kriminalsenats des OLG Münster (ab Februar 1849 Appellationsgericht Münster) unter dem Verdacht des Hochverrats verhaftet. Ihm wird zur Last gelegt, als Abgeordneter der aufgelösten Preußischen Nationalversammlung maßgebend an deren Steuerverweigerungsbeschluß mitgewirkt zu haben. Bereits eine Woche vor der Verhaftung hatte das OLG Münster angeregt, Temme wegen seiner Beteiligung am Steuerverweigerungsbeschluß

strafzuversetzen. Daß die Radierung Temme in Ketten zeigt, unterstreicht den propagandistischen Charakter des Porträts. Auf einem anderen Porträtblatt aus dem Frühjahr 1849 (Stadtarchiv Münster, Porträtsammlung 261) ist Temmes persönlicher Wahlspruch über die Justiz als ‚Dirne der herrschenden Gewalt' abgedruckt.
(Westfälisches Landesmuseum für Kunst und Kulturgeschichte Münster)

10.12 Jodokus Temme in Ketten

Zur politischen Biographie von Jodokus Temme

Jodokus Donatus Hubertus Temme wurde 1798 als Sohn des Stiftsamtmannes von Clarholz geboren. Nach dem Abitur in Paderborn studierte er Rechtswissenschaft in Münster und Göttingen. Seine Juristenlaufbahn begann er als Referendar am Oberlandesgericht Paderborn. 1839 rückte er nach mehreren Karrierestationen zum 2. Direktor des Berliner Kammergerichts auf. Seit dieser Zeit begannen die königlichen Polizeibehörden auf ihn aufmerksam zu werden, weil er sich zur kastenmäßigen Abschließung des Richterstandes kritisch äußerte. Als er 1844 seine Stimme gegen ein restriktives Ehegesetz erhob, wurde er nach Tilsit in Ostpreußen strafversetzt. 1848 holte ihn die aus der Revolution hervorgegangene liberale Regierung als Staatsanwalt nach Berlin zurück.

Dort erwies er sich in der Rolle eines radikalliberalen Abgeordneten der preußischen Nationalversammlung als unbequemer Kritiker der Regierungspolitik. Infolgedessen versetzte man ihn im Sommer 1848 kurzerhand an das Oberlandesgericht Münster, dessen Vizepräsident er wurde. Im November 1848 widersetzte er sich unerschrocken der Vertagung und Auflösung der preußischen Nationalversammlung und versah den Aufruf zur Steuerverweigerung auch mit seinem Namenszug. Dies trug ihm im Dezember 1848 die Verhaftung unter dem Vorwand des Hochverrats ein. In der Strafanstalt Münster einsitzend, wurde er zum politischen Märtyrer und zu einer der populärsten liberaldemokratischen Persönlichkeiten der Revolutionszeit. Aus Solidarität wählte ihn die Stadt Neuss bei Nachwahlen zur Deutschen Nationalversammlung in das Frankfurter Parlament. Dort forderte man seine Haftentlassung, und auf diese Weise kam er Ende Januar 1849 frei. Im Frühjahr 1849 zählte er zu denjenigen Abgeordneten der Deutschen Nationalversammlung, die sich mit dem Scheitern des gesamtdeutschen Verfassungsprojektes nicht abfanden: Er wollte das nach Stuttgart verlegte Rumpfparlament als Forum der revolutionären Umgestaltung nutzen. Wegen seiner Tätigkeit dort wurde er ein weiteres Mal als ‚Hoch- und Staatsverräter' verhaftet und im Juli 1949 erneut in die Strafanstalt Münster eingeliefert. Im April 1850 sprach ihn das Schwurgericht Münster in einem aufsehenerregenden Prozeß frei. Jedoch ließ sich der Berliner Disziplinarhof durch den Freispruch nicht abhalten, Temme 1851 aus seinem Amt als Direktor des Münsterschen Appellationsgerichtshofs zu entlassen. Er emigrierte in die Schweiz, wo er seinen Lebensunterhalt als Schriftsteller verdiente. In der Stadt Münster, die zu einer schicksalsträchtigen Station seines Lebens wurde, geriet er in Vergessenheit.

10.13 Solidaritätsaufruf der satirischen Berliner Wochen-Zeitung ‚Kladderadatsch' für Jodokus Temme und Benedikt Waldeck

Der Aufruf des ‚Kladderadatsch' steht stellvertretend für die Solidarität, die demokratische und liberale Kreise den beiden herausragenden Vertretern der preußischen Linken Temme und Waldeck entgegenbringen. Beide sind politischer Verfolgung durch die wiedererstarkende Reaktion ausgesetzt, weil sie sich energisch der Auflösung der preußischen Nationalversammlung widersetzt haben.
(Kladderadatsch vom 7. Januar 1849)

Abgeordnete der aufgehobenen National-Versammlung.

Temme,	**Waldeck,**
Ober-Landesgerichts-Präsident in Münster	Geh. Ober-Tribunalsrath in Berlin.

Unser politisches Leben ist in eine Phase getreten, in welcher Humor und Satyre nach einer Richtung hin, ein Verrath an der Sache der Freiheit wäre. —

In dieser Ueberzeugung führt Kladderadatsch heute seinen Lesern das Bildniß Temme's und Waldecks mit wenigen, aus der Fülle seines Herzens kommenden Worten vor.

Der Erstgenannte schmachtet bereits als Opfer seiner Vaterlandsliebe, jetzt hinter den Mauern eines düstern Kerkers.

Was beide Männer für uns, für das gesammte Preußische Volk, für die Freiheit Deutschlands gewirkt, es lebt in aller Munde; ihre Thaten bedürfen keiner Aufzählung.

In diesem Augenblicke, wo die Gegner der Freiheit triumphiren, erwartet sie die Anklage des Hochverrathes als einziger Lohn für ihre aufopfernde Thätigkeit. Dieser Anklage gegenüber ist es eine heilige Pflicht des Volkes, dieser Vorkämpfer für die Freiheit nicht zu vergessen.

Mitbürger, ein unvertilgbarer Flecken würde auf uns haften, wenn durch unsere Schuld, Männer, wie Temme und Waldeck auf den Bänken der nächsten National-Versammlung fehlen sollten, wenn wir sie nicht dorthin beriefen, trotz dem, daß Kerker-Mauern Temme jetzt umschließen. — Berlins Ehre ist es vor allem, die dabei auf dem Spiele steht. —

Doch Temme und Waldeck werden im Februar nicht fehlen auf ihrem Platze — wir sind dessen gewiß. —

10.13 Solidaritätsaufruf für Temme

10.14 Bericht der ‚Westfälischen Volkshalle' vom 30. Januar 1849 über die Entlassung Temmes aus der Münsterschen Haftanstalt und über die freudige Anteilnahme innerhalb der Münsterschen Bevölkerung

Der Zeitungsartikel vermittelt einen anschaulichen Eindruck von der Anteilnahme und Sympathie, die liberale Kreise der Münsterschen Bevölkerung Temme als Vorkämpfer und Märtyrer der Revolution entgegenbringen.

10.15 Aus Anlaß der Haftentlassung überreichen liberal gesinnte Bürger Münsters Jodokus Temme am 29. Januar 1849 einen silbernen Deckelpokal als Dankesgeschenk für seine politische Standfestigkeit gegenüber der Reaktion. (Rückseite des Pokals)

Der Pokal, der für die revolutionäre Begeisterung liberaler Kreise innerhalb Münsters Bürgerschaft steht, ist ein einzigartiges Dokument und zugleich ein qualitätsvolles Beispiel für das Kunsthandwerk im 19. Jahrhundert. Außen aus Silber, innen vergoldet ist er mit figürlichen Darstellungen und Inschriften reich ornamentiert. In historisierendem Stil vermischen sich neugotische und Renaissance-Elemente. Der Knauf am Schaft zeigt vier bärtige Männerköpfe, die die Duldsamkeit von Gefangenen symbolisieren. Der Kelch gliedert sich in acht Spitzbogenfelder mit vier gravierten Inschriften und vier plastischen Figuren. Die Inschrift lautet: „Dem Volksmanne Jodocus Temme – dem Vorkämpfer für Freiheit und Recht – bei seiner Entlassung aus rechtswidriger Haft – gewidmet von Bürgern der Stadt Münster am 28. Januar 1849.“ Die allegorisch zu deutenden Figuren zeigen den Volksmann in Gestalt eines antiken Rhetors (Demokratie), eine weibliche Gestalt mit zerbrochener Kette (Freiheit), eine weitere mit Schlüssel als Symbolisierung der Wahrheit und schließlich eine nackte weibliche Gestalt als Verkörperung der Unschuld. Auf dem Deckel thront als Krönung der figürlichen Darstellungen die Justitia (Gerechtigkeit) mit den charakteristischen Insignien Waage, Schwert und Augenbinde. Auf einzigartige Weise bringt der Pokal die revolutionäre Sehnsucht nach Freiheit, Wahrheit und Gerechtigkeit zum Ausdruck.
(Westfälisches Landesmuseum für Kunst und Kulturgeschichte Münster)

10.15 Silberpokal für Temme – Rückseite. Siehe die Frontseite im Bild-Anhang S. 230

10.16 Kommentar der ‚Westfälischen Volkshalle' vom 6. April 1850 über den Beginn des Prozesses gegen Jodokus Temme vor dem Schwurgericht Münster

Der Artikel ergreift für Temme Partei, der seit Juli 1849 zum wiederholten Male unter dem Verdacht des Landes- und Hochverrats in der Münsterschen Strafanstalt einsitzt. Temme wird zur Last gelegt, als Abgeordneter des Stuttgarter Rumpfparlaments der Deutschen Nationalversammlung einen Aufruf unterzeichnet zu haben, der dazu aufgefordert hatte, gegen die Niederschlagung der Revolution Widerstand zu leisten. Der Artikel bringt die Hoffnung zum Ausdruck, daß die Laienrichter des Schwurgerichts Münster ihrem revolutionären Ursprung alle Ehre machen und sich als Bollwerk liberaler Gesinnung erweisen: der Geschworene als Verteidiger der Revolution gegen das reaktionäre Berufsrichtertum. Am 7. April 1850 wird Temme vom Münsteraner Schwurgericht freigesprochen.

10.17 ‚Es werde Gerechtigkeit! oder Die Welt soll zugrundegehen!' Polemik des ‚Kladderadatsch' vom 14. April 1850 gegen die Rechtsprechung der preußischen Berufsrichter und Staatsanwälte

Der Kommentar zielt auf die politischen Prozesse gegen Vertreter der preußischen Linken, die sich in der Revolution stark exponiert haben. Er dokumentiert, wie unterschiedlich die preußischen Gerichte gegen die radikalliberalen Vertreter der Revolution vorgehen. Auch schimmert der Gegensatz zwischen den Berufsrichterkollegien und Staatsanwälten auf der einen, und den Geschworenengerichten auf der anderen Seite durch. Werden die Angeklagten verurteilt, sieht der Kommentar die ‚Gerechtigkeit des Schwertes', d. h. die reaktionäre preußische Armee und ihre Handlanger im Justizapparat am Werk. Werden die Angeklagten freigesprochen wie z. B. Temme vom Schwurgericht in Münster, erblickt er das ‚Schwert der Gerechtigkeit'. Beklagt wird die tiefe Kluft zwischen Recht und Gerechtigkeit, zwischen Legalität und Legitimität.

№ 83. **Münster,** Sonnabend den 6. April **1850.**

Uebersicht.

Temme vor den Geschworenen in Münster.

Deutsche Staaten. Münster: Dr. Kotschwedt. — Aus Westfalen: Tendenz des Jagdpolizeigesetzes. — Düsseldorf und Aachen: Wahlen zur ersten Kammer. — Berlin: Correspondenzbericht: Auslieferung des Dr. Zimmer; der Ohm'sche Prozeß; Verschiedenes. — Königsberg: Preß-Prozeß. — Posen: Polizeiliche Anmaßung; russische Kriegsrüstungen. — Erfurt: Die Mainlinie zur Basis; Hr. v. Bodelschwingh trennt sich von seinem eigenen Programm. — Mainz: Aburtheilung des großen politischen Prozesses. — Frankfurt: Bundescentralcommission. — Karlsruhe: Reorganisation des Heeres. — Kassel: Ein Hassenpflugisches Organ.

Schleswig-Holstein. Flensburg: Die Schweden verletzen die Neutralität.

Oestreichische Staaten. Wien: Verschiedenes.

Französische Republik. Paris: Angriff auf den Präsidenten der französischen Republik; heftiger Kampf in der Nationalversammlung; große Aufregung in den Departements Saone und Loire; das Budget der Stadt Paris; Verschiedenes. — Straßburg: Verlegung eines Regiments.

Neueste Nachrichten.

* Temme vor den Geschworenen in Münster.

> Das Recht ist immer ein gut fromm Mann;
> der Richter ist aber oft ein Schalk.
>
> Altes deutsches Rechtsbuch.

1. Juristen und Geschworene, geheime Justiz und öffentliches Schwurgericht.

Heute steht nach länger als neunmonatlicher Vorhaft im hiesigen Zuchthause der Abgeordnete Temme vor den Geschworenen, d. h. vor den Vertretern des Volks, welche im Namen des Letzteren über die Anklage der Staatsanwaltschaft entscheiden, das Schuldig oder Nichtschuldig aussprechen sollen. Durch die Wiedereinführung des urdeutschen Geschworenengerichts ist dem Volke die Rechtsprechung wiedergegeben worden (wenn auch in Folge des erlassenen Gesetzes in beschränktem Grade), die es lange verloren hatte, die ihm gewaltsam entrissen war. Wie sah es vor der Wiederherstellung der Schwurgerichte aus? Durch die Nichtbetheiligung des Volkes durch Vertreter an der Rechtsverwaltung und dem Urtheilsspruche hatte das Volk die Kenntniß seines Rechts und seine Anhänglichkeit daran verloren; es war der ausschließende Besitz eines besonderen Standes, der Juristen, geworden. Am besten schildert Kirchmann in seiner trefflichen Schrift: „die Werthlosigkeit der Jurisprudenz als Wissenschaft", die vormärzlichen Zustände, wenn er sagt: Die Wissenschaft des Rechts ist auf die Abwege der Sophisterei, der unpraktischen Grübeleien gerathen, Subtilitäten ohne Ende, Auswüchse aller Art keimen hervor. Die Prozesse sinken durch diese zerstörende Macht der Wissenschaft für die Nation zu einer bloßen Operation oder Spekulation wie jede andere hinab; von der Verwirklichung des wahren Rechts bleibt keine Spur.

Kein Theil weiß dabei, wer Recht hat; die innere Stimme schweigt; die Advokaten werden befragt; nur äußere Erwägungen, die Wahrscheinlichkeit des Sieges, die Kostspieligkeit des Versuchs, die lange Dauer des Verfahrens bestimmen den Entschluß. Ein Prozeß ist nichts anderes heut zu Tage als eine Lotterie, wobei der Zufall über Gewinn oder Nichtgewinn entscheidet; höchstens gleicht er einem Unternehmen der Spekulation. Gewinnt man, nun gut, dann ist die Spekulation geglückt; verliert man, so vertröstet der verständige Mann sich eben so wie der Kaufmann sich schickt, der seine reiche Ladung in Sturm und Meer verlor, wie der Börsenmann, dessen Berechnung durch politische Conjuncturen zu nichte ward. Von Recht ist dort wie hier keine Spur, kein empörtes Gefühl über erlittenes Unrecht, keine stolze Erhebung der Brust, daß das Recht den Sieg erhalten.

Der äußere Gang des Prozesses ist wie dazu geschaffen, diese Ansicht zu unterstützen. Selbst der Richter weiß nicht unmittelbar, was in dem vorgelegten Falle Rechtens ist. Erst müssen dicke Gesetzbücher, staubige Commentare nachgeschlagen werden; eine künstliche Berechnung muß angelegt werden, um das zu finden, was in der Brust eines Jeden klar geschrieben sein sollte. Was mit Scharfsinn und Gelehrsamkeit in erster Instanz als das Wahre künstlich bewiesen ist, das wird mit gleichem Scharfsinn und gleicher Gelahrtheit in zweiter Instanz als das Unwahre bewiesen werden, und ein Glück, wenn in dritter Instanz die Wahrheit sich nicht nochmals verkehrt.

Die Sprache des gemeinen Mannes hat für diesen Zustand bezeichnende Ausdrücke. Fragt man einen Bauer, wie es mit seinem Prozesse stehe, so ist die Antwort: er schwebt noch, ein vortreffliches Wort für den schleichenden Gang der Sache. Hat er den Prozeß verloren, so sagt er nicht, daß er Unrecht gehabt, sondern: ich habe verspielt. Der Verlust des Prozesses und die Verwüstung seiner Aecker durch Hagelschlag sind ihm Ereignisse ganz gleichen Schlages: Unglück, aber kein Unrecht. Es existirt also ein Recht, das das Volk nicht mehr kennt, das seine Brust nicht mehr erfüllt, das von ihm mit den wilden Mächten der Natur auf gleiche Stufe gestellt wird.

Ein solches Uebel ist zu groß, als daß nicht Reactionen kommen sollten, sobald die Völker selbstständiger werden. Justinian verbot, sein Gesetzbuch zu commentiren; es lag diesem Verbot der Wunsch zum Grunde, das Recht dem Volke zu erhalten und vor der zersetzenden Macht der Rechtsgelehrsamkeit zu schützen. Nach fast 13 Jahrhunderten finden wir dasselbe Verbot im preußischen Allgem. Landrecht. (Publicationspatent §. 18 und Einleitung §. 47.)

Das Unternehmen Friedrichs des Großen, die Advokaten abzuschaffen, ruht auf demselben Grunde. Das Unternehmen mußte mißglücken, weil es eine halbe Maßregel war: nicht die Advokaten allein, auch die gelehrten Richter hätte er abschaffen sollen — sagt Kirchmann.

Das Verlangen nach Geschwornengerichten, der neu erwachte Eifer für Handelsgerichte ohne gelehrte Beisitzer, für Fabriken-, Dorf- und Schulzengerichte war dasselbe Streben, das Recht wieder in sein Recht einzusetzen. Nur so ist der Widerspruch erklärlich, daß man die Pfuscher in der Medicin bestraft und die Pfuscher in der Jurisprudenz privilegirt. Das positive Gesetz ist starr, das Recht fortschreitend; deshalb wird selbst die Wahrheit jenes mit der Zeit zur Unwahrheit. Die Einführung der Schwurgerichte in Strafsachen kam dem Verlangen des Volkes entgegen; indeß hängt die Theilnahme daran wie die an den Gemeindewahlen nicht von Intelligenz, Kenntniß und Befähigung, sondern vom Geldsack ab; es wird der Geschworene nicht gefragt: hast du was gelernt? hast du Einsicht? sondern: hast du so und soviel Geld? — Und nicht das Volk sendet seine Vertreter, um Sitz auf den Stühlen der Geschworenen zu nehmen, sondern der — Regierungspräsident. Nichts desto weniger haben sich unsere Geschworenen bis dahin bewährt; sie haben gezeigt, daß sie freie, selbstständige Männer sind, welche in ihrem Gewissen ihren höchsten Richter erkennen, und nicht der Verfolgungssucht Vorschub leisten und der Leidenschaftlichkeit der Parteiungen. Vor solchem Schwurgericht steht Temme augenblicklich, sein Urtheil zu empfangen.

2. Temme's Lebensabriß.

> Mein Leben ist dem Volke gewidmet. Für das Volk werde ich kämpfen und mit ihm entweder siegen oder fallen.
>
> Temme.

Jodocus Temme wurde am 22. Oktober 1799 zu Lette in der Grafschaft Rheda in Westfalen geboren, wo sein Vater, der aus einer alten katholischen Beamtenfamilie in Warendorf, einem Münster nahe gelegenen Städtchen herstammte, als Amtmann des Klosters Clarholz lebte. Er wurde von seinem Vater und seinem Oheim, einem ausgezeichneten katholischen Geistlichen zu Hause erzogen; Beide ertheilten ihm Privatunterricht, bis er im Herbst

10.16 Bericht über den Temme-Prozeß

№ 15. Sonntag, den 14. April 1850. III. Jahrgang.

Kladderadatsch.

Wochenkalender.

Montag, den 15. April.

Der Papst ist unterwegs nach den Römischen Staaten.

Dienstag, den 16. April.

In Bologna erzählt man sich die Ankunft des Papstes in Rom.

Mittwoch, den 17. April.

In Rom erzählt man sich die Ankunft des Papstes in Bologna.

Wochenkalender.

Donnerstag, den 18. April.

An den Thoren von Rom und Bologna warten weiß gekleidete Jungfrauen bis sie schwarz werden. Der Papst kömmt nicht.

Freitag, den 19. April.

Der Papst verkauft sein Geschäft und zieht nach Berlin.

Sonnabend, den 20. April.

Der Papst miethet sich eine Wohnung in der Laufgasse, heirathet Preußens Mathilde und geht zur Italienischen Oper an der Königsstadt.

Humoristisch-satyrisches Wochenblatt.

Dieses Blatt erscheint täglich, mit Ausnahme der Wochentage. — Man abonnirt mit 17½ Sgr. vierteljährlich bei allen Buchhandlungen sowie bei den Königl. Postanstalten des In- und Auslandes. Jede einzelne Nummer kostet 1¼ Sgr. **Die Redaktion.**

Fiat justitia! pereat mundus!

oder

Es kommt bei der Gerechtigkeit nur auf die Justiz an.

Graf Reichenbach soll wegen seiner Betheiligung am Stuttgarter Parlamente verhaftet werden — auf Befehl des Ober-Tribunals — denn wir haben eine Preußische Justiz.

Jacobi ist wegen seiner Betheiligung freigesprochen worden, denn wir haben in Preußen noch eine Gerechtigkeit.

Rösler von Oels wird steckbrieflich verfolgt und von seiner Wirthin herausgefordert, falls sie ihn bei sich haben sollte — denn wir haben eine Preußische Justiz.

Bernbach wird am Rhein freigesprochen — denn wir haben in Preußen eine Gerechtigkeit.

Zimmermann wird verurtheilt zu 12jähriger Haft, Verlust des Amtes, aller Rechte, der Nationalkokarde — denn wir haben eine Preußische Justiz.

Temme in Münster wird freigesprochen, denn wir haben in Preußen noch einige Gerechtigkeit.

Die **Verbreiter** des **Steuerverweigerungsbeschlusses** werden in Masse freigesprochen.

Ziegler allein wird verurtheilt.

Kirchmann ist in Untersuchung, **Scheerer** wird geheimer Regierungsrath, die **Minister** sitzen in Erfurt und **Kinkel** im Zuchthause, denn wir haben eine Preußische Justiz und haben in Preußen Gerechtigkeit.

Aber wenn Gerechtigkeit und Justitia dasselbe bedeuten sollen, so sitzen wir im dicksten Irrthume.

Entweder ist die Waage der Gerechtigkeit falsch, oder die Gewichte sind falsch: was hier eine Last wiegt, macht drüben keinen Skrupel; wer an einem Orte Preußens zur Richtstätte geschleift wird, wird am andern Triumphator, die Tugend an der Spree ist Verbrechen an der Havel, und der Hochverräther in Brandenburg wird zum Staatsretter in Münster.

10.17 Gerechtigkeit der Justiz

Das Nachspiel auf den Münsterschen Freispruch: Die Reaktion entreißt den Schwurgerichten die politische Strafjustiz.

Die Reaktionszeit der 1850er Jahre ließ auch die liberale preußische Gerichtsreform von 1849 nicht ungeschoren. Zwar konnte das Gerichtswesen seinen modernen rechtsstaatlichen Charakter behaupten, aber durch Verfassungs- und Gesetzesänderungen wurde den Schwurgerichten 1853/54 die Zuständigkeit für politische Straftaten und für Preßvergehen entzogen. Die liberalen Laienrichter waren der wiedererstarkten Reaktion ein Dorn im Auge; dies galt vor allem im Hinblick auf politische Straftaten. Unter anderem gaben die spektakulären Freisprüche von Jodokus Temme und Johann Jakobi den Anstoß, die Schwurgerichte zu entmachten. Wenn es um politische Straftaten ging, sollten nach dem Willen der preußischen Regierung und der konservativen Mehrheit des Parlaments nur solche Gerichte entscheiden, die ausschließlich mit Berufsrichtern besetzt waren. Es galt, die Rechtsprechung im antiliberalen Sinne auf Linie zu bringen. Die nach dem Dreiklassenwahlrecht gewählte II. Preußische Kammer spielte mit. In ihr kam der Wählerwille, an egalitären Maßstäben gemessen, verzerrt zur Geltung, d.h. zugunsten des Besitzbürgertums und der ostelbischen Adelskaste. Die Kammer willigte ein, politische Straftaten fortan durch das Berliner Kammergericht und die Kreisgerichte aburteilen zu lassen, die ausschließlich mit Berufsrichtern besetzt waren.

10.18 ‚Die Reaction am Baum der Freiheit' – Karikatur des ‚Kladderadatsch' aus dem Jahre 1850, die das Bestreben der Reaktion, das Rad der Geschichte zurückzudrehen, geißelt

In der Karikatur sind die Errungenschaften der Revolution als Blätter und Zweige eines Baumes dargestellt, an dem sich exponierte Vertreter der Reaktion zu schaffen machen, um ihm als Verkörperung der Revolution den Garaus zu machen. Über dem Baum schwebt auf einer stilisierten Wolke der persönliche Berater und Intimus des preußischen Königs, der General Rainer Maria von Radowitz, der gottähnlich das emsige antirevolutionäre Treiben der preußischen Kabinettsmitglieder und der Vertreter der beiden großen christlichen Konfessionen überwacht und anleitet. Oben links ist Justizminister Louis Simon im Begriff, das Blatt ‚Unabhängigkeit der Richter' zu entfernen. Angespielt wird auf eine Reihe politischer Prozesse und Disziplinarverfahren gegen preußische Richter, u. a. gegen Temme und Waldeck, die sich als liberale Revolutionäre hervorgetan hatten. Der spektakuläre Freispruch Waldecks durch das Berliner Schwurgericht im Dezember 1849 gab dem Bestreben Wasser auf die Mühlen, die politische Strafjustiz an die kurze Leine der Reaktion zu nehmen und den mit Laienrichtern besetzten Schwurgerichten zu entziehen.

Unter dem Ast, auf dem der Justizminister als Vogel hockt, macht sich Innenminister Otto Freiherr von Manteuffel mit der Säge am Zweig des freien Presse- und Vereinsrecht zu schaffen. Die Karikatur nimmt damit Bezug auf die Novelle des Versammlungs- und Vereinsrechts, die im März 1850 in Kraft trat. Demzu-

Die Reaction am Baum der Freiheit.

Da schlagen sie und nagen sie
An Wurzel, Stamm und Krone.
Vernichtet hätten sie gern den Baum —
Die lustigen Patrone!

Und Blatt um Blatt und Zweig um Zweig,
Sie fallen und verdorren.
Und von dem frischen Baum blieb nichts
Als ein entlaubter Knorren.

Nun ist er einmal faul — drum laßt
Sie ruhig fällen und roden!
Ein neuer Same keimt bereits
Im gut durchwühlten Boden.

Und wenn der Schnee von den Bergen geht,
Und es Frühling wird auf Erden,
Dann sprengt er die Decke und bricht hervor,
Ein neuer Baum zu werden.

Und wird auch der zum zweiten Mal
Zerfressen und gestohlen:
Dann seid ihr ein Jammergeschlecht, und dann
Mag euch der Teufel holen!

10.18 Die Reaktion am Baum der Freiheit

folge durften sich Vereine nicht zu Verbänden zusammenschließen; für politische Versammlungen führte man eine polizeiliche Anzeigepflicht ein. Obendrein durfte die Polizei Versammlungen zu öffentlichen Angelegenheiten verbieten, wenn aus ihrer Sicht eine Störung der öffentlichen Sicherheit und Ordnung zu befürchten stand. Das Pressegesetz verschärfte man insoweit, als das Zeugnisverweigerungsrecht der Journalisten eine Einschränkung erfuhr und die Post von der Pflicht entbunden wurde, politisch mißliebige Druckerzeugnisse zu befördern.

Daß die Reaktion auch auf anderen Feldern auf dem Vormarsch war, illustriert aufs eindringlichste der Umstand, daß der Freiheits-Baum schon fast abgestorben ist. Das Steuerbewilligungsrecht des Parlaments wurde auf die Befugnis eingeschränkt, nur bei der Erhebung neuer Steuern mitsprechen zu können. Damit sollte die Machtstellung der Volksvertreter gegenüber der Krone geschwächt werden. Die ostelbischen Großgrundbesitzer verstanden es, die von der Verfassung geforderte Beseitigung ihres Grundsteuer-Privilegs hinauszuzögern, das Heer wurde auch weiterhin auf den König, nicht auf die Verfassung vereidigt und das Staatskirchentum blieb unangetastet. Daß der ‚Kladderadatsch' die christlichen Kirchen als besonders gefährliche Vertreter der Reaktion betrachtete, kommt darin zum Ausdruck, daß er einen katholischen Mönch und einen Vertreter der protestantischen Konfession vorführt, die beide den Baumstamm eifrigst mit Äxten traktieren. Das Augenmerk lenkt der Zeichner auch auf den preußischen König höchstpersönlich, der rechts neben dem Baumstamm ein Plakat mit der Aufschrift ‚Botschaft niemals' hochhält. Mit der Plakataufschrift will der Karikaturist darauf hinweisen, daß Friedrich Wilhelm IV. seine königlichen ‚Botschaften' als rechtswirksame Akte des Regierungshandelns von der Verpflichtung zur förmlichen Gegenzeichnung durch das Staatsministerium freihalten will und damit von jedweder Bindung an eine Staatsverfassung. Gegenzeichnung würde zugleich Mitverantwortung und Mitspracherecht bedeuten. Es war in erster Linie die unbeschränkte militärische Kommandogewalt, die der König und seine konservative Adelskamarilla bei Hof gegen das Mitspracherecht der Verfassungsorgane Staatsministerium und Parlament verteidigen wollten. Die entscheidende Machtbasis der preußischen Militärmonarchie, die auf den König vereidigte und von der ostelbischen Adelskaste beherrschte Armee, sollte auch weiterhin ein außerhalb der Verfassung stehender Machtfaktor bleiben. Das ‚persönliche Regiment' der preußischen Könige in Militärfragen überlebte die Revolution: Sie blieb konstitutiver Bestandteil des preußischen Herrschaftssystems. (Kladderadatsch vom 19. Januar 1850)

10.19 Auszug aus dem preußischen Gesetz über die Kompetenz in Fragen der Staatsverbrechen vom 25. April 1853

Das Gesetz entzieht den Schwurgerichten die Zuständigkeit für politische Verbrechen. Über Straftaten dieser Art hat laut § 1 das Berliner Kammergericht zu urteilen. Nach § 3 ist die Mitwirkung von Geschworenen ausdrücklich ausgeschlossen. Mit dieser Gesetzesnovelle fallen schwere politische Straftaten wieder in die Hände des Berufsrichtertums. (Gesetz-Sammlung Preußens 1853)

Literatur:

M. Botzenhart, Der Parlamentarismus in Deutschland 1848–1850, Düsseldorf 1977

G. Grünthal, Parlamentarismus in Preußen 1848/49–1857/58. Preußischer Konstitutionalismus, Parlament und Regierung in der Reaktionsära, Düsseldorf 1982

E.-R. Huber, Deutsche Verfassungsgeschichte seit 1789, Bd. II und III, 3. überarbeitete Aufl., Stuttgart u. a. 1988

E. Kern, Geschichte des Gerichtsverfassungsrechts, München/Berlin 1954

S. Kessemeier, Silberner Deckelpokal 1849. Ehrengabe für Jodokus Temme, in: Das Kunstwerk des Monats, März 1980, hrsg. v. Westf. Landesmuseum für Kunst und Kulturgeschichte Münster

W. Schulte, Volk und Staat. Westfalen im Vormärz und in der Revolution von 1848/49, Münster 1954

Ders., Westfälische Köpfe, 2. Aufl. Münster 1977

11

Der Kulturkampf

So lange die Glaubenstreue im katholischen Volke lebt, werden Kinder und Kindeskinder den Opfermut und die Festigkeit ihres Bischofs im Gedächtnis bewahren.

(Westfälischer Merkur zur Inhaftierung des Bischofs von Münster auf Veranlassung des Münsterschen Kreisgerichts am 18. März 1875)

Nach der Reichsgründung von 1871 entbrennt in Preußen ein erbitterter Machtkampf zwischen katholischer Kirche und Staat.

Die kleindeutsche Reichsgründung versetzte die Katholiken in eine Minderheitenposition, die dem Bestreben Auftrieb gab, die katholischen Interessen in einer konfessionell gesonderten Partei, der Zentrumspartei, zu vertreten. Bei der protestantischen Mehrheit weckte der politische Katholizismus stärksten Argwohn: Er stand in dem Ruf, dem modernen, verweltlichten Nationalstaat ablehnend gegenüberzustehen und im Konfliktfall nicht preußisch-deutsche, sondern römisch-katholische Interessen zu vertreten. Von dem Verdacht, die Katholiken seien ‚Reichsfeinde', die die frisch gewonnene Reichseinheit aufs Spiel setzen wollten, ließen sich zeitweilig die preußische Regierung und die liberale Parlamentsmehrheit leiten. Der gemeinsame innere Feind war geeignet, das Bündnis zwischen den Liberalen und Bismarck zu stabilisieren.

Daß dem politischen Katholizismus mangelnde Reichstreue, gewissermaßen ein Loyalitätskonflikt zwischen Deutschtum und Papsthörigkeit unterstellt wurde, hatte einen doppelten Grund: Zum ersten machte sich im liberalen Bürgertum ein übersteigerter, das Deutschtum überhöhender Nationalismus breit; zum zweiten provozierte der metaphysisch begründete Machtanspruch der römischen Kirche, dem auf Seiten der Liberalen ein innerweltlicher, mit der Idee der Nation verknüpfter Fortschrittsglaube entgegentrat, ein Fortschrittsglaube, der sich an erster Stelle aus den rasanten technisch-industriellen Umwälzungen dieser Epoche nährte.

Man hielt die Auffassung der Kurie, in kirchlichen Belangen souverän Recht setzen zu können, im Lichte der im 19. Jahrhundert hochmodernen Nationalstaatsidee für überlebt. Die Nation beanspruchte ebenfalls, höchster Souverän zu sein. Der preußische Liberalismus, der den säkularisierten, religionsneutralen Nationalstaat auf seine Fahnen geschrieben hatte und die frisch gewonnene Reichseinheit wie auch die liberale Dominanz gegen die Gegner des Fortschritts und alle vermeintlichen ‚Reichsfeinde' schützen wollte, zog mit Bismarck an einem Strang, um dem Machtanspruch des Papstes wirkungsvoll entgegentreten zu können.

Am Beginn des Konflikts stand das Dogma der päpstlichen Unfehlbarkeit in Glaubens- und Sittenfragen (1870) und das Verlangen des Papstes gegenüber dem preußischen Staat, von Lehrstühlen und Militärpfarrerstellen all diejenigen katholischen Stelleninhaber zu entfernen, die sich diesem Dogma nicht unterwarfen. Da aber die Besoldung der betreffenden Amtsträger auf den Schultern des Staates lastete, reklamierte die preußische Regierung ein personalpolitisches Mitspracherecht. Aus dem Streit um die Entlassung katholischer Amtsinhaber entwickelte sich recht schnell ein Grundsatzkonflikt zwischen verweltlichter Nationalstaatlichkeit und kirchlich-kosmopolitischem Eigenrecht. Aus bürgerlich-liberaler Perspektive wurde der Katholizismus zum Inbegriff von Irrationalität, Antimodernismus und dogmatischer Anmaßung.

11.1 Karikatur des nationalliberal orientierten ‚Kladderadatsch': Schreckliche Folgen. Ein Mensch kann als naher Verwandter des Affen schwerlich unfehlbar sein, also auch der Papst nicht. Im Hintergrund steht die Ausbreitung der Darwin'schen Abstammungslehre seit den 1860er Jahren.

Die Karikatur zielt auf den im Hintergrund agierenden Papst Pius IX., der auf der Basis des Unfehlbarkeitsdogmas des I. Vatikanischen Konzils vom Katheder herab seine Gegner mit dem Bannstrahl verfolgt. Im Hintergrund sieht man die beiden exponierten Vertreter des weltanschaulichen Materialismus, Büchner und Vogt, vor dem ‚ex cathedra'-Bannfluch des Papstes fliehen. Aus dem Blickwinkel der in den 1870er Jahren hochaktuellen Darwin'schen Abstammungslehre will die Karikatur den angemaßten überirdischen Autoritätsanspruch des katholischen Oberhirten der Lächerlichkeit preisgeben, indem sie den Papst als menschliche Kreatur in die Nähe affenähnlicher Primaten rückt. Im Kern geht es der Karikatur darum, aus dem rationalistischen Blickwinkel entkirchlichter, innerweltlicher Fortschritts- und Staatsgläubigkeit dem katholischen Anspruch auf eigenständige kulturpolitische Rechtsetzung die Berechtigung abzusprechen. Damit unterstützt die Karikatur die Kulturkampf-Position der preußischen Liberalen.

Die Darwin'sche Lehre, die im deutschsprachigen Raum u. a. von den Naturforschern Ludwig Büchner und

11.1 Darwin und die päpstliche Unfehlbarkeit

Karl Vogt popularisiert wurde, stellte für die theologische Weltsicht insofern eine ernstzunehmende Herausforderung dar, als sie der materialistisch-liberalen Weltanschauung Auftrieb gab. Denn Darwin drohte als der ‚Kopernikus der organischen Welt' der menschlichen Kreatur die eingebildete, bzw. angemaßte Ausnahmestellung im Kreise der Natur zu nehmen. Da diese Sonderstellung religiös begründet wurde, geriet mit ihrer Infragestellung auch der religiöse Begründungszusammenhang ins Wanken; folglich mußte die katholische Kirche die Darwin'sche Lehre als Frontalangriff auf ihre christliche Weltsicht begreifen. Bezeichnend war, daß in den 1870er Jahren moderne naturwissenschaftlich-innerweltliche Rationalität und traditionelle Gottgläubigkeit von vielen Liberalen als Gegensatz empfunden wurden. Sie stem-

Der katholische Rhein!

Holla! Ich, ein „katholischer Strom?“
Herr Kettler hat's gepredigt,
Als er zu Mainz im hohen Dom
Sich seiner Gall' entledigt.

Der Frommen Schaar, gar baß erbaut,
Dort an der Kanzel Stufen
Standen sie da und haben laut
Geklatscht und „Bravo“ gerufen.

Geklatscht — Herr Kettler hat's beklagt —
Wie in Theater-Possen!
Das war Sanct Moufangs wilde Jagd,
Majunke's schwarze Genossen.

Mir aber, dem alten Vater Rhein,
Schwoll hoch die Zornesader:
Nun ziehen sie gar noch mich hinein
In ihren lumpigen Hader!

Katholisch sollten die Reben blühn,
So mir am Ufer wachsen?
Und voll wär' meiner Wogen Grün
Gar von katholischen Lachsen?

Nicht Katholik, nicht Protestant!
Trotz aller Pfaffentücke
Bleibt ungetauft mein Domdechant
Und andere Kirchenstücke.

Zu Deutschlands Schmach bin lang' genug
Ich Deutschlands Gränze gewesen,
Bis deutscher Fahnen Siegesflug
Sie trug an die Vogesen.

Nun aber will ich, der Vater Rhein,
Trotz eurem hämischen Treiben,
Fortan ein deutscher Strom nur sein
Und will es ewig bleiben.

Ein deutscher Strom! Und wer's versucht,
Katholisch mich zu taufen,
Der sei verflucht, verflucht, verflucht,
Getauften Wein zu saufen!

Kladderadatsch.

11.2 Der katholische Rhein

pelten den Katholizismus als fortschrittsfeindlich und irrational ab und hielten der religiös begründeten Autorität des Papstes einen freiheitlich-aufklärerischen Rationalismus entgegen. Die rationalistische Weltsicht ging Hand in Hand mit den rasanten technisch-industriellen Fortschritten und der verweltlichten *National*staatsidee, die den gesetzgeberischen Willensakten des weltlichen *National*staates eine Vorrangstellung gegenüber dem theologisch begründeten Eigenrecht der Kirchen einräumte. In gleichem Maße, wie die Kirche Kompetenzeinbußen in puncto rationaler Welterklärung hinnehmen mußte, wuchs der Machtanspruch des modernen verweltlichten Nationalstaates. Der bürgerliche Liberalismus unterstützte dies nachdrücklich.
(Kladderadatsch vom 17. Mai 1874)

11.2 Spottgedicht ‚Der katholische Rhein!‘ – Auf die Vereinnahmung des Rheins durch den politischen Katholizismus reagieren die nationalen Kreise mit Empörung.

Das satirische Gedicht ‚Der katholische Rhein‘ greift den Mainzer Erzbischof Wilhelm Emanuel von Ketteler an, der den Kulturkampfgesetzen kämpferisch entgegentritt und 1874 den Gläubigen seiner Diözese untersagt, den Sedanstag als nationalen Feiertag zu begehen. (Bei Sedan fand 1870 die Entscheidungsschlacht im deutsch-französischen Krieg statt). Bei dieser Gelegenheit erklärt er den Rhein zum katholischen Widerstandssymbol gegen die protestantische Zweidrittel-Mehrheit im Deutschen Reich. Mit Kettelers Kampfformel vom ‚katholischen Rhein‘ erhält der nationalistische Argwohn neue Nahrung, die Katholiken seien national unzuverlässig und trachteten danach, die frisch genene nationale Einheit zu untergraben. Die nationalen Kreise reagieren gerade deshalb so empfindlich, weil der Rhein, zum ‚deutschen' Strom stilisiert, seit Napoleons Tagen zum erstrangigen Widerstandssymbol gegen Frankreich geworden ist, wo man den Rhein wiederholt als ‚natürliche Grenze' reklamiert hatte. Vor dem gewachsenen nationalen Bedeutungshintergrund den Rhein zum katholischen Symbol umzudeuten, läuft aus nationalliberaler Perspektive darauf hinaus, die Nation im Angesichte des französischen Gegners konfessionell zu spalten. Unverkennbar zeigt sich auf Seiten des nationalliberalen Bürgertums eine gewisse nationalistische Überreiztheit. Aber nicht sie ist es, die Bismarck bewegt, in dieser Sache mit den Liberalen an einem Strang zu ziehen, sondern die Angst vor einer katholischen französisch-österreichischen Revanche-Koalition.

Mit ‚Moufangs wilder Jagd' ist die politische Tätigkeit des Mainzer Geistlichen und Reichstagsabgeordneten Christoph Moufang gemeint, der als enger Vertrauter Kettelers im Reichstag für die Position des Katholizismus ficht. Mit der ‚wilden Jagd' spielt das Gedicht ironisierend auf eines der beliebtesten Vaterlandslieder der damaligen Zeit an, auf ‚Lützows wilde Jagd' von Carl Maria von Weber und Theodor Körner, dem Helden und Märtyrer der Befreiungskriege gegen das Napoleonische Frankreich. Paul Majunke, den Chefredakteur der ‚Germania', des Berliner Zentralorgans der katholischen Zentrumspartei, betrachtet die nationalliberale Gegenseite als Inbegriff des ‚ultramontanen' Publizisten, der schroff gegen die preußischen Kulturkampfgesetze zu Felde zieht. (Kladderadatsch vom 28. Juni 1874)

Kulturkampfgesetze als Kriegserklärung an die katholische Kirche

Ab 1871 ging über die katholische Kirche in Preußen eine Welle von Kulturkampfgesetzen hinweg, die den Einfluß des Katholizismus zurückdrängen und die Unterordnung der Kirche unter die nationale Gesetzgebung erzwingen sollten. Im Grundsatz ging es um den Konflikt zwischen kirchlichem Eigenrecht und *national*staatlicher Rechtsetzung. Der Nationalstaat beanspruchte in kulturpolitischen Fragen ebensosehr wie die Kirche, höchster gesetzgeberischer Souverän zu sein. 1872 wurde den Kirchen im Elementarschulbereich die Schulaufsicht entzogen und die Jesuiten ausgewiesen; 1875 wurden sämtliche katholischen Orden mit Ausnahme der karitativen verboten. 1873 verabschiedete Preußen die sog. ‚Mai-Gesetze', die den gesamten katholischen Ausbildungssektor und die kirchliche Disziplinargewalt der Aufsicht des Staates unterwarfen. Geistliche mußten fortan neben ihrem theologischen ein staatliches Examen ablegen, und eine Anstellung von Geistlichen durfte nur noch mit Zustimmung der Oberpräsidenten der Provinzen erfolgen. Das Gesetz über die kirchliche Disziplinargewalt führte zur Einrichtung eines ‚königlichen Gerichtshofs für kirchliche Angelegenheiten' in Berlin. Der preußische Staat wollte damit die päpstliche Disziplinargewalt ausschalten.

Auch der Bischof von Münster widersetzte sich dem religionspolitischen Machtanspruch des preußischen Staates.

Die Mai-Gesetze von 1873 waren eine offene Kampfansage an die katholische Kirche, die sich der Umformung in eine Nationalkirche nach dem Vorbild des evangelischen Landeskirchentums energisch widersetzte. Auch der Bischof von Münster, Johann Bernard Brinkmann, stand loyal zum päpstlichen Machtanspruch und ignorierte die ‚Mai-Gesetze'. Da er Priester auch ohne staatliches Examen einstellte und seiner Anzeigepflicht gegenüber dem Oberpräsidenten nicht nachkam, hagelte es Strafverfügungen gegen ihn. Da der Bischof aber keinerlei Anstalten unternahm, sich den ihm auferlegten Geldstrafen zu unterwerfen, war die weitere Eskalation des Kulturkampfes in Münster vorprogrammiert: Der Bischof wurde im März 1875 verhaftet und mußte eine 40tägige Haftstrafe verbüßen. Papst Pius IX. bekräftigte den Widerstand des katholischen Klerus, indem er im Februar 1875 die preußischen Kulturkampfgesetze für ungültig erklärte und all denen den großen Kirchenbann androhte, die sich ihnen unterwarfen. Auch das katholische Kirchenvolk in Münster stellte sich in bemerkenswerter Geschlossenheit hinter den Klerus. Beträchtlich trug zur Aufheizung des Konflikts bei, daß die preußischen Liberalen im Kampf gegen den Katholizismus die Grundsätze der religiösen Toleranz beiseiteschoben und dem Katholizismus in puncto doktrinärer Rigorosität nicht nachstanden, wenn es um die Durchsetzung ihrer Prinzipien ging, hier um die Vorrangstellung des *National*staates, der auch in ethisch-religiöser Hinsicht höchster Souverän zu sein beanspruchte.

Auf dem Tanz-Boden der Mai-Gesetze.

Woll'n einst die Schwarzen ein Tänzlein wagen,
Soll'n sie's nur sagen — wir spiel'n ihnen auf!

Figaro's Hochzeit.

11.3 Preußische Kulturkampfgesetze

11.3 Karikatur des Kladderadatsch: Die nationalliberale und protestantische Mehrheit will den Katholizismus auf den ‚Tanz-Boden der Mai-Gesetze' zwingen und damit zu einer loyalen Nationalkirche erniedrigen.

Die Karikatur spielt auf die preußischen ‚Mai-Gesetze' von 1873 an, die die katholische Kirche auf den ‚Boden' der Loyalität gegenüber den Gesetzen des preußischen Staates zwingen wollen. U.a. machen sie die Einstellung von Geistlichen von einem staatlichen Examen und von der Zustimmung der Staatsbehörden abhängig. Mit bissig-ironischem Blick bettet der Zeichner den Machtkampf zwischen preußischem Staat und katholischer Kirche in ein Opern-Szenarium ein. In Anspielung auf die Mozart-Oper ‚Figaros Hochzeit' versetzt er die politischen Akteure in einen Tanzsaal, in dem sich der katholische Klerus seines ‚antinationalen Zölibats' wegen nur widerstrebend auf einen moralisch anrüchigen Tanz mit den in Frauengestalten verkörperten Nationalstaaten einläßt. Objekt der Satire ist das übernationale Selbstverständnis der katholischen Kirche.

Als Folie dient dem Karikaturisten diejenige Opernszene, in der Figaro den Grafen als Nebenbuhler ironisch zu einem Tanz mit seiner Braut auffordert. Während Figaro in der Oper das ‚jus primae noctis' seines adligen Herrn, das Recht auf die erste Nacht mit seiner Braut, als überlebtes feudales Vorrecht attackiert, zielt die Karikatur auf das Selbstverständnis der katholischen Kirche. Sie steht aus nationalliberaler Sicht ebensosehr wie der Graf auf historisch verlorenem Posten, wenn sie weiterhin auf überlebten Vorrechten besteht, d. h. wenn sie weiterhin für ihre eigenen Ge-

setze eine Vorrangstellung gegenüber den Gesetzen des *National*staates beansprucht und sich damit gegen das im 19. Jahrhundert moderne entkirchlichte Nationalstaats-Prinzip stemmt.
(Kladderadatsch vom 24. Mai 1874)

11.4 Zu einem wichtigen Instrument im Machtkampf zwischen preußischem Staat und katholischer Kirche wird das Kulturkampf-Gesetz über die kirchliche Disziplinargewalt und über den Königlichen Gerichtshof für kirchliche Angelegenheiten vom 12. Mai 1873.

Das Gesetz zählt zu den sog. ‚Mai-Gesetzen', die dem Nationalstaat auch in kirchlichen Fragen eine höhere Autorität zusprechen als der päpstlichen Zentralgewalt. Damit wird die katholische Kirche in einen Loyalitätskonflikt zwischen preußischem Staat und kirchlichem Oberhirten hineingetrieben. Der Kernsatz des Gesetzes findet sich in § 1, der die kirchliche Disziplinargewalt ausschließlich *deutschen* kirchlichen Behörden vorbehält. Dies bedeutet eine schroffe Kampfansage an die päpstliche Disziplinargewalt: Ein Keil soll zwischen Papst und Kirche getrieben, die ‚internationalistisch' geprägte römische Kirche in eine deutsche Nationalkirche umgeformt werden. Das Gesetz ermöglicht den Angehörigen der Religionsgemeinschaften, bei den Staatsbehörden Rechtsmittel gegen kirchliche Disziplinarmaßnahmen einzulegen, u. a. gegen die Einweisung in die sog. ‚Demeritenhäuser', in denen gestrauchelte Geistliche wegen Übertretung kirchlicher Vorschriften Buße tun müssen. In Berlin wird ein ‚königlicher Gerichtshof für kirchliche Angelegenheiten' eingerichtet, der Behördenentscheidungen in erster und letzter Instanz überprüfen soll und die Befugnis erhält, kirchliche Amts- und Würdenträger aus ihren Ämtern zu entfernen, ohne daß die römische Kurie eingreifen kann. Mit diesem Gerichtshof schafft sich der preußische Staat ein loyales Instrument der Disziplinierung. Es etabliert sich eine Form der Sondergerichtsbarkeit, hinter der sich das taktische Kalkül verbirgt, die ordentlichen Gerichte als machtpolitischen Unsicherheitsfaktor zu umgehen. Da die Unabhängigkeit der Rechtsprechung verfassungsmäßig verbrieft ist, muß die preußische Regierung befürchten, daß die ordentlichen Gerichtsinstanzen den kulturkämpferischen Konfrontationskurs nicht oder nur halbherzig mittragen.
(Preußische Gesetzes-Sammlung 1873)

11.5 Sendschreiben der Oberhirten der katholischen Kirche in Preußen an den Klerus und die Gläubigen ihrer Diözesen vom Februar 1874 (Lithographie von Hüffer, Schütte & Cie., Münster)

Es handelt sich um ein Manifest, in dem die Bischöfe ihren Widerstandswillen gegen die Kulturkampfgesetze bekräftigen und um die Unterstützung des Kirchenvolks werben. Den äußeren Anlaß bietet die beginnende Verhaftungswelle, die als ersten den Bischof von Posen trifft. Das Manifest weist den Vorwurf zurück, die preußischen Katholiken seien ‚Rebellen' und ‚Vaterlandslose'; es stellt aber gleichzeitig klar, daß die ‚Treue zu König und Vaterland' in Gottes Geboten ihre Grenzen finden müsse. Gott und die päpstliche Kirche können im Konfliktfalle eine höhere Legitimität beanspruchen. Gegen die Maigesetze von 1873 gewendet heißt es, daß Christus nicht *National*kirchen, sondern ohne Unterschied der Nation nur die ‚Eine Kirche' gestiftet habe. Der katholische Internationalismus sperrt sich dagegen, die Kirche nach Maßgabe des protestantischen Negativ-Vorbilds von den weltlichen Gewalten des Nationalstaates abhängig zu machen.

Die ikonographische Umspielung des Textes unterstreicht den religiösen Heilsanspruch der katholischen Kirche. Der Alleinvertretungsanspruch wird oben links auf Petrus, den Fels, zurückgeführt. Die biblischen Szenen darunter erinnern an die von Gott gewollte doppelte Loyalität des Christen, die die Verpflichtung auf eine der weltlichen Obrigkeit total untergeordnete Nationalkirche verbietet. Links unten sind um Christus am Kreuz die Schutzheiligen der preußischen Bistümer gruppiert, überstrahlt von der Märtyrergestalt des Heiligen Bonifatius. Die ikonographische Umspielung vermittelt dem Manifest die Aura des Religiös-Charismatischen und untermauert auf höchst wirkungsvolle Weise die politische Frontstellung der katholischen Bischöfe Preußens gegen die staatlichen Kulturkampfgesetze.
(Westfälisches Landesmuseum für Kunst und Kulturgeschichte Münster)

11.6 Politisches Kampfgedicht des Kladderadatsch: ‚In Papam'. Das päpstliche Verbot, am Vollzug der Kulturkampfgesetze mitzuwirken, trifft im Lager der nationalgesinnten nicht-katholischen Mehrheit auf strikte Ablehnung. Der martialische Tonfall des Gedichts unterstreicht die unerbittliche Konfrontationsstimmung der Liberalen.

In Papam.

Rom hat gesprochen. Voller als je den Mund
Nahm er, der stets freigebig mit Flüchen war,
Der Judas mit dreifacher Krone,
Welcher den Namen des Petrus schändet.

Das deutsche Volk zu höhnen ins Angesicht,
Vermessen wagt er's, frevelnd mit greisem Haupt —
Er selbst ein Spielzeug schnöder Heuchler,
Denen von Sünde zu Sünd' er folgte.

Wer wagt, Gesetze, die sich der Deutsche gab,
Für nichts zu halten? Frech sie zu tadeln, wer?
Wer wagt zu rühren an den Reifen,
Welchen der Edelsten Blut geschmiedet?

Ob er den Aufruhr pred'ge, den Bürgerkrieg,
Ob gift'ge Saat er streue ins deutsche Land:
Aufgehen wird daraus der Sturmwind,
Der ihn hinab in der Schande Nacht weht.

Ob er die Fackel schwinge mit welker Hand —
Sein eigen Antlitz sengt er mit Gluth und Qualm.
Was blinde Wuth ihn lehrt — zersplittern
Wird es am Felsen der deutschen Treue.

Am Fels der Treu' zersplittre sein freches Wort,
Und früher ende, als wir gehofft, der Kampf,
Deutschland zum Heil, Rom zum Verderben,
Späten Geschlechtern zu Nutz und Lehre.

Kladderadatsch.

11.6 Kampfgedicht gegen den Papst

Das Gedicht spielt auf eine Enzyklika des Papstes vom Februar 1875 an, in der dieser den preußischen Katholiken untersagt, am Vollzug der Kulturkampfgesetze mitzuwirken und für den Fall des Zuwiderhandelns den Kirchenbann androht. Gegen den Machtanspruch Pius IX. beharrt das Gedicht mit scharfen Worten auf der höheren Legitimität der staatlichen Gesetze, die sich der auf dem deutschen Volkstumsgedanken gründende Nationalstaat gibt. In Konfrontation mit dem übernationalen katholischen Selbstverständnis wird hier das nationale Zusammengehörigkeitsgefühl beschworen und die Unvereinbarkeit von ‚deutscher Treue' und römisch-katholischer Loyalität behauptet. Es klingt der ‚Ultramontanismus'-Vorwurf gegenüber der katholischen Minderheit an, deren politische und kirchliche Führer die protestantisch-liberale Mehrheit als antinationale ‚Reichsfeinde' abstempelt. In der zugespitzten Frontstellung gegenüber dem Katholizismus äußert sich nicht allein übertriebene Sorge um die nationale Einheit, sondern auch intolerantes, übersteigertes Nationalbewußtsein, das strikte Unterordnung unter die als höchsten Wert vergötzten Belange der ‚Nation' verlangt. Der bürgerliche Nationalliberalismus gerät auf nationalistische Abwege, sucht nach der Reichsgründung im katholischen Internationalismus ein identitätsstabilisierendes Feindbild.
(Kladderadatsch vom 28. Februar 1875)

11.7 Zeitungsbericht über die Gefangennehmung des Bischofs von Münster, der sich weigert, den Kulturkampfgesetzen Folge zu leisten.

Der ‚Westfälische Merkur' stellt sich als Organ des politischen Katholizismus hinter den Bischof von Münster, der auf Betreiben des Kreisgerichts Münster am 18. März 1875 verhaftet wird, um in der Warendorfer Strafanstalt eine Haftstrafe zu verbüßen. Anlaß zur Verhaftung gab, daß der Bischof gegen die Mai-Gesetze von 1873 verstoßen und die aus diesem Grunde gegen ihn verhängten Geldstrafen ignoriert hatte. Da den Gerichtsbehörden nicht hatte gelingen wollen, das Eigentum des Bischofs zu verpfänden, um auf diesem Wege den Vollzug der Geldstrafen zu erzwingen, wird der Bischof höchstpersönlich zur Verbüßung einer 40tägigen Haftstrafe herangezogen. Den Zorn der Staatsbehörden hatte der Bischof insbesondere deshalb auf sich gezogen, weil er trotz amtlichen Verbots auch weiterhin Geistliche ohne Ablegung eines staatlichen Examens eingestellt hatte und obendrein seiner Anzeigepflicht gegenüber den Staatsbehörden nicht nachgekommen war. Das katholische Kirchenvolk in Münster stellte sich geschlossen hinter seinen Bischof.
(Westfälischer Merkur vom 18. März 1875)

11.8 Portrait des Bischofs von Münster Johann Bernard Brinkmann (1813–1889) s. Bild-Anhang S.231

Auf dem Ölgemälde trägt Bischof Brinkmann das 1877 vom Papst überreichte Goldkreuz, mit dem er für seinen unbeugsamen Widerstand im Kulturkampf ausgezeichnet wurde.
(Stadtmuseum Münster)

EXPEDITION. Am Domhof.
Inserate finden gegen die Gebühr von 1½ Sgr. für die gespaltene Petitzeile oder deren Raum Aufnahme.

AGENTUREN:
Hamburg, Frankf. a M. | Haasenstein
Wien, Berlin, Paris: | & Vogler.
Berlin: A. Retemeyer's Centr.-Ann.-Bur.,
Rudolf Mosse.
Leipzig: H. Engler, Eugen Fort.
Frankfurt a. M.: G. L. Daube & Co.
Paris: Havas, Laffite, Bullier & Co.

Westfälischer Merkur.

für Münster incl. Bestellgeld 1 Thlr. 7½ Sgr
bei allen Postämtern in Preussen 1 Thlr.
15 Sgr.; — im übrigen Deutschland mit dem üblichen Aufschlage.

Der 'Westf. Merkur' erscheint täglich, mit Ausnahme der hohen Festtage, als Abendblatt, und wird bereits mit den Nachmittags abgehenden Posten versandt. — Auswärtige Aufträge zu Insertionen erbitten wir franco und erheben die Gebühr in der Regel pr. Postvorschuss.

№ 77. Münster, Donnerstag den 18. März. 1875.

Die Gefangennehmung des hochw. Bischofs von Münster.

Das erschütternde Ereigniß, dessen Zeuge heute in der Morgenfrühe unsere Bischofsstadt gewesen, steht einzig da in der Geschichte Münsters. So lange die Glaubenstreue im katholischen Volke lebt, werden Kinder und Kindeskinder den Opfermuth und die Festigkeit ihres Bischofs in ihrem Gedächtnisse bewahren. Lange hatte man dem schmerzvollen Augenblicke entgegengesehen, aber die Voraussicht vermochte das Herbe der nun wirklich eingetretenen Thatsache nicht zu mildern. — Vom Kreisgerichte war ein Subalternbeamter mit der Verhaftung unseres hochw. Oberhirten beauftragt. Derselbe erschien mit einer Extrapost bereits ein Viertel nach sechs Uhr am bischöflichen Palais. Der hochwürdigste Herr war gerade in seiner Capelle mit der Feier der hl. Messe beschäftigt. Nach Vollendung derselben nahm er sein Frühstück ein. Unterdessen hatte sich im Palais das hochw. Domcapitel und viele Geistliche und Herren der Stadt und vor dem Palais eine große Volksmenge angesammelt. Der Vorhof war von der Polizei abgeschlossen worden. Als der hochw. Bischof das Frühstück beendet hatte, wurde der Gerichtsbeamte angemeldet. Mit sichtlicher Beklemmung entledigte er sich seines Auftrages, der hochw. Herr protestirte feierlich gegen diesen Gewaltact, da erklärte der Beamte, er müsse Gewalt gebrauchen und legte die Hand an den Bischof. Der Zug bewegte sich zu dem draußen harrenden Wagen. Sobald die dicht gedrängte Menschenmenge des Oberhirten ansichtig wurde, erscholl ein ununterbrochenes, nicht enden wollendes Hochrufen. Es wurde das Lied angestimmt: „Fest soll mein Taufbund immer stehen." Der Bischof bestieg in Begleitung des Herrn Grafen Droste-Erbdroste und seines Hauscaplans die Post. Eine Anzahl Wagen stand bereits am Domplatz, in welchen die Vertreter des Adels und der Bürgerschaft Münsters ihrem Bischofe das Ehrengeleite zum Gefängnisse gaben. So bewegte sich denn unter dem Schluchzen und Weinen der Menge, unter Hochrufen und allen Zeichen der innigsten Theilnahme der Zug langsamen Schrittes vorüber an der Post über den Prinzipalmarkt, die Salzstraße zum Mauritzthor hinaus. Noch immer begleitete die Menge den Bischof. Als der Wagen Hochdesselben den Uebergang der Köln-Mindener Bahn passirt hatte, schlossen die dort aufgestellten Polizei-Beamten die Barrière. Die energischsten Proteste fruchteten Anfangs nichts. Erst als man sich anschickte, über den sog. Steinweg zu fahren, wurden die Flügel aufgerissen und unter tausendfachem Hurrah der Menge wurde ein jeder der nachfolgenden Wagen durchgelassen. Viele Häuser Münsters haben sich in Flaggenschmuck gekleidet, aber die Trauerflore an den Fahnen verkünden die Trauer des Tages. Das katholische Münster hat es heute in ewig denkwürdiger Weise documentirt, daß es feststeht zur Kirche und ihren Oberhirten, daß seine Glaubenstreue unerschütterlich ist.

11.7 Verhaftung des Bischofs von Münster

11.9 Zeitungsreportage über den Gefangenentransport des Bischofs von Münster nach Warendorf. Der Bericht bringt anschaulich zum Ausdruck, wie sehr sich das Warendorfer Kirchenvolk seinem Bischof verbunden fühlt. (Westfälischer Merkur vom 19. März 1875)

Auch nach Verbüßung einer Haftstrafe weigert sich der Bischof von Münster, dem preußischen Staat Folge zu leisten.

Als sich der Bischof von Münster nach seiner Entlassung aus der Warendorfer Strafanstalt auch weiterhin weigerte, den staatlichen Gesetzen zu folgen, leitete der Oberpräsident der Provinz Westfalen, Friedrich von Kühlwetter, gegen ihn ein staatliches Absetzungsverfahren ein. Dieses fand in Berlin vor dem neugeschaffenen ‚königlichen Gerichtshof für kirchliche Angelegenheiten' statt, bei dem es sich um eine Form der politischen Sondergerichtsbarkeit handelte, die der preußischen Regierung im Unterschied zu den ordentlichen Gerichten als willfähriges kirchenpolitisches Instrument diente. Bevor der Urteilsspruch erfolgte, ging Bischof Brinkmann in die Niederlande ins Exil, um einer wiederholten Inhaftierung zuvorzukommen. Am 8. März 1876 erfolgte die Absetzung durch den königlichen Gerichtshof.

Nach der Absetzung des Bischofs forderte der Oberpräsident das Domkapitel auf, innerhalb von 10 Tagen einen Bistumsverweser zu wählen. Im Weigerungsfalle drohte er, einen Staatskommissar mit der Verwaltung des Bistumsvermögens zu beauftragen. Das Domkapitel ließ sich davon nicht beeindrucken und erwiderte, daß die Wahl eines Bistumsverwesers nach kanonischem (päpstlichem) Recht nichtig sei und bei Zuwiderhandlung die Exkommunizierung drohe. Als daraufhin ein staatlicher Verwalter bestellt wurde, ließ der bischöfliche Generalvikar Dr. Giese, der treu zum Bischof stand, sämtliche Akten und das gesamte Bistumsvermögen durch blitzschnelle Transaktionen (Vermietungen etc.) verschwinden. Da die katholische Geschäftswelt Münsters mit dem Domkapitel an einem Strang zog, erwiesen sich die preußischen Behörden als machtlos. Generalvikar Giese tauchte nach seinen Tarn-Transaktionen unter und wurde daraufhin steckbrieflich gesucht. Zum Vorwurf wurde ihm gemacht, Urkunden vorsätzlich beseite geschafft und amtlich anvertraute Gelder unterschlagen zu haben. Beide, Bischof und Generalvikar, wurden im Dezember 1876 in Abwesenheit vom Kreisgericht Münster zu hohen Gefängnisstrafen verurteilt, aber in 2. bzw. 3. Instanz freigesprochen. Hier zeigte sich, daß die ordentliche Gerichtsbarkeit trotz politischen Drucks ihre Unabhängigkeit zu bewahren vermochte.

11.10 Auszug aus der Anschuldigungsschrift der Oberstaatsanwaltschaft Paderborn gegen den Bischof von Münster vom 20. November 1875. Wegen Ungehorsams gegen die Staatsgesetze betreibt die Staatsanwaltschaft die Absetzung des Bischofs vor dem Königlichen Gerichtshof für kirchliche Angelegenheiten in Berlin. Die Anklage führt im März 1876 zum Erfolg.

In der Anklageschrift verweist der Staatsanwalt auf den Treueschwur des Bischofs gegenüber dem preußischen König. (Teil 1) Demgemäß hat die Treue gegenüber dem König Vorrang vor dem päpstlichen Treueeid. In dieser Eidesformel ist der Loyalitätskonflikt der Kulturkampfjahre bereits angelegt. Des weiteren (Teil 2) listet die Staatsanwaltschaft peinlich genau alle Gesetzesverstösse des Bischofs auf, u. a. die gesetzwidrige Anstellung von Geistlichen ohne staatliche Genehmigung. Die Anklageschrift kommt zu dem Ergebnis (Teil 3), daß die Absetzung des Bischofs ansichts der fortgesetzten Mißachtung der Gesetze die ultima ratio sei, um die Autorität der Staatsgewalt wiederherzustellen. Der Gerichtshof gibt der Anklage am 8. März 1876 statt.

„Teil 1:

Anschuldigungsschrift wider den Herrn Bischof von Münster Dr. Johann Bernard Brinkmann zu Münster in dem wider denselben eingeleiteten Verfahren

Der Herr Bischof Dr. Brinkmann, geboren zu Everswinkel bei Münster am 4. Februar 1813, zum Priester geweiht am 25. Mai 1839, zum Generalvikar in Münster ernannt am 4. November 1857, wurde am 6. April 1870 zum Bischof der teils in Westfalen, teils in der Rheinprovinz gelegenen Diözese Münster gewählt und am 4. Oktober 1870 konsekriert. Am 29. September hatte er vor Entgegennahme der unter dem 17. August von des Königs Majestät allerhöchst vollzogenen Urkunde über die landesherrliche Anerkennung in die Hände des zum königlichen Kommissarius bestellten königlichen Staatsministers und Oberpräsidenten von Duesberg den nachstehenden Homologialeid abgeleistet:

„Ich, Johann Bernard Brinkmann, erwählter und bestätigter Bischof von Münster, schwöre einen Eid zu Gott dem Allmächtigen und Allwissenden und auf das heilige Evangelium, daß, nachdem ich auf den bischöflichen Stuhl von Münster erhoben worden bin, ich Seiner königlichen Majestät von Preußen, Wilhelm I., und Allerhöchst dessen rechtmächtigem Nachfolger in der Regierung als meinem Allergnädigsten Könige und Landesherrn untertänig, treu, gehorsam und ergeben sein, Allerhöchst dero Bestes nach meinem Vermögen befördern, Schaden und Nachteil aber verhüten und besonders dahin streben will, daß in den Gemütern der meiner bischöflichen Leitung anvertrauten Geistlichen und Gemeinden die Gesinnungen der Ehrfurcht und Treue gegen den König, die Liebe zum Vaterlande, der Gehorsam gegen die Gesetze und alle jene Tugenden, die in dem Christen den guten Untertanen bezeichnen, mit Sorgfalt gepflegt werden, und daß ich nicht dulden will, daß in der mir untergebenen Geistlichkeit im entgegengesetzten Sinne gelehrt und gehandelt werde.

Insbesondere gelobe ich, daß ich keine Gemeinschaft oder Verbindung, sei es innerhalb oder außerhalb des Landes, unterhalten will, welche der öffentlichen Sicherheit gefährlich sein könnte, und will ich, wenn ich erfahren sollte, daß in meiner Diözese oder anderswo Anschläge gemacht werden, die zum Nachteil des Staates gereichen könnten, hiervon Seiner königlichen Majestät Anzeige machen.

Ich verspreche dieses Alles um so unverbrüchlicher zu halten, als ich gewiß bin, daß ich mich durch den Eid, welchen ich Seiner Päpstlichen Heiligkeit und der Kirche zu leisten habe, zu Nichts verpflichte, was den Eid der Treue und Untertänigkeit gegen Seine Königliche Majestät entgegen sein kann.

Alles dieses schwöre ich, so wahr mir Gott helfe und sein heiliges Evangelium. – Amen."

Seitdem an den Staat das Gebot herangetreten ist, zum Schutze seiner Souveränität auf dem Gebiete der Kirchenpolitik Gesetze zu erlassen, hat der Herr Bischof Dr. Brinkmann offen und fortgesetzt eine diesen Gesetzen entgegenwirkende staatsfeindliche Haltung angenommen und unter seinen Diözesanen zu verbreiten gesucht...

Teil 3:

Die Mißachtung dieser hiernach dem Bischofe als geistigem Oberen in erhöhtem Maße obliegenden Pflicht des Gehorsams wiegt um so schwerer, als der Bischof in dem von dem kirchlichen Eide geleisteten Homologialeid gelobt hat,

„dem Könige und Landesherrn gehorsam zu sein – und dahin zu streben, daß in den Gemütern der Geistlichen und Gemeinden der Gehorsam gegen die Gesetze gepflegt werde."

Vergeblich sind alle gesetzlichen Mittel zur Brechung seines Widerstandes angewendet; sie sind nunmehr resultatlos erschöpft; insbesondere haben sich auch, wie erwähnt, die sämmtlichen gegen den Bischof fortgesetzten Exekutivstrafen als uneinziehbar erwiesen; Freiheitsstrafen können diesen Geldstrafen nicht substituiert werden; andere Mittel, den Bischof in dieser Beziehung zum Gehorsam zu zwingen, stehen der Staatsregierung nicht zu Gebote. Eine Wiederholung dieser administrativen Straffestsetzungen müßte daher bei der völligen Wirkungslosigkeit derselben zur Kompromittierung der staatlichen Autorität führen. Es bleibt hiernach bezüglich der Exekutivstrafen nur die Wahl übrig, ob der Staat sich vor einem ungehorsamen Staatsangehörigen beugen solle und die Gesetze dadurch dem Hohne und der Verachtung ausgesetzt werden sollen, oder ob der Bischof nach Zulassung der Gesetze aus seinem Amte zu entfernen sei. Die Entscheidung für die letztere Alternative gestaltet sich daher schon aus dieser Rücksicht zu einer unabweisbaren Notwendigkeit.

Noch in diesem Verfahren hat der Bischof durch Nichtbeantwortung und Nichtbeachtung der auf Grund des Gesetzes vom 12. Mai 1873 § 25 von dem Königlichen Oberpräsidenten an ihn erlassenen Aufforderung, sein bischöfliches Amt niederzulegen, sowie durch die auf die Vorladung vor dem Untersuchungsrichter abgegebenen schriftlichen Erklärung, „daß ihm sein Gewissen verbiete, die Kompetenz des Königlichen Gerichtshofes für kirchliche Angelegenheiten zu Berlin anzuerkennen und er deshalb nicht in der Lage sei, in dem zu seiner verantwortlichen Vernehmung anberaumten Termin zu erscheinen," bewiesen, daß er niemals und unter keinen Umständen die eingeschlagenen gesetzwidrigen Bahnen verlassen werde; sein längeres Verbleiben im Amte müßte daher eine weitere Gefährdung der öffentlichen Ordnung in fortschreitender Steigerung zur notwendigen Folge haben.

Demnach wird der Herr Bischof von Münster, Dr. Johann Bernard Brinkmann, auf Grund des § 24 des Gesetzes vom 12. Mai 1873 über die kirchliche Disziplinargewalt und die Errichtung des königlichen Gerichtshofes für kirchliche Angelegenheiten (Gesetz-Sammlung Seite 202) angeschuldigt, in den Jahren 1873, 1874 und 1875 im Inlande die auf sein Amt und seine geistlichen Amtsvorrichtungen bezüglichen Vorschriften der Staatsgesetze und die in dieser Hinsicht von der Obrigkeit innerhalb ihrer gesetzlichen Zuständigkeit getroffenen Anordnungen so schwer verletzt zu haben, daß sein Verbleiben im Amte mit der öffentlichen Ordnung unverträglich erscheint.

Paderborn, den 20. November 1875 – Der Beamte der Staatsanwaltschaft – gez. Irgahn (Oberstaatsanwalt)"

(Bistumsarchiv Münster, Generalvikariat – Altes Archiv IV A 125/9)

„Es ist das erste Mal in Preußen."

Proceß-Verhandlungen

vom 7. December 1876,

gegen den hochwürdigsten

Bischof Dr. Johann Bernard,

Prälat und Dom-Capitular Dr. Giese

und

Herren Fievez, Haverlath, v. Noël, Dr. Richters und Schürmann.

Corrigirter und ergänzter Separat-Abdruck aus dem „Westfälischen Merkur" nach stenographischer Aufnahme.

Münster 1876.

Verlag des „Westfälischen Merkur"

(Carl Coddinghaus).

11.11 Bischofsprozeß vor dem Kreisgericht Münster

11.11 Separatabdruck der Strafprozeßverhandlungen des Kreisgerichts Münster vom 7. Dezember 1876 gegen den Bischof und führende Bistumsvertreter durch den ‚Westfälischen Merkur' (Titelblatt)

Nach der Absetzung des Bischofs und der Weigerung des Domkapitels, einen Bistumsverweser zu ernennen, kommt es vor dem Kreisgericht Münster zum Strafprozeß. Als kirchentreue Tageszeitung macht der ‚Westfälische Merkur‘ den Prozeßverlauf publik, um aus katholischem Blickwinkel auf den Unrechtscharakter des gesamten Verfahrens aufmerksam zu machen. Der Prozeß wird als politische Gesinnungsjustiz gebrandmarkt. Aus dem Titelblatt der Broschüre spricht der spektakuläre Charakter des Prozesses. Der Titel ging ursprünglich auf einen Ausspruch der ‚Norddeutschen Allgemeinen Zeitung‘ zurück, die damit ihrem Unmut über die Widerspenstigkeit und Gesetzesuntreue des katholischen Klerus Ausdruck verleihen wollte und im Kulturkampf als offiziöses Regierungsblatt die Position der Gegenseite vertrat. Der ‚Westfälische Merkur‘ deutete den Ausspruch im prokatholischen Sinne um.

11.12 Auszug aus dem Stenographischen Bericht über den Prozeß gegen den Bischof von Münster und führende Bistumsvertreter vor dem Kreisgericht Münster am 8. Dezember 1876

In seiner einführenden Rede weist der Vorsitzende Richter des Kreisgerichts darauf hin, daß gegen Bischof und Generalvikar auch in Abwesenheit verhandelt werde. Beide hatten sich der Vorladung durch Flucht entzogen. Die Verhandlung beginnt mit dem Verhör des Bistums-Sekretärs Fivez, der im Auftrage des Bischofs und des Generalvikars Akten und Vermögenswerte beiseite geschafft hatte. In der Befragung durch den Vorsitzenden zeigt sich Fivez wenig auskunftsfreudig. Er stellt damit seine Loyalität gegenüber seinem bischöflichen Dienstherrn unter Beweis.
(Extrabeilage der Westfälischen Provinzialzeitung Nr.339, 1876)

11.13 Auszug aus dem Urteil des Kreisgerichts Münster vom 14. Dezember 1876, das den Bischof von Münster und führende Vertreter der Bistumsverwaltung zu teilweise hohen Gefängnisstrafen verurteilt, weil sie nach der Absetzung des Bischofs das Bistumsvermögen und sämtliche Geschäftsakten der Bistumsverwaltung dem Zugriff des staalichen Zwangsverwalters entzogen haben.

Das Kreisgericht wirft dem Bischof und führenden Vertretern der Bistumsverwaltung (an erster Stelle Generalvikar Giese) vor, amtlich anvertraute Gelder unterschlagen und amtlich zugängliche Akten beiseite geschafft zu haben. Der Schuldspruch, der Bischof und Generalvikar in Abwesenheit eine Gefängnisstrafe von einem, bzw. zwei Jahren auferlegt, fußt auf einem in der preußischen Rechtsgeschichte einmaligen Vorgang.

Nachdem der Bischof abgesetzt worden war, hatte es Generalvikar Dr. Giese im Verein mit einigen weiteren Bediensteten der Bistumsverwaltung verstanden, innerhalb weniger Tage die Akten der Bistumsverwaltung beiseite zu schaffen und das gesamte Bistumsvermögen durch raffinierte Manipulationen und Transaktionen verschwinden zu lassen. Giese setzte sich daraufhin ab und wurde ebenso wie der im niederländischen Exil weilende Bischof steckbrieflich gesucht. In der Urteilsbegründung gestand das Kreisgericht den führenden Köpfen des Bistums einerseits zu, nicht aus niederen und eigennützigen Motiven gehandelt zu haben, hielt aber andererseits die Gesetzesverstöße für sehr schwerwiegend, weil die hohe Stellung der beiden Hauptangeklagten (Bischof und Generalvikar) zu einer erheblichen Gefährdung des öffentlichen Rechtsbewußtseins geführt habe. Diese Überlegung gab den Ausschlag für das hohe Strafmaß von einem, bzw. zwei Jahren Gefängnis.
(Beilage der Westfälischen Provinzialzeitung Nr. 348, 1876)

Mit der Rehabilitierung des Bischofs beginnt 1884 die Aussöhnung von katholischer Kirche und preußischem Staat.

Als Bismarck Ende der 1870er Jahre nach seinem Zerwürfnis mit den Liberalen nach neuen Bündnispartnern Ausschau hielt, kam es zu einer vorsichtigen Wiederannäherung zwischen preußischem Staat und katholischer Zentrumspartei. Der Kulturkampf flaute ab, und Bischof Brinkmann wurde in seine alten Rechte als Bischof von Münster wiedereingesetzt. Im Februar 1884 konnte er nach Münster zurückkehren. In den kommenden Jahrzehnten wuchsen auch die Katholiken nach und nach in das von der protestantischen Hohenzollern-Dynastie beherrschte Deutsche Kaiserreich hinein.

11.14 Willkommens-Grüße des ‚Westfälischen Merkur‘ anläßlich der Rückkehr des Bischofs von Münster aus dem Exil

Die erste Stellungnahme ist betont moderat gehalten: Sie soll Versöhnungsbereitschaft zum Ausdruck bringen. Dem Kulturkampf-Gegner macht sie die Annäherung schmackhaft, indem sie den Katholizismus als wahre, aber lange Zeit verkannte Stütze gegen umstürzlerische

Kräfte anbietet. Hier deutet sich die spätere Liaison von Zentrumspartei und Konservativen an. Die zweite Stellungnahme unterstreicht mit dem in Latein als heiliger Sprache verfaßten Willkommensgruß ‚Wir danken Gott, unserem Herrn!' die religiöse Tiefenwirkung des Ereignisses.
(Westfälischer Merkur vom 23. Januar 1884 (Abendausgabe) und Extra-Blatt Nr. 42 vom 12. Februar 1884)

11.15 Foto der ‚via triumphalis' für Bischof Brinkmann anläßlich seiner Rückkehr aus dem Exil.

Aus Freude über die Rückkehr errichten die Münsteraner dem Bischof am 12./13. Februar 1884 auf dem Domplatz eine Straße mit sechs Triumphbögen, die die erfolgreiche Selbstbehauptung gegenüber dem Kulturkampfgegner zum Ausdruck bringen. Auf dem ersten Bogen sind die bischöflichen Wappen zu erkennen.
(Bistumsarchiv Münster)

Literatur:

J. Becker, Liberaler Staat und Kirche in der Ära von Reichsgründung und Kulturkampf, Mainz 1973

W. Becker, Liberale Kulturkampf-Positionen und politischer Katholizismus, in: O. Pflanze, (Hg.), Innenpolitische Probleme des Bismarck-Reiches, München 1983

L. Ficker, Der Kulturkampf in Münster, bearb. von O. Hellinghaus, Münster 1928

Geschichte original – am Beispiel der Stadt Münster Nr. 11. Der Kulturkampf in Münster, bearbeitet von H. Sagebiel, Münster o. J.

H. Gründer, „Krieg bis auf's Messer" – Kirche, Kirchenvolk und Kulturkampf in Münster (1872–1887), in: Geschichte der Stadt Münster, hg. v. F.-J. Jakobi, Bd. 2, Münster 1993

K.-E. Lönne, Politischer Katholizismus im 19. und 20. Jahrhundert, Frankfurt/M. 1986

12

Das Gerichtsverfassungsgesetz von 1877

Wir dürfen es wohl als eine Ausnahme-Maßregel bezeichnen, wenn als Sitz des künftigen Oberlandes-Gerichtes für Westfalen an die Stelle unserer Provinzialhauptstadt Münster die Stadt Hamm in Aussicht genommen worden ist. Ohne unsere Schwester-Stadt irgend beeinträchtigen zu wollen, glauben wir doch, daß unsere Gemeinde unverkennbar ganz besondere Vorteile darbietet.

(Eingabe der Stadt Münster an das Preußische Herrenhaus vom 13. November 1877)

Das Gerichtsverfassungsgesetz und die Gerichtsorganisation des Münsterlandes

Die Reichsgründung von 1871 hatte auch auf rechtspolitischem Gebiet Folgen: Sie weckte das Bedürfnis, die Gerichtsverfassung reichsweit zu vereinheitlichen und einen obersten Gerichtshof für das gesamte Reichsgebiet zu schaffen. Nach jahrelangem Ringen konnte 1877 das Gerichtsverfassungsgesetz verabschiedet werden, das die Gerichtslandschaft Deutschlands an die neue politische Landkarte anpaßte. Die damalige Reform der Instanzenzüge und der Gerichtsgeographie (Amts-, Land- und Oberlandesgerichtsbezirke) hat sich im westfälischen Raum bis auf den heutigen Tag als recht beständig erwiesen.

Für die Stadt Münster als Sitz höherer Gerichtsbarkeit hatten die Vereinheitlichungsbestrebungen Folgen. Da das Gerichtsverfassungsgesetz für die preußische Provinz Westfalen nur ein einziges Oberlandesgericht vorsah und die Wahl auf die Stadt Hamm fiel, mußte sich die Stadt Münster trotz ihrer administrativen Stellung als Provinzialhauptstadt mit dem Sitz eines Landgerichts begnügen. Der neugeschaffene Landgerichtsbezirk deckte sich zunächst mit dem des vormaligen Appellationsgerichts-Bezirks Münster und umfaßte 22 Amtsgerichtsbezirke. Aber wegen der räumlichen Übergröße mußte das Landgericht Münster in den 1880er Jahren die Amtsgerichte des nordöstlichen Ruhrgebiets abtreten.

12.1 Landkarte der preußischen Provinz Westfalen mit Gerichtsbezirken, s. Bild-Anhang S. 232

Die Karte zeigt die Amts- und Landgerichtsbezirke im Zuständigkeitsbereich des Oberlandesgerichts Hamm seit der Gerichtsreform von 1877–79. Die Neuordnung der Gerichtsbezirke und Instanzenzüge macht das Gerichtsverfassungsgesetz von 1877 erforderlich. Die acht größeren Kreisgerichtsbezirke im Appellationsgerichtsbezirk Münster, die seit 1849 bestanden, werden in ein dichteres Netz von 22 Amtsgerichtsbezirken überführt, die mehr Bürgernähe versprechen. Wegen seiner Übergröße muß der Landgerichtsbezirk Münster in den 1880er Jahren zweimal abspecken: Die Amtsgerichtsbezirke Recklinghausen, Buer, Dorsten und Bottrop werden den benachbarten Landgerichten in Bochum und Essen zugeschlagen.
(Geschichtlicher Handatlas von Westfalen, 2. Lfg.)

12.2 In einer Eingabe vom 13. November 1877 bitten die Münsterschen Stadtverordneten das preußische Herrenhaus, für die Stadt Münster als Sitz des künftigen Oberlandesgerichts für die preußische Provinz Westfalen zu entscheiden.

Die Münsterschen Stadtväter verbinden mit ihrer Initiative die Absicht, die Stellung ihrer Stadt als Oberzentrum der Provinz Westfalen auszubauen. Gegen die Stadt Hamm als Konkurrenten spielen sie den Rang ihrer Stadt und deren kulturelles Angebot aus.
(Stadtarchiv Münster, Stadtregistratur Fach 11, Nr. 13, Bl. 19f.)

12.3 Auszug aus der Debatte des Preußischen Abgeordnetenhauses vom 19. Dezember 1877: Rede des Abgeordneten Löwenstein, der im Auftrage der zuständigen Kommission des preußischen Parlaments über die Entscheidung für die Stadt Hamm als künftigen Sitz des Oberlandesgerichts berichtet.

Die Kommission des preußischen Parlaments, die sich mit den Ausführungsgesetzen zum Gerichtsverfassungsgesetz zu befassen hat, gibt der Stadt Hamm den Zuschlag: Zum ersten fühlt sie sich an ein altes königliches Versprechen gebunden, wonach der Stadt Hamm der Sitz eines Oberlandesgerichts zugesagt worden war. Zum zweiten sprechen organisationstechnische Gründe dagegen, Hamm mit dem Sitz eines Landgerichts zu entschädigen, falls Münster das Oberlandesgericht zugesprochen werden sollte. Man folgert daraus, Hamm das Oberlandesgericht zuzusprechen und Münster zum Vorort eines großen Landgerichtsbezirks zu machen. Im Hintergrund dürfte mitgespielt haben, daß sich Münster als Hochburg des Kulturkampfes den preußischen Zentralinstanzen in Berlin nicht gerade als Sitz eines Obergerichts anbot.

12.4 Schaubild: Die Gerichtsorganisation des Landgerichtsbezirks Münster von 1879 bis zum Ende des Kaiserreichs

Neuerungen des Gerichtsverfassungsgesetzes von 1877

1. Im Strafprozeß wurde das Laienrichter-Element gestärkt: In die Amtsgerichte hielten die Schöffen Einzug. Sie waren befugt, gemeinsam mit dem verhandlungsführenden Berufsrichter über alle Fragen des Strafprozesses zu entscheiden. Es gab im Schöffengericht keine Kompetenztrennung wie im Schwurgericht, wo die Geschworenen in der Schuldfrage, die Berufsrichter über das Strafmaß zu entscheiden hatten.

2. Die Zugangsbeschränkungen zur ehrenamtlichen Tätigkeit der Schöffen und Geschworenen wurden gemildert: Der Zensus und das akademische Bildungsprivileg fielen künftig fort.

3. Den Einfluß der Verwaltungsbehörden auf die Auswahl der Schöffen und Geschworenen drängte das Gesetz zurück. Fortan sprachen die kommunalen Parlamente und die Gerichte das entscheidende Wort. Weil aber die Volksvertretungen bis 1918 nach dem Dreiklassenwahlrecht zusammengesetzt waren, konnten die unteren Volksschichten auf die Zusammensetzung der Kommunalparlamente und damit auf die Auswahl der Laienrichter keinen Einfluß nehmen. Dies änderte sich erst im Gefolge der Novemberrevolution von 1918.

4. Als nicht durchsetzbar erwies sich die Forderung der liberalen Reichstagsmehrheit, politische Straftaten den Laienrichtern der Schwurgerichte zu überlassen. Preußen konnte den Bundesrat, die Vertretung der Bundesstaaten, für seinen Standpunkt einnehmen: Demzufolge wurde den Einzelstaaten anheimge-

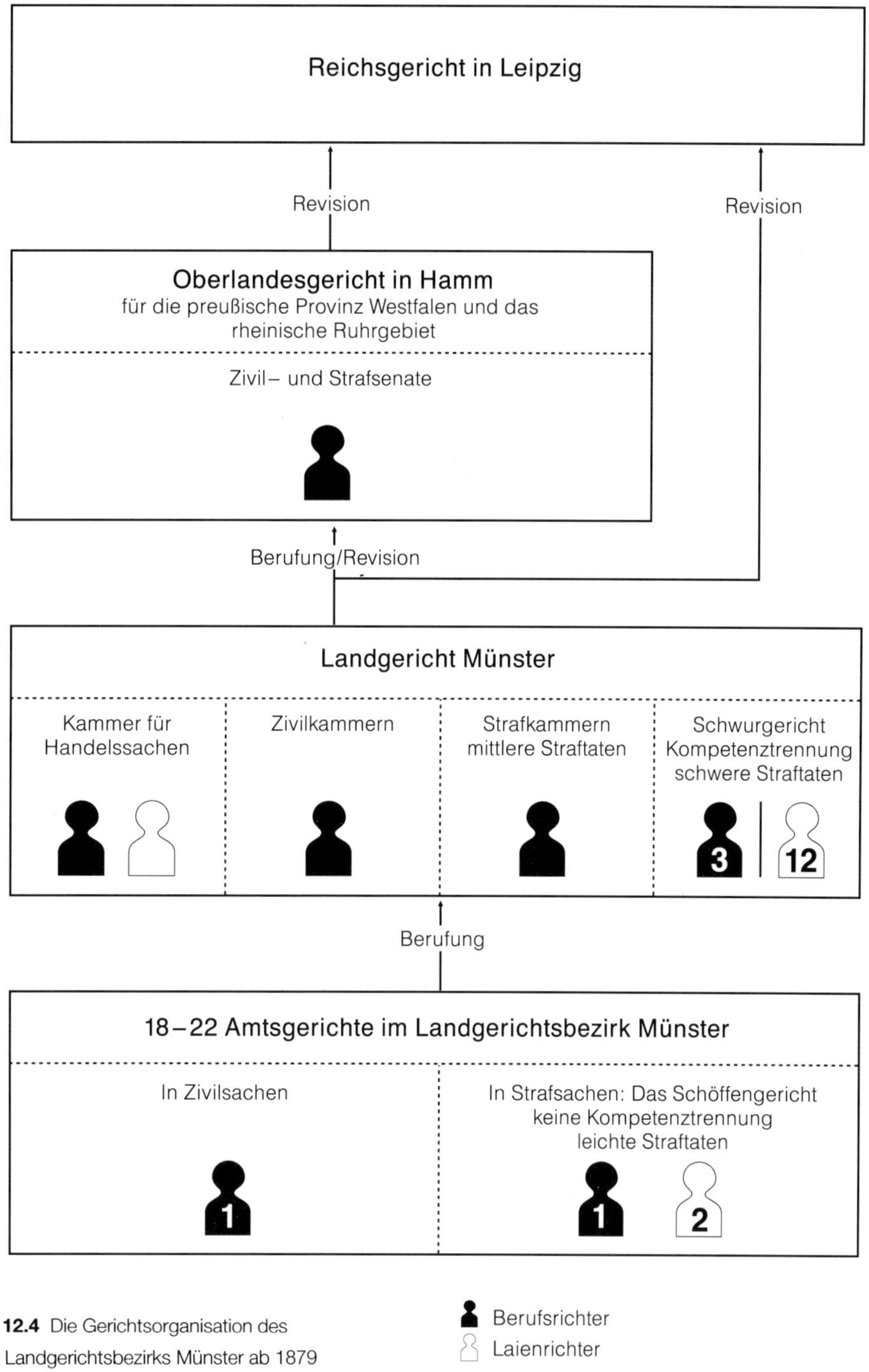

12.4 Die Gerichtsorganisation des Landgerichtsbezirks Münster ab 1879

stellt, wem sie die Aburteilung politischer Straftaten überlassen wollten, den Berufs- oder den Laienrichtern. Insbesondere waren es die Preßdelikte (Staatsverleumdung, Majestätsbeleidigung, Aufreizung zum Klassenhaß u.s.w.), die Preußen auch weiterhin unter der Obhut beamteter Berufsrichter abgeurteilt wissen wollte. Hingegen verfuhren die süddeutschen Staaten nach dem Grundsatz, daß in dieser Frage die Mitbürger die Richter des Angeklagten sein sollten.

5. Als das Reformwerk 1879 umgesetzt wurde, sprachen böse Zungen im Hinlick auf die Zuständigkeiten in der Strafgerichtsbarkeit von einem ‚System der Systemlosigkeit'. Nur mühsam hatten sich der liberale Reichstag und der überwiegend von monarchisch-konservativen Regierungen beschickte Bundesrat auf einen Kompromiß verständigen können. So kam es zu dem Kuriosum, daß bei leichten und schweren Straftaten die Laienrichter mitwirkten, während die große Masse mittlerer Straftaten den Berufsrichtern überlassen blieb. Bei den schweren Straftaten beharrten die Liberalen hartnäckig und mit Erfolg auf ihrem Laienrichter-Standpunkt. Bei den mittleren Straftaten gingen sie auf den Bundesrat einen Schritt zu. Infolgedessen entschieden hier auch künftig allein die Berufsrichter. Bei den leichten Straftaten ließen die Konservativen mit sich reden: Dort die Schöffen mitwirken zu lassen, fiel ihnen vergleichsweise leicht, handelte es sich dabei doch nur um mindergewichtige Fälle der Strafgerichtsbarkeit.

12.5 Schaubild: Auswahl der Schöffen für die Schöffengerichte im Landgerichtsbezirk Münster von 1879 bis 1933

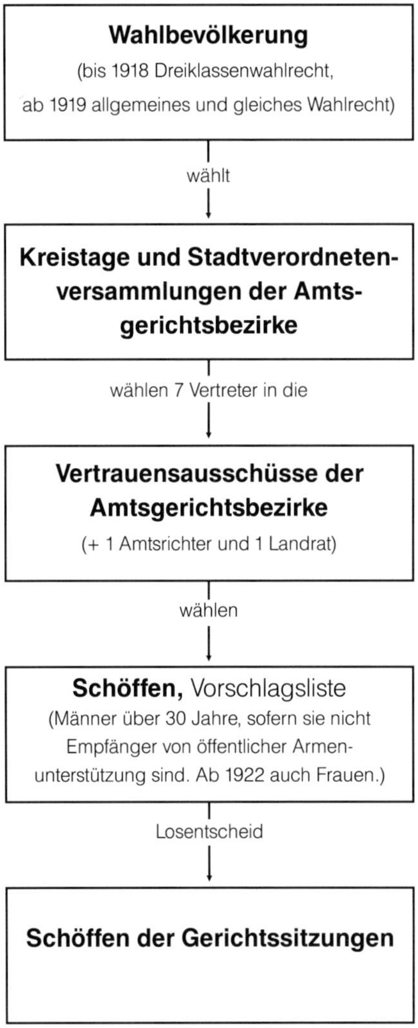

12.5 Auswahl der Schöffen ab 1879

12.6 Schaubild: Auswahl der Geschworenen des Schwurgerichts beim Landgericht Münster von 1879–1933

12.7 Postkarte aus der Zeit um die Jahrhundertwende mit Darstellung des in den Jahren 1874–1879 nach dem Entwurf des Münsterschen Architekten Eduard Kersten erbauten Landgerichtsgebäudes an der Gerichtsstraße.
(Stadtarchiv Münster)

Literatur:

C. Engeli / W. Hans, (Hg.), Quellen zum modernen Gemeindeverfassungsrecht in Deutschland, Stuttgart u. a. 1975

E. Kern, Geschichte des Gerichtsverfassungsrechts, München/Berlin 1954

K. Oppenheim, Das Gerichtswesen im Münsterland. Denkschrift zur Einweihung der Justizneubauten in Münster (Westfalen) am 21. 12. 1957 (unveröffentl. Ms./Stadtarchiv Münster)

W. Schubert, Die deutsche Gerichtsverfassung (1869–1877). Entstehung und Quellen, Frankfurt/M. 1981

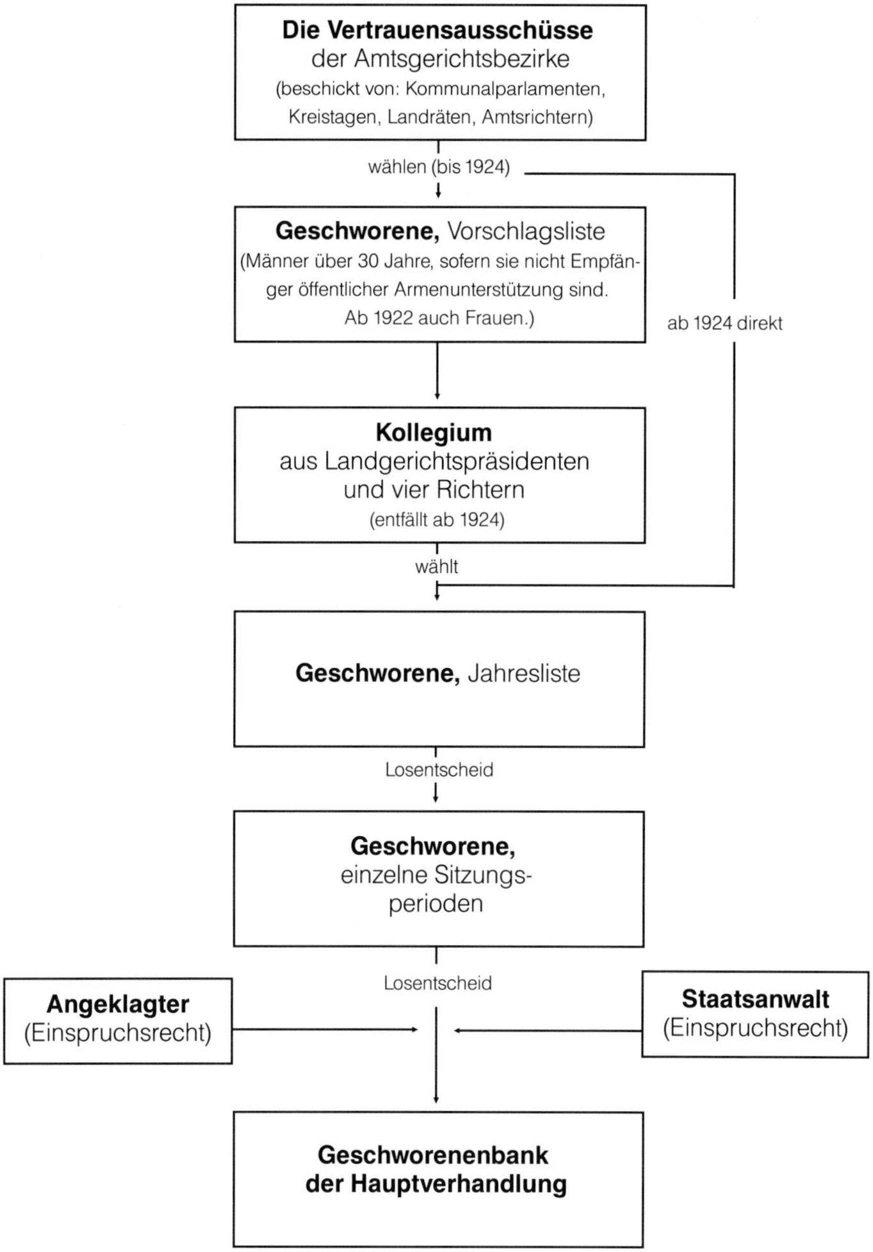

12.6 Auswahl der Geschworenen ab 1879

13

Der Herrschaftscharakter der Justiz im Kaiserreich

Feste Autorität ist ein Gebot hoher Staatsklugheit. Was die Wehrmacht nach außen ist, das muß die Rechtspflege nach innen sein.

(Deutsche Richterzeitung vom 1. September 1912)

Das preußische Gerichtswesen als Träger staatlicher Hoheitsgewalt: Amtstracht und Uniform als Herrschaftsinsignien

Von Beginn an sicherte das von Adel und gehobenem Bürgertum beherrschte Deutsche Kaiserreich den inneren Zusammenhalt über die konfrontative Abgrenzung gegen angebliche innere Feinde. Unmittelbar nach der Reichsgründung von 1871 waren es die Katholiken, später die Sozialdemokraten, die von einer breiten reichsnationalistischen Allianz liberaler und konservativer Kräfte als national unzuverlässige Minderheit, als ‚Reichsfeinde' abgestempelt wurden. Nach Abflauen des Kulturkampfes reihten sich auch die preußischen Katholiken in diese Allianz ein, wenn auch gebrochen.

Die preußische Justiz war integraler Bestandteil des Wilhelminischen Reichsnationalismus. Nach der Reichsgründung verstand sie sich unbeschadet ihrer Unabhängigkeit mehr und mehr als loyale Stütze der preußisch-deutschen Militärmonarchie. Die Personalpolitik des preußischen Staates trug das Ihrige dazu bei: Sie sorgte nach der konservativen Wende von 1878 dafür, daß nur noch monarchisch und national gesinnte Juristen in führende Positionen des Justizdienstes berufen wurden. Mehr und mehr wurde auch die Richterschaft vom monarchisch-soldatischen und nationalistischen Geist des Deutschen Kaiserreichs erfaßt, das sich mit Vorliebe in militärischer Uniformierung darbot und auf integrierende Feindbilder als Basis des nationalen Selbstverständnisses nicht verzichten konnte: hier die ‚Reichsfeinde' und ‚vaterlandslosen Gesellen' im Innern, die es auf die Zersetzung der wehrhaften Geschlossenheit der Nation anzulegen schienen, dort übelwollende Nachbarn an den äußeren Grenzen des Reiches.

13.1 Verfügung des preußischen Justizministers vom 12. Juli 1879 über die Amtstracht des Gerichtspersonals

In Ausführung des Gerichtsverfassungsgesetzes schreibt Preußen für alle am Gerichtsverfahren beteiligten Amtsträger eine standardisierte Amtstracht vor, für Richter, Staatsanwalt, Rechtsanwalt und Gerichtsschreiber. Das Gerichtswesen bedarf als Träger staatlicher Hoheitsgewalt der Herrschaftsinsignien der Amtstracht.
(Staatsarchiv Münster, OLG Hamm Nr. 1023, Bl. 85.)

13.2 Zeichnung der Amtstrachten von Richter und Gerichtsschreiber laut Verfügung des preußischen Justizministers vom 12. Juli 1879

Abgebildet ist die in Preußen ab 1879 vorgeschriebene Amtstracht des Richters (links) und des Gerichtsschreibers (rechts). Sie besteht aus Robe und Barett. Der Gerichtsschreiber trägt als Subaltern-Beamter eine rangniedere, weniger Vornehmheit und Würde ausstrahlende Amstracht.
(Staatsarchiv Münster, OLG Hamm, Nr. 1023 Bl. 94)

13.2 Amtstracht des Gerichtspersonals

13.3 Preisverzeichnis über die Uniformen der königlich preußischen Staatsbeamten, die Richterschaft einbegriffen, nach der Allerhöchsten Verordnung vom 29. Juli 1889

Das Preisverzeichnis vermittelt einen Eindruck von der Ausgefeiltheit des Uniformwesens im preußischen Zivilleben. Die dem Militär entlehnte Kleiderordnung der Gala- und Interims-Uniformen wirft ein Schlaglicht auf die Militarisierung des Zivillebens. (Unter einer Interims-Uniform versteht man in der Wilhelminischen Ära den einfachen Armee-Überrock ohne aufwendigen Besatz an Knöpfen, Stickereien und Epauletthaltern.) Zum Ausdruck kommt, daß die Beamtenschaft einschließlich der Richter ihren Dienst an soldatischen Tugenden zu orientieren hat und sich in nationalkriegerischer Gehorsamsverpflichtung um den Monarchen als oberstem Kriegsherrn sammelt.

Das Uniform-Sortiment der Firma Mohr & Speyer geht auf eine Verfügung vom 29. Juli 1889 zurück, in der Kaiser Wilhelm II. in seiner Eigenschaft als preußischer König eine dem Kasernenhof nachempfundene Kleiderordnung vorschreibt, die die Rangunterschiede der Beamten gemäß dem hierarchischen und nationalkriegerischen Selbstverständnis der Herrschaftselite des Deutschen Kaiserreichs in feinster Abstufung zum Ausdruck bringt.
(Staatsarchiv Münster, OLG Hamm Nr. 1023, Bl. 183–184)

13.4 Karikatur: ‚Im Aufsteigen'. Aus dem überzeichnenden Blickwinkel des ‚Simplicissimus' rangiert ein Fähnrich in der sozialen Rangordnung der Wilhelminischen Ära über einem Landgerichtsdirektor.

Indem die Karikatur einen Fähnrich dem sozialen Rang nach über einen Landgerichtsdirektor stellt, macht sie mit den Mitteln der beißend-satirischen Übertreibung auf die übergroße Wertschätzung des Militärischen im Zivilleben aufmerksam. Sie spielt auf das Reserveoffiziers-Patent an, das in der Wilhelminischen Ära mehr Sozialprestige vermittelte als eine gehobene Stellung in der Justizhierarchie.
(Simplicissimus Nr. 31, 1903)

Preußisches Gerichtswesen und sozialdemokratische Systemopposition

Als der Kulturkampf Ende der 1870er Jahre abflaute, lösten die Sozialdemokraten die Katholiken in der undankbaren Rolle des ‚Reichsfeindes' ab. Nunmehr

13.4 Landgerichtsdirektor und Fähnrich. Siehe auch Bild-Anhang S. 233

waren *sie* es, die einer Vielzahl diskriminierender Bedingungen ausgesetzt waren, die denen des Kulturkampfes in nichts nachstanden, sie sogar übertrafen. Als Umsturzpartei, als ‚vaterlandslose Gesellen' und als Feind der von Preußen betriebenen Reichsgründung abgestempelt, drängte man die sozialdemokratische Arbeiterbewegung 1878 mit Hilfe des sog. ‚Sozialistengesetzes' in die Illegalität. Als das Gesetz 1890 auslief, blieb es auch weiterhin bei einer Politik der Diskriminierung: Das Verbot, Sozialdemokraten im öffentlichen Dienst zu beschäftigen, galt fort, ebenso die strenge, durch das Vereinsrecht abgesegnete Überwachung durch die politische Polizei, dann das Dreiklassenwahlrecht, das die begüterten Schichten bevorrechtigte, und schließlich all die kleinen Schikanen gegen Sozialdemokraten im Alltag.

Die bis zum I. Weltkrieg fortdauernde Diskriminierung trieb die Sozialdemokaten in eine ghettoähnliche Abseitsstellung, aus der eine kämpferische, radikal antimonarchische Lagermentalität erwuchs. Man wähnte sich von einem festgefügten ‚Klassen'-Block der bevorrechtigten Gesellschaftsschichten ausgegrenzt und glaubte, freie politische Entfaltung hänge von der radikalen Beseitigung der politischen und wirtschaftlichen Grundordnung des Kaiserreichs ab. Aus dem klassenkämpferischen Blickwinkel war auch die Justiz Fleisch vom Fleische der herrschenden Privilegienordnung, reihte sich die Strafjustiz, mit der ungezählte Sozialdemokraten böse Erfahrungen machten, in die Front der bevorrechtigten Klassen ein, die um Kaiser und Militär geschart den Sozialdemokraten das Odium des Umsturzes und der nationalen Unzuverlässigkeit anhängten und darüber einen breiten Konsens der ‚staatserhaltenden' Kräfte herstellten. Daß es nicht allein um nationale Fragen, um die wehrhafte Geschlossenheit nach außen ging, sondern auch um die Verteidigung der überkommenen Vorrechte der alten Herrschaftseliten, davon verstand die politische Klasse des Wilhelminischen Reiches, von einem breiten vaterländischen Gesinnungsmilieu unterstützt, mit einigem Erfolg abzulenken. Das Stigma des reichsfeindlichen und ‚vaterlandslosen Gesellen' wurden die Sozialdemokraten allen Bemühungen zum Trotz bis in die Zeit des Nationalsozialismus nicht mehr los.

13.5 Karikatur: ‚Preußische Justiz'. Der ‚Simplicissimus' geißelt die monarchistische Befangenheit der preußischen Justiz gegenüber der Sozialdemokratie, s. Bild-Anhang S. 234

Die Karikatur spiegelt zum ersten die Befangenheit der monarchietreuen Justiz gegenüber der sozialdemokratischen Systemopposition und zum zweiten die tiefe Kluft zwischen den politischen Lagern der Wilhelminischen Ära: hier das obrigkeits- und königstreue bürgerlich-nationale Lager, dort die umstürzlerischen ‚vaterlandslosen Gesellen', die den überkommenen Vorrechten der bürgerlichen und adligen Herrschaftsklassen ein Ende bereiten wollen. Die soziale Rekrutierung der Richterschaft aus den gehobenen Schichten unterstützt die Frontstellung zwischen sozialer Protestbewegung und besitzenden Klassen ebensosehr wie die politische Kultur des Wilhelminischen Reiches, die von antipluralistischen Leitbildern und einem tief verwurzelten deutschnationalen Gesinnungsmilitarismus geprägt ist. Im Kern geht es dem ‚Simplicissimus' um die mangelnde politische Neutralität der preußischen Justiz. Der sogenannte ‚Hurra-Patriotismus' der vaterländisch-kaisertreuen Vereins- und Festkultur wird ironisierend in den Gerichtssaal verlagert.
(Simplicissimus vom 14. Februar 1910)

13.6 Auszug aus einer Reichstagsrede des sozialdemokratischen Abgeordneten Stadthagen: Die Sozialdemokraten fordern eine radikale Reform der Gerichtsverfassung, die bürgerliche und feudale Vorrechte beseitigt und die Unabhängigkeit der Justiz sicherstellt.

Die Rede nimmt Bezug auf die regierungsamtlichen Bemühungen um eine Novellierung des Gerichtsverfassungsgesetzes von 1877. Den Sozialdemokraten gehen die Reformvorschläge nicht weit genug: Sie möchten die Unabhängigkeit der Rechtsprechung gegenüber monarchischer ‚Gesinnungstüchtigkeit' sichergestellt wissen und verlangen, das undemokratische Auswahlverfahren für das Schöffen- und Geschworenenamt abzuschaffen. Als Ideal der Strafjustiz schwebt ihnen der demokratisch bestellte Volks- und Laienrichter vor, der nicht einseitig die ‚Klasseninteressen' der bevorrechtigten adligen und bürgerlichen Klassen vertritt. Dorn im Auge ist den Sozialdemokraten, daß die Laienrichter an erster Stelle von den Kommunalparlamenten bestellt werden, die nach dem Dreiklassenwahlrecht gewählt werden, das die unteren Einkommensschichten und damit an erster Stelle die Anhängerschaft der Sozialdemokratie benachteiligt.
(Protokoll der Plenarverhandlungen des Deutschen Reichstages vom 15. Januar 1910, S. 551)

13.5 Preußische Justiz und Sozialdemokratie. Siehe auch Bild-Anhang S. 234

13.7 Gesetz, betreffend die Entschädigung der Schöffen und Geschworenen vom 29. Juli 1913: Erstmals erhalten die Schöffen und Geschworenen Spesen für ihre ehrenamtliche Tätigkeit.

Ab 1913 können die ehrenamtlichen Laienrichter erstmals Spesen für ihre Tätigkeit in Anspruch nehmen. Gezahlt wird ein pauschaler Entschädigungssatz von 5 M pro Tag. Damit soll auch weniger begüterten Schichten die Mitwirkung an der Schöffen- und Geschworenentätigkeit ermöglicht werden. Dies entspricht einer alten Forderung der Sozialdemokraten, die aber erst in Ansätzen erfüllt wird: Eine volle Aufwandsentschädigung unter Anrechnung des Verdienstausfalls läßt sich nicht durchsetzen. Das Fehlen einer angemessenen Entschädigung wirkt wie ein Zensus.
(RGBl 1913)

13.8 Karikatur ‚Aus der Zeit': Die Sozialdemokraten brandmarken die Urteilspraxis der Wilhelminischen Strafjustiz als Klassenjustiz.

Die Karikatur greift die diskriminierende Ungleichbehandlung der Sozialdemokraten in der Rechtsprechung an und fordert politische Neutralität. Im Hintergrund steht der Vorwurf der Klassenjustiz.
(Der wahre Jacob, Jg. 1899, S.2918)

13.9 Zeitungsbericht vom Mai 1911: Der sozialdemokratische Wahlkreisverein Beckum-Lüdinghausen-Warendorf erhebt Protest gegen eine gerichtlich verfügte Beschlagnahmung von Geschäftsakten durch die Polizei.

Aus dem Münsterlande.

Wahlkreis Beckum-Lüdinghausen-Warendorf.

Parteigenossen, Genossinnen! Die Abrechnungen vom ersten Quartal müssen später erscheinen wie sonst, und zwar aus folgenden Ursachen: Am 4. d. M. erschienen in der Wohnung des Unterzeichneten drei Polizeibeamte. Von diesen wurde eine Revision vorgenommen, etwas Staatsgefährliches fanden sie jedoch nicht. Es wurden einige alte Mitgliedskarten, die Aktenmappen mit Briefen, Abrechnungsformulare, einige Quittungen und das Kassenbuch beschlagnahmt.

Parteigenossen und Genossinnen! Wohin die Reise geht, wissen wir nun; die Entwicklung unserer Bewegung will man aufhalten. Die Herrschaften können es nicht vertragen, daß im schwarzen Münsterlande die Sozialdemokratie mit mächtigen Schritten vorwärts marschiert. Nicht genug, daß wir unter dem Terrorismus derjenigen zu leiden haben, die auf ihre Fahne geschrieben haben: „Für Wahrheit, Freiheit und Recht", die uns die Versammlungslokalitäten abtreiben und uns nach jeder Seite hin verleumden, geht man jetzt auch dazu über, mittels Polizeigewalt unsere Bewegung aufzuhalten. Die beste Antwort auf diese Versuche ist die, daß wir vom heutigen Tage uns mehr als bisher in den Dienst der Sozialdemokratie stellen. Wir sind im letzten Quartal unseres Geschäftsjahres; da muß es heißen, neue Mitglieder zu werben, die Einnahmen zu erhöhen und unseren Wahlfonds stärken, damit wir zu jeder Stunde dem schwarzen Gegner gerüstet gegenüberstehen. Die Gegner müssen erkennen, daß wir uns durch ihre Machinationen nicht einschüchtern lassen. Wir werden vielmehr mit dem unverbrüchlichen Gelöbnis nicht eher ruhen und rasten, bis wir die Kräfte organisiert haben, die notwendig sind, den Herzogsthron in der Zwingburg des Zentrums zu stürzen.

An die Arbeit! Hoch die völkerbefreiende Sozialdemokratie!

Die Kreisleitung.

J. A.: Wilh. Jordan, Ahlen, Lütkeweg 50.

13.9 Hausdurchsuchung bei Sozialdemokraten

Die Polizei führt beim Vorsitzenden der SPD für den Reichstagswahlkreis Beckum-Lüdinghausen-Warendorf mit Sitz in Ahlen auf Grund einer Anordnung des Amtsgerichts Ahlen eine Hausdurchsuchung durch. Etliche Parteiakten werden beschlagnahmt. Zu einem solch drastischen Schritt sehen sich die Behörden veranlaßt, weil der neu gegründete Wahlkreisverein der im Vereinsgesetz vorgeschriebenen polizeilichen Anmeldepflicht für ‚politische Vereine' nicht nachgekommen ist. Die Sozialdemokraten erblicken hinter der Polizeiaktion eine Politik der Nadelstiche, die die sozialdemokratische Arbeiterbewegung an der weiteren Ausbreitung im Münsterland hindern soll. Mit der Verletzung des Vereinsgesetzes, das ‚politische' Vereine einer Sonderbehandlung aussetzt, handelt sich der Vorsitzende des sozialdemokratischen Wahlkreisvereins eine Anklage vor dem Amtsgericht Ahlen ein.
(Arbeiterzeitung/Dortmund vom 9. Mai 1911)

13.10 Zeitungsannonce: Der sozialdemokratische Wahlkreisverein Beckum-Lüdinghausen-Warendorf lädt seine Mitglieder zu einer Parteiversammlung nach Lünen ein.

Die Anzeige macht deutlich, daß die SPD innerhalb des gesamten Wahlkreisgebietes kein einziges Versammlungslokal aufzutreiben vermag. Sie weicht auf das außerhalb des Wahlkreises gelegene Lünen aus. Weil Gastwirte und Kommunen in der sozialdemokratischen ‚Diaspora' des Münsterlandes nicht in den Dunstkreis der Sozialdemokratie geraten wollen, kann die Partei organisatorisch nur schwer Fuß fassen.
(Arbeiterzeitung/Dortmund vom 8. Juni 1911)

13.11 Auszug aus dem politischen Lagebericht des Regierungspräsidenten in Münster an den preußischen Innenminister vom 7. November 1911: Der Regierungspräsident verfolgt mit Sorge die weitere Ausbreitung der Sozialdemokratie im Münsterland und beobachtet mit Genugtuung, daß die Sozialdemokraten vom Landgericht Münster wegen Verstoßes gegen das Vereinsgesetz abgeurteilt werden.

Der Lagebericht vermittelt einen Eindruck von der Feindseligkeit, mit der die Behörden der Sozialdemokratie begegnen. Politische Überwachung und Eindämmung ist der Grundtenor der Ausführungen. Dies äußert sich u. a. darin, daß der Bericht mit Befriedigung die Verurteilung des Vorsitzenden des sozialdemokratischen Wahlkreisvereins Beckum-Lüdinghausen-Warendorf durch das Landgericht Münster registriert. Während das Amtsgericht Ahlen in 1. Instanz auf Freispruch plädiert, kommt das Landgericht Münster im Berufungsverfahren zu dem Entschluß, daß es sich beim Verstoß gegen die polizeiliche Anmeldepflicht um keine Bagatellsache, sondern um ein strafwürdiges Vergehen handelt. (Stadtarchiv Münster, Polizeiregistratur Nr. 75, Bl. 145–147)

Literatur:

D. Blasius, Geschichte der politischen Kriminalität in Deutschland 1800 bis 1980, Frankfurt/M. 1983

H. Grebing, Arbeiterbewegung. Sozialer Protest und kollektive Interessenvertretung bis 1914, München 1985

E. Kern, Geschichte des Gerichtsverfassungsrechts, München/Berlin 1954

T. Rasehorn, Rechtspolitik und Rechtsprechung. Ein Beitrag zur Ideologie der ‚Dritten Gewalt', in: Bracher/ Funke/ Jacobsen (Hg.), Die Weimarer Republik 1918–1933. Politik, Wirtschaft, Gesellschaft, Düsseldorf 1987

14

Die Justiz als Schwachstelle der Weimarer Demokratie

Die Kaste, aus der sich der deutsche Richterstand rekrutiert, repräsentiert nicht dasjenige Deutschtum, das etwa von Goethe über Beethoven bis Hauptmann jene Elemente enthält, um deretwillen wir der geistigen Einheit Deutschland angehören.

(Kurt Tucholsky, Deutschland, Deutschland über alles, 1929)

Bemühungen um die Republikanisierung des Justizwesens verlaufen in der Weimarer Zeit im Sande.

Die Novemberrevolution von 1918 ging an der Gerichtsverfassung des Deutschen Reiches spurlos vorüber. Obwohl die Sozialdemokraten die Justiz während der Wilhelminischen Ära wiederholt als ‚Klassenjustiz' angegriffen hatten, tasteten sie die Unabhängigkeit der Gerichte nach dem politischen Umbruch nicht an. Damit wichen sie der Herausforderung aus, die wilhelminisch geprägte Justiz personell an die Loyalitätserfordernisse des neuen republikanischen Staatswesens anzupassen. Erst als die politische Rechte seit 1920 sichtbar erstarkte und die Strafjustiz in nicht wenigen Fällen für den radikalen Nachkriegs-Nationalismus Partei ergriff, regte sich im republikanischen Lager rechtspolitischer Reformgeist. In den Jahren bis 1922 brachte die sog. ‚Weimarer Koalition' aus SPD, Linksliberalen und katholischer Zentrumspartei mehrere Reformgesetze unter Dach und Fach:

1. Man entzog den ausschließlich mit Berufsrichtern besetzten Strafkammern der Landgerichte einen Teil der strafrechtlichen Zuständigkeiten zu Gunsten der Schöffengerichte. Weil die republikanische Linke auf Grundlage des neuen demokratischen Wahlrechts Einfluß auf die Auswahl der Laienrichter durch die Kommunalparlamente nehmen konnte, erhoffte sie sich von einem Kompetenzzuwachs der Schöffengerichte einen Einflußgewinn.

2. Ab 1922 ließ man erstmals Frauen zum Richter- und Schöffenamt zu, und die Entschädigung der ehrenamtlichen Tätigkeit der Laienrichter erfuhr eine entscheidende Verbesserung, um auch Arbeitern die Mitwirkung an der Rechtsprechung materiell zu ermöglichen.

3. Nach der Ermordung von Reichsaußenminister Rathenau erließ Reichspräsident Ebert im Juli 1922 eine Verordnung, die die Errichtung eines ‚Staatsgerichtshofs zum Schutz der Republik' in die Wege leitete. Das Mißtrauen gegen die rechtslastige Strafjustiz war so stark gewachsen, daß das republikanische Lager nicht den ordentlichen Gerichten die Aburteilung der Republikgegner von rechts überlassen mochte, vielmehr bei einem Sondergericht für politischen Hochverrat Zuflucht suchte.

4. Alle weiteren Reformbemühungen fielen 1923 dem politischen Rechtsruck des Ruhrkampfjahres zum Opfer. Die Reichsjustizreform vom Januar 1924 war nicht von der Sorge um den republikanischen Geist der Richterschaft diktiert, sondern allein von der Finanznot der öffentlichen Haushalte: Sie lief auf eine personelle Ausdünnung der Strafgerichtsverfahren hinaus. Der Personalabbau traf nicht die alteingesessene Richterschaft, sondern blockierte die personelle Auffrischung mit republiktreuen Richtern, – Richtern, die nicht ‚Vernunft'-, sondern ‚Herzensrepublikaner' waren.

14.1 Schaubild: Die Gerichtsorganisation des Landgerichtsbezirks Münster in der Weimarer Republik

14.2 Karikatur zur Emminger'schen Justizreform von 1924: ‚Vereinfachung der Rechtspflege'. Aufgespießt wird die Absicht des Gesetzgebers, aus Kostengründen die Gerichtsverfahren zu vereinfachen und zu beschleunigen.

Nach der Währungs- und Staatskatastrophe des Jahres 1923 sieht sich das Reich gezwungen, die Staatsfinanzen über drastischen Personalabbau zu konsolidieren. Auch an der Justiz geht die rigorose Sparpolitik nicht spurlos vorbei. Die Emminger'sche Justizreform (benannt nach dem damals federführenden Reichsjustizminister) sieht für das Strafprozeßverfahren umfängliche Personaleinsparungen vor, deren Folgen in der Karikatur zum Gegenstand der Satire werden. Der Karikaturist spielt auf die Regelung an, daß aus Einsparungsgründen die Landgerichte bei mittleren Straftaten nur noch Berufungsinstanz sein sollen und Landrichter gleichzeitig auch an Amtsgerichten tätig sein dürfen, womit die Grenzen zwischen den Instanzen verwischt werden. Des weiteren zielt die Kritik auf die Bestimmung, daß bei den Schwurgerichten die Kompetenzaufteilung zwischen Richter- und Geschworenenbank wegfallen soll. Auch hier findet eine Kompetenzverwischung statt. (Simplicissimus vom 28. Januar 1924)

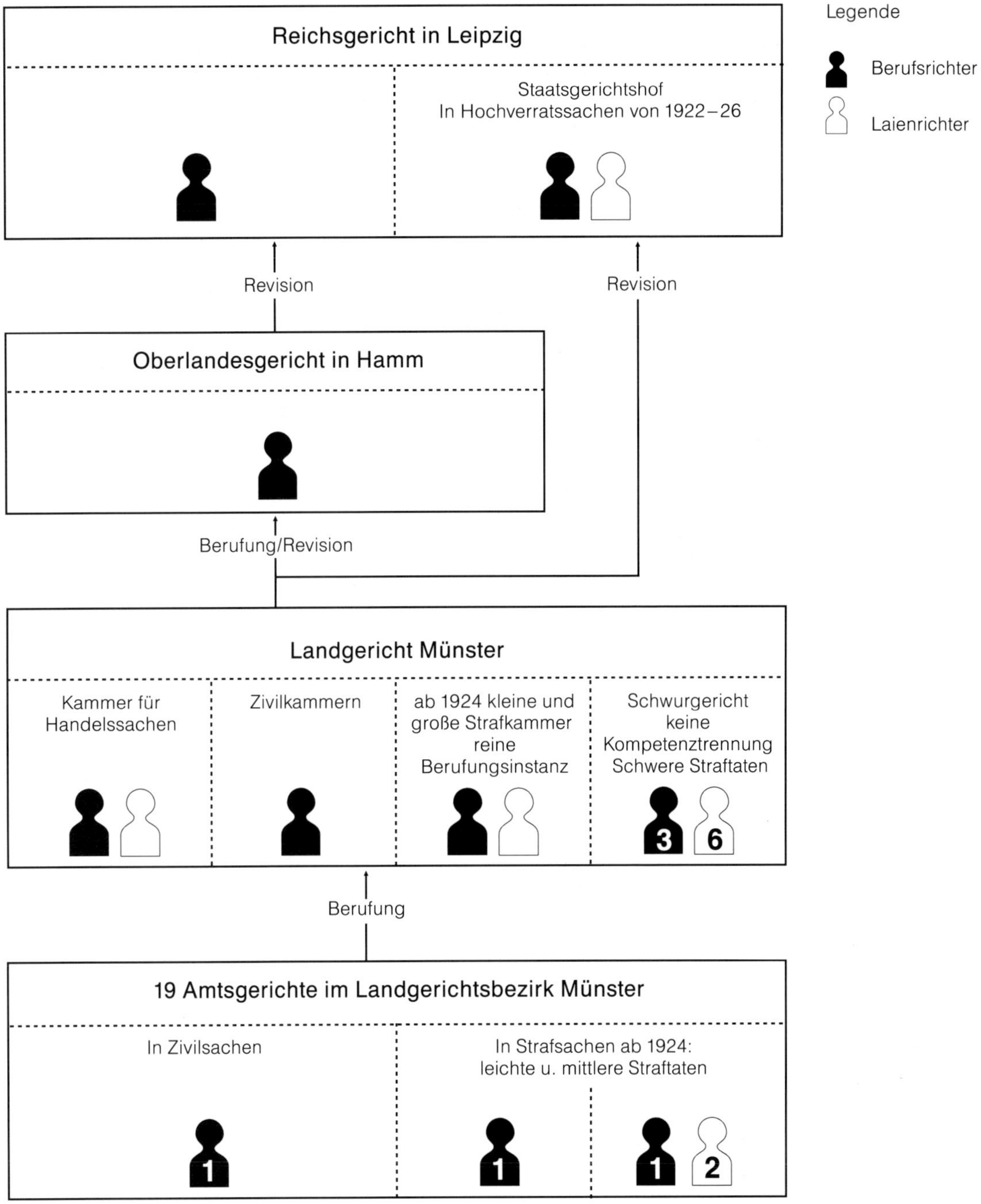

14.1 Die Gerichtsorganisation in der Weimarer Zeit

Vereinfachung der Rechtspflege

(Karl Arnold)

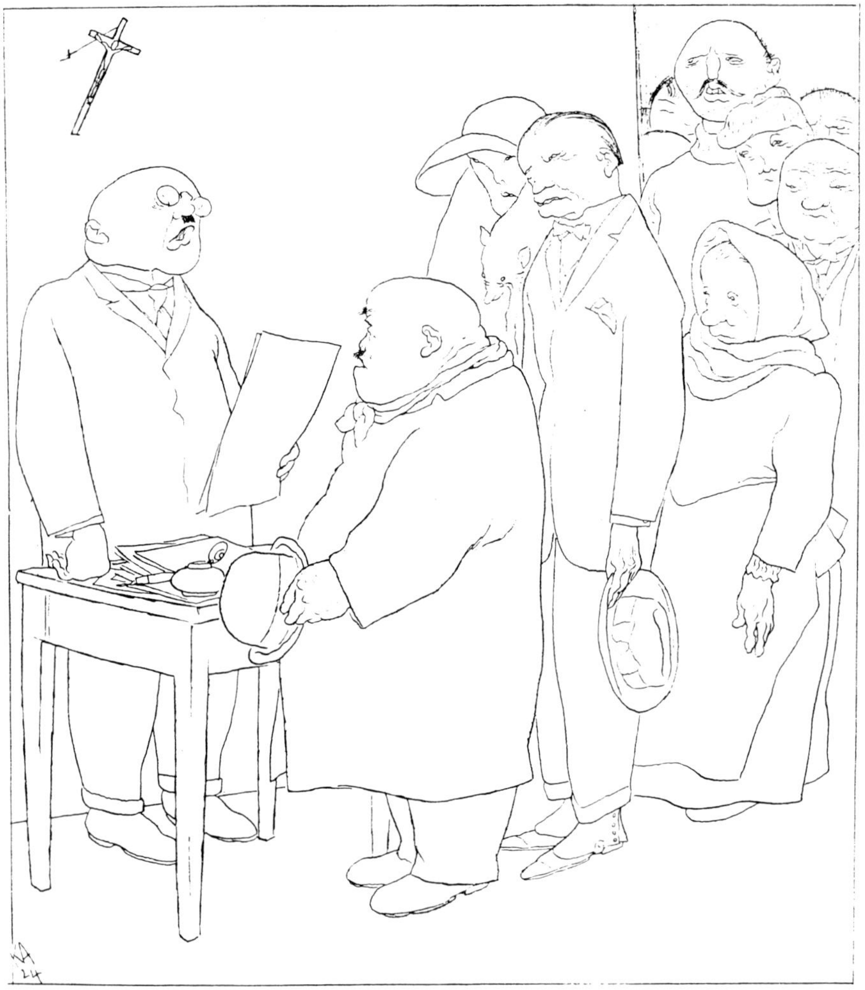

„In meiner Eigenschaft als Staatsanwalt beantrage ich 2000 Mark Geldstrafe. In meiner Eigenschaft als Sachverständiger räume ich dem Mann geistige Minderwertigkeit ein. In meiner Eigenschaft als Verteidiger beantrage ich Freisprechung. In meiner Eigenschaft als Schöffe A stimme ich im voraus dem Herrn Vorsitzenden bei, als Schöffe B schließe ich mich dem Herrn Vorredner an. In meiner Eigenschaft als Richter erkenne ich auf den Querschnitt der Anträge und verurteile den Angeklagten zu 500 Mark Geldstrafe. Der Nächste!"

14.2 Vereinfachung der Rechtspflege

Bürgertum und Richterschaft träumen den Traum vom starken nationalen Staat. Erst in den späten zwanziger Jahren wächst die Zahl der ‚Vernunft'republikaner.

Gleich der überwiegenden Mehrheit der bürgerlichen Schichten mochte sich die Richterschaft nicht mit der aus der Kriegsniederlage geborenen Weimarer Republik anfreunden. Dem neuen Staatswesen lastete sie die soziale Misere und die innere politische Zerklüftung an. Das untergegangene Kaiserreich erstrahlte im Glanze verklärender Erinnerungen. Schnell war die Machtpolitik des Wilhelminischen Staates vergessen, die zur Katastrophe der Kriegsniederlage geführt hatte. Der Kampf gegen die Versailler Nachkriegsordnung erstickte jedes Nachdenken über Kriegsursachen und Kriegsschuld. Dieses Klima schuf den geistigen Nährboden, das Unbehagen über die Nachkriegszustände auf die revolutionäre Nachkriegsordnung der Weimarer Republik zu projizieren, statt die herrschenden Kreise des ehemaligen Kaiserreichs zur Verantwortung zu ziehen. Die verzerrenden Schuldzuweisungen bekamen die Träger der Revolution, insbesondere die sozialdemokratische Arbeiterbewegung, zu spüren: Breite bürgerliche Schichten bürdeten ihr die Verantwortung für die mißlichen Nachkriegsverhältnisse auf.

Das Gros der Richterschaft hatte an den nationalistischen und obrigkeitlichen Leitbildern der Wilhelminischen Zeit

Anteil. Man ging zum Weimarer Staat auf Distanz, war er doch aus ‚Rechtsbruch' und ‚Hochverrat' gegen das im Krieg befindliche ‚Vaterland' hervorgegangen. Nur eine kleine Minderheit von ca. 300 Richtern, die dem sozialdemokratisch orientierten ‚Republikanischen Richterbund' angehörten, stellte sich als sog. ‚Herzensrepublikaner' vorbehaltlos hinter den Weimarer Staat. Die Mehrheit der Richterschaft segelte im Fahrwasser ihrer etablierten Standesvertretung, des ‚Deutschen Richterbundes', in dem ca. 8000 Richter organisiert waren. Das politische Denken dieser nationalistisch und antirepublikanisch gesinnten Mehrheit der Richterschaft zielte auf Wiederherstellung der alten Autoritätsverhältnisse: Die Gesetze sollten ihren ‚Majestäts'-Charakter wiedererhalten. Allein den Gesetzen eines autoritär-vaterländischen Staates glaubte sie Legitimität und Würde zusprechen zu können. Sie pochte auf der über den Parteien schwebenden Stellung des Richters, der berufen schien, nach dem Zusammenbruch der alten Obrigkeit auf rechtspolitischem Gebiet das wahre und vermeintlich unparteiische Staatsinteresse ersatzweise zu vertreten.

Vaterländische Gesinnung stellte die Mehrheit der Richterschaft über unbedingte Verfassungs- und Gesetzestreue. Eine Treueverpflichtung verspürte man gegenüber Staat und Nation allgemein, nicht gegenüber der Weimarer Staatsform im Konkreten. Man sehnte sich nach einer starken Staatsgewalt, der zuzutrauen war, die der republikanischen Staatsform und den Linksparteien zugeschriebene Zerstrittenheit zu überwinden und die nationale Abwehr gegenüber dem Machtanspruch der Siegermächte zu organisieren. Jedoch waren starker Staat und wehrhafte Geschlossenheit Leitbilder, die sich mit dem von heftigen Konflikten geschüttelten Parlamentarismus des Weimarer Staates kaum vertrugen. Umso mehr erschien die Wilhelminische Militärmonarchie mit ihrem machtstaatlichen Gepränge in einem sehnsuchtsvoll verklärten Licht. Hinzu kam, daß dieser untergegangene Staat die sozialen Geltungsansprüche des akademischen Richterstandes gegen die klassenkämpferische Gesellschaftskritik von unten energischer verteidigt hatte, als dies der Weimarer Staat tat.

Unter diesen für den Weimarer Staat höchst ungünstigen Voraussetzungen war kaum verwunderlich, daß die Rechtsprechung bei politischen Straftaten rechts- und linksextremistischer Kreise zweierlei Maß anlegte und bei der nationalen Rechten erheblich milder verfuhr als bei der marxistischen Linken. Rechtslastige Voreingenommenheit, ja heimliche Sympathie für die ‚vaterländische' Gesinnung rechtextremer Straftäter spielte in ungezählten politischen Prozessen eine nicht geringe Rolle. Die sogenannten ‚Vernunftrepublikaner', die sich aus pragmatischen Gründen auf den Boden der Weimarer Verfassung stellten, gewannen gegenüber den Republikgegnern erst im Laufe der späteren zwanziger Jahre die Oberhand.

14.3 In seiner Reichstagsrede vom 29.Juli 1920 prangert der USPD-Abgeordnete Ludwig die Justiz an: Sie soll die brutalen Willkürhandlungen der Reichswehr in den Wochen nach dem Kapp-Putsch nicht oder nur ungenügend verfolgt haben.

Die Rede des Abgeordneten Ludwig spielt auf die Reichswehroperationen an, die der Niederschlagung des infolge des Kapp-Putsches im Ruhrgebiet ausgebrochenen kommunistischen Aufstandes hatten dienen sollen. In diesem Zusammenhang war es auf Seiten der Reichswehr zu willkürhaften standrechtlichen Erschießungen gekommen, von denen auch unbeteiligte Zivilisten betroffen waren. Die Rede kritisiert in aller Schärfe, daß in den meisten Fällen, in denen es zu brutalen und ungesetzlichen Übergriffen gekommen war, die Strafverfolgung gegenüber den Reichswehrangehörigen von Halbherzigkeit gekennzeichnet ist und nur zu häufig im Sande verläuft.

14.4 Zeugenaussage der Witwe Meis vom 6. Oktober 1920 über politische Mordtaten von Reichswehrangehörigen

In Hamm-Bossendorf (in der Nähe von Marl) kommt es im Rahmen der Reichswehr-Operationen gegen die kommunistischen Aufständischen zu brutalen Übergriffen gegen unbeteiligte Zivilisten und zu willkürhaften standrechtlichen Erschießungen. Wie bei den meisten anderen, von Reichswehrangehörigen begangenen Straftaten versagt auch hier die Strafverfolgung der Justizorgane.

„Es erscheint die Witwe Josef Meis, Josefine geb. Karste, 40 Jahre alt, wohnhaft in Bossendorf (in der Nähe von Hamm/Marl) Nr. 19 I und erklärt:

„Am 1. April morgens gegen 5½ Uhr hörten wir heftige Schüsse, die uns auf das Herannahen der Reichswehr aufmerksam machten. Ich begab mich mit meinem Manne und meiner Schwester Frau Bienhuls aus Hochlarmark sofort in den Keller, um dort Schutz zu suchen. In unserem Hause schliefen in der Nacht zum 1. April außer uns noch neun Kanalarbeiter, die... in den Keller eilten und ebenfalls Schutz suchten. Wir hörten ein mächtiges Feuer und schließlich ganz in der Nähe unseres Hauses ein ‚Hurrah' rufen. Mein Mann beruhigte mich noch, weil er aus dem Hurrah-Rufen eine Erlösung durch die Reichswehr für uns schloß. Kurze Zeit darauf warf man Handgranaten durch ein Kellerfenster in einen Kellerraum, in dem sich niemand von uns aufhielt. Durch die Wirkung der Granaten wurde die Wasserleitung zerschlagen, und mein Mann wollte noch die Leitung absperren. Er kehrte aber unverrichteter Sache wieder zu uns in den hinteren Kellerraum zurück. Mit einem Male rief man uns zu: ‚Alle aus dem Keller heraus!' Wir begaben uns alle in der Überzeugung, die Reichswehr würde uns befreien, aus dem Keller heraus. Vor mir und meinem Manne gingen die Kanalarbeiter, die noch riefen: ‚Es ist Noske!'

Die Reichswehrsoldaten riefen den Kanalarbeitern zu: ‚Ihr Banditen, heraus!' Inzwischen war ich mit meinem Manne zu den Kanalarbeitern im Flur unseres Hauses gelangt, und nun forderte man uns mit den Worten ‚Ihr Banditen, heraus' auf, nach draußen zu kommen. Wir riefen sämtlich: ‚Wir sind Zivilisten!' Mein Mann rief einmal: ‚Ich bin der Hausherr'.

Einer von der Reichswehr rief dann: ‚Die Frauen weg, Euch soll nichts geschehen'; ein anderer stieß mich mit Gewalt in den Flur hinein, weil ich bei meinem Manne bleiben wollte. In diesem Augenblick wurden die acht Kanalarbeiter und mein Mann erschossen.

Als ich meinen Mann tot am Boden liegen sah, warf ich mich auf die Leiche meines Mannes, wurde aber von einem Reichswehrsoldaten fortgezogen mit den Worten: ‚Sie Sauweib, suchen Sie, daß Sie über die Lippe kommen.'

Weitere Kanalarbeiter sollen in der in der Nähe unseres Hauses stehenden Baracke für Kanalarbeiter erschossen worden sein.

Meinem Manne sind, als er tot am Boden lag, ca. 7000 RM aus den Kleidern entwendet worden. Wer die Leiche beraubt hat, weiß ich nicht, da ich jenseits der Lippe gebracht wurde und erst nachmittags 4 1/2 Uhr zurückkehrte.

Weiter kann ich zur Sache keine Angaben machen." – Frau Wtw. Josef Meis"

(Staatsarchiv Münster, Staatsanwaltschaft Münster Nr. 102, Bl. 9/10)

14.5 Schreiben des Preußischen Justizministers an den Generalstaatsanwalt in Hamm vom 31. August 1921

Darin fordert der Justizminister den Generalstaatsanwalt auf, gegen die Willkürhandlungen von Reichswehrangehörigen im Gefolge des Kapp-Putsches zu ermitteln, nachdem ein Jahr nach dem Putsch ein Buch des Heidelberger Juristen Gumbel offenlegt hat, daß die Strafjustiz kaum Anstalten macht, bei von Rechtsextremisten begangenen Straftaten ernsthaft zu ermitteln.
(Staatsarchiv Münster, Staatsanwaltschaft Münster Nr. 102)

14.6 Bericht des Oberstaatanwalts in Münster an den Generalstaatsanwalt in Hamm vom 17. Mai 1923

Die Staatsanwaltschaft Münster wird mit der nachträglichen Ermittlung gegen die Ausschreitungen der Reichswehr bei den Kämpfen im Ruhrgebiet beauftragt, aber sie stellt das Ermittlungsverfahren ein. Ihr Bericht an den Generalstaatsanwalt beschreibt die Schwierigkeiten, nach Ablauf von drei Jahren noch gegen die Ausschreitungen der Reichswehr ermitteln zu sollen. Unterschwellig vermittelt der Bericht einen Eindruck von Halbherzigkeit und Desinteresse, gegen die Reichswehr vorzugehen. Zum Ausdruck kommt eine wohlwollende Deutung der Handlungsweise der betreffenden Reichswehrangehörigen.
(Staatsarchiv Münster, Staatsanwaltschaft Hamm Nr. 2925)

14.7 Artikel der Deutschen Richterzeitung: ‚Zeitfragen'. Der Vorsitzende des Deutschen Richterbundes, Johannes Leeb, prangert darin die Gesetzgebung des Weimarer Staates in einer Heftigkeit an, die Zweifel an der demokratischen Verfassungstreue der Richterschaft aufkommen läßt.

Johannes Leeb steht als Vorsitzender der traditionellen Standesorganisation der Richterschaft repräsentativ für die Haltung großer Teile der deutschen Richterschaft. Seine teils haßerfüllten Ausführungen über die Weimarer Nachkriegsordnung zeigen, daß es um die Verfassungs- und Gesetzestreue der Standesorganisation der Richterschaft nicht zum Besten bestellt ist. ‚Vaterländische' Gesinnung und Sehnsucht nach dem starken, über den Parteien stehenden Staat lassen die Richterschaft gegenüber der Weimarer Republik auf Distanz gehen. Man sehnt sich nach einem autoritären Staat, dessen Gesetzgebung die ‚Majestät des Gesetzes' wiederherstellt. Die Weimarer Richterschaft ist weit davon entfernt, sich in strengem Rechtspositivismus zu üben und der Weimarer Gesetzgebung in gleicher Weise Respekt zu zollen, wie sie dies dem Wilhelminischen Staat gegenüber tat.
(Deutsche Richterzeitung vom 1. Januar 1921)

14.8 Das Postkartenbild zeigt in Anlehnung an das populäre Kommerslied ‚Als die Römer frech

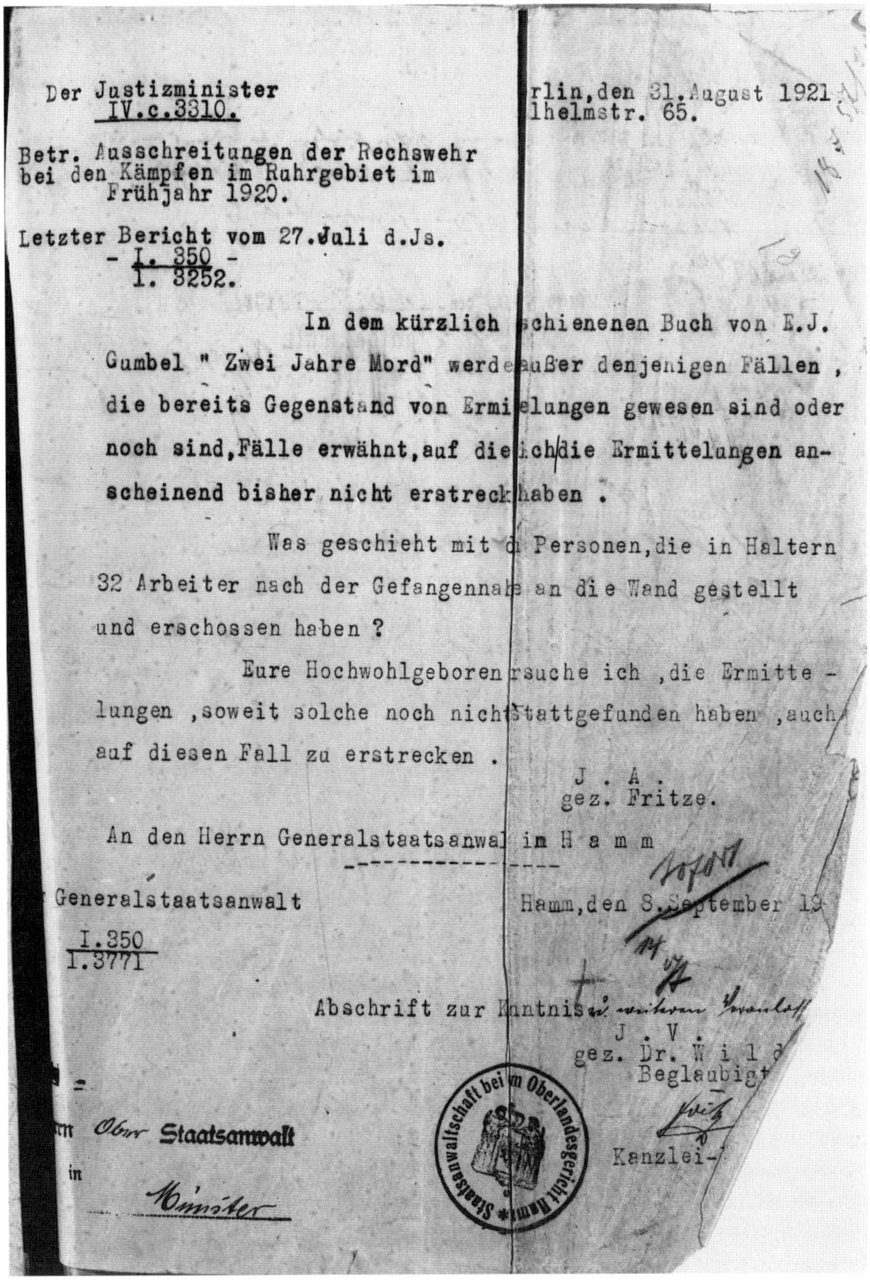

Der Justizminister
IV.c.3310.

rlin,den 31.August 1921
lhelmstr. 65.

Betr. Ausschreitungen der Rechswehr bei den Kämpfen im Ruhrgebiet im Frühjahr 1920.

Letzter Bericht vom 27.Juli d.Js.
- I. 350 -
I. 3252.

In dem kürzlich schienenen Buch von E.J. Gumbel " Zwei Jahre Mord" werde außer denjenigen Fällen , die bereits Gegenstand von Ermi elungen gewesen sind oder noch sind,Fälle erwähnt,auf die ich die Ermittelungen anscheinend bisher nicht erstreck haben .

Was geschieht mit d Personen,die in Haltern 32 Arbeiter nach der Gefangenna e an die Wand gestellt und erschossen haben ?

Eure Hochwohlgeboren rsuche ich ,die Ermittelungen ,soweit solche noch nicht stattgefunden haben ,auch auf diesen Fall zu erstrecken .

J . A .
gez. Fritze.

An den Herrn Generalstaatsanwal im H a m m

sofort

Generalstaatsanwalt

Hamm,den 8.September 19

I.350
I.3771

Abschrift zur Kntnis

J . V .
gez. Dr. W i l d
Beglaubigt

Obrr Staatsanwalt
in
Minister

Kanzlei-

14.5 Ermittlungen gegen Rechtsextremisten

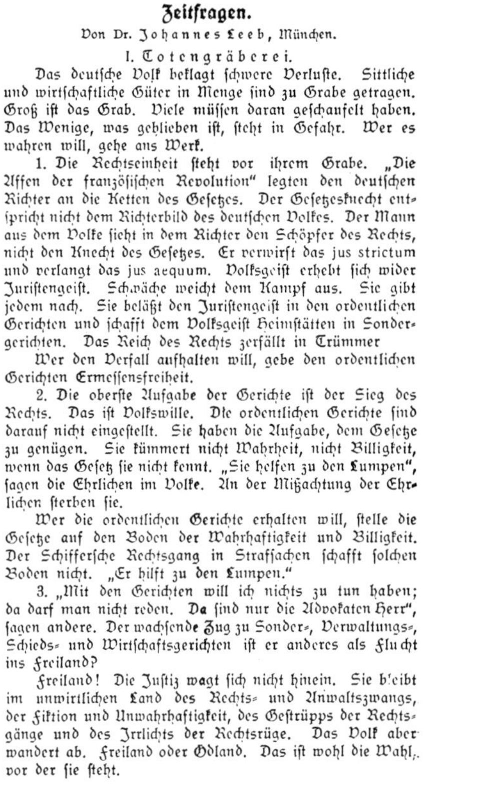

Zeitfragen.

Von Dr. Johannes Leeb, München.

I. Totengräberei.

Das deutsche Volk beklagt schwere Verluste. Sittliche und wirtschaftliche Güter in Menge sind zu Grabe getragen. Groß ist das Grab. Viele müssen daran geschaufelt haben. Das Wenige, was geblieben ist, steht in Gefahr. Wer es wahren will, gehe ans Werk.

1. Die Rechtseinheit steht vor ihrem Grabe. „Die Affen der französischen Revolution" legten den deutschen Richter an die Ketten des Gesetzes. Der Gesetzesknecht entspricht nicht dem Richterbild des deutschen Volkes. Der Mann aus dem Volke sieht in dem Richter den Schöpfer des Rechts, nicht den Knecht des Gesetzes. Er verwirft das jus strictum und verlangt das jus aequum. Volksgeist erhebt sich wider Juristengeist. Schwäche weicht dem Kampf aus. Sie gibt jedem nach. Sie beläßt den Juristengeist in den ordentlichen Gerichten und schafft dem Volksgeist Heimstätten in Sondergerichten. Das Reich des Rechts zerfällt in Trümmer

Wer den Verfall aufhalten will, gebe den ordentlichen Gerichten Ermessensfreiheit.

2. Die oberste Aufgabe der Gerichte ist der Sieg des Rechts. Das ist Volkswille. Die ordentlichen Gerichte sind darauf nicht eingestellt. Sie haben die Aufgabe, dem Gesetze zu genügen. Sie kümmert nicht Wahrheit, nicht Billigkeit, wenn das Gesetz sie nicht kennt. „Sie helfen zu den Lumpen", sagen die Ehrlichen im Volke. An der Mißachtung der Ehrlichen sterben sie.

Wer die ordentlichen Gerichte erhalten will, stelle die Gesetze auf den Boden der Wahrhaftigkeit und Billigkeit. Der Schiffersche Rechtsgang in Strafsachen schafft solchen Boden nicht. „Er hilft zu den Lumpen."

3. „Mit den Gerichten will ich nichts zu tun haben; da darf man nicht reden. Da sind nur die Advokaten Herr", sagen andere. Der wachsende Zug zu Sonder-, Verwaltungs-, Schieds- und Wirtschaftsgerichten ist er anderes als Flucht ins Freiland?

Freiland! Die Justiz wagt sich nicht hinein. Sie bleibt im unwirtlichen Land des Rechts- und Anwaltszwangs, der Fiktion und Unwahrhaftigkeit, des Gestrüpps der Rechtsgänge und des Irrlichts der Rechtsrüge. Das Volk aber wandert ab. Freiland oder Ödland. Das ist wohl die Wahl, vor der sie steht.

14.7 Richterbund und Rechtspolitik

frech geworden' eine Szene aus der sog. ,Varusschlacht', in der die Germanen die Römer bezwangen: Der corpus juris versinnbildlicht den Gegensatz: germanisch-deutsche Selbstbehauptung gegen westlich-französische Überfremdung, s. Bild-Anhang S. 235

Das Bild ist Teil einer satirischen Postkartenserie (um 1900), die auf den Leipziger Zeichner Arthur Thiele zurückgeht. Im Mittelpunkt steht ein auf dem ,corpus juris', dem spätrömischen Gesetzeswerk aufgebockter römischer Kriegsgefangener, der von den germanischen Siegern nach der Varusschlacht zu Tode geprügelt wird. Mit dieser Figur ist der römische Rechtsgelehrte Quintus Mucius Scaevola gemeint, dessen bebrillte Gelehrsamkeit in Konfrontation mit der urwüchsig-rohen Gewaltanwendung der Germanen lächerlich anmuten soll. Der corpus juris steht sinnbildlich für den römischen Herrschaftsanspruch über die Germanen.

In der Szene spiegelt sich die volkstümliche Germanen-Ideologie des deutschen Nationalismus, die von der Fiktion des Römer-Germanen-Gegensatzes lebte. Dahinter verbarg sich das Bedürfnis, aktuelle außenpolitische und ideologische Frontstellungen des 19. und frühen 20. Jahrhunderts durch historische Parallelisierung zu untermauern; d.h. hinter dem Rückgriff auf die Römerzeit stand die ideologische Frontstellung zwischen dem kriegerischen und romantisch-organologischen Gemeinschafts-, Natürlichkeits- und Ursprünglichkeitsideal des deutschen Nationalismus auf der einen, und westlichem Individualismus, Rationalismus und Institutionendenken auf der anderen Seite. Dabei wurden die dem deutschen Selbstbild entgegengesetzten Eigenschaften und Leitbilder in erster Linie am ‚Erbfeind' Frankreich als Inbegriff des Romanischen, des Künstlich-Mechanischen und zivilisatorisch Degenerierten festgemacht. In der Wilhelminischen Ära fand die Germanenideologie mehr und mehr Verbreitung und erhielt durch die deutsche Kriegsniederlage im I. Weltkrieg ungemein starken Auftrieb. Sie schlug sich auch in den Betrachtungen des Richterbund-Vorsitzenden nieder.
(Stadtmuseum Münster)

14.9 Vergleichende Statistik über die strafrechtliche Verfolgung von politischen Mordtaten (1919–1922) von E. J. Gumbel, Vier Jahre politischer Mord: Die politische Strafjustiz verfolgt die von Linken begangenen Straftaten erheblich schärfer als die von Rechten begangenen.

Emil Gumbel, Privatdozent an der Universität Heidelberg, recherchiert Anfang der zwanziger Jahre über die Strafverfolgung der ihm bekannt gewordenen politischen Mordtaten. Das Ergebnis seiner Recherchen spricht eine deutliche Sprache: Seine vergleichende Statistik zeigt, daß die Rechtsprechung über politische Straftaten rechtslastig ist. Die politische Voreingenommenheit der Strafverfolgungsorgane zugunsten der nationalistischen Rechten führt zu einer deutlich milderen Ahndung der von rechts als der von links begangenen Mordtaten. Hinter diesem Befund verbirgt sich auf Seiten der Justiz mangelnde Republiktreue.

14.10 Karikaturen: ‚Dem deutschen Richter', die aus sozialdemokratischem Blickwinkel die mangelnde Republiktreue der deutschen Richterschaft aufspießen, s. Bild-Anhang S.236/237

Die Karikaturen geißeln die mangelnde Loyalität der Richterschaft gegenüber dem republikanisch-demokratischen Staatswesen und stellen die ideelle Bindung der Richterschaft an den Wilhelminischen Obrigkeitsstaat bloß. Symbolisch bringt dies der Karikaturist in der Gegenüberstellung der beiden Flaggen zum Ausdruck: der schwarz-weiß-roten Flagge des Deutschen Kaiserreichs und der schwarz-rot-goldenen der Weimarer Republik. Die rote Mütze verkörpert die aus der Novemberrevolution hervorgegangene Weimarer Republik. Im Hintergrund steht die zeitgenössische Erfahrung, daß die von der Kriegsniederlage gezeichnete und innerlich zerrissene Weimarer Republik in weiten Kreisen des nicht-jüdischen Bürgertums einschließlich der Richterschaft auf Ablehnung und Verachtung trifft.
(Lachen Links vom 7. Mai 1926)

14.11 Auszug aus dem Vortrag des Reichsgerichtspräsidenten Simons ‚Die Vertrauenskrise der deutschen Justiz' vom 9. November 1926

Simons beschreibt die gespaltene Haltung der deutschen Richterschaft zwischen republikanischer Verfassungtreue und autoritärer Staatsgesinnung. Seine Rede steht repräsentativ für die vernunftrepublikanische Richtung in der Richterschaft, die im Laufe der zwanziger Jahre an Einfluß gewinnt. Laut Simons besteht die Vertrauenskrise gegenüber der Richterschaft nur zu einem geringen Teil in der mangelnden Anpassungsfähigkeit der Richter an die gewandelten politischen Verhältnisse der Weimarer Nachkriegszeit. S. E. ziehen die schwierigen sozialen Zustände und die politischen Turbulenzen im Gefolge des verlorenen Krieges fast zwangsläufig auch schwere Belastungen im Verhältnis von Richterschaft und Bevölkerung nach sich. Er räumt ein, daß die Urteilspraxis der zurückliegenden Jahre mitunter den Grundsatz der Überparteilichkeit verletzt habe; jedoch erwachse daraus keinerlei Berechtigung, das teure Rechtsgut der Unabhängigkeit der Richterschaft anzutasten. Unterschwellig schimmert ein gewisses Ver-

ständnis für all die Richterkollegen durch, die auf ihrer monarchisch-autoritären und nationalistischen Gesinnung beharren.
(Deutsche Juristen-Zeitung vom 1. Dezember 1926)

Auch die Münstersche Justiz läßt zunächst eine gegen Links gerichtete antirepublikanische Voreingenommenheit erkennen, arrangiert sich aber in den späteren Jahren mit der Republik.

Ähnlich wie im Reich nahm auch in Münster die Richterschaft in der ersten Hälfte der Weimarer Zeit eine distanzierte Haltung gegenüber dem Weimarer Staat ein. Von dieser Haltung war nach dem I. Weltkrieg an erster Stelle die Sozialdemokratie als exponierter Träger der revolutionären Umwälzung betroffen. Sozialdemokratisch gesinnte Bürger hatten vor dem Landgericht Münster mit einer Strafjustiz zu rechnen, die ihre Voreingenommenheit gegenüber der politischen Linken kaum verbergen konnte. Dies änderte sich im Laufe der zwanziger Jahre merklich: Die Klagen der Münsterschen Tageszeitung ‚Volkswille', die die Rechtsprechung aus sozialdemokratischer Sicht mit Argusaugen verfolgte, verstummten fast vollständig. Man registrierte zustimmend, daß sich die Münsterschen Landrichter mehr und mehr als Vernunft-Republikaner verstanden, nicht mehr als obrigkeitsstaatliche ‚Richterkönige', die über Untertanen zu richten hatten. Als zur Zeit der Weltwirtschaftskrise wieder verstärkt Zweifel an der Republiktreue der deutschen Richterschaft aufkamen, zielte die sozialdemokratische Kritik vor Ort nicht auf die Münstersche Richterschaft. Der Artikel des Volkswillen ‚Justizkritik im Landtag' (27. 2. 1931) unterstreicht dies beispielhaft. Ein noch deutlicheres Indiz für das Arrangement der Richterschaft mit dem republikanischen Rechtsstaat liefert ein politischer Prozeß aus den Jahren 1929/30, in dem das Amts- und das Landgericht Münster kommunistische Freidenker vom Vorwurf der Gotteslästerung freisprachen. Sie verteidigten damit das republikanische Verfassungsgebot der freien Meinungsäußerung gegen Angriffe aus dem rechtskonservativen und katholisch-klerikalen Lager. (Volkswille vom 6. 11. 1930) Erst in letzter Instanz vor dem OLG Hamm kam es zur Verurteilung.

Da die Quellenlage zum Münsterschen Gerichtswesen in der Weimarer Republik infolge von Kriegsverlusten äußerst dürftig ist, – es gibt nur eine schmale Aktenüberlieferung, – läßt allein die Auswertung der Tagespresse, hier vorzugsweise der sozialdemokratischen, Aussagen über das Verhältnis von Justiz und Politik zu. Hoch zu veranschlagen ist der Quellenwert der sozialdemokratischen Tagespresse, weil gerade aus sozialdemokratischem Blickwinkel die Rechtsprechung genauestens auf politische Gesinnungsjustiz hin beobachtet wurde, ohne daß die Kritik antirepublikanische Maßstäbe angelegt hätte, wie dies etwa von Äußerungen kommunistischer oder deutschnationaler Provenienz zu erwarten war.

14.12 Zeitungsbericht: Anfang 1924 berichtet der Münstersche Volkswille unter der Schlagzeile ‚Der revolutionäre Angeklagte und seine Richter' über einen Strafprozeß, in dem sich das Landgericht Münster zu einem Gesinnungsurteil gegen einen Sozialdemokraten hinreißen läßt. Dieser war in der Anklageschrift als ‚revolutionär gesinnter Angeklagter' charakterisiert worden.

Es handelt sich hier um einen Prozeß gegen den sozialdemokratisch organisierten Lagerverwalter Linden, der wegen Verleitung zum Meineid zu eineinhalb Jahren Zuchthaus verurteilt wird, obwohl die Beweislage mehr als dürftig ist. Mit ihrer abschätzigen Charakterisierung des Angeklagten als ‚revolutionär gesinnt', womit auf die Mitgliedschaft in der SPD angespielt wird, deutet bereits die Anklageschrift darauf hin, daß politische Gesinnung als Urteilsgesichtspunkt mitspielt. Das politische Gesinnungsmoment hat hier die solide Beweisführung auf derart skandalöse Weise in den Hintergrund gedrängt, daß die Kritik am Urteil weite Kreise zieht und sogar den Rechtsausschuß des Preußischen Landtags beschäftigt, der sich ebenso wie der Vertreter der preußischen Regierung hinter den Angeklagten stellt. Einen Antrag auf Wiederaufnahme des Verfahrens lehnt das Landgericht Münster ab.
(Volkswille vom 8. und 9. Januar 1924)

14.13 Zeitungsbericht ‚Justiz und Presse': Der Leiter der Justizpressestelle des Landgerichts Münster bekennt sich allen Spannungen zum Trotz zu einer freien Presse, die in einer offenen Gesellschaft den Richtern auf die Finger zu schauen hat.

Um der Vertrauenskrise der Justiz entgegenzuwirken, richtet das Landgericht Münster 1926 eine Justizpressestelle ein, die das Verhältnis zwischen Öffentlichkeit und Richterschaft entkrampfen und verbessern soll. Der Leiter, Landgerichtsdirektor Dr. Spillner, bekennt sich in einem öffentlichen Vortrag zu dem demokratischen Grundsatz, daß zwischen unabhängiger Justiz und freier Presse ein Spannungsverhältnis bestehen müsse, das durchaus fruchtbar sein könne. Er wendet sich gegen eine obrigkeitsstaatlich erhabene Richterschaft ebensosehr wie gegen eine Presse, die ihre Freiheitsrechte zu verantwortungsloser Berichterstattung mißbraucht. Entschieden tritt er Bestrebungen entgegen, die die Pressefreiheit einschränken wollen. In den Ausführungen Spillners schwingt mit, daß man sich im Kreise der Münsterschen Richterschaft mehr als zuvor bemüht, sich mit der demokratisch-pluralistischen Republik zu arrangieren. (Volkswille/Münster vom 15. Dezember 1929)

Literatur:

D. Blasius, Geschichte der politischen Kriminalität in Deutschland 1800 bis 1980, Frankfurt/M. 1983

H. Fenske, Monarchisches Beamtentum und demokratischer Staat. Zum Problem der Bürokratie in der Weimarer Republik, in: Demokratie und Verwaltung. 25 Jahre Hochschule für Verwaltungswissenschaften, Speyer/Berlin 1972

H. Hannover,/E. Hannover-Brück, Politische Justiz 1918–1933, Bornheim/Merten 1987

G. Jasper, Justiz und Politik in der Weimarer Republik, in: Vierteljahrshefte für Zeitgeschichte, 30 (1982)

M. Jeismann, Das Vaterland der Feinde. Studien zum nationalen Feindbegriff und Selbstverständnis in Deutschland und Frankreich 1792–1918, Stuttgart 1992

E. Kern, Geschichte des Gerichtsverfassungsrechts, München/Berlin 1954

T. Rasehorn, Rechtspolitik und Rechtssprechung, in: Bracher/Funke/Jacobsen (Hg.), Die Weimarer Republik 1918–1933. Politik, Wirtschaft, Gesellschaft, Düsseldorf 1987

15

Der Nationalsozialismus

Unser Rechtswesen muß in erster Linie der Erhaltung der Volksgemeinschaft dienen. Landes- und Volksverrat sollen künftig mit barbarischer Rücksichtslosigkeit ausgebrannt werden.

(Reichskanzler Adolf Hitler am 23. März 1933 im Deutschen Reichstag)

Die Durchsetzung der nationalsozialistischen Herrschaft 1933/34

In den zwölf Jahren nationalsozialistischer Herrschaft wurde die Justiz – eher zustimmend denn ablehnend – zu einem wirksamen Stabilisierungselement des Terrorregimes. Frühe Apologeten beeilten sich nach 1945, die Justiz als Opfer und nicht als Täter darzustellen; dabei machten die Juristen ihren Rechtspositivismus, d.h. die strikte Anwendung der bestehenden Gesetze, für die Instrumentalisierung verantwortlich. Einige Tatsachen schienen die Opfertheorie zunächst zu bestätigen: Die Justiz sah sich während des „Dritten Reiches" nahezu permanent der Kritik der nationalsozialistischen Parteipresse ausgesetzt. Die Richter waren wegen der Presseschelte und mangels bindender Richtlinien der Parteileitung verunsichert. Aber gerade dieser Zustand veranlaßte viele Richter, durch harte Urteile der Kritik entgegenzuwirken. Die Möglichkeiten des vornationalsozialistischen Rechts wurden voll ausgeschöpft, bisweilen sogar über die legale Grenze hinaus. Von striktem Rechtspositivismus war jedenfalls wenig zu spüren.

Die Mehrzahl der Juristen begrüßte am 30. Januar 1933 die neue Regierung. Zu gering war die Bindung an den Staat von Weimar, so daß der ersehnte Abschied von der Republik nicht schwerfiel. Die Richter verstanden sich als – im parteipolitischen Sinne – unpolitisch, was sie allerdings nicht davon abhielt, antiparlamentarischem Gedankengut zu huldigen. Antidemokratische Berührungspunkte ließen Nationalsozialisten und Juristen für das Ziel des autoritären nationalen Staates zusammenwirken. Dienstbeflissen machte sich die Justiz daran, das Instrumentarium des bürgerlichen Staates auszuschöpfen und dem Regime „Beihilfe" zu leisten.

In Münsters katholischem Milieu herrschte relative Geschlossenheit. Die Richter waren überwiegend katholisch und durch konservatives Gedankengut geprägt. Wenn sie überhaupt Parteien angehörten, dann dem Zentrum oder rechten Verbänden. Dieses Milieu hatte jedoch nicht gegen den Beitritt zur NSDAP immunisiert: 1944 gehörten ihr 82% der Richter des Landgerichtsbezirkes an. Sie veranschlagten berufliches Fortkommen höher als die kritisch-abwägende Distanz zum Regime, die vor dem Hintergrund zahlreicher weltanschaulicher Berührungspunkte ohnehin kaum gegeben war. Im Zweifelsfalle sah man über Terrorerscheinungen des Regimes hinweg, solange die Karriere nicht betroffen war, oder dadurch die auch von bürgerlich-katholischen Kreisen geteilte Vision eines „organischen" Staatsgebildes näherrückte.

Juristen waren keine nationalsozialistischen Aktivisten, jedoch diente kaum ein Berufsstand der Diktatur mit mehr Opportunismus. Münsters Justiz machte dabei keine Ausnahme. Man hatte auch hier wenig Skrupel, den Anforderungen der Diktatur nachzukommen, solange dies die berufliche Karriere förderte. Die katholische Milieubindung war längst nicht mehr so stark wie beispielsweise zu Zeiten des Kulturkampfes, doch läßt sich eine gewisser Milieuzusammenhalt noch deutlich an der Rechtsprechung gegenüber Geistlichen ausmachen. Das Verhalten der Richter reichte von punktuellen Unmutsäußerungen über widerwilliges Mitmachen bis zu übereifriger Anbiederung; loyales Verhalten gegenüber der staatlichen Obrigkeit war die Regel.

Die Reichstagsbrand-Verordnung

Nach der Machtübernahme vergingen nur vier Wochen, bis die folgenreichste judikative Maßnahme des „Dritten Reiches" erlassen wurde. Den Anlaß bot der Reichstagsbrand. Während der Urheber van der Lubbe betonte, die Tat als einzelner begangen zu haben – dies ist inzwischen erwiesen – beschuldigten sich Kommunisten und Nationalsozialisten gegenseitig der Brandstiftung.

Die Ausweitung und das völlige Ausschöpfen bürgerlich-autoritärer Verordnungen trug wesentlich zur sich abzeichnenden Perversion der Strafjustiz bei. Freilich beließen es die Nationalsozialisten nicht bei der verschärften Anwendung herkömmlicher Gesetze. Um van der Lubbe hinrichten zu können, hoben sie eines der elementarsten Prinzipien des Rechtsstaates auf: *nulla poena sine lege* – keine Strafe ohne Gesetz.

15.1 Bericht der Münsterischen Zeitung über den Reichstagsbrand und die Notverordnung

Die reale oder vermeintliche Furcht der neuen Machthaber vor einem kommunistischen Umsturz führte dazu, daß der Reichspräsident auf Druck Hitlers die *Verordnung zum Schutz von Volk und Staat* erließ. Die für das nationalsozialistische Regime kennzeichnende Rechtsunsicherheit sowie die Aufhebung der persönlichen Freiheit nahmen ihren Anfang. Dabei waren weder die Einführung gemäß Artikel 48 noch die Verordnung selbst originäre Produkte nationalsoziali-

stischer Machtpolitik, da man sich auf ein zehn Jahre altes Vorbild der Weimarer Republik stützen konnte. Dies ermöglichte es, die Verordnung schon am Tag nach dem Brand vorzulegen.
(Münsterische Zeitung vom 2. März 1933)

15.2 Die Angeklagten Torgler und van der Lubbe im Reichstag

Neben dem Einzeltäter van der Lubbe wurde u. a. der kommunistische Funktionär Torgler vor dem Reichsgericht in Leipzig angeklagt, um die offizielle Version eines kommunistischen Umsturzversuches zu belegen.
(Der Spiegel vom 28. Oktober 1959)

15.3 „Lex van der Lubbe" vom 29. März 1933

Die Nationalsozialisten erließen erstmals ein Gesetz, das die rückwirkende Bestrafung einer Tat ermöglichte. Aufgrund ihres autoritären Staatsideals stimmten national-konservative Juristen unter Reichsjustizminister Gürtner dem Gesetz zu. Das Strafrecht wurde als politisches Kampfmittel gegen Oppositionelle mißbraucht. Schon früh beschritt eine Koalition nationalsozialistischer, national-konservativer und autoritärer Kräfte mit der Reichstagsbrand-Verordnung und der *Lex van der Lubbe* einen sich vom Rechtsstaat entfernenden Weg.
(Reichsgesetzblatt vom 31. März 1933)

15.4 Der Angeklagte van der Lubbe vor Gericht

Marinus van der Lubbe wurde aufgrund des Gesetzes vom 29. März 1933 zum Tode verurteilt. Die Begründung des Leipziger Reichsgerichts lautete: *"Ein grundsätzlicher Anspruch des Täters auf die zur Zeit der Tat angedrohte Strafe [. . .] kann nicht anerkannt werden. Das staatliche Interesse erfordert vielmehr, daß das der vermutlich besseren Einsicht des Gesetzgebers entsprungene spätere Gesetz sofort und möglichst umfassend angewendet wird."*
(Der Spiegel vom 16. Dezember 1959)

15.5 Karikatur zur Reichstagsbrand-Verordnung

Auch wenn die Nationalsozialisten an der Brandstiftung unbeteiligt waren, bot sich ihnen damit die Möglichkeit zum Ausbau ihrer Herrschaft, ein Gedanke, mit dem sich in dieser Karikatur der konservative Reichspräsident Hindenburg anfreunden kann. Gehüllt in eine römische Tunika – eine Anspielung auf Kaiser Nero – drängt er den ebenso gekleideten Hitler vor dem brennenden Reichstag, die sich bietende Chance zur Errichtung der Diktatur zu nutzen.
(Der Spiegel vom 6. Januar 1960)

The Montreal, Kanada (1933)
Hindenburg: „Das ist ein Wink des Schicksals. Wenn Sie jetzt nicht Diktator werden, schaffen Sie es nie."

15.5 Karikatur zur ‚Reichstagsbrand-Verordnung'

Ausgrenzung von Juden in der Justiz

Die Polemik gegen die „Verjudung" einzelner Berufsgruppen war ein Element nationalsozialistischer Propaganda. Daher machte man sich umgehend daran, politisch und rassisch unwillkommene Beamte aus der Rechtspflege zu verdrängen, auch wenn der Anteil der Juden in der Justiz nicht annähernd der in der Hetzpropaganda verbreiteten Größenordnung entsprach.

Mißliebige Rechtsanwälte, Richter und Staatsanwälte wurden im Verlauf der antijüdischen Aktionen in den Ruhestand versetzt. Das *Gesetz zur Wiederherstellung des Berufsbeamtentums* vom 7. April 1933 hob das Prinzip der richterlichen Unabhängigkeit faktisch auf. Beamte konnten nunmehr aufgrund ihrer Rasse oder politischen Gesinnung abgesetzt bzw. versetzt werden.

15.6 Schreiben des Landgerichtspräsidenten an den Präsidenten des OLG vom 29. März 1933

Das Vorgehen gegen jüdische Juristen gliederte sich in die Boykott- und Ausgrenzungsstrategie des Frühjahrs 1933 ein. Den unbefriedigten Aktivismus der

SA lenkte Hitler auf den jüdischen Bevölkerungsteil. Im Deutschen Reich wurden seit dem 18. März die meisten Landgerichte besetzt. In Münster geschah dies am 29. März. Die Tatsache, daß Parteistellen in den Ablauf der Rechtspflege eingriffen, sollte sich in den Folgejahren häufen. Von Protesten ist im Fall der Landgerichtsbesetzung nichts bekannt. (Staatsarchiv Münster, OLG Hamm Nr. 1143)

15.7 Schützenfest des Anwaltsvereins Münster 1928/1937

Einmal im Jahr feierte der Anwaltsverein sein Schützenfest. Während auf dem Photo des Jahres 1928 noch die jüdischen Rechtsanwälte Cohn I, Cohn II, Meyer III, Ostwald und Simons zu sehen sind, fehlen sie 1937. Den nationalsozialistischen Säuberungsgesetzen der Anfangsjahre fiel im OLG-Bezirk Hamm rd. die Hälfte der jüdischen Rechtsanwälte und rd. zwei Drittel der Notare zum Opfer. Jüdische Weltkriegessoldaten hatten ihre Weiterbeschäftigung einzig dem Einschreiten von Reichspräsident Hindenburg – die charismatische Verkörperung militaristischer Tradition –, zu verdanken.
(Landgericht Münster)

15.8 Bericht des Landgerichtspräsidenten über die Beurlaubung jüdischer Richter vom 2. April 1933

Im LG-Bezirk Münster waren traditionell nur wenige Juden ansässig, so daß die Zahl der in der Rechtspflege Beschäftigten äußerst gering war. In Preußen lag der Anteil von „Nichtariern“ im höheren Justizdienst bei 7,9%, im OLG-Bezirk Hamm gar nur bei 4,0%. Der einzige

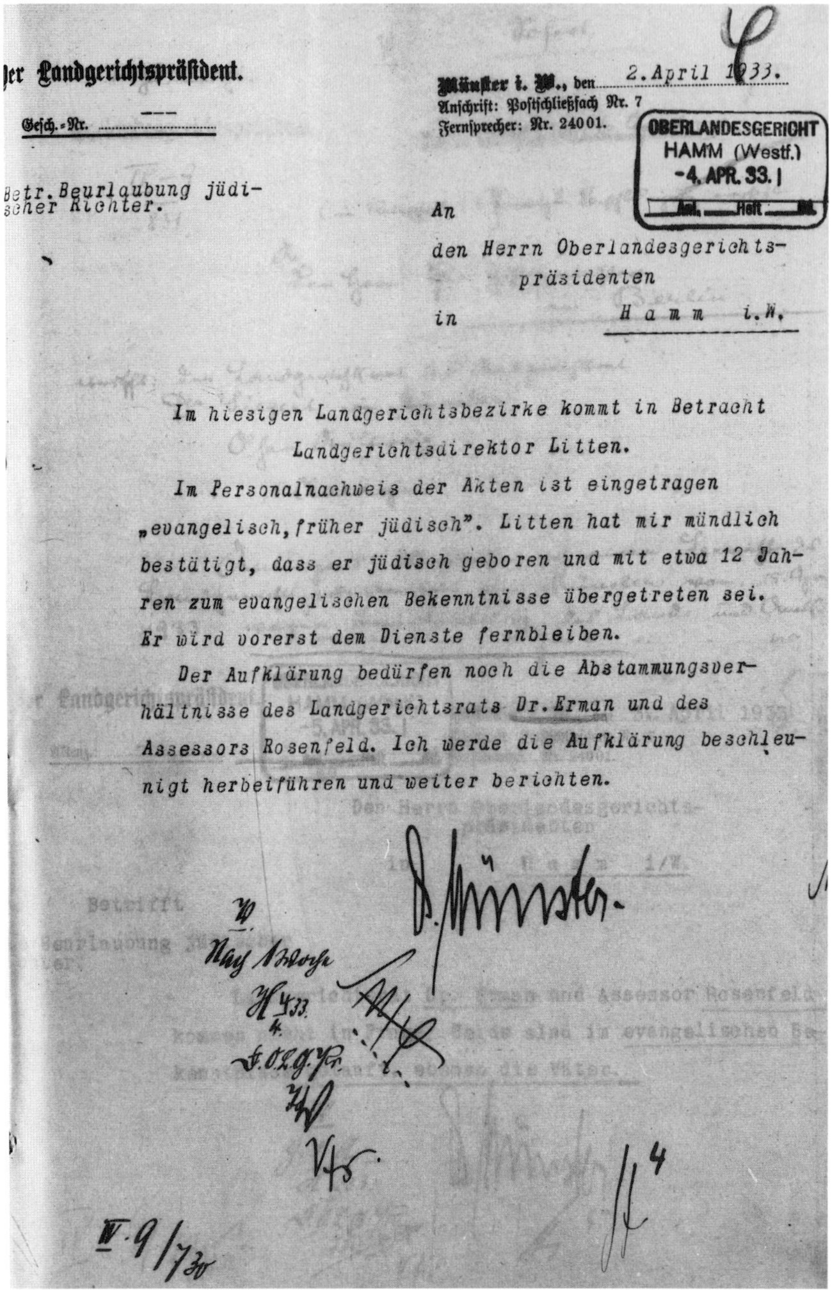

...er Landgerichtspräsident.

Gesch.-Nr. ---

Münster i. W., den 2. April 1933.
Anschrift: Postschließfach Nr. 7
Fernsprecher: Nr. 24001.

OBERLANDESGERICHT HAMM (Westf.) -4. APR. 33.

Betr. Beurlaubung jüdischer Richter.

An
den Herrn Oberlandesgerichtspräsidenten
in Hamm i.W.

Im hiesigen Landgerichtsbezirke kommt in Betracht Landgerichtsdirektor Litten.

Im Personalnachweis der Akten ist eingetragen „evangelisch, früher jüdisch“. Litten hat mir mündlich bestätigt, dass er jüdisch geboren und mit etwa 12 Jahren zum evangelischen Bekenntnisse übergetreten sei. Er wird vorerst dem Dienste fernbleiben.

Der Aufklärung bedürfen noch die Abstammungsverhältnisse des Landgerichtsrats Dr. Erman und des Assessors Rosenfeld. Ich werde die Aufklärung beschleunigt herbeiführen und weiter berichten.

Dr. Münster.

15.8 Zwangsbeurlaubung jüdischer Richter 1933

jüdische Richter des Landgerichtsbezirks wurde mit routinemäßiger Selbstverständlichkeit aus seinem Amt entfernt. (Staatsarchiv Münster, OLG Hamm Nr. 1143)

Vorgehen gegen Oppositionelle

Bei der Bekämpfung oppositioneller Strömungen diente das Strafrecht als politische Waffe. Die Beschränkung persönlicher Freiheitsrechte durch die Reichstagsbrand-Verordnung sowie umfangreiche Zensurmaßnahmen boten die Grundlage für dieses Vorgehen. Zahlreiche Hochverratsprozesse trugen zur Zerschlagung der im Untergrund operierenden KPD bei. Die Staatspolizeistelle Düsseldorf sah sich 1935 zu lobenden Worten veranlaßt: *„Den abschreckenden Urteilen des OLG Hamm und dem festen Zugreifen des Generalstaatsanwaltes am gleichen Oberlandesgericht ist es mit zu verdanken, daß mit der kommunistischen Seuche so gründlich aufgeräumt werden konnte."*

Ein weiteres Delikt stellte der Verstoß gegen das sogenannte Heimtückegesetz dar. Vor allem katholische Geistliche wurden im Münsterland der Verbreitung unwahrer Behauptungen über das Regime bezichtigt. Eine kritische Äußerung über die Unterdrückung Andersdenkender, eine persönliche Bemerkung über einen NS-Funktionär oder bloß ein politischer Witz in alkoholisiertem Zustand genügten, um rechtskräftig verurteilt zu werden.

Dort, wo die Justiz in den Augen der Partei versagt hatte, holten Polizei oder SS die vermeintlichen Versäumnisse nach. Im LG-Bezirk Münster entsprach den verhältnismäßig wenigen Verurteilungen von Geistlichen ein über dem Reichsdurchschnitt liegender Anteil an GeStaPo-Maßnahmen, wie z. B. illegale Verhaftungen.

15.9 Urteil des Amtsgerichts Münster gegen Propst Schrull vom 13. August 1935

In Fällen, in denen katholische Geistliche angeklagt waren, sprachen die Richter mitunter relativ milde Urteile. Einerseits wollte man ein Märtyrertum Einzelner vermeiden, andererseits entstammten die Richter des LG-Bezirkes Münster mehrheitlich selbst dem katholischen Milieu. Bei dem überwiegend protestantischen Richterkollegium des Sondergerichts Dortmund war die Verbundenheit weniger ausgeprägt, was zur Folge hatte, daß katholische Geistliche dort mit geringerer Milde rechnen mußten. Im Münsterland war es zu mehreren Fällen gekommen, in denen Geistliche das antiklerikale Plakat „Deutsches Volk horch auf" entfernt hatten. Propst Schrull wurde deswegen vom Amtsgericht Münster aufgrund der Heimtückeverordnung zu drei Monaten Gefängnis verurteilt. (Staatsarchiv Münster, Landgericht Dortmund Nr. 850)

Die Konsolidierung der NS-Herrschaft 1935–39

Nachdem die bedeutendsten oppositionellen Gruppen und Organe beseitigt und die schwersten innerparteilichen Konflikte – die Ausschaltung bzw. Ermordung von SA-Führern und Oppositionellen im Zuge des sogenannten Röhm-Putsches – beendet worden waren, machten sich die Nationalsozialisten gezielt daran, ihren Einfluß auf die Justiz zu vergrößern. Mangels personeller wie programmatischer Alternativen war man allerdings größtenteils auf die Unterstützung der nationalkonservativen Juristenschaft angewiesen. Gleichwohl bemühten sie sich in den Folgejahren darum, vorwiegend jüngere Richter und Staatsanwälte als Träger eines nationalsozialistischen Kurses an entscheidenden Stellen zu plazieren. Nationalsozialistische Ideen waren in der Rechtsprechung zunächst nur vereinzelt, wenn auch in wichtigen Bereichen, anzutreffen. Mit der Verschärfung des Strafrechts wurde den Forderungen vieler Juristen entsprochen, die dafür schon während der Weimarer Republik eingetreten waren.

Die Kritik der Parteipresse an zu milden Urteilen griff die Berufsehre der Richter an und führte zu Spannungen zwischen Justiz und NSDAP. Darüberhinaus kam es wiederholt zu Übergriffen der SS, die eine Art Selbstjustiz ausübte. Die bedingte Zustimmung zum neuen Staat wich einer allgemeinen Ernüchterung, ohne jedoch zu Widerstandsverhalten zu führen. Im Bemühen, die angestammten Kompetenzen gegenüber den Polizei- und SS-Stellen zu behaupten, zeigte sich die Justiz nur allzu willig, den Nationalsozialisten in Form einer verschärften Rechtsprechung entgegenzukommen.

Personalpolitik in der Münsteraner Justiz

Für die Situation der Richter an Münsteraner Gerichten waren während der Weimarer Republik drei Merkmale kennzeichnend: die stetig zunehmende Arbeitsbelastung, die überwiegende Zugehörigkeit der Richter zum Katholizismus sowie deren starke Überalterung. Der Landgerichtspräsident legte gegen Ende der Republik verstärkten Wert auf hervorragende fachliche Qualifikation der nachrückenden Richter, um den Arbeitsanfall bewältigen zu können. Mit der Machtübernahme der Nationalsozialisten änderten sich die Auswahlkriterien. Ohne Parteimitgliedschaft oder zumindest das Bekenntnis zum neuen Staat war eine Beförderung nur schwer möglich. Ab 1936 galt die Anfrage bei Parteistellen als obligatorisch. So sicherte sich die Partei ein Anhörungsrecht, das oftmals zu einem Mitspracherecht avancierte. Den personellen Wünschen der Partei wurde in den meisten Fällen entsprochen, selbst wenn deren Kandidat fachlich hinter anderen zurückstand.

15.10 Beurteilung der Konfessionszugehörigkeit von Richtern vom 13. Januar 1933

Die Konfession stellte während der Weimarer Republik ein Einstellungskriterium dar, wie aus dem Schreiben des OLG-Präsidenten über zwei Bewerber zu entnehmen ist. Noch 1944 waren nahezu drei Viertel der Richter im Münsteraner Landgerichtsbezirk katholisch.

„Sodann ist zu erwägen, daß beide Richter dem evangelischen Bekenntnis angehören und damit für die Stelle weniger geeignet erscheinen, da der Bezirk des Amtsgerichts Münster fast ausschließlich katholisch ist, nur 13,28% der Bevölkerung gehören dem evangelischen Bekenntnis an; diesem Bevölkerungsanteil ist bereits dadurch Rechnung getragen, daß unter den 11 planmäßigen Richtern des Amtsgerichts auch ein Richter, der dem evangelischen Bekenntnis angehört, angestellt ist.“

(Staatsarchiv Münster, OLG Hamm Generalakten Nr. 1258)

15.11 Abfahrt münsterischer Juristen zum Reichsjuristentag 1933

Der im Oktober 1933 in Leipzig stattfindende Reichsjuristentag war ein wichtiger Schritt auf dem Weg der Selbstgleichschaltung der Juristen. Deren Loyalität stützte sich u. a. auf soldatische Ideale, die beispielsweise Reichspräsident Hindenburg repräsentierte. Von der *Schützengrabengemeinschaft* des I. Weltkriegs führte ein geistesgeschichtlicher Weg zur *Volksgemeinschaft* des sogenannten Dritten Reiches. Die *innere Militarisierung* kommt auch in dem Bericht zum Ausdruck, den ein Teilnehmer des Juristentages von der Abfahrt der Juristen aus Münster gibt.

„Juristen in Uniform und in Marschkolonnen – ein neues Bild in Münsters Straßen. Am Freitagabend versammelten eine stattliche Anzahl Richter, Staatsanwälte, Rechtsanwälte, Verwaltungsjuristen und Referendare sich zur Fahrt zu dem großen Appell der deutschen Juristenwelt. Die Uniformierten marschierten mit Fahne und Tornister vom Landgericht zum Bahnhof. Die Eisenbahn-Sonderwagen wurden in Hamm zu einem Sonderzug des Gaues Oberlandesgericht Hamm zusammengestellt. Nachtfahrt nach Leipzig – Erinnerungen an so manchen Militärtransport werden wach. Ist es doch ein gleich kameradschaftlicher und kämpferischer Geist wie er 1914 Deutschlands Söhne erfüllte und wie er jetzt in den Soldaten des Dritten Reiches lebt. Ziel der Fahrt – Einordnung der Juristen in die große Front, die für unseres Volkes, für unserer Kinder Zukunft kämpft.“

(Münsterischer Anzeiger vom 2. Oktober 1933)

15.12 Besetzungsvorschlag für eine Richterstelle durch den Gauleiter vom 30. April 1935

Die NSDAP gewann zunehmend Einfluß auf die Stellenbesetzung in der Justiz, so daß Mitte der dreißiger Jahre vermehrt jüngere nationalsozialistische Richter eingestellt wurden. Die Mitgliedschaft in der NSDAP vor 1933 war besonders karriereförderlich. Der vom Gauleiter vorgeschlagene Richter nahm seine Tätigkeit kurze Zeit später am Landgericht auf.

(Staatsarchiv Münster, OLG Hamm Generalakten Nr. 1143)

15.13 Beurteilung des von der Gauleitung vorgeschlagenen Richters, 1935

Die hohe Arbeitsbelastung am münsterischen Landgericht hatte in der Weimarer Republik dazu geführt, daß von Bewerbern eine besondere fachliche Qualifikation verlangt wurde. In der nationalsozialistischen Zeit relativierte man diesen Maßstab. Der OLG-Präsident betont in seiner Beurteilung ausdrücklich, daß die Parteizugehörigkeit des Bewerbers, nicht jedoch seine eher durchschnittlichen fachlichen Qualifikationen ausschlaggebend für dessen Einstellung am Münsteraner Landgericht seien.

(Staatsarchiv Münster, OLG Hamm Generalakten Nr. 1143)

15.14 Kriterien der Personalpolitik 1936

Der Hammer OLG-Präsident Schneider – selbst erst seit 1940 Parteimitglied – sorgte für die Auswahl von Richtern, die ein Bekenntnis zum nationalsozialistischen Staat abgelegt hatten. Seine Kriterien für die Stellenbesetzungen in Münster faßt er 1936 zusammen.

„Bei meinen Vorschlägen ist für mich bestimmend, daß bei dem Landgericht in Münster junge, frische, leistungsfähige Richter benötigt werden, die voll und ganz die nationalsozialistische Weltanschauung vertreten und – mit Rücksicht darauf, daß Münster Sitz der Gauleitung Westfalen-Nord ist und die Verhältnisse in der ehemaligen Hochburg des politischen Katholizismus besonders liegen – als Mitglieder der NSDAP und der SA tätig am Aufbau des nationalsozialistischen Staates mitarbeiten."

(Staatsarchiv Münster, OLG Hamm Generalakten Nr. 1143)

15.15 Landgerichtspräsident Biermann (1874–1946)

Wilhelm Biermann war von 1935 bis 1943 Präsident des Landgerichts Münster. Bereits im Jahre 1932 hatte er sich für die NSDAP engagiert. Der Hammer OLG-Präsident Semler konstatiert 1943 über Biermann: *„Hat sich auch über das 65. Lebensjahr hinaus als sehr tüchtiger Landgerichtspräsident von aufrechtem Charakter und vornehmer Gesinnung erwiesen, der von den maßgebenden Stellen der NSDAP sehr geschätzt wird."* Als dieser nach 1945 mit dem am Landgericht kursierenden Spitznamen *Nazi-Biermann* konfrontiert wurde, waren ihm die Gründe dafür unerklärlich. (Oberlandesgericht Hamm)

15.16 Richter im LG-Bezirk Münster, s. Bild-Anhang S. 238

Die Daten geben den Stand des Jahres 1944 wieder. Im Landgerichtsbezirk Münster gehörten 82% der Richter der

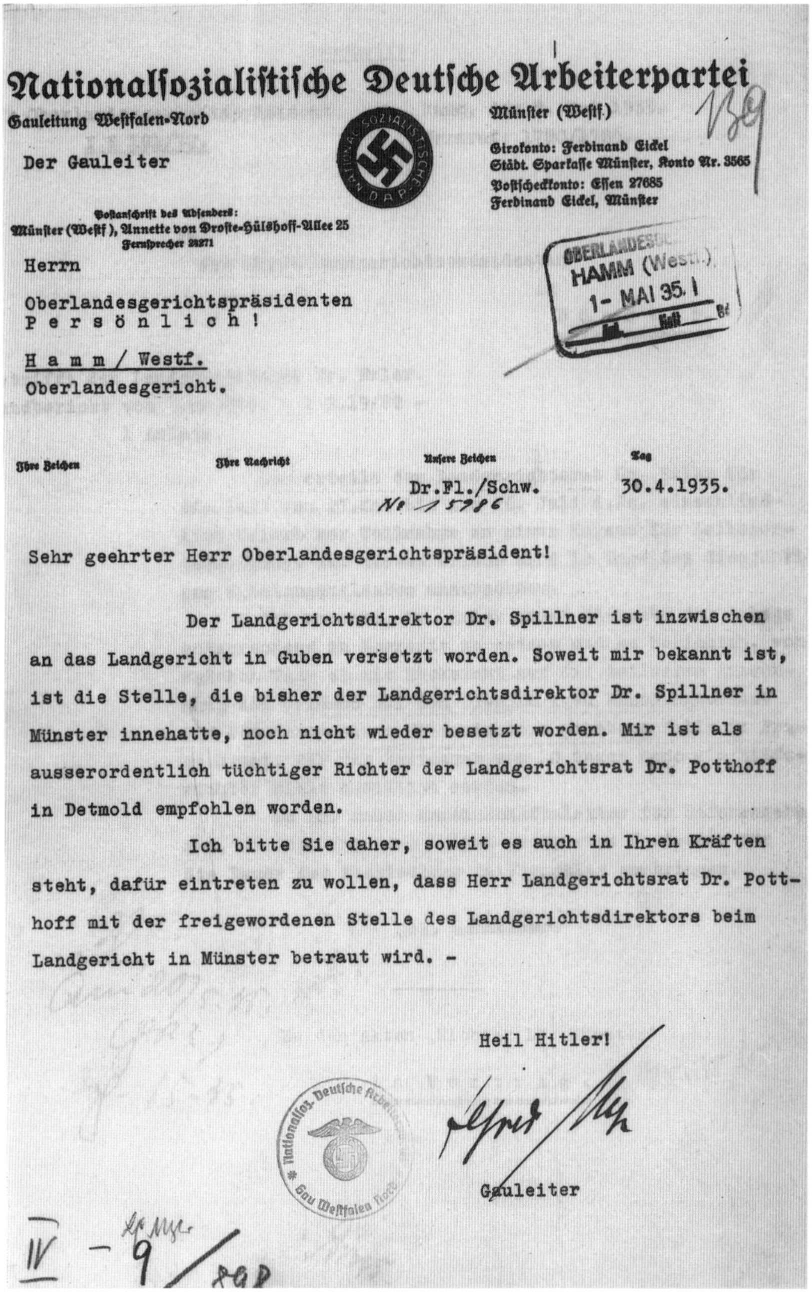

Nationalsozialistische Deutsche Arbeiterpartei

Gauleitung Westfalen-Nord

Münster (Westf.)

Der Gauleiter

Girokonto: Ferdinand Eickel
Städt. Sparkasse Münster, Konto Nr. 3565
Postscheckkonto: Essen 27685
Ferdinand Eickel, Münster

Postanschrift des Absenders:
Münster (Westf.), Annette von Droste-Hülshoff-Allee 25
Fernsprecher 21271

Oberlandesger. HAMM (Westf.) 1- MAI 35. I

Herrn

Oberlandesgerichtspräsidenten
Persönlich!

Hamm / Westf.
Oberlandesgericht.

Ihre Zeichen	Ihre Nachricht	Unsere Zeichen	Tag
		Dr.Fl./Schw.	30.4.1935.

Sehr geehrter Herr Oberlandesgerichtspräsident!

Der Landgerichtsdirektor Dr. Spillner ist inzwischen an das Landgericht in Guben versetzt worden. Soweit mir bekannt ist, ist die Stelle, die bisher der Landgerichtsdirektor Dr. Spillner in Münster innehatte, noch nicht wieder besetzt worden. Mir ist als ausserordentlich tüchtiger Richter der Landgerichtsrat Dr. Potthoff in Detmold empfohlen worden.

Ich bitte Sie daher, soweit es auch in Ihren Kräften steht, dafür eintreten zu wollen, dass Herr Landgerichtsrat Dr. Potthoff mit der freigewordenen Stelle des Landgerichtsdirektors beim Landgericht in Münster betraut wird. -

Heil Hitler!

Nationalsoz. Deutsche Arbeiterpartei * Gau Westfalen Nord

Gauleiter

15.12 Besetzungsvorschlag durch den NS-Gauleiter

15.15 Landgerichtspräsident Biermann

NSDAP an. Insbesondere jüngere Richter traten der Partei in der zweiten Hälfte der dreißiger Jahre bei, nachdem zwischen Mai 1933 und 1937 der Aufnahmestopp der NSDAP einen früheren Beitritt verhindert hatte. Die Graphik verdeutlicht zudem die konfessionellen Zugehörigkeiten, die sich gegen Kriegsende nicht viel anders ausnehmen als während der Weimarer Republik.

Die rechtliche Diskriminierung von Juden

Ausgehend von der nationalsozialistischen Rassenideologie wurde der jüdische Bevölkerungsteil nach und nach entrechtet. Neben der Zugangsverwehrung zu bestimmten Berufen waren es sowohl Entscheidungen des Gesetzgebers als auch der Rechtsprechung, die das Ausmaß der Ungleichheit festschrieben.

Straftaten gegen Juden ahndete man mit Nachsicht; beging ein Jude eine Straftat, mußte er mit härtesten Strafen rechnen. Jüdische Mitbürger sahen sich auch im Bereich des Privatrechts erheblichen Benachteiligungen ausgesetzt. Für sie entfiel jeglicher Mieterschutz, außerdem wurden elementare arbeitsrechtliche Bestimmungen ohne gesetzliche Grundlage außer Kraft gesetzt. In einem Fall lehnte das Landgericht Münster den Antrag eines jüdischen Schuldners auf einstweilige Einstellung der Zwangsversteigerung seines Grundstückes ab. Das Gericht vesagte ihm, weil er Jude war, den Schutz der Zwangsvollstreckungsverordnung vom 26. Mai 1933 und wollte diese nur auf Arier angewendet wissen: *„Die Beschwerde des Schuldners ist unbegründet, weil er als Jude nicht den Schutz des § 5 der genannten VO für sich in Anspruch nehmen kann. Das ist zwar in der VO selbst nicht ausdrücklich bestimmt, muß aber aus der Entwicklung der Judengesetzgebung [...] geschlossen werden.“* (Deutsches Recht 1941, S. 733)

Dieses Urteil aus dem Jahre 1941 zeigt deutlich, daß die Justiz sich in ihrer Anbiederung an die nationalsozialistische Diktatur nur zu oft eines strikten Rechtspositivismus enthielt, der nach 1945 als Entschuldigung für willfähriges Gebaren herhalten mußte. Die Münsteraner Richter kamen hier dem Gesetzgeber entgegen, indem sie etwaige Gesetzeslücken in nationalsozialistischem Sinne interpretierten.

Die Nürnberger Gesetze verankerten den offen zutage tretenden und latent vorhandenen Antisemitismus auch gesellschafts- und rechtspolitisch. Die gesetzliche Ungleichheit diskriminierte Juden in nahezu allen Bereichen des öffentlichen und privaten Lebens. Mit der juristischen Unterscheidung in Arier und Juden war eine Voraussetzung für spätere weiterreichende Maßnahmen von Entrechtung und Ermordung geschaffen worden.

15.17 Einstellung des Verfahrens gegen SA-Leute vom 13. Juni 1933

Was nach der Pogromnacht von 1938 ungesühnt blieb, wurde auch in diesem frühen Fall von der Justiz nicht verfolgt. In Selm hatten SA-Angehörige mehrere Schaufenster jüdischer Geschäfte zertrümmert. Nachdem der Oberstaatsanwalt in Münster eine Strafverfolgung ausgeschlossen hatte und den Geschädigten lediglich die Möglichkeit einer Zivilklage anheim stellte, fügt der Generalstaatsanwalt beim OLG in einem Bericht an den Preußischen Justizminister seinem Vorschlag, das Verfahren einzustellen, handschriftlich hinzu: *„Da die Beschuldigten die Handlungen zweifellos im Kampfe für die nationale Erhebung begangen haben, ist ihr Verschulden gering.“* (Staatsarchiv Münster, Generalstaatsanwaltschaft Hamm Nr. 2903)

15.18 Graphik zur Rassegesetzgebung 1935

Eine weitere Diskriminierung von Juden stellten die im Jahre 1935 erlassenen sogenannten *Nürnberger Gesetze* dar. Auf dem Nürnberger Reichsparteitag wurde u. a. das *Blutschutzgesetz* erlassen, welches Eheschließung und außereheli-

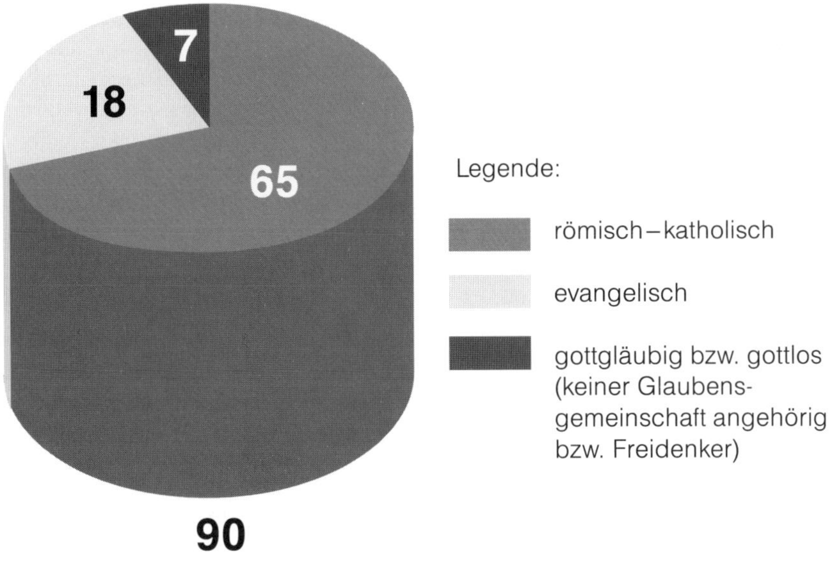

15.16.1 Konfession der Richter im Landgerichtsbezirk Münster

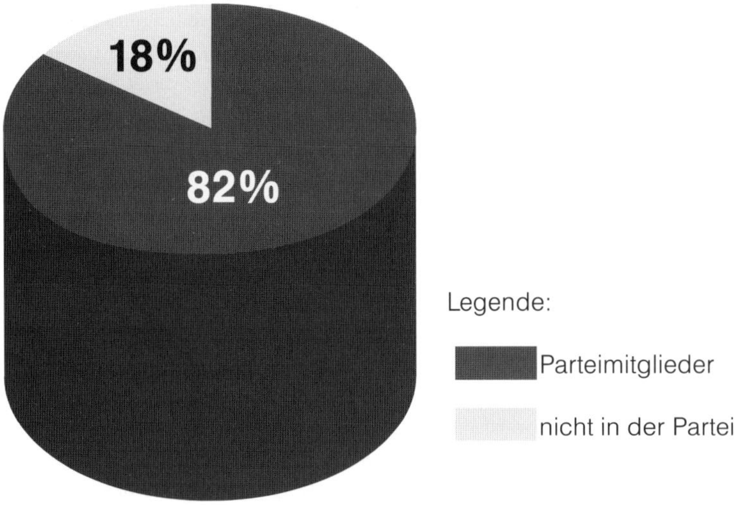

15.16.2 NSDAP-Mitgliedschaft 1944

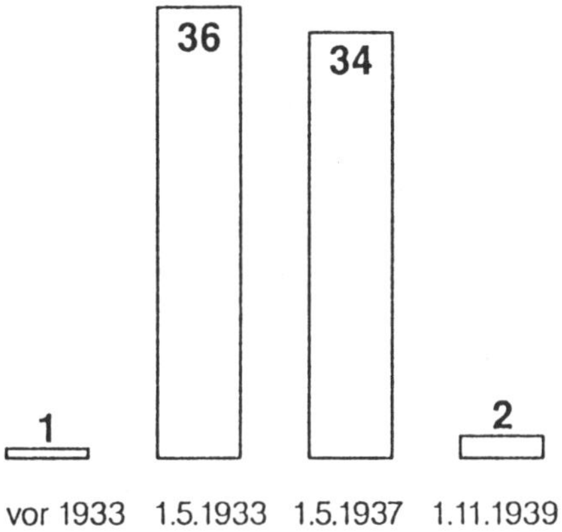

15.16.3 Eintritt in die NSDAP

chen Geschlechtsverkehr zwischen Juden und „Ariern“ untersagte. Ein Verstoß gegen dieses Gesetz kam dem Delikt der „Rassenschande“ gleich und zog eine empfindliche Haftstrafe nach sich. Sogenannte Mischehen konnten vom arischen Teil angefochten werden. Das *Reichsbürgergesetz* definierte, wer arischer Abstammung und wer Jude bzw. Mischling war.
(Stadtarchiv Bielefeld)

15.19 Urteilsbegründung zur Aufhebung einer „Rassenmischehe“

Die *Juristische Wochenschrift* druckte die Begründung des Landgerichts Münster vom 19. März 1936 als Beispielurteil in voller Länge ab. Das Gericht hält dem Kläger zugute, er sei sich zum Zeitpunkt der Heirat nur des anderen Glaubensbekenntnisses, nicht aber der anderen Rassezugehörigkeit seiner Frau bewußt gewesen; erst durch die Nürnberger Gesetze habe er hiervon Kenntnis erhalten. Es ignoriert den Ablauf der gesetzlichen

Anfechtungsfrist und konstatiert, *"daß die Allgemeinheit nach der heutigen Erkenntnis des Rasseproblems kein Interesse daran hat, Rassemischehen aufrecht zu erhalten.*" Mit seiner völlig absurden Argumentation geht das Gericht über die rassistische Gesetzgebung der Nationalsozialisten hinaus, indem es die gesetzlich nicht vorgesehene nachträgliche Anfechtung der Ehe absegnet.
(Juristische Wochenschrift 65,3 (1936))

Die Verschärfung des Strafrechts
Die Prinzipien der antidemokratischen Juristenschaft der ausgehenden Weimarer Republik boten die Basis, auf der die Nationalsozialisten nach der *„Machterhebung"* (Karl Peters) aufbauen konnten. Ein historischer Bruch auf dem Gebiet des Strafrechts war zunächst höchstens insofern festzustellen, als die lange zuvor erhobenen Forderungen während der NS-Zeit effektiv und zügig in die Praxis umgesetzt wurden. Humanistische Grundsätze des Strafvollzugs galten als Kapitulation vor dem Eindringen westlicher und *undeutscher* Moralvorstellungen. Die Rückkehr zu einem verschärften Strafrecht sollte verloren geglaubte Disziplin restaurieren, sollte in seiner ganzen Ausschließlichkeit das Wohl des Ganzen über das des Individuums stellen. Waren die Brutalisierung der Rechtsprechung und dehnbare Gesetze dazu angetan, den größten Teil der Straftäter in ideologisch angepaßten Bahnen zu verurteilen, so sprengte der Passus des *gesunden Volksempfindens* die Grenzen staatlicher Willkür. Demnach konnte eine Tat ohne gesetzliche Grundlage bestraft werden, wenn dies nach Ansicht des Richters dem *gesunden Volksempfinden* entsprach.

15.20 Gesetz zur Änderung des Strafgesetzbuchs vom 28. Juni 1935
Das sogenannte *gesunde Volksempfinden* – in diesem Fall natürlich die nationalsozialistische Ideologie – ermöglichte die völlig willkürliche Verurteilung jenseits der Gesetze bei der oft politisch motivierten Urteilsfindung. Auch wenn für bestimmte Taten keine gesetzliche Strafe vorgesehen war, konnte die Verurteilung aufgrund des *gesunden Volksempfindens* erfolgen.
(Reichsgesetzblatt vom 5. Juli 1935)

Die Justiz zur Sicherung der „inneren Front" 1939–45

Die mit dem Überfall auf Polen entstandenen Kriegsverhältnisse boten Nationalsozialisten und Justiz gleichermaßen Grund wie Vorwand zur brutalen Verschärfung der Strafjustiz. Mit unnachsichtiger Härte wurde jedes nonkonformistische Verhalten bekämpft. Von den mehr als 16500 durch zivile Strafgerichte verhängten Todesstrafen entfielen allein 15000 auf die Jahre 1940–45. Wie so oft war Hitlers Ankündigung vom März 1933 – „Landes- und Volksverrat sollen künftig mit barbarischer Rücksichtslosigkeit ausgebrannt werden" – weder leere Phrase noch Einschüchterungsversuch, sie war Programm! Mit dem Amtsantritt des fanatischen Nationalsozialisten Thierack als Reichsjustizminister entsprach man der Brutalisierung des Rechts auch personell. Ähnlich verhielt es sich im OLG-Bezirk Hamm, wo der *Alte Kämpfer* der NSDAP, Hans Semler, im Jahre 1936 zunächst Generalstaatsanwalt, im Dezember 1942 dann OLG-Präsident wurde.

Verstärkten Lenkungsbemühungen der Nationalsozialisten gegenüber der Justiz war nur teilweise Erfolg beschieden. Kein Richter wurde je unter Drohungen zur verschärften Strafzumessung gezwungen, jedoch wuchs zweifellos der psychologische Druck. Hinzu kam, daß GeStaPo und SS immer häufiger Urteile der Justiz „korrigierten", d. h. ohne richterlichen Beschluß folterten und exekutierten.

Die Volksschädlings-Verordnung (VVO)
Am 5. September 1939 erließ die Regierung die VVO, die als Grundlage für zahllose skandalöse Urteile diente. Täter, die sich die neu entstandenen Kriegsverhältnisse für eine Straftat tatsächlich oder angeblich zunutze gemacht hatten, konnten als Volksschädlinge bestraft werden. Ausschlaggebend war demnach nicht mehr allein die Tat, z. B. Diebstahl oder Plünderung, sondern die Persönlichkeit des Täters. Die Einordnung als Volksschädling konnte brutalste Strafen nach sich ziehen. Oft wurde die Todesstrafe verhängt, wenn dies das *gesunde Volksempfinden* in den Augen der Richter erforderte.

Die somit erzielte Verschärfung der Strafrechtspflege diente den Nationalsozialisten allerdings nicht nur zur Aufrechterhaltung von Ruhe und Ordnung an der *inneren Front*, wie zahlreiche Urteile gegen Polen, Wiederholungstäter und Angehörige unterer sozialer Schichten belegen. Die VVO bezweckte vor allem die politische Knebelung der Bevölkerung, um die nationalsozialistische Ideologie vollständig zu etablieren. Die Justiz trug auch während des Krieges zum

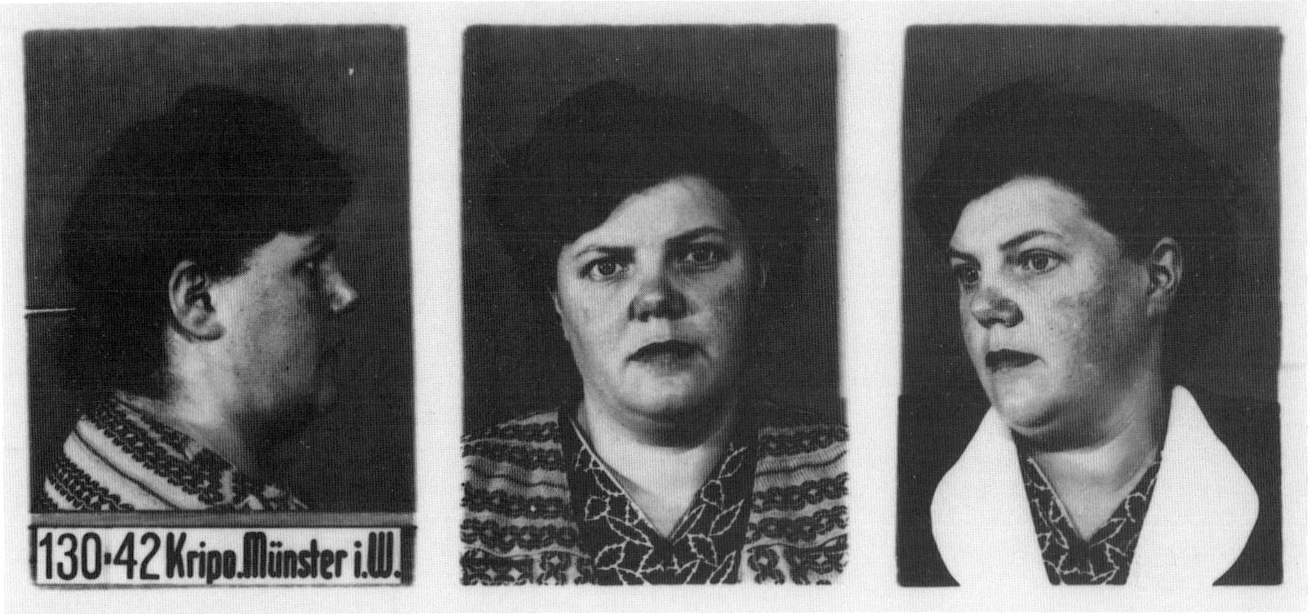

15.21.1 Der Fall Wilma Hesselink. Paßfotos

Funktionieren des staatlichen Unterdrückungsapparates bei.

15.21 Urteilsauszug, Photo, Vollstreckungsprotokoll und Plakat im Fall Wilma Hesselink 1943

Die Angeklagte war Leiterin einer Kartenausgabestelle in Münster, wo sie Lebensmittelkarten unterschlagen hatte. Das Urteil sollte abschreckende Wirkung haben und zeigen, daß ein langjähriges Parteimitglied – Wilma Hesselink gehörte der NSDAP seit 1931 an – von der Justiz nicht bevorzugt behandelt wurde. Trotz zahlreicher Eingaben wird Wilma Hesselink zum Tode verurteilt und enthauptet, die Vollstreckung danach öffentlich bekannt gemacht.
(Staatsarchiv Detmold, Sondergericht Bielefeld D 21 A Nr. 4187)

Die Sondergerichte – „Panzertruppe der Rechtspflege"
Seit dem I. Weltkrieg waren Sondergerichte in politisch unruhigen Zeiten wiederholt eingerichtet worden. Die letzte diesbezügliche Verordnung der Weimarer Republik datiert auf den 9. August 1932, als die Regierung Papen zur Wiederherstellung ihrer Autorität in der Zeit der Straßenkämpfe die Gründung von Sondergerichten beschloß. Auch in Münster existierte ein solches einige Monate lang.

In fast wörtlicher Übereinstimmung übernahm die von den Nationalsozialisten erlassene Verordnung vom 21. März 1933 diese Vorlage. Für jeden OLG-Bezirk war anfänglich ein aus drei Berufsrichtern bestehendes Sondergericht vorgesehen. Dabei wurde auf deren politische Zuverlässigkeit besonderer Wert gelegt. Meistens waren daher jüngere Parteimitglieder in Sondergerichten tätig, das Element der Laienbeteiligung wurde strikt ausgeschlossen. Die Verfahren zeichneten sich durch die drastische Einschränkung der Rechte des Angeklagten aus, wobei es im Ermessen des Staatsanwaltes lag, ob man vor einem Sondergericht oder einem herkömmlichen verhandelte. Sondergerichte waren zunächst für Vergehen gegen die Reichstagsbrand-

15.21.2 Plakat über die Hinrichtung Wilma Hesselinks

und die Heimtücke-Verordnung zuständig. Während des Krieges erlangten sie erhöhte Bedeutung, indem sie Fälle von Wehrkraftzersetzung, Schwarzschlachtung sowie Verstöße gegen die Volksschädlings-Verordnung verhandelten. Dabei entwickelten sie größte Brutalität gegenüber ausländischen Zwangsarbeitern und Kriegsgefangenen.

15.22 Landgericht Dortmund

Neben dem Sondergericht Bielefeld war das beim Landgericht Dortmund eingerichtete Sondergericht für Personen aus Münster zuständig.
(Stadtarchiv Hamm)

15.23 Prozesse und Todesurteile der Sondergerichte Bielefeld und Dortmund 1940–1945

Die Zahl der von deutschen Sondergerichten ausgesprochenen Todesurteile stieg parallel zu den Prozessen in den mittleren Kriegsjahren drastisch an. Die *Panzertruppe der Rechtspflege* (Roland Freisler) erfüllte die ihr an der *inneren Front* zugedachte Aufgabe ohne Skrupel und Zögern.
(Zahlen nach: H.-E. Niermann, Strafjustiz und Nationalsozialismus im OLG-Bezirk Hamm 1933–1945, in: Ortstermin Hamm: Zur Justiz im Dritten Reich. Ausstellung des Stadtarchivs Hamm, Hamm 1991)

15.24 Besetzungsliste des Sondergerichts Münster

Im November 1944 wird in Münster ein Sondergericht eingerichtet, um die Disziplin unter der Bevölkerung während der Luftangriffe aufrecht zu erhalten. Plünderer sollen schnell abgeurteilt werden, ohne daß die wegen der Luftangriffe schwer erreichbaren Sondergerichte in Bielefeld oder Dortmund in Aktion treten müssen. Zum Vorsitzer des Sondergerichts Münster wird der parteikonforme Richter Potthoff bestimmt.
(Landgericht Münster, Generalakten Land- und Schwurgerichte Bd. I)

15.25 Meldung über ein Todesurteil des Sondergerichts Münster

Das Sondergericht Münster spricht noch am 3. Februar 1945 Zuchthausstrafen und sogar die Todesstrafe aus. Wegen des nahen Kriegsendes konnte es ansonsten nicht mehr stark in Erscheinung treten.
(Landgericht Münster, Generalakten Land- und Schwurgerichte Bd. I)

Erbgesundheit und „Euthanasie"

Die rassistische Ideologie der Nationalsozialisten beanspruchte für sich, die Reinerhaltung der germanischen *Herrenrasse* zu sichern. Schon in den zwanziger Jahren waren Stimmen laut geworden, die für Zwangssterilisierung und Tötung *lebensunwerten Lebens* plädierten. Zur gleichen Zeit fand die Diskussion auch in anderen europäischen Ländern und in den Vereinigten Staaten statt – in Deutschland wurde sie nach 1933 Realität.

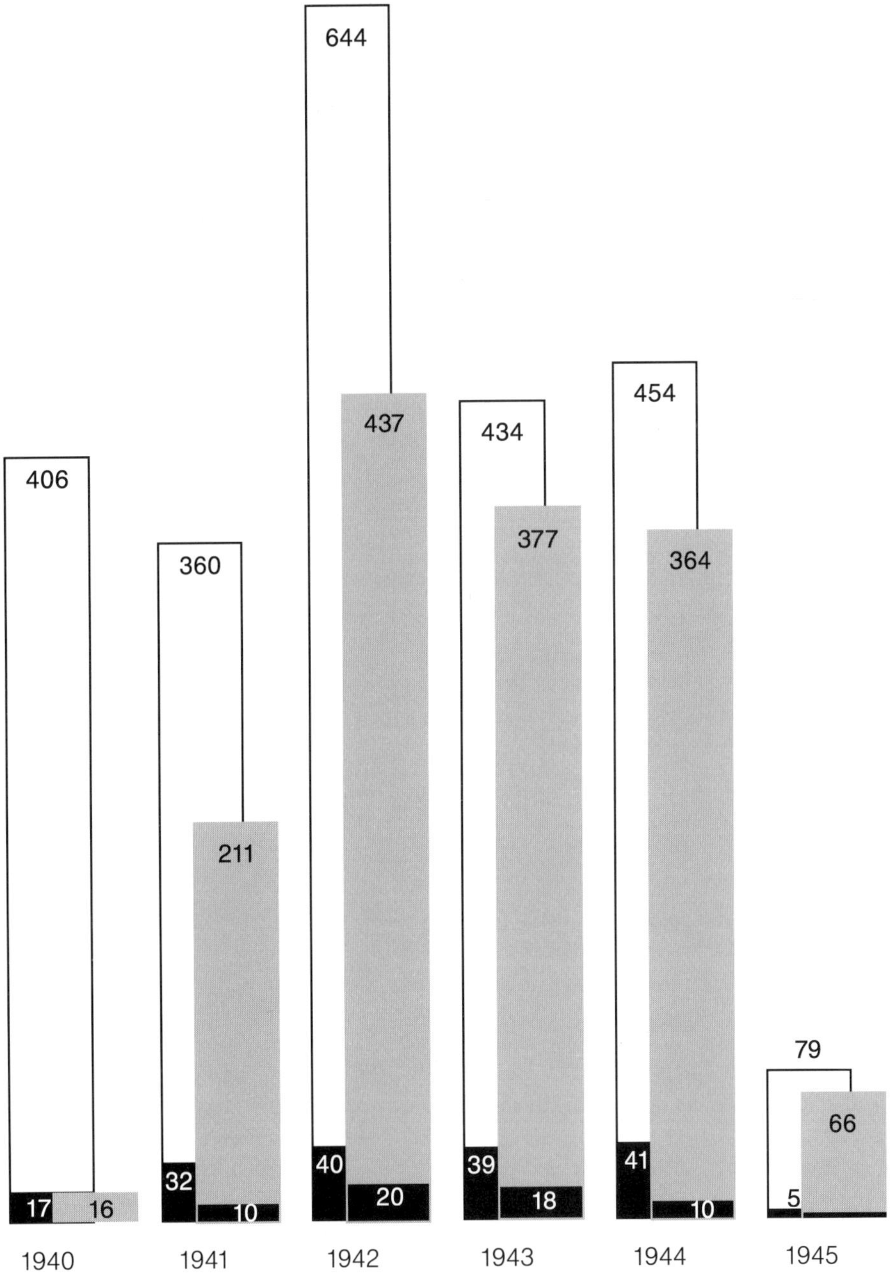

15.23 Prozesse und Todesurteile der Sondergerichte Bielefeld und Dortmund

Konnten die Erbgesundheitsverfahren zumindest den Anschein der Legalität wahren – von der Justiz und der Bevölkerung wurden sie zunächst größtenteils akzeptiert – so operierten die Nationalsozialisten bei der *Aktion T4* vollends im Geheimen. In den ersten beiden Kriegsjahren fielen 60000 bis 80000 Menschen der *Vernichtung lebensunwerten Lebens*, der sogenannten Euthanasie, zum Opfer. Als in der Justiz erste Gerüchte über die Geheimaktion kursierten, bemühte sich Reichsjustizminister Gürtner um die Schaffung einer gesetzlichen Basis. Gürtner war weniger gegen die Aktion selbst, sondern vor allem gegen deren Durchführung ohne gesetzliche Grundlage, was dem Ansehen der Justiz Schaden zufügen konnte.

15.26 Intelligenzprüfungsbogen

Die gesetzliche Grundlage für die Unfruchtbarmachung von schätzungsweise 200000 bis 350000 Menschen schufen die Nationalsozialisten mit dem *Gesetz zur Verhütung erbkranken Nachwuchses* vom 14. Juli 1933. Zuständig für dessen Durchführung waren die den Amtsgerichten am Sitz eines Landgerichts angegliederten Erbgesundheitsgerichte. Die Besetzung erfolgte mit einem Berufsrichter, einem beamteten und einem praktizierenden Arzt. Dieses Gremium hatte anhand von Fragebögen und Untersuchungen über eine mögliche Zwangssterilisierung zu entscheiden. Kriterien wie Hilfsschulbesuch, Arbeitslosigkeit oder der Empfang von Fürsorgemitteln führten in den meisten Fällen ebenfalls zur Sterilisierung. Bei Verdacht auf Geistesgestörtheit mußten die Fragen des Intelli-

Der Oberlandesgerichtspräsident. (21) Hamm, den 14. November 1944.
3234 - 1.55.

An den
Herrn Landgerichtspräsidenten
in
Münster/Westf.

Kenntnis genommen 1/12.44.

Postsammelstelle des Landgerichts für die Justizbehörden ... (Westf.)
Eing. 27 NOV 1944

Anliegende Abschrift übersende ich zur Kenntnis und weiteren Veranlassung.

Zum Vorsitzer des Sondergerichts bestelle ich den Landgerichtsdirektor Dr. [redacted] in Münster,
zum stellvertr. Vorsitzer den LGDir. Dr. [redacted] in Münster,
zum weiteren stellvertr. Vorsitzer den jeweils dienstältesten Richter Ihres Bezirks.

Zu Mitgliedern bestelle ich:

1. den LGDir. [redacted] in Münster,
2. den LGDir. [redacted] in Münster,
3. den LGDIr. [redacted] in Münster,
4. den LGDir. Dr. [redacted] in Münster,
5. den LGRat [redacted] in Münster,
6. den LGRat Dr. [redacted] in Münster,
7. den LGRat [redacted] in Münster,
8. den LGRat Dr. [redacted] in Münster, z.Zt. Hilfsrichter bei dem AG. in Ibbenbüren,
9. den LGRat Dr. [redacted] in Münster,
10. den AGRat [redacted] in Haltern, z.Zt. Hilfsrichter bei dem LG. in Münster,
11. den AGRat [redacted] in Ahaus, z.Zt. Hilfsrichter bei dem AG. in Gronau,
12. den OAR. [redacted] in Ahlen,
13. den AGRat Dr. [redacted] in Beckum,
14. den AGRat [redacted] aus Oelde, z.Zt. Hilfsrichter bei den AG.Beckum und Ahlen,
15. den OAR. [redacted] in Bocholt,
16. den AGRat Dr. [redacted] in Bocholt,
17. den AGRat [redacted] in Bocholt,
18. den AGRat Dr. [redacted] in Borken,
19. den AGRat Dr. [redacted] in Borken, z.Zt. Hilfsrichter bei dem AG. in Münster,
20. den AGRat [redacted] in Münster, z.Zt. Hilfsrichter bei dem AG. in Borken,
21. den AGRat [redacted] in Burgsteinfurt,
22. den OAR. Dr. [redacted] in Coesfeld,
23. den AGRat [redacted] in Coesfeld,
24. den AGRat Dr. [redacted] in Vreden, z.Zt. Hilfsrichter bei dem AG. in Gronau,
25. den AGRat [redacted] in Essen, z.Zt. Hilfsrichter bei den AG. in Ibbenbüren und Warendorf,
26. den AGRat [redacted] in Tecklenburg, z.Zt. Hilfsrichter bei dem AG. Ibbenbüren,
27. den AGRat [redacted] in Lüdinghausen, z.Zt. Hilfsrichter bei dem AG. in Werne,
28. den AGRat [redacted] in Menden, z.Zt. Hilfsrichter bei dem AG. in Lüdinghausen,
29. den AGDir. Dr. [redacted] in Münster,
30. den AGRat [redacted] in Münster,
31. den AGRat [redacted] in Münster,
32. den AGRat [redacted] in Münster,
33. den AGRat [redacted] in Münster,
34. den AGRat [redacted] in Münster,
35. den LGRat [redacted] in Essen, z.Zt. Hilfsrichter bei dem AG. in Münster,
36. den OARichter [redacted] in Rheine.

M.d.W.d.G.b.
gez. Freiherr von Steinaecker,
Präsident des Landeserbhofgerichts.

Beglaubigt:
Kipp,
Justizangestellte

15.24 Besetzungsliste des Sondergerichts Münster

z.Zt.Oelde

5. II 5

-------------Oelde,AG.

---- Oelde 174

32 c - 98

An den

Herrn Oberlandesgerichtspräsidenten

in Hamm

Betr. Strafsache gegen die
Zuchthausgefangenen
[redacted] u. anderer wegen
Plünderns (6 K MS 1/45).

In der Strafsache gegen die Zuchthausgefangenen [redacted] und [redacted] wegen Plünderns (Verbrechen nach § 1 der Volksschädlingsverordnung vom 5.9.1939), in welcher ich die Anklageschrift als bekannt voraussetzen darf, berichte ich, daß das Sondergericht in Münster unter meinem Vorsitz in der am 3. lfd.Mts. im Zuchthause in Werl stattgehabten Hauptverhandlung folgendes Urteil verkündet hat:

"1) Der Angeklagte [redacted] wird unter Freisprechung im übrigen als Volksschädling und als gefährlicher Gewohnheitsverbrecher wegen Rückfalldiebstahls in 4 Fällen, welche unter Ausnutzung des Kriegszustandes zum Nachteil von bombengeschädigten Volksgenossen begangen sind, zum Tode verurteilt.

Die Ehrenrechte werden ihm auf Lebenszeit aberkannt.

Die Sicherungsverwahrung wird angeordnet.

2) Der Angeklagte [redacted] wird unter Freisprechung im übrigen als Volksschädling wegen Diebstahls in 2 Fällen und wegen gewinnsüchtiger Begünstigung, Straftaten, welche unter Ausnutzung des Kriegszustandes zum Nachteil von bombengeschädigten Volksgenossen begangen sind, zu einer Gesamt-Zuchthausstrafe von 3 1/2 Jahren verurteilt.

Die Ehrenrechte werden ihm auf die Dauer von 5 Jahren aberkannt.

Seine Unterbringung in einer Heil- oder Pflegeanstalt wird angeordnet.

3) Der Angeklagte [redacted] wird unter Freisprechung im übrigen als Volksschädling und als gefährlicher Gewohnheitsverbrecher wegen Rückfalldiebstahls in 2 Fällen, welche unter Ausnutzung des Kriegszustandes zum Nachteil von bombengeschädigten Volksgenossen begangen sind, zu einer Gesamtzuchthausstrafe von 5 Jahren verurteilt.

Die

15.25 Todesurteil des Sondergerichts Münster im Februar 1945

genzprüfungsbogens beantwortet werden.
(Reichsgesetzblatt vom 5. Dezember 1933)

15.27 Angeordnete Zwangssterilisierungen des Erbgesundheitsgerichts Münster 1935, s. Bild-Anhang S. 239

Vorsitzer des Erbgesundheitsgerichts Münster war Amtsgerichtsdirektor Bartels (NSDAP-Mitglied seit 1. Mai 1933). Dieser bemühte sich, die Sterilisierungen geheim zu halten, um Nachteile für die Betroffenen und wachsendes öffentliches Mißfallen zu vermeiden. Im hiesigen Landgerichtsbezirk kam auf eintausend Personen eine Zwangssterilisierung. Dies entsprach exakt dem durchschnittlichen Sterilisierungsanteil im OLG-Bezirk Hamm. Der katholische Bezirk Münster stellte auch in dieser Beziehung keine Besonderheit dar.
(Staatsarchiv Münster, OLG Hamm Erbgesundheitsgerichte Nr. 758)

15.28 Bischof Clemens August Graf von Galen

Im Sommer 1941 berichteten englische „Feindsender“ ausführlich über die Tötung von Geisteskranken. Schließlich hielt der Bischof von Münster mit seinem Wissen nicht mehr zurück. Daß er die Tötungen in aller Offenheit als Mord brandmarkte, trug dazu bei, die Unruhe in der Öffentlichkeit zu steigern. In einer Predigt in der Lambertikirche sagte er am 3. August 1941:

„Als ich von dem Vorhaben erfuhr, Kranke aus Marienthal abzutransportieren, um sie zu töten, habe ich am 28. Juli bei der Staatsanwaltschaft beim Landgericht in Münster und bei dem Herrn Polizeipräsidenten in Münster Anzeige erstattet durch eingeschriebenen Brief [...]. Nachricht über ein Einschreiten der Staatsanwaltschaft oder der Polizei ist mir nicht zugegangen.“

15.28 Bischof Clemens August Graf von Galen

Die Euthanasieaktion wurde noch im gleichen Jahr dezentralisiert und auf Anstaltsebene geheimer als bisher fortgeführt.
(Stadtarchiv Münster, Filmnegative Nachlaß Albers Nr. 35–33)

Literatur:

R. Angermund, Deutsche Richterschaft 1919–1945. Krisenerfahrung, Illusion, politische Rechtsprechung, Frankfurt 1990.

Bundesminister der Justiz (Hrsg.), Im Namen des Deutschen Volkes. Justiz und Nationalsozialismus. Katalog zur Ausstellung des BMJ, Köln 1989.

L. Gruchmann, Justiz im Dritten Reich 1933–1940, Anpassung und Unterwerfung in der Ära Gürtner, München 1988.

Oberstadtdirektor der Stadt Hamm (Hrsg.), Ortstermin Hamm: Zur Justiz im Dritten Reich. Katalog zur Ausstellung des Stadtarchivs Hamm, Hamm 1991.

R. Pöppinghege, „Keinerlei weltanschauliche Hemmungen“ – Zur Anpassungsbereitschaft der Justiz, in: I. Horstmann/U. Junker/K. Klusmann/B. Ostendorf (Hrsg.), „Wer seine Geschichte nicht kennt...“ – Münster und Nationalsozialismus, Münster 1993.

16

Die Entnazifizierung des Landgerichts Münster

Personen, die vor der Arbeitsaufnahme deutscher Entnazifizierungsausschüsse durch die Militärregierung aus dem Amt entfernt wurden, können daraufhin überprüft werden, ob die Gründe, die seinerzeit zur Entlassung geführt haben, heute noch als ausreichend angesehen werden, um die Entfernung zu rechtfertigen.

(Der Sonderbeauftragte für die Entnazifizierung im Lande Nordrhein-Westfalen am 26. Februar 1948)

Die Wiedereröffnung der deutschen Gerichte nach Kriegsende

Nachdem die alliierten Besatzungsmächte zunächst alle Gerichte geschlossen und die Richter entlassen hatten, entschied die britische Militärregierung bereits im Juni 1945, die Gerichte in ihrer Besatzungszone wiederzueröffnen, so auch in Münster. Man knüpfte nahtlos an die überkommenen Strukturen des Gerichtswesens an: Die auf das Gerichtsverfassungsgesetz von 1877 zurückgehende Gerichtsorganisation wurde laut alliiertem Kontrollratsgesetz vom November 1945 fortgeschrieben. Indes erweckten die totale Kriegsniederlage und die schweren Zerstörungen den Eindruck eines tiefen Einschnitts, den auch das ausgebombte Landgerichtsgebäude auf sinnfällige Weise unterstrich.

Im Gerichtswesen war es allein die Personalpolitik, in der sich ein Bruch mit der Vergangenheit vollzog, dies allerdings nur sehr zaghaft. Zwar machte die britische Militärregierung die Wiedereinstellung des Justizpersonals von einer politischen Überprüfung, von der sogenannten ‚Entnazifizierung' abhängig, aber sie stellte nach Ausbruch des Kalten Krieges im Lichte des ungedeckten Fachkräftebedarfs ihre Bedenken gegen die Wiederbeschäftigung ehemaliger NS-Parteigänger mehr und mehr zurück. Konnte man ihnen eine persönliche Mitwirkung an den Verbrechen des NS-Regimes nicht nachweisen und distanzierten sie sich von ihrer nationalsozialistischen Vergangenheit, gestand man ihnen das Recht auf politischen Irrtum zu. Der verantwortungsethische Gesichtspunkt, daß auf den vormals aktiven wie nominellen NS-Parteigängern auch dann eine gewisse Mitverantwortung für die Untaten des NS-Staat lastete, wenn eine direkte Mitwirkung nicht vorlag, trat sehr früh in den Hintergrund.

16.1 Fotoaufnahme des zerstörten Prinzipalmarktes und Luftaufnahme eines britischen Bomberpiloten aus dem Jahre 1945

Fast das gesamte Stadtzentrum Münsters wird im II. Weltkrieg in Schutt und Asche gelegt. Auch das Landgerichtsgebäude an der Gerichtsstraße fällt am 25. März 1945 einem alliierten Bombenangriff zum Opfer. Erst 1951 kann der Wiederaufbau abgeschlossen werden. Bis dahin ist das Landgericht in Militärkasernen an der Roxeler Straße untergebracht. (Stadtarchiv Münster/Regierungspräsidium Münster)

Phasen der Entnazifizierung in der britischen Zone und in Münster: Stufenweise Entschärfung der politischen Belastungskriterien

1. Phase: Nach Wiedereröffnung der Gerichte im Sommer 1945 hatten sich die Richter vor der Wiedereinstellung einer politischen Überprüfung durch die britische Militärregierung zu unterziehen. Diese Aufgabe fiel in die Zuständigkeit einer Spezialbehörde, der ‚Public Safety Special Branch', die den Neuaufbau der Justizbehörden durch einen ‚Senior Legal Officer' kontrollieren ließ. Von der Wieder- oder Neueinstellung waren all die ausgeschlossen, die als sog. ‚alte Kämpfer' der NSDAP vor der Machtergreifung beigetreten waren und/oder sich als aktive NS-Parteigänger profiliert hatten. Die sogenannten ‚Märzgefallenen', die der NSDAP erst nach der Machtergreifung beigetreten waren, blieben von der Entnazifizierung verschont, sofern sie sich politisch zurückgehalten hatten. Diesem Typus von Parteianhängern unterstellte man nach Kriegsende pauschal opportunistische Motive, nicht innere Überzeugung.

2. Phase: Im Oktober 1945 verfügte die britische Militärregierung für die Besetzung vakanter Richterstellen die sog. ‚Huckepack'-Regelung. Danach durfte bei der Neubesetzung der Gerichte auf jeden unbelasteten Richter ein ehemaliger Parteigänger der Nationalsozialisten kommen; d.h. bis zu 50% durften die Gerichte ihren Personalbedarf aus dem Kreise der politisch Belasteten decken, sofern diese als Mitläufer eingestuft werden konnten. Zu dieser Lockerung der britischen Einstellungspolitik kam es, weil sich der Bedarf an qualifiziertem Justizpersonal auf anderem Wege nicht decken ließ.

3. Phase: Im Frühjahr 1946 riefen die hoffnungslos überlasteten britischen Militärbehörden mit Deutschen besetzte Entnazifierungsausschüsse ins Leben, um die Entnazifizierung zu beschleunigen. Für den Stadtkreis Münster leitete der Oberbürgermeister im April 1946 die Bildung eines Entnazifizierungshaupt- und eines Berufungsausschusses in die Wege. Zur Grundlage der Überprüfungstätigkeit der Ausschüsse wurde 1. ein umfangreicher Fragebogen zum politischen Vorleben in der NS-Zeit und 2. die Zuarbeit von Unterausschüssen, im Falle des Justizpersonals die Zuarbeit eines Sichtungsausschusses, der im April 1946 beim Landgericht Münster zusammentrat. Dieser aus drei Personen bestehende Ausschuß, dem der Amtsgerichtsdirektor Niesert vorstand, hatte das gesamte Justizpersonal einer Vorprüfung zu unterziehen. Das Ergebnis ging in die gutachterliche Stellungnahme ein, die der Entnazifizierungshauptausschuß (ggf. auch der Berufungsausschuß) für die britische Militärregierung abzugeben hatte. Letztere behielt weiterhin das Entscheidungsrecht in Händen, stützte sich aber weitgehend auf das Urteil der Ausschüsse. Auch die Amtsträger, die bereits wiedereingestellt oder abgelehnt worden waren, wurden nochmals überprüft.

4. Phase: Im Juni 1946 hob die Militärregierung die Huckepack-Regelung auf, da unter dieser einschränkenden Bedingung der Bedarf an Richtern nicht gedeckt werden konnte. Diese Verfügung lief auf eine entscheidende Lockerung der Entnazifizierungspraxis hinaus.

5. Phase: Ab August 1946 gab die Militärregierung den Entnazifierungsausschüssen für die Überprüfungspraxis eine 5-Stufen-Klassifizierung an die Hand. Die Einstufung sollte nach dem Grad der Belastung erfolgen. Die Überprüfung der stark Belasteten, die mutmaßlich unter *Kategorie I ‚Verbrecher‘* und *II ‚Übeltäter‘* fielen, behielt sich die Militärregierung vor. Den deutschen Entnazifizierungsausschüssen überließ sie die Einreihung in die *Kategorien III bis V*: Unter *Kategorie III* fielen die *‚geringeren Übeltäter‘*, unter *Kategorie IV* die *‚Anhänger‘*, soweit sie *‚Nazi-Aktivisten‘* gewesen waren, und unter *Kategorie V die ‚Unbelasteten‘*. Das fünfgliedrige Klassifizierungsschema ebnete einer weiteren Lockerung der Überprüfungspraxis den Weg: Nunmehr konnten nominelle, sprich inaktive Parteigänger der Nationalsozialisten als harmlose Mitläufer eingestuft und der Kategorie V ‚Entlastete‘ zugeschlagen werden. Auch bei den Kriterien ‚Nazi-Aktivist‘ (Kat. IV) und ‚geringere Übeltäter‘ (Kat. III) legten die Entnazifizierungsausschüsse im Einklang mit der Militärregierung großzügigere Maßstäbe an: Immer weniger aktive Parteigänger wurden in diese mit beruflichen Nachteilen verbundenen Kategorien eingestuft. Das Kriterium ‚Nazi-Aktivist‘ legte man teilweise so eng aus, daß ‚Aktivisten‘, die sich kaum hervorgetan hatten, der Kategorie V ‚Entlastete‘ zugeschlagen wurden. Wurden Belastete in Kategorie IV eingereiht, drohten in abgeschwächter Form berufliche Nachteile, z. B. schlechtere Startchancen im Hinblick auf Beförderung und Karriere. Hingegen mußten die Betroffenen bei einer Einstufung in Kategorie III mit Entlassung, Nicht-Wiedereinstellung und weitgehendem Verlust der Versorgungsansprüche rechnen.

6. Phase: Ab Dezember 1947 trat die Militärregierung die Verantwortung für die Arbeit der Entnazifizierungsausschüsse an das neu gegründete Land Nordrhein-Westfalen ab. Die Aufgaben der zuständigen britischen Besatzungsbehörde übernahm der ‚Sonderbeauftragte für die Entnazifizierung im Lande Nordrhein-Westfalen‘. Wegen des großen Mangels an qualifizierten Amtsträgern drängte der ‚Sonderbeauftragte‘ auf weitere Entschärfung der Entnazifizierungskriterien: Die Entnazifizierungsausschüsse erhielten grünes Licht, belastete Personen von Kategorie III auf IV heraufzustufen, um die Wieder- oder Weiterbeschäftigung zu ermöglichen. Im Hintergrund stand das Bemühen, den Wiederaufbau zu beschleunigen und die Westzonen im heraufziehenden ‚Kalten Krieg‘ zu einem zuverlässigen Bollwerk gegen das sowjetisch beherrschte Osteuropa auszubauen. Vergangenheitsbewältigung im Sinne von Bestrafung und Sühne trat seit dieser Zeit hinter den Bedürfnissen der Nachkriegs-Gegenwart zurück.

7. Phase: 1949 war die politische Überprüfung so weit fortgeschritten, daß die über 100 Entnazifizierungsausschüsse bei den Stadt- und Landkreisen Nordrhein-Westfalens in zwei Stufen zu zentralen Ausschüssen bei den Regierungspräsidenten zusammengefaßt werden konnten. Im August 1950 stellten auch diese ihre Arbeit ein. Für die wenigen noch anstehenden Verfahren verblieb ein für ganz NRW zuständiger Ausschuß beim Regierungspräsidenten in Düsseldorf.

16.2 Zweisprachiger Entnazifizierungs-Fragebogen der Britischen Besatzungsbehörden aus dem Jahre 1945

Der Personal-Fragebogen überprüft das politische Vorleben in der NS-Zeit. Ihn gibt die britische Militärregierung im Frühsommer 1945 aus, um aktive Parteigänger der Nationalsozialisten aus dem öffentlichen Leben auszuschalten. Anfang 1946 tritt an seine Stelle ein umfangreicheres Formular mit 130 Fragen, das das politische Vorleben der Betreffenden noch genauer zu erfassen sucht. (Generalakten des Landgerichts Münster/Rechts- und Dienstverhältnisse der Beamten im allgem., 200 Bd. 3 vom 2. August 1945 bis 4. Juli 1947)

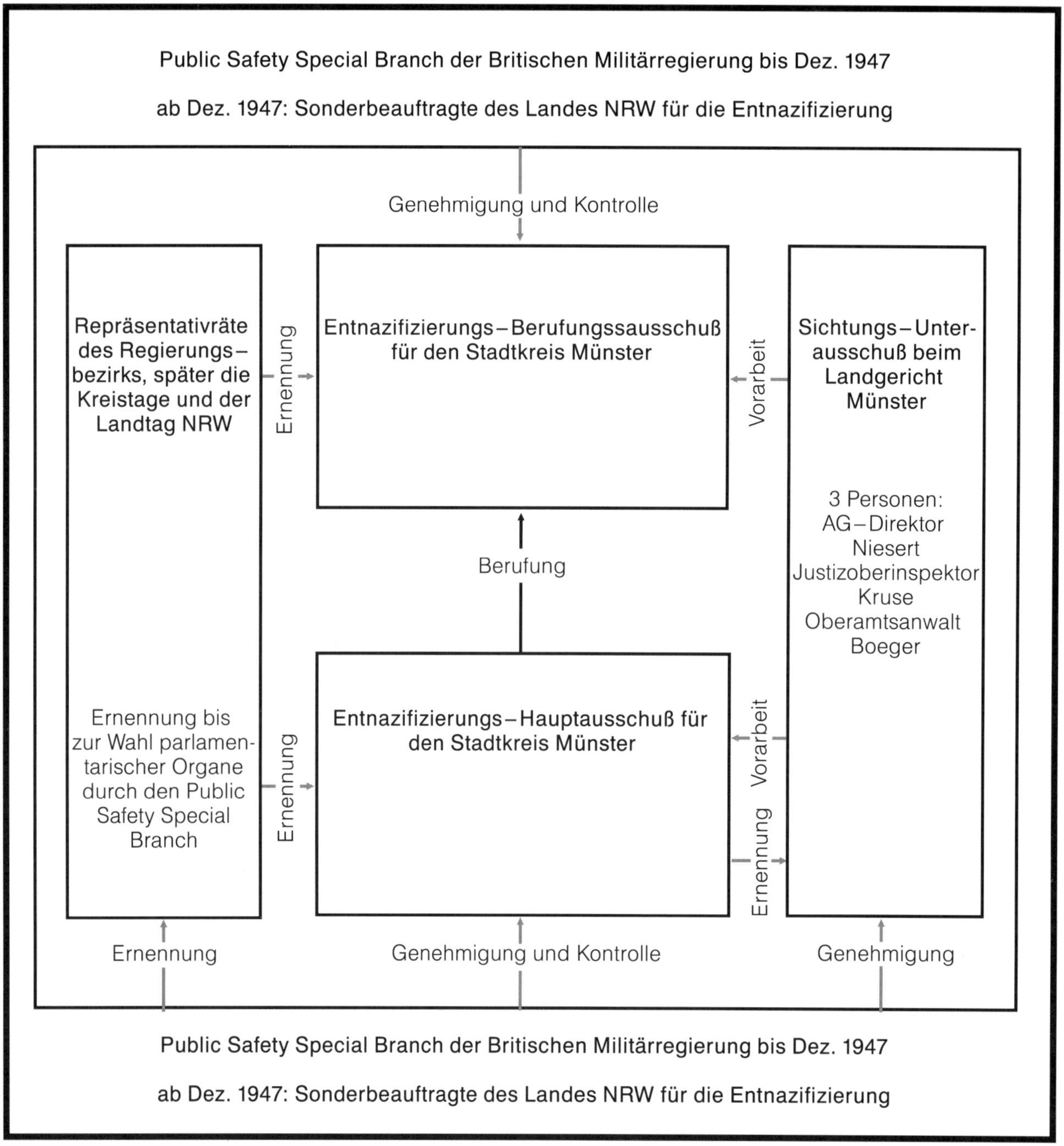

16.3 Organisation der Entnazifizierungsverfahren

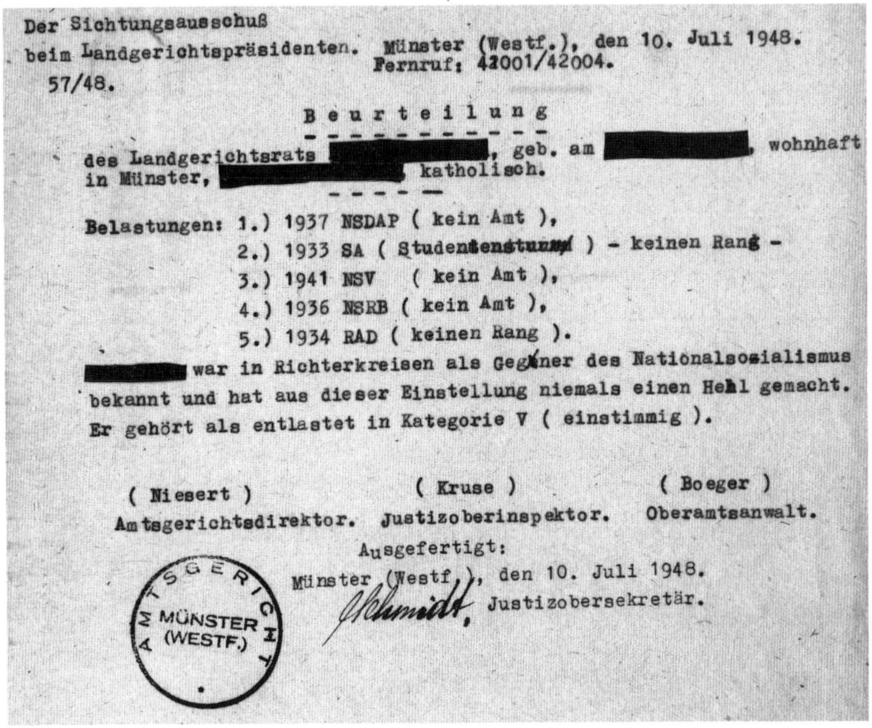

Der Sichtungsausschuß
beim Landgerichtspräsidenten. Münster (Westf.), den 10. Juli 1948.
Fernruf: 42001/42004.
57/48.

Beurteilung

des Landgerichtsrats [redacted], geb. am [redacted], wohnhaft
in Münster, [redacted] katholisch.

Belastungen: 1.) 1937 NSDAP (kein Amt),
2.) 1933 SA (Studentensturm) - keinen Rang -
3.) 1941 NSV (kein Amt),
4.) 1936 NSRB (kein Amt),
5.) 1934 RAD (keinen Rang).

[redacted] war in Richterkreisen als Gegner des Nationalsozialismus bekannt und hat aus dieser Einstellung niemals einen Hehl gemacht.
Er gehört als entlastet in Kategorie V (einstimmig).

(Niesert) (Kruse) (Boeger)
Amtsgerichtsdirektor. Justizoberinspektor. Oberamtsanwalt.

Ausgefertigt:
Münster (Westf.), den 10. Juli 1948.
Schmidt
Justizobersekretär.

AMTSGERICHT MÜNSTER (WESTF.)

16.4.2 Personalbeurteilung des Sichtungsausschusses

16.3 Schaubild: Organisation der Entnazifizierungsverfahren am Landgericht Münster in den Jahren 1946–1949

16.4 Personal-Beurteilungen des Entnazifizierungs-Unterausschusses beim Landgericht Münster aus den Jahren 1946 und 1948

Der im Frühjahr 1946 auf Anordnung der britischen Militärbehörden beim Landgericht eingesetzte Unterausschuß, – später Sichtungsausschuß genannt, – besteht aus drei unbelasteten Personen, die beruflich mit dem Münsterschen Gerichtswesen zu tun haben und daher über eine intime Kenntnis des politischen Vorlebens des Justizpersonals verfügen. Die politischen ‚Beurteilungen' haben empfehlenden Charakter und dienen dem kommunalen Entnazifizierungs-Hauptausschuß als Entscheidungshilfe. Deutlich wird, daß der Unterausschuß die Mitgliedschaft in NS-Organisationen für sich genommen als *nicht* belastend beurteilt.
(Hauptstaatsarchiv Düsseldorf, NW 1039, Nr. St 84 und St 154)

16.5 Bescheinigung des Pfarrers der katholischen Pfarrgemeinde St. Mauritz vom 25. Juni 1945: Ein Münsterscher Landgerichtsrat erhält ein entlastendes politisches Leumundszeugnis für das Wiedereinstellungsverfahren der britischen Militärbehörden.

Es handelt sich bei dem Betreffenden um einen Richter, der sich bei der Wiedereröffnung des Landgerichts im Frühsommer 1945 erneut um eine Richterstelle bewirbt, aber wegen seiner vormals nominellen Mitgliedschaft in der NSDAP und der SA befürchten muß, von den britischen Militärbehörden abgelehnt zu werden. Der Pfarrer bescheinigt ihm, innerlich ein Gegner des Nationalsozialismus gewesen zu sein. Unausgesprochen wird vorausgesetzt, daß der Betreffende der NSDAP und SA nur aus äußeren, sprich beruflichen Gründen beigetreten war. Daß ein politisch belasteter Landgerichtsrat einen Geistlichen in Anspruch nahm, um von dem Verdacht nationalsozialistischer Gesinnung entlastet zu werden, hatte seinen Grund darin, daß der katholische Klerus das Vertrauen der Besatzungsbehörden genoß: Er stand in dem Ruf, in entschiedener Gegnerschaft zum Nationalsozialismus gestanden zu haben.

Entlastende Bescheinigungen, die von Geistlichen und anderen ausgestellt wurden, sind unter der ironisierenden Bezeichnung ‚Persilschein' in die Geschichte der Entnazifizierungsverfahren eingegangen. In dieser abschätzigen Namensgebung kam der Argwohn zum Ausdruck, daß damit Parteigänger der NSDAP von ihrer Mitverantwortung für die Untaten des NS-Regimes reingewaschen werden sollten. Einer Erörterung wäre wert, ob es sich auch im vorliegen-

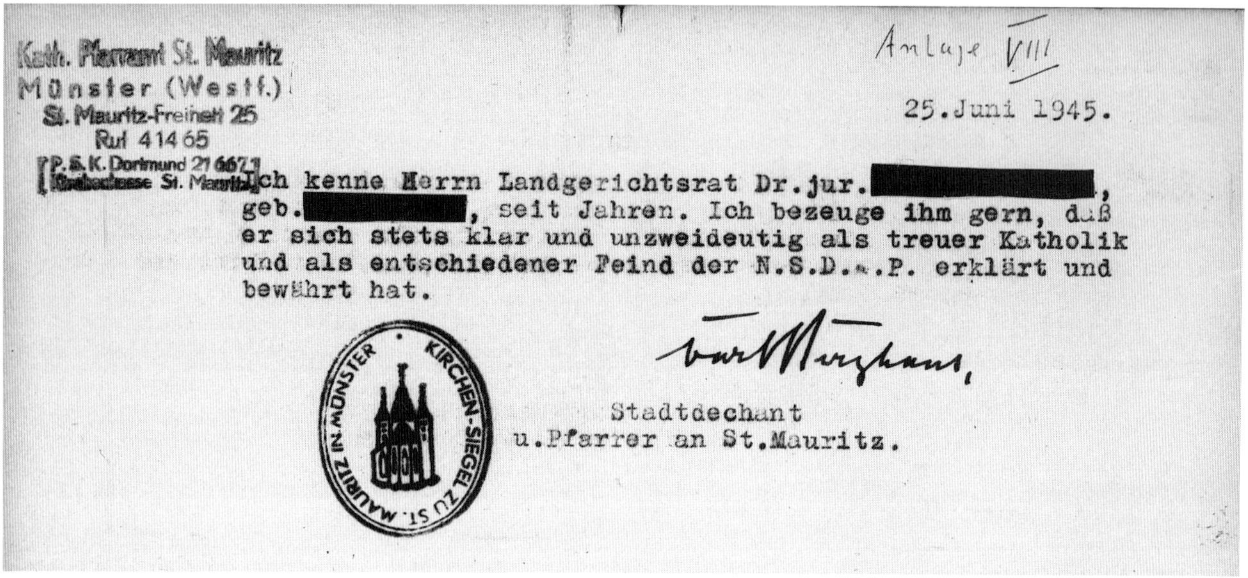

Kath. Pfarramt St. Mauritz
Münster (Westf.)
St. Mauritz-Freiheit 25
Ruf 414 65
P.S.K. Dortmund 21 667
Kirchenkasse St. Mauritz

Anlage VIII

25. Juni 1945.

Ich kenne Herrn Landgerichtsrat Dr. jur. [redacted], geb. [redacted], seit Jahren. Ich bezeuge ihm gern, daß er sich stets klar und unzweideutig als treuer Katholik und als entschiedener Feind der N.S.D.A.P. erklärt und bewährt hat.

KIRCHEN-SIEGEL ZU ST. MAURITZ IN MÜNSTER

Stadtdechant
u. Pfarrer an St. Mauritz.

16.5 Entlastungsbescheinigung

den Fall, in dem sich der betreffende Bewerber über seine nominelle Mitgliedschaft hinaus nicht aktiv für den Nationalsozialismus engagiert hatte, um einen ‚Persilschein' im pejorativen Sinne des Wortes handelte.
(Hauptstaatsarchiv Düsseldorf, NW 1039, Nr. St 154)

16.6 Graphik: Das Richterkollegium am Landgericht Münster während der NS-Zeit: Politische Kollektiv-Biographie von 38 Richtern

Für 38 der 49 Richter, die während der NS-Zeit zu irgendeinem Zeitpunkt am LG Münster tätig waren, ließen sich noch Daten zur politischen Biographie ermitteln. 26 von ihnen gehörten der katholischen, 12 der evangelischen Konfession an. Die Konfessionszugehörigkeit hatte eine heute kaum mehr nachvollziehbare Bedeutung. Mehr noch als die soziale Lage prägte sie die politische Einstellung, am deutlichsten ablesbar am Wahlverhalten. Einem katholisch-konfessionellen, als national unzuverlässig abgestempelten Minderheiten-Milieu stand nach der Reichsgründung von 1871 ein in mehrere Parteien aufgegliedertes nationales Lager gegenüber, das die kleindeutsche Reichsgründung unter der Führung des protestantischen preußischen Herrscherhauses ideologisch stützte. Die Frontstellung zwischen politischem Katholizismus und staatstragendem nationalen Lager strahlte bis in die Zeit des Nationalsozialismus aus. Gebrochen fand dies auch in der politischen Biographie des Münsteraner Landgerichtskollegiums seinen Niederschlag. Der NSDAP traten 31 von 38 Richtern bei, d. h. ca. 80%, wobei die sieben Nicht-Parteimitglieder, die sich auch sonst in politischer Zurückhaltung übten, ausnahmslos Katholiken waren. Von den 31 NS-Parteigängern arbeiteten 18 in irgendeiner Form aktiv in der NSDAP oder einer ihr nahestehenden Massen- oder Berufsorganisation mit; auch hier waren die evangelischen Richter gegenüber den katholischen stark überrepräsentiert.

Die Aktivisten übernahmen Funktionen beispielsweise als Bezirksfachgruppenleiter für Richter im NS-Rechtswahrerbund, als Beisitzer im Gaugericht Westfalen-Nord der NSDAP, als politischer Kommissar zur Gleichschaltung einer vom katholischen Zentrum beherrschten Gemeinde des Münsterlandes

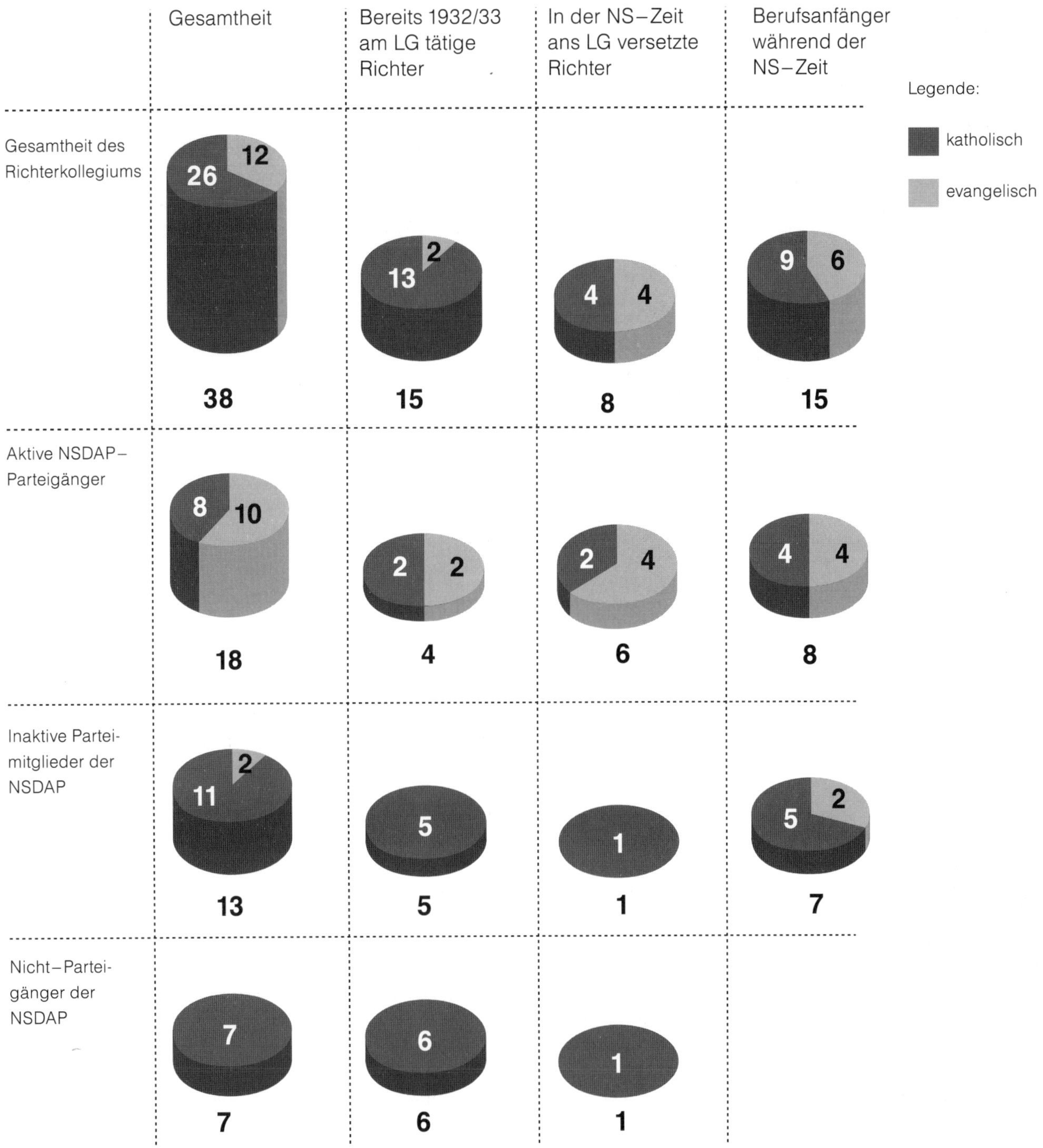

16.6 Kollektiv-Biographie der Landrichter. Siehe auch Bild-Anhang S. 240

oder als SA-Rottenführer. Wenngleich die hier aufgeführten Funktionen unterschiedliches Gewicht hatten, so kommt doch der grundsätzlichen Bereitschaft, sich gegenüber der grauen Masse der nominellen Mitglieder in welcher Form auch immer zu exponieren, eine gewisse Aussagekraft zu: Die Bereitschaft, über die Mitgliedschaft hinaus als Funktionsträger in Erscheinung zu treten, läßt auf eine tiefer verwurzelte innere Nähe zur Partei schließen.

Nach den unterschiedlichen politischen Voraussetzungen, unter denen die Richter ihren Dienst am LG Münster antraten, lassen sich drei Gruppen unterscheiden:

Gruppe I: Alteingesessene Richter, die bereits während der Machtergreifung der Nationalsozialisten am LG Münster tätig waren

Zu dieser Gruppe zählten 26 Richter, darunter 11, die vor Beginn des II. Weltkriegs den Altersruhestand erreichten, und 15, die der Frontkämpfergeneration des I. Weltkrieges angehörten. Über die Ersteren ließ sich auf Grund der dürftigen Quellenlage kaum etwas ermitteln. Die politische Biographie der Letzteren, die mit einer Ausnahme Frontsoldaten des I. Weltkrieges waren, konnte auf Basis der Personalakten recht gut rekonstruiert werden. Die nationalistische Radikalisierung am Vorabend des I. Weltkriegs und das durchschlagende Kriegserlebnis übten prägenden Einfluß auf das politische Weltbild dieser Generation aus. Kein Wunder, daß eine gewisse Sympathie für radikalnationalistische Antworten auf die Krise des Weimarer Staates anzutreffen war. Damit nahm auch die Bereitschaft zu, sich der NS-Bewegung anzuschließen. Aus dieser Gruppe traten acht Richter der NSDAP unmittelbar nach der Machtergreifung bei, ein Richter bereits vor Februar 1933; vier von ihnen wurden in NS-Organisationen aktiv. Anzunehmen ist, daß die nur nominellen Parteimitglieder aus dieser Gruppe sich in erster Linie von der Furcht vor beruflichen Nachteilen leiten ließen. Hingegen dürfte bei den aktiven Parteigängern politische Überzeugung eine mindestens ebenso gewichtige Rolle gespielt haben wie berufliches Opportunitätsdenken.

Gruppe II: Acht Richter, die während der NS-Zeit an das Landgericht Münster versetzt wurden

Auch diese Gruppe gehörte der Frontkämpfergeneration des I. Weltkriegs an. Bei der Versetzung an das Landgericht Münster spielten nach 1933 zunehmend parteipolitische Gesichtspunkte eine Rolle, ablesbar daran, daß in dieser Gruppe mehr Parteigänger und Parteiaktivisten anzutreffen sind als unter den Alteingesessenen. Dies war auf die Personalpolitik der NS-Justizorgane zurückzuführen, die mit dem vergleichsweise geringen Anteil engagierter Nationalsozialisten unter den Münsterschen Landrichtern unzufrieden waren.

Gruppe III: 15 Richter, die unter den politisch restriktiven Bedingungen der NS-Herrschaft als Berufsanfänger ihr Richteramt am LG Münster antraten

Prägend war für diese Richtergeneration die berufliche und politisch-ideelle Perspektivlosigkeit der Weimarer Jahre, die nicht wenige für radikalnationalistische Heilslehren anfällig machte. Nach 1933 wurde für diese Generation von Berufsanfängern die Zugehörigkeit zur NS-Bewegung zur unerläßlichen Voraussetzung, um in den Justizdienst zu gelangen. Demzufolge ist in dieser Gruppe kein Nicht-Parteigänger anzutreffen. Die meisten aus dieser Gruppe (13 von 15) wurden nach Ausbruch des II. Weltkrieges zum Militärdienst eingezogen und konnten ihren Dienst am LG Münster nur zeitweilig oder gar nicht versehen.

Auf Basis der Gruppendaten läßt sich zur politischen Kollektiv-Biographie der Richterschaft folgendes feststellen. Unter der bereits zum Zeitpunkt der Machtergreifung am Landgericht tätigen Richterschaft herrschte, soweit dies die Datenlage erlaubt, die katholische Konfession vor (13 von 15 Richtern). Eine knappe Mehrheit der katholischen Richter trat der NSDAP bei, eine starke Minderheit hielt sich aber politisch zurück. Unter den Letzteren ist ein harter Kern von vier Richtern auszumachen, von denen drei erst 1936 dem NS-Rechtswahrerbund beitraten, als der politische Druck massiv wurde. Einer von diesen katholischen Richtern verweigerte sich auch dann noch in aller Konsequenz. Man versetzte ihn nach einem Disziplinarverfahren, das u. a. die angebliche Verweigerung des sog. ‚deutschen Grußes' (‚Heil Hitler') zum Gegenstand hatte, in den vorzeitigen Ruhestand.

In der Gruppe der alteingesessenen Richter zählten zu den NS-Aktivisten die beiden evangelischen Richter und zwei der 13 katholischen Richter. Hier, bei den Aktivisten, trat der Konfessionsunterschied deutlicher zu Tage als bei den nominellen NS-Parteigängern; d. h. die weltauschauliche Distanz der Katholiken nahm erst dann deutlichere Konturen an, wenn es darum ging, *aktiv* am Aufbau des NS-Staates mitzuwirken. Die Auswertung der Personalakten bestätigt aufs Ganze gesehen den Eindruck, daß ein Zusammenhang zwischen der Konfessionszugehörigkeit und der Haltung gegenüber dem Nationalsozialismus bestand. Gleichwohl zeigte sich aber, daß die Grenzen des katholischen Milieus gegenüber dem nationalen Lager bereits in der Weimarer Zeit allmählich durchlässig wurden, ablesbar daran, daß eine Minderheit unter den katholischen Richtern bereits vor 1933 dem Verbandsmilieu der nationalen Rechten angehörte, eine Minderheit, die sich nach 1933 ohne große Mühe in den NS-Staat integrierte. Von Bedeutung ist, daß von den erfaßten 15 Personen dieser Gruppe 14 im I. Weltkrieg als Frontsoldaten gedient hatten. Das Kriegserlebnis, die unverstandene Kriegsniederlage und die Überzeugung von der deutschen Unschuld am Krieg ließen diese Generation in der Weimarer Nachkriegszeit zunehmend in den Sog nationalistischer Weltsicht geraten. Vermutlich hat gerade dies die Hemmschwelle, der NSDAP beizutreten, beträchtlich gesenkt. Im Unterschied zur alteingesessenen Richterschaft identifizierten sich die während der NS-Zeit ans LG Münster versetzten Richter stärker mit dem NS-Staat. Hier hatte die Personalpolitik der Justizbehörden nachgeholfen.

Das Bild, das die Berufsanfänger unter der Richterschaft boten, spiegelt ebenfalls deutlich den Charakter der NS-Personalpolitik. Sämtliche Neulinge, gleich welcher Konfession, waren Mitglied der NSDAP, vier Fünftel in der SA organisiert und gut die Hälfte NS-Aktivist. Von den neun Katholiken dieser Gruppe hatten sich vor der Machtergreifung vier im katholischen Verbandsrahmen engagiert, sich aber wie alle anderen um des beruflichen Fortkommens willen der NS-Bewegung angeschlossen. Das politische Profil dieser Gruppe wich auf Grund der besonderen politischen Rahmenbedingungen am stärksten von dem der Alteingesessenen ab.

Der Kollektiv-Biographie der Richterschaft des Landgerichts Münster liegen die Personal- und Generalakten des Landgerichts Münster und des Oberlandesgerichts Hamm sowie die Entnazifizierungsakten des Hauptstaatsarchivs Düsseldorf zugrunde. Einschränkend muß hervorgehoben werden, daß die Personal- und Entnazifizierungsakten nur noch lückenhaft vorhanden sind. Aus Datenschutzgründen haben sich die Ausführungen auf eine streng anonymisierte Darstellungsweise beschränken müssen.

16.7 Graphik: Die Entnazifizierung des Richterkollegiums am Landgericht Münster in den Jahren 1945–1950

Das erklärte Ziel der Besatzungsmächte, Behörden und Gerichte radikal zu entnazifizieren, wurde von den britischen Militärbehörden auf unterer Ebene bereits kurz nach Kriegsende durch eine großzügige Beurteilung der politisch belasteten NS-Parteigänger unterlaufen. Nominelle Parteimitglieder der NSDAP konnten bereits im Sommer 1945 direkt nach der Wiedereröffnung der Gerichte in ihr Richteramt zurückkehren. Auch die einschränkende ‚Huckepack'-Vorschrift vom Herbst 1945, nach der der Anteil der Parteigänger im Richterkollegium des Landgerichts höchstens die Hälfte hätte betragen dürfen, kam nicht voll zur Geltung. Ohne Ausnahme wurden die nominellen Parteimitglieder wiedereingestellt. Auch von den zwölf politisch aktiven NS-Parteigängern unter den Richtern nahmen zwei bereits 1945 die Hürden des von den britischen Militärbehörden eigenhändig durchgeführten Überprüfungsverfahrens. Allerdings wurden aus dieser Gruppe stärker belasteter Richter sechs von der Militärregierung zunächst entlassen, jedoch in den folgenden drei Jahren ohne Ausnahme von den mit Deutschen besetzten Entnazifizierungsausschüssen rehabilitiert. Sie konnten in den Justizdienst zurückkehren, sofern sie die Altersgrenze noch nicht überschritten hatten. Nur in einem einzigen Falle hatte ein belasteter Richter Nachteile in Kauf zu nehmen: Man bemaß seine Altersversorgungsbezüge auf Grundlage derjenigen Amtsstellung, die er vor seinem Karrieresprung während der NS-Zeit innegehabt hatte. Die Herabstufung erfolgte, weil er seine zweifache Beförderung aktiver politischer Betätigung für den NS-Staat zu verdanken gehabt hatte. Bemerkenswert ist, daß im Hinblick auf die Strenge der politischen Überprüfung ein Gefälle von der Militärregierung über den Sichtungsausschuß beim Landgericht bis zu den kommunalen und regionalen Entnazifizierungsausschüssen festzustellen ist. Hätte der Sichtungsausschuß gern in dem einen oder anderen Falle strengere Maßstäbe angelegt, so entschieden die Entnazifizierungsausschüsse fast ausnahmslos zugunsten der belasteten Richter.

Der Entlastung der nominellen wie aktiven NS-Parteigänger lagen folgende Leitlinien zugrunde:

1. In den meisten Fällen unterstellten die Militärbehörden wie auch die Entnazifizierungsausschüsse, daß dem Beitritt zur NSDAP oder zu anderen NS-Organisationen nicht politische Überzeugung als ausschlaggebendes Motiv zugrunde gelegen habe, sondern berufliche Opportunitätserwägungen. Bei denen, die bereits zum Zeitpunkt der Machtergreifung im Richterdienst tätig waren und die auf Grund ihres Parteieintritts im Frühjahr 1933 zu den sogenannten ‚Märzgefalle-

nen' zählten, schien im Rückblick das Bestreben, die berufliche Stellung abzusichern, im Vordergrund gestanden zu haben. Die Jüngeren, die erst während der NS-Zeit in den Justizdienst eingetreten waren, galten ebenfalls als entlastet, da die Mitgliedschaft in der NSDAP zwingende Voraussetzung war, wenn sie als frisch ausgebildete Juristen Richter werden wollten. Hier wie dort unterstellte man in der Regel innerliche Distanz gegenüber dem NS-Staat. Berufliches Opportunitätsdenken wertete man generell als politisch entlastendes Motiv.

2. In zwei Fällen maß man dem Engagement für den NS-Staat keine große Bedeutung bei, weil man sowohl die Parteiaktivitäten wie auch den Karriereaufstieg als Resultat politischer Nötigung durch die betreffenden Parteiinstanzen deutete und nicht etwa als Ausdruck freiwilliger Entscheidung.

3. In einem Falle konnte ein Parteigänger der Nationalsozialisten nachweisen, daß er nach anfänglicher Überzeugung im Laufe der NS-Zeit innerlich auf Distanz gegangen war und sogar Protest gegen gewisse Maßnahmen des NS-Staates eingelegt hatte, ein Verhalten, das mit einem gewissen persönlichen Risiko verbunden war und deshalb als Ausdruck von Zivilcourage und Widerstand gegen den NS-Staat gewertet wurde. Dieser eine Fall, in dem der zu Überprüfende seine innere Distanz nachweisen konnte, blieb die Ausnahme. Daß sich der Protest nicht in der scharfen Form des Parteiaustritts geäußert hatte, wurde dem Betreffenden nachträglich nicht zur Last gelegt. Denn dieser Schritt würde mit großer Wahrscheinlichkeit die Entlassung aus dem Justizdienst nach sich gezogen haben. Der Parteiaustritt war für Beamte mit unvergleichlich größeren Nachteilen verbunden als die Nicht-Parteimitgliedschaft.

4. Der Entlastung diente in einem Falle, daß laut Urteil des Entnazifizierungsausschusses der betreffende Richter sein Richteramt trotz tiefverwurzelter nationalsozialistischer Überzeugung nicht für parteipolitische Zwecke mißbraucht, vielmehr Urteilspraxis und Parteiaktivitäten säuberlich getrennt gehalten hatte. Während der Sichtungsausschuß beim Landgericht die Parteiaktivitäten für belastend genug hielt, um die erneute Betrauung mit richterlichen Aufgaben für unvertretbar zu erklären, rechnete der Entnazifizierungs-Berufungsausschuß der Stadt Münster diesem Richter die Trennung von Partei- und Berufsrolle positiv an. Allerdings fand hier eine konkrete Überprüfung der richterlichen Tätigkeit während der NS-Zeit auch nicht in Ansätzen statt. Man verließ sich auf Basis der Personalakte auf die Pauschal-Beurteilung durch die Vorgesetzten und auf das rückblickende Urteil von Kollegen.

5. In einem Falle hob man beruflichen Karriere-Ehrgeiz in den Rang eines entlastenden Tatbestandes. Man unterstellte dem betreffenden Richter, sich aus beruflichem Ehrgeiz, nicht aus innerer Überzeugung für den nationalsozialistischen Staat engagiert zu haben. Der Typus des kalt berechnenden Karrieristen stand hier besser da als der des politischen Gesinnungstäters.

Folgende charakteristische Merkmale lassen sich im Hinblick auf die Entnazifizierung des Landrichter-Kollegiums festhalten:

1. In keinem einzigen, heute noch rekonstruierbaren Fall, wurde der Kern der beruflichen Tätigkeit, Prozeßführung und Urteilspraxis, in die politische Überprüfung einbezogen. Nach Maßgabe der rechtlichen Vorgaben der Militärregierung war in erster Linie von Belang, ob sich die betreffenden Amtspersonen für den NS-Staat politisch engagiert und damit Verantwortung für die Untaten des Regimes übernommen hatten, gleichgültig, wie es sich mit der beruflichen Praxis im richterlichen Alltag verhielt. Im Hintergrund stand, daß die beiden tragenden Säulen der Entnazifizierung, die Spezialbehörde der Militärregierung und die Entnazifizierungsausschüsse, überfordert gewesen wären, wenn sie angesichts der über 1,5 Millionen zu überprüfenden Bürger Nordrhein-Westfalens die berufliche Tätigkeit jedes einzelnen Amtsträgers einer eingehenden Überprüfung hätten unterziehen wollen.

2. In den Entnazifizierungsverfahren versprach an erster Stelle entlastende Wirkung, berufliche Existenzsicherung als ausschlaggebendes Motiv für die NS-Parteigängerschaft geltend zu machen. Dies galt nicht nur für nominelle Parteimitglieder, sondern auch für Aktivisten. Politisches Engagement für den NS-Staat schlug auch dann nicht zum Nachteil des Betroffenen aus, wenn ihm naive nationalsozialistische Gemeinschaftsgesinnung ohne verbrecherische Absichten unterstellt werden konnte. In solchen Fällen machte man das Recht auf politischen Irrtum geltend. Den genannten Entlastungsargumenten war zu verdanken, daß auch die Aktivisten unter den Münsterschen Landrichtern mit einem blauen Auge davonkamen. Der verantwortungsethische Gesichtspunkt, daß auf Parteimitgliedern und Aktivisten auch dann eine gewisse Mitverantwortung für die Untaten des NS-Staat lastete, wenn eine direkte Mitwirkung nicht vorlag, hatte kaum Gewicht.

3. Im Kern reduzierte sich die Entna-

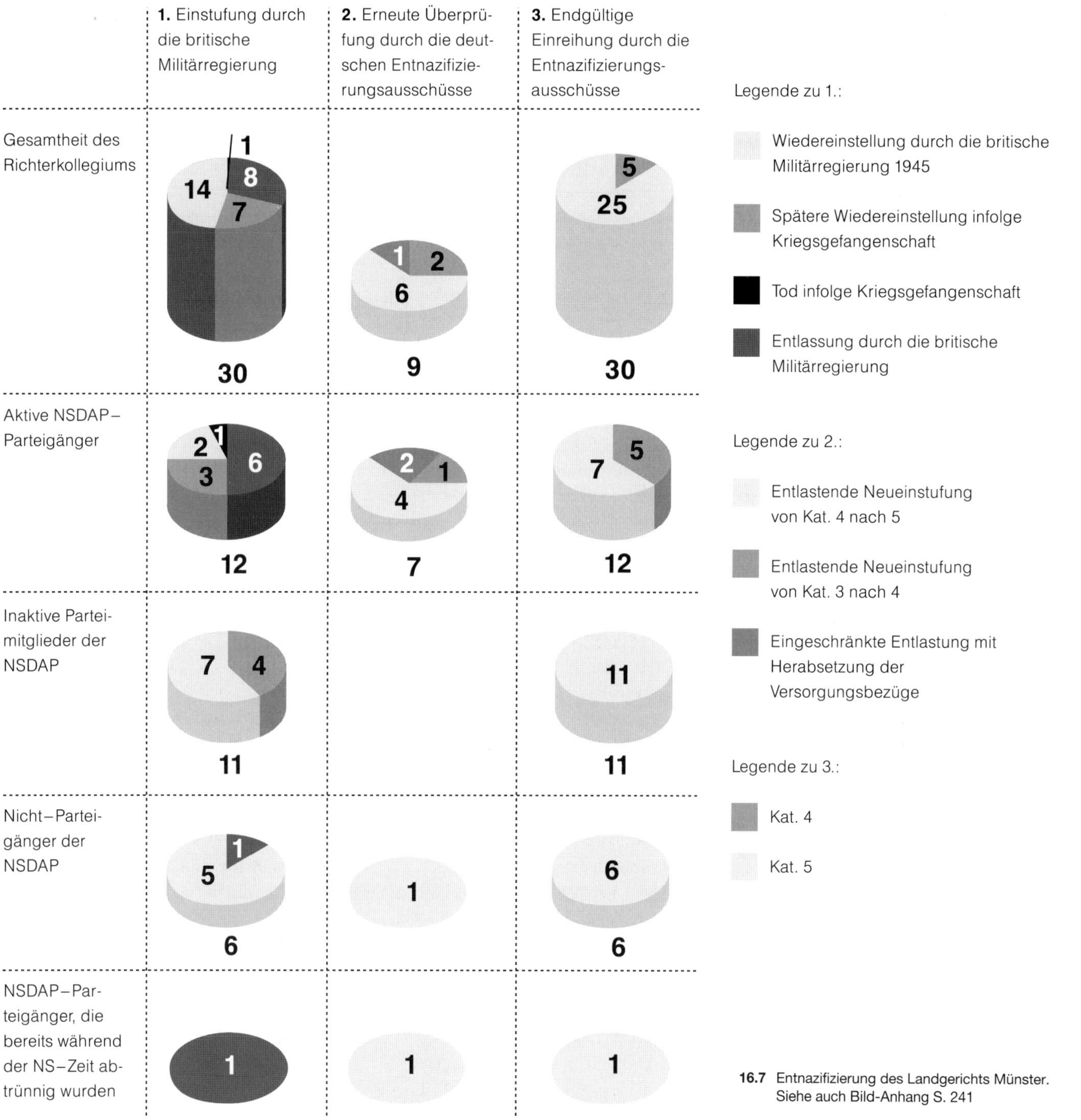

16.7 Entnazifizierung des Landgerichts Münster.
Siehe auch Bild-Anhang S. 241

zifierung des Richterkollegiums darauf, die Person des Landgerichtspräsidenten auszutauschen. Weiter nach unten drang die Entnazifizierung kaum vor. Positive Wirkungen zeitigte die Entnazifizierung aber insofern, als einige Richter aus dem Kreis der völlig Unbelasteten, denen man die politische Zurückhaltung während der NS-Zeit als Verdienst anrechnete, innerhalb des OLG-Bezirks Hamm in leitende richterliche Positionen aufstiegen.

4. Viel spricht dafür, daß bei dem Gros der nominellen Parteimitglieder unter den Münsterschen Landrichtern beruflicher Opportunismus, und nicht politische Überzeugung der ausschlaggebende Beweggrund für den Beitritt zur NSDAP war. Die Klagen des LG-Präsidenten Biermann über die mehrheitlich laue Haltung unter den Landrichtern, die großenteils nur zu passiver Mitgliedschaft, nicht aber zu aktiver Mitarbeit bereit waren, spiegelt die – trotz partieller Übereinstimmung mit der nationalsozialistischen Weltanschauung – innerlich distanzierte Haltung dieses Personenkreises.

Für die Darstellung der Entnazifizierungsverfahren sind die Personal- und Generalakten des LG Münster und des OLG Hamm sowie die Entnazifizierungsakten des Hauptstaatsarchivs Düsseldorf (NW 1038, Gen. 1–4; NW 1037–1039) ausgewertet worden. Die Entnazifizierungsakten sind leider nur noch lückenhaft vorhanden oder wegen der noch nicht abgeschlossenen systematischen Verzeichnung des Hauptstaatsarchivs zum Teil nur schwer auffindbar. Aus Datenschutzgründen mußte sich die Darstellung auf anonymisierte Fakten beschränken.

Literatur:

B. Diestelkamp, Die Justiz nach 1945 und ihr Umgang mit der eigenen Vergangenheit, in: Rechtshistorisches Journal, Jg. 5, 1986

Entnazifizierung in Nordrhein-Westfalen. Richtlinien, Anweisungen, Organisation, bearb. von I. Lange, Siegburg 1976

I. Müller, Furchtbare Juristen. Die unbewältigte Vergangenheit unserer Justiz, München 1986

J. R. Wenzlau, Der Wiederaufbau der Justiz in Nordwestdeutschland 1945–1949, Königstein/Ts. 1979

H. Wrobel, Verurteilt zur Demokratie: Justiz und Justizpolitik in Deutschland 1945–1949, Heidelberg 1989.

17

Die Sexualmoral und der Constanze-Prozeß

Das ehemalige Deutsche Reich und die jetzige deutsche Bundesrepublik sind keine Staaten, in denen der Katholizismus Staatsreligion ist...

(Berufung der Frauen-Zeitschrift Constanze gegen das Urteil des Landgerichts Münster im Juni 1950)

Die Sexualmoral und die Klage der Frauenzeitschrift ‚Constanze' gegen den Bischof von Münster

Die wiedergewonnene Pressefreiheit der Nachkriegszeit ließ auch das Feld der Sexualmoral nicht unberührt. Die christlichen Konfessionen, vorneweg die katholische Kirche, sahen Sittlichkeit und Anstand im Geschlechterverhältnis durch die Medien Presse und Film auf breiter Front gefährdet. Zum Stein des Anstoßes wurden all jene Bestrebungen, die der traditionellen Ehe- und Sexualmoral der christlichen Kirchen den Rükken kehrten und freizügige Ansichten über den Umgang der Geschlechter propagierten. An erster Stelle gerieten laszive Abbildungen weiblicher Körper in die Schußlinie der kirchlichen Kritik: Man sah die Ehre und Würde des weiblichen Körpers verletzt. Man verurteilte die Verantwortlichen als sittenlose Geschäftemacher, die um des Profits willen mit aufreizenden Appellen an niedere Instinkte die sittlichen Grundlagen von Ehe und Familie auszuhöhlen drohten. Polemische Äußerungen dieser Art waren auch dem Kirchenblatt des Bistums Münster ‚Kirche und Leben' zu entnehmen. Das Blatt bezichtigte die in Hamburg verlegte Frauenzeitschrift ‚Constanze', Sinnlichkeit über Sittlichkeit zu stellen. Diese jedoch nahm die Anwürfe nicht unwidersprochen hin, sondern beschritt Ende 1949 gegen die aus ihrer Sicht verleumderischen und geschäftsschädigenden Äußerungen den Klageweg, um Bischof und Bistumsverlag zum Widerruf zu zwingen. Im März 1950 fand der Prozeß in 1. Instanz vor dem Landgericht Münster statt, jedoch wiesen die Münsteraner Richter die Klage ab. Sie wollten die Freiheit der kirchlichen Lehre und Verkündigung nicht angetastet wissen, sahen den polemischen Angriff auf den weltanschaulichen Gegner durch das Grundrecht der Presse- und Meinungsfreiheit abgedeckt. Nicht unlautere Wettbewerbspraktiken gegenüber konkurrierenden Medien, sondern allein weltanschaulichen Meinungskampf erblickte das Landgericht hinter dem Rechtsstreit zwischen der ‚Constanze' und dem bischöflichen Kirchenblatt.

Jedoch ließen es die Münsterschen Richter nicht bei der Klageabweisung bewenden. Sie beschieden sich nicht mit der Rolle einer neutralen Schiedsinstanz, sondern mahnten die ‚Constanze', die Pressefreiheit nicht ihrerseits zu verantwortungsloser Mißachtung von Sitte und Anstand in Fragen der Sexualmoral zu mißbrauchen. Sie traten damit auch in der weltanschaulichen Sachfrage an die Seite des Bischofs.

17.1 **Karikatur: Die satirische Zeitschrift ‚Der Simpl' nimmt die strenge Sittenauffassung des deutschen Filmpublikums in Fragen der Geschlechtermoral aufs Korn.**
(Der Simpl, Jg. 1950)

17.2 **Unter der Schlagzeile: Die Lesemappe des PAULUS-Ringes in jede Familie ! wirbt das Münstersche Bistumsblatt für weltanschaulich genehme Zeitschriften und rät in einem Atemzug vom Bezug der Constanze und anderer ‚fragwürdiger' Zeitschriften ab, die gegen die Sittenauffassung und Sexualmoral der katholischen Kirche verstoßen.**

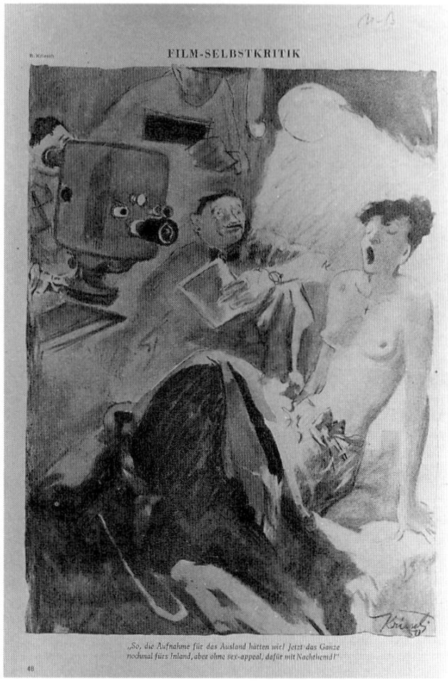

17.1 Karikatur über Filmzensur

„*Die Lesemappe des Paulus-Ringes in jede Familie!*

Als die Währungsreform vor nunmehr über einem Jahr auch die Rotationsmaschinen wieder auf volle Touren brachte, vergaßen viele Verleger bewußt oder unbewußt, daß außer Papier und Druckerschwärze ein gerüttelt Maß von Verantwortungsbewußtsein zur Herausgabe einer illustrierten Zeitschrift oder Novellenzeitung notwendig ist, um den durch nationalsozialistische Sittenauffassung, Krieg und lange Hungerjahre schwer gezeichneten Menschen unserer Tage die Einkehr und Besinnung auf die ewig beständigen Werte von Glauben, Sitte und Anstand neu zu erschließen. Obschon ihnen die moralische Verpflichtung zur Beachtung dieser dringlichsten Aufgabe einer erzieherischen Publizistik bei der Erteilung von Lizenzen durchaus mit auferlegt wurde, verspürten wir die Befolgung dieses ungeschriebenen Gesetzes immer weniger. Das Geschäft und nur das Geschäft mit allen Mitteln rückte in den Vordergrund der Überlegungen und das böse Prinzip im Menschen wurde immer wieder angesprochen. Pinup-girls auf den Titelseiten – üble, seichte Kurzgeschichten und Romane – pseudowissenschaftliche Bilderserien – auf jede Art versuchte man mit Adressen an das Sensationsbedürfnis der Massen die Auflageziffer zu steigern und die Zeitschrift des korrektdenkenden Redakteurs in den Geruch einer zu belächelnden Inaktualität und naiven Harmlosigkeit zu bringen.

Ja, sie haben Oberwasser, die Herren, die mit dem scheinbaren Zusammenbruch der Begriffe von Anstand und Würde ihr Geschäftchen machen. Sie beherrschen mit ihren Straßenmädchentypen auf den Vorderseiten das Bild der Kioske und vieler Buchhandlungen und der Mann und die Frau unserer Gegenwart gehen daran vorüber – mit einem: „Was geht's mich an?" und nur selten gibt es einen Kreistag wie den in Vechta, der einen klaren und eindeutigen Standpunkt diesem Problem gegenüber zu beziehen wußte. Die meisten wollen an das, was sie tun müßten, nicht denken. Sie gewöhnen sich an das Gift: Gestern war es von den Verlegern geschickt inszenierte Sensation, heute soll es Selbstverständlichkeit sein, und morgen geht es dann nicht mehr anders.

War es verwunderlich, daß diese Praktiken eines Vertauschens der sauberen kaufmännischen Werbung und Absatzkalkulation mit der gewissenlosen Spekulation auf die primitiven Instinkte eines müde gewordenen Volkes Schule machten, daß es zu einer erschreckenden Begriffsverwirrung kam?

Anders können wir es uns nicht erklären, als wir kürzlich in einer größeren Tageszeitung die Annonce eines bekannten Lesezirkels sahen, der sich mit starker Betonung gerade der christlichen Familie empfahl. Wir haben außer dem ‚Feuerreiter' in seinen Mappen vergeblich nach Zeitschriften Ausschau gehalten, die ein Christ ruhigen Gewissens lesen kann. Wir fanden wohl die ‚Gute Laune' und die ‚Constanze', um ein paar Blüten aus dem Sumpf der fragwürdigen Kulturerzeugnisse nach Art der Magazine zu nennen. ‚Quick', ‚Kristall', ‚Nordwest Illustrierte', ‚Kontinent-Romane' und die ‚Neue Illustrierte' machten das illustre Sammelsurium zur ‚Erbauung der christlichen Familie' voll, dem die ‚Neue Frankfurter Illustrierte' den seriösen Anstrich verleihen sollte. Und die überwiegend christlichen Bezieher schlagen den Boten die Mappen nicht um die Ohren. Der Christ von 1949 läßt sich gefallen, mit dieser ‚beliebten Lesemappe für die christliche Familie' beliefert zu werden – der Christ von 1949 vergißt, was er der Ehre seiner Frau und Tochter, und was er der Erziehung seiner heranwachsenden Kinder schuldig ist. Da steht der Christ von 1949! Kann er nicht anders, wenn er nach Feierabend Bilder aus dem Zeitgeschehen sehen möchte? Ja, er kann sich anders orientieren.

Er kann sich aus anderen Zeitschriften ein Bild von der Welt machen, und er hat die Möglichkeit, diesen Dingen gegenüber einen neuen Standpunkt zu beziehen. Er muß sich zweifach neu orientieren, wenn er Christ bleiben will.

Seit ein paar Monaten erscheint auf Wunsch des Bischofs von Münster wöchentlich regelmäßig diese Lesemappe des PAULUS-RINGES, die an Reichhaltigkeit, Aktualität und Aufmachung den Erzeugnissen anderer Unternehmen nicht nachsteht und sie an Preiswürdigkeit übertrifft. Da bilden die ‚Woche im Bild', ‚ABZ', ‚Feuerreiter', ‚Deutscher Hausfreund' und die ‚Junge Familie' neben vielen anderen guten Blättern eine bunte Kette, an der jeder verantwortlich denkende Christ Freude und Entspannung durch besinnliche Minuten an Abenden und Feiertagen finden kann.

Auskunft über diese Lesemappen erteilt jedes Pfarramt oder die Geschäftsstelle des PAULUS-RINGES in Münster."

(Artikel der Dekanatsbeilage Vechta/Oldenburg des Kirchenblatts des Bistums Münster ‚Kirche und Leben' vom 4. September 1949)

17.3 Auszug aus der Klageschrift der ‚Constanze'-Verlags-GmbH (Hamburg) vom 17. Oktober 1949

Die Verlagsleitung der ‚Constanze' verklagt den Bischof und seinen Bistumsverlag (Ludgerus-Verlag Münster) wegen ‚verleumderischer Beleidigung, und ‚unlauteren Wettbewerbs' vor dem Landgericht Münster und fordert von den Beklagten Widerruf und Schadensersatz.

„*Klage* der Constanze Verlagsgesellschaft m.b.H. ... gegen 1. den Ludgerus-Verlag G.m.b.H., Münster/Westf. ... und 2. Seine Excellenz den Hochwürdigsten Herrn Bischof zu Münster Dr. Michael Keller... Der Beklagte zu 2/ ist Herausgeber, der Beklagte zu 1/ Verleger der Wochenzeitschrift ‚Kirche und Leben' Kirchenblatt für das Bistum Münster in Münster/Westf.

In der Nr. 36 des Jahrgangs 1949 vom Sonntag, den 4. September ds. J. der von dem Beklagten zu 2/ herausgegebenen und im Verlage der Beklagten zu 1/ erscheinenden Wochenzeitschrift ‚Kirche und Leben' ist in der Dekanatsbeilage (ein Artikel) unter der Überschrift ‚Die Lesemappe des Paulus Ringes in jede Familie' erschienen... In diesem Artikel wurde in Bezug auf eine Reihe von Zeitschriften u. a. auch unter Bezug auf die ‚Constanze' davon gesprochen, daß deren Verleger üble Sensationshascherei betrieben und daß sie mit dem scheinbaren Zusammenbruch der Begriffe von Anstand und Würde ihr Geschäft machten. Weiterhin wird erklärt, diese Verleger hätten die saubere kaufmännische Werbung und Absatzkalkulation mit der gewissenlosen Spekulation auf die primitiven Instinkte eines müde gewordenen Volkes vertauscht.

Die Zeitschrift ‚Constanze' wird als Blüte aus dem Sumpf der fragwürdigen Kulturerzeugnisse nach Art der Magazine bezeichnet und als eine Zeitschrift herausgestellt, die in keiner christlichen Familie empfohlen werden könne. Es wird dazu aufgefordert, dem Boten, der eine Sammelmappe, in der u. a. auch die ‚Constanze' zu finden ist, anbietet, diese um die Ohren zu schlagen, und es wird weiterhin in dem Artikel festgestellt, daß der Christ, der eine solche Zeitschrift wie eben die ‚Constanze' lese, vergesse, was er der Ehre seiner Frau und Tochter und was er der Erziehung seiner Kinder schuldig sei.

Der gleiche Artikel bringt zum Abschluß eine offizielle Werbung für eine auf Wunsch des Beklagten zu 2/ wöchentlich erscheinende Lesemappe des Paulus Ringes, in der die in dieser Mappe enthaltenen Wochenzeitschriften namentlich aufgeführt werden und für die offiziell unter Herabsetzung anderer Zeitschriften u. a. eben auch der ‚Constanze' geworben wird....

In dem Vergehen der Beklagten liegen Verstöße gegen die §§ 1 und 14 UWG. sowie gegen die §§ 823,2, 824, 826 BGB.

In dem in Frage stehenden Artikel... werden den Lizenzträgern und Verlegern der Frauenzeitschrift ‚Constanze' Vorwürfe gemacht, die darauf hinauslaufen, daß sie in stärkster Weise unmoralisch und nicht den Gepflogenheiten eines ordentlichen Verlagskaufmanns entsprechend ihre Geschäfte betreiben. Außerdem wird in Bezug auf die Frauenzeitschrift ‚Constanze' die Behauptung aufgestellt, daß diese ein Erzeugnis der Schmutz- und Schund-Literatur sei, daß also insoweit die Lizenzträger und Verleger sich eines Vergehens nach § 184 RStGB schuldig gemacht hätten, nämlich der Verbreitung unzüchtigen und unsittlichen Schrifttums. Diese Äußerungen werden gemacht, um gleichzeitig ...andere Zeitschriften lobend hervorzuheben, diese also als solche zu bezeichnen, deren Verleger der Moral und den Gepflogenheiten eines anständigen Verlagskaufmanns entsprechend in der Werbung und in der Aufmachung ihrer Zeitschriften vorzugehen pflegen.

Dem Verleger einer Zeitschrift vorzuwerfen, sich bei der Verbreitung seiner Zeitschrift an der Moral und an den Grundsätzen eines anständigen und ordentlichen Verlagskaufmanns vergangen zu haben, außerdem sich eines strafbaren Vergehens schuldig gemacht zu haben, ist eine im Sinne der §§ 185ff. RStGB behauptete verleumderische Beleidigung, ist außerdem, da mit der Werbung für andere Zeitschriften verbunden, eine wettbewerbsfremde kreditschädigende Handlung der Verantwortlichen für das Kirchenblatt des Bistums Münster.

Demgemäß beantragt die Klägerin:

1./ Die Beklagten zu verurteilen, folgende von ihnen aufgestellte Behauptungen zu widerrufen:

a) Die Verleger und Lizenzträger der Klägerin machten mit dem scheinbaren Zusammenbruch der Begriffe von Anstand und Würde ihr Geschäftchen,

b) sie vertauschten die saubere kaufmännische Werbung und Absatzkalkulation mit der gewissenlosen Spekulation auf die primitiven Instinkte eines müde gewordenen Volkes,

c) die Frauenzeitschrift ‚Constanze' der Klägerin sei eine Blüte aus dem Sumpf der fragwürdigen Kulturerzeugnisse nach Art der Magazine,

d) der christliche Leser der Frauenzeitschrift ‚Constanze' der Klägerin vergesse mit dem Empfang der Zeitschrift, was er der Ehre seiner Frau und Tochter und was er der Erziehung seiner heranwachsenden Kinder schuldig sei;

2./ den erkennenden Teil des Urteils in der Dekanatsbeilage des Kirchenblattes des Bistums Münster ‚Kirche und Leben' an sichtbarer Stelle abzudrucken;

3./ die Beklagten zu verurteilen, die im Antrag zu 1 a – d genannten Erklärungen weiterhin zu unterlassen;

4./ festzustellen, daß die Beklagten verpflichtet sind, der Klägerin jeden Schaden zu ersetzen, der der Klägerin aus der Verbreitung der im Antrage zu 1 a – d genannten Behauptungen erwachsen ist bzw. noch erwachsen wird;

5./ den Beklagten die Kosten des Verfahrens aufzuerlegen;

6./ das Urteil, ggf. gegen klägerische Sicherheitsleistung, für vorläufig vollstreckbar zu erklären..."

(Auszug aus der Klageschrift – Bistumsarchiv Münster, Bischöfl. Generalvikariat – NA, A 232–38)

17.4 Urteilsspruch des Landgerichts Münster vom 15. März 1950: Das Gericht weist die Klage des ‚Constanze'-Verlags gegen Bischof und Bistumsverlag ab.

Im Urteilsspruch verweist das Landgericht darauf, daß das Münstersche Bistumsblatt die ‚Constanze' nicht aus Gründen des Wettbewerbs und des geschäftlichen Interesses scharf angegriffen habe, sondern sich von kirchlich-religiösen Motiven habe leiten lassen. Dabei billigt das Landgericht der Kirche das Recht zu, in Erfüllung ihres religiös-moralischen Auftrags sittlich anstößigen Geschäftsinteressen von Wirtschaftsunternehmen entgegenzutreten. Die Richter gehen über das Ziel der Klageabweisung hinaus, indem sie sich bemühen, die Richtigkeit des bischöflichen Werturteils über die ‚Constanze' nachzuweisen. Mit Letzterem schwingt sich das Landgericht seinerseits zum Sittenrichter über die Redaktionsführung der ‚Constanze' auf. Das verfassungsrechtlich begründete und durchaus berechtigte Anliegen, die ‚Freiheit der Lehre der Kirche' gegen die Klägerin zu verteidigen, schlägt im Urteil in moralische Parteinahme für die katholische Sittenauffassung um. Abweichend von der seit der Weimarer Zeit vorherrschenden Auslegung des Pornographie-Paragraphen (§ 184 StGB), die die Darstellung entblößter menschlicher Körper als nicht strafwürdige Handlung betrachtet, unterstellt das Landgericht dem Pornographie-Verdikt des staatlichen Gemeinschaftslebens die Sittenauffassung der katholischen Kirche, die es damit in den Rang ‚anerkannter Werte der Sittlichkeit' hebt. Dieser Wertauffassung messen die Richter obendrein staatsrechtlichen Rang zu und erblicken darin Schranken der Pressefreiheit. In dieser Sichtweise offenbart sich eine enge Verbundenheit der Richterschaft mit dem katholischen Milieu des Münsterlandes.

„*Im Namen des Rechts!*

In dem Rechtsstreit der Constanze-Verlags-Gesellschaft m.b.H. ... gegen 1. den Ludgerus-Verlag G.m.b.H. ... und 2. den Bischof von Münster... wegen Unterlassung u.s.w. hat die 3. Zivilkammer des Landgerichts in Münster i. Westf. auf die mündliche Verhandlung vom 15. März 1950 unter Mitwirkung des Landgerichtsdirektors [redacted], des Landgerichtsrats [redacted] und des Assessors [redacted] für Recht erkannt: Die Klage wird abgewiesen. Die Kosten des Rechtsstreits werden der Klägerin auferlegt. Das Urteil ist gegen Sicherheitsleistung in Höhe von 2200,- DM vorläufig vollstreckbar.

Entscheidungsgründe

Die Klage ist nicht begründet:

I. Eine Haftung der Beklagten auf Grund der von der Klägerin zunächst herangezogenen Bestimmungen der *§§ 1 und 14 des Gesetzes gegen den unlauteren Wettbewerb (UnlWG) ist nicht gegeben.*

Nach § 1 UmlWG. kann derjenige, der im geschäftlichen Verkehr zu Zwecken des Wettbewerbs Handlungen vornimmt, die gegen die guten Sitten verstossen, auf Unterlassung und Schadensersatz in Anspruch genommen werden. Wer zu Zwecken des Wettbewerbs über das Erwerbsgeschäft eines anderen, über die Person des Inhabers oder Leiters des Geschäfts, über die Waren oder gewerbliche Leistungen eines anderen Tatsachen behauptet oder verbreitet, die geeignet sind, den Betrieb des Geschäfts oder den Kredit des Inhabers zu schädigen, ist, sofern die Tatsachen nicht erweislich wahr sind, dem Verletzten nach § 14 UnlWG zum Ersatze des entstandenen Schadens verpflichtet; der Verletzte kann auch den Anspruch geltend machen, daß die Behauptung oder Verbreitung der Tatsachen unterbleibe. Voraussetzung einer Haftung der Beklagten ist also in jedem Falle eine Handlung ‚zu Zwecken des Wettbewerbs'. Eine solche Wettbewerbshandlung liegt nicht vor. Der Klägerin ist zwar zuzugeben, daß die Verbindung der kritischen Äußerungen über die genannten Zeitschriften in dem Artikel ‚Die Lesemappe des Paulus-Ringes in jede Familie' mit dem anschließenden werbenden Hinweis auf den Bezug der Lesemappe des Paulus-Ringes... an sich auf eine Wettbewerbsabsicht schließen lassen könnten. ‚Zu Zwecken des Wettbewerbs' kann aber begrifflich nur derjenige handeln, der die Absicht verfolgt, mit einem anderen in Wettbewerb zu treten...

Auf Seiten des Beklagten zu 2 (der Bischof von Münster) kann eine Wettbewerbsabsicht ...deshalb nicht angenommen werden, weil er offensichtlich nicht zur Verbesserung seiner eigenen wirtschaftlichen Lage oder des Wirtschaftsbetriebes des Paulus-Ringes gehandelt hat, sondern vielmehr einzig und allein in seiner Stellung als oberster Lehrer und Hirt seines Bistums und in Erfüllung der ihm auf Grund seines auch vom Staate anerkannten Amtes zustehenden Rechte und Pflichten. Wenn es anerkannten Rechtens ist, daß der Wettbewerbszweck bei der Ausübung der Staatshoheit fehlt, so muß dasselbe gelten, wenn der Bischof als oberster Leiter seiner Diözese handelt...

Aus vorstehendem ergibt sich ferner, daß auch das weitere in § 1 UnlWG. aufgestellte Erfordernis, nämlich Handeln *im geschäftlichen Verkehre*... nicht als gegeben angesehen werden kann. Die Tatsache, daß der fragliche Artikel in einer Beilage der vom Bischof herausgegebenen Wochenzeitschrift erschienen ist und sich gegen eine ebenfalls periodisch erscheinende Zeitschrift richtet, genügt nicht... Das Kirchenblatt dient nicht der Förderung des Geschäftszweckes. Es verfolgt kirchlich-religiöse Zwecke... Die Ablehnung der Zeitschrift der Klägerin und die Empfehlung der Lesemappe des Paulus-Ringes sind ausschließlich ideologisch bedingt und beruhen auf religiösen Gründen... Die Lehre und Verbreitung von Glaubens- und Sittenwahrheiten kann nicht als ein Handeln im Geschäftsverkehr bezeichnet werden. Der Beklagte zu 2 als Bischof und Fürst der katholischen Kirche als einer der beiden großen Konfessionen in Deutschland hat ... kraft seiner Stellung im öffentlichen Leben in hohem Maße nicht nur das Recht, sondern auch die Pflicht, über die Erscheinungen im öffentlichen Leben, auch über die Presseerzeugnisse, zum Wohle aller, mindestens aber zum Wohle seiner Diözesanen, zu wachen, zu warnen, abzuraten und zu empfehlen. Es geht nicht an, seinen Verlautbarungen im vorliegenden Falle geschäftliche oder wirtschaftliche Bestrebungen zugrunde zu legen; sie bewegen sich auf seelsorgerischem Gebiet. Es würde als unzulässiger Eingriff in die Freiheit der Lehre der Kirche ... anzusehen sein, wenn man ihm das Recht nehmen wollte, erforderlichenfalls auch gegen die Absichten und Interessen einer reinen Kapitalgesellschaft, wie es die Klägerin ist, in dem Kirchenblatt des Bistums Stellung zu nehmen... Wenn auch die Kritik über die in dem Artikel ‚Die Lesemappe des Paulus-Ringes in jede Familie' u. a. auch genannte Zeitschaft ‚Constanze' in sehr scharfem Ton gehalten ist, so besteht doch nach dem Ergebnis der Beweisaufnahme dieses Urteil im Endergebnis zu Recht.

Die Richtigkeit dieser Beurteilung wird bestätigt durch eine Vielzahl von Bildern und schriftlichen Darlegungen in der ‚Constanze', die zu der christlichen und gesitteten Auffassung von Anstand und Würde des Menschen, insbesondere der Ehre und Achtung der Frau, sowie zu der christlichen Anschauung über Erziehung und Betreuung der Kinder in krassem Widerspruch stehen... Es verletzt schon den natürlichen Anstand, wenn in nahezu jeder Nummer der Zeitschrift immer wieder weibliche Körper mehr oder weniger entblößt zur Schau gestellt werden... Dabei wird offen oder versteckt durch bestimmte, wenige Kleidungsstücke, durch eine bestimmte Haltung der abgebildeten Person in erster Linie auf geschlechtliche Empfindungen abgezielt. Derartige Abbildungen richten sich gegen das Schamgefühl gesitteter Menschen... Gegen Anstand und Sitte verstoßen in erhöhtem Maße u.a. die Abbildungen zu dem Artikel ‚Frisch gesaunt – gut gelaunt', Bild 3,5,6,7 der Nummer 8/48, Seite 7... Keine wahrhaft gesittete Frau würde sich so in der Öffentlichkeit zeigen, wie das in dem Bildbericht auf Seite 7 der Nummer 8/48 der Zeitschrift ‚Constanze' gewagt wird. Diese Darstellungen bedeuten mithin eine Preisgabe der Ehre und Würde des weiblichen Körpers...

Hierzu bleibt noch festzustellen, daß ein Bildbericht über die Einrichtung eines Saunabades ... sehr wohl in anderer, geziemender Weise gestaltet werden kann, ohne die im Interesse von Anstand und Sitte gesetzten Schranken zu durchbrechen... Hinsichtlich der Aufnahmen aus dem Saunabad für Frauen aber kann nicht bestritten werden, daß z.B. Männern der Zutritt aus Gründen der Moral und Sittlichkeit versagt bleiben wird. Aus den gleichen Notwendigkeiten darf der Öffentlichkeit nicht auf dem Wege des Bildberichts wahllos Einblick verschafft werden. Insbesondere darf Jugendlichen nicht durch eine ihnen zugängliche Zeitschrift die Möglichkeit geboten werden, zu jeder Zeit und ohne verantwortungsvolle Betreuung das im Bilde zu betrachten, was ihnen im Kreise einer sittlich einwandfreien Familie aus Gründen natürlicher Scham, der Sittlichkeit, vor allem der Erziehung zu sittlichen – und nicht zu sinnlichen – Menschen verwehrt ist...

Auf Grund dieser Veröffentlichungen hat das Gericht keine Bedenken festzustellen, daß Veröffentlichungen der ‚Constanze' in Wort und Bild vielfach den allgemein anerkannten Grundsätzen über Anstand und Sitte, über die Keuschheit, über Erziehung der Kinder, über Ehe und Familie, sowohl den christlichen als auch den staatlich und von der Allgemeinheit anerkannten Ehrbegriffen zuwiderlaufen. Ohne diese Gebote zu mißachten, kann der christliche Mensch die von der Klägerin herausgegebene Frauenzeitschrift ‚Constanze' nicht in seiner Familie dulden. In Wort und Bild wird gegen die Ehre einer christlichen Frau, eines christlichen Mädchens verstoßen. Die Erziehung der heranwachsenden Kinder zu einer christlichen Haltung wird durch die Lektüre der Zeitschrift schwer gefährdet.

Seinem wesentlichen Inhalte nach ist weiter die Äußerung gerechtfertigt, ‚die Frauenzeitschrift Constanze der Klägerin sei eine Blüte aus dem Sumpf der fragwürdigen Kulturerzeugnisse nach Art der Magazine'. Insoweit ist zunächst festzustellen, daß die Klägerin das Recht der Pressefreiheit zwar für sich in Anspruch nehmen kann. Ihr sind aber wie in jedem anderen Schranken gesetzt in den allgemeinen Gesetzen, den besonderen gesetzlichen Bestimmungen zum Schutze der Jugend, in dem Recht der persönlichen Ehre und in der allgemeinen Ordnung der menschlichen Gesellschaft überhaupt. Der Presse obliegt eine hohe moralische Verantwortung insoweit, als sie berufen ist, an der kulturellen Erziehung und der sittlichen Bildung des Einzelmenschen und der Gesamtheit mitzuarbeiten. Das Prädikat ‚Kulturerzeugnis' kann demgemäß uneingeschränkt nur der Zeitschrift zukommen, die nicht nur ernsthaft bestrebt ist, dieser Verpflichtung nachzukommen, sondern ihr auch *tatsächlich* gerecht wird. Dabei kann allerdings nicht erwartet werden, daß jeder Herausgeber einer illustrierten Zeitschrift, die lediglich der aktuellen Berichterstattung und Unterhaltung dient, eine eindeutig bejahende Stellung in einer bestimmten religiösen Richtung einnimmt. Doch bedingt das Prinzip der Pressefreiheit zumindest eine Berücksichtigung der durch die Verfassung und das Zusammenleben der Menschen gebotenen Grundregeln."

(Bistumsarchiv Münster, Bischöfl. Generalvikariat – NA, A 232–38)

17.5 Bildreportage der Constanze „Frisch gesaunt – gut gelaunt!"

Das Landgericht Münster zitiert u.a. diese Reportage über den Betrieb einer Damensauna, um den Nachweis zu führen, daß die ‚Constanze' moralisch fragwürdig sei. Entblößte weibliche Körper im Ambiente einer Sauna abzubilden, erscheint als Verstoß gegen Sitte und Anstand und gerät in den Dunstkreis des Pornographie-Paragraphen des Strafgesetzbuches.
(Constanze Nr.8, 1948, S.7)

17.6 Artikel der ‚Westfälischen Nachrichten' über den ‚Constanze-Prozeß'

Die Prozeßberichterstattung der Lokalpresse steht repräsentativ für die Haltung des katholischen Milieus in Münster. Man pflichtet dem Bischof darin bei, daß er sich aus sittlichen Gründen gegen die Vermarktung des weiblichen Körpers und gegen die Aufweichung der traditionellen Ehe- und Sexualmoral wendet. Zum Ausdruck kommt u.a. das Befremden darüber, daß man sich andernorts über die Haltung des Bischofs von Münster mokiert. Obendrein wird die Sensationsgier des Prozeßpublikums beklagt.
(Westfälische Nachrichten vom 16. März 1950)

Der ‚Constanze-Prozeß' zieht sich in die Länge, weil die Hartnäckigkeit der streitenden Parteien keine Vergleichslösung zuläßt.

Gegen das Urteil des Landgerichts Münster legte die ‚Constanze' im Juni 1950 Berufung ein. Sie beharrte darauf, daß der wettbewerbsschädigende Artikel des Kirchenblatts unlauteren Wettbewerb darstelle. Dem Landgericht warf sie vor, die katholische Kirche und ihr Presseorgan als quasi hoheitliche Instanzen vom Wettbewerbsrecht freistellen zu wollen, obwohl die katholische Konfession nicht Staatsreligion sei. Das OLG Hamm wies die Berufungsklage zurück. Es billigte dem Bistumsblatt zu, ‚religiös-weltanschauliche' und nicht ‚gewerblich-wirtschaftliche' Ziele zu verfolgen. Demzufolge hatten die Beklagten, Bischof und Bistumsverlag, mit ihrem Angriff auf die moralische Integrität der ‚Constanze' berechtigte Interessen wahrgenommen und nicht unlauteren Wettbewerb betrieben. Das Rechtsgut der Freiheit der kirchlichen Lehre hatte in diesem Falle Vorrang vor dem Wettbewerbsschutz, den die ‚Constanze' geltend machte. Allerdings wurde dem Landgericht Münster die Befugnis abgesprochen, die moralischen Werturteile des Bistumsblattes zu bestätigen. Laut Hammer Berufungsurteil hatte die Justiz im Kampf der Weltanschauungen um die Sexual- und Ehemoral in der Sache selber neutral zu bleiben.

Gegen das Urteil des OLG Hamm beantragte die ‚Constanze' Revision beim Bundesgerichtshof. Dort traf die Klägerin mit ihrem Anliegen auf Resonanz. Die Karlsruher Richter bescheinigten dem Bistumsblatt, in beleidigender und rechtswidriger Weise geschäftsschädigende Werturteile über die ‚Constanze' abgegeben zu haben. Sie verwiesen den Streitfall zur nochmaligen Überprüfung an das OLG Hamm zurück. Dort legte man den streitenden Parteien einen Vergleichsvorschlag vor. Demzufolge sollte die ‚Constanze' dem Bistumsblatt grundsätzlich das Recht zu kritischer Meinungsäußerung zubilligen und auf Schadensersatzansprüche verzichten und umgekehrt das Bistumsblatt sich verpflichten, künftig Kritik in beleidigender Form zu unterlassen. Die Beklagten, Bischof und Bistumsverlag, lehnten den Vergleichsvorschlag ab. Daraufhin erging ein zweites Urteil des OLG, das sich den bischöflichen Standpunkt zu eigen machte. In dem mittlerweile drei Jahre währenden hartnäckigen Ringen beantragte die ‚Constanze' ein weiteres Mal Revision. Das letztinstanzliche Urteil des BGH vom 2. Juli 1954 konnte die ‚Constanze' für sich als Prestigeerfolg verbuchen. Die Richter verurteilten die Beklagten, Bistumsverlag und Bischof, beleidigende Äußerungen zu Wettbewerbszwecken künftig zu unterlassen. Die ‚Constanze' erhielt als Klägerin das Recht zugesprochen, den erkennenden Teil des Urteils in einer der im Bistum Münster verbreiteten Tageszeitungen und in der ‚Constanze' auf Kosten der Beklagten zu veröffentlichen.

Literatur:

M. Kisseler, Auswirkungen und Bedeutung des Rechts am Unternehmen, Diss. jur., Bonn 1962

K. Schumacher, Der Westfale hängt an seinem Recht. Ein Beitrag zur Geschichte des Landgerichts Münster, in: Rechtspflege zwischen Rhein und Weser. Festschrift zum 150jährigen Bestehen des Oberlandesgerichtes Hamm, hrsg. vom Verein für Rechtsgeschichte im Gebiet des Oberlandesgerichts Hamm, Hamm 1970

18

Die Blomert/Weigand-Affäre

Denn nehmt ihr mir das Leben, so werdet ihr nicht leicht einen anderen dieser Art finden, der der Stadt geradezu als Zuchtmittel von der Gottheit beigegeben ist, als wäre sie ein großes, edles Roß, das aber eben wegen seiner Größe zur Trägheit neigt und der Anregung durch die Stechfliege bedarf.

(Platons Verteidigungsrede des Sokrates, zitiert von G. Weigand im Prozeß)

„Justizaffäre" Weigand

Der fast ein Jahr vor dem Landgericht dauernde sogenannte Weigand-Prozeß war einer der bis dahin längsten Strafprozesse der deutschen Nachkriegsgeschichte. Der Angeklagte Dr. Günter Weigand verfocht das von ihm vertretene Ideal des kritischen Staatsbürgers bis zum Exzess und wurde von den Behörden als Querulant eingestuft. Kaum zuvor hatte es jemand gewagt, behördliches Vorgehen derart hartnäckig zu attackieren. Günter Weigand zweifelte die offizielle Selbsttötungsthese im Fall Blomert aufgrund eigener Ermittlungen an und wandte sich mit seinem Mordverdacht an Justiz und Öffentlichkeit. Als er von den Behörden nicht beachtet und abgewiesen wurde, begann er, Strukturen und Amtsträger der Justiz in teilweise heftiger Form zu beschimpfen und zu kritisieren. Nach der nationalsozialistischen Diktatur fragten sich viele, ob man nicht gerade solch eine couragierte Position einnehmen solle, um dem Mißbrauch staatlicher Autorität entgegenzuwirken. In seiner öffentlichen Dimension reflektierte der Fall Weigand somit auch das kanalisierte „schlechte" demokratische Gewissen der deutschen Nachkriegsgesellschaft.

Mögen einige seiner Vorwürfe im einzelnen unberechtigt gewesen sein, für die etablierte Gesellschaft Münsters war Weigand ein „rotes Tuch". Nach Meinung der Staatsanwaltschaft mischte er sich in Dinge, von denen er nichts verstand; der lokalen Honoratiorenschaft ging es darüberhinaus um die Aufrechterhaltung des „schönen" Scheins: das katholische Münster mit provinziellem Charakter sollte den Eindruck von Ordnung und moralischer Integrität wahren. Weigands Beschuldigungen rührten an das Selbstverständnis dieses Milieus. Der Justiz mangelte es an distanzierter Gelassenheit gegenüber einem Querulanten, den man aufgrund von Beleidigungen und übler Nachrede in eine psychiatrische Anstalt einweisen wollte.

18.1 **„Spiegel"-Titelblatt, s. Bild-Anhang S. 242**

(Der Spiegel vom 27. Januar 1965)

Paul Blomerts Tod

Paul Blomert war als Sozius des Oberbürgermeisters Busso Peus ein erfolgreicher Rechtsanwalt. Die berufliche Situation war jedoch aufs engste mit privaten Problemen verknüpft, da Peus – um den Ruf der Kanzlei besorgt – Blomert bedrängt hatte, seine Eheprobleme beizulegen. Ursula Blomert gab an, von ihrem Mann geschlagen worden zu sein. Erst wenige Monate zuvor hatte sie eine langjährige außereheliche Beziehung abgebrochen.

Für den Oberstaatsanwalt und einige Bekannte der Familie stand außer Frage, daß das für die Prominenz Münsters höchst peinliche Ereignis mit so geringem Aufsehen wie möglich zu behandeln sei. Auch über eine Selbsttötung – und davon gingen die Untersuchenden zunächst ohne weitere Nachforschungen aus – war größtmögliches Stillschweigen zu wahren, da eine solche den verbreiteten Moralvorstellungen zuwiderlief und dem Image der CDU-Stadtoberen schaden konnte.

Die kriminalistischen Untersuchungen wurden auf staatsanwaltschaftliche Weisung eingestellt, auf dem Totenschein war von einem privaten Unglücksfall die Rede, und die anschließende Untersuchung der Leiche erfolgte nur unzulänglich. Blomerts Beerdigung wurde anfangs sogar auf die frühen Morgenstunden um 5.30 Uhr angesetzt. Es schien somit alles getan, um Zweifel an der Todesursache auszuschließen.

18.2 **Schlafzimmer der Blomertschen Wohnung**

Als Paul Blomert am 25. August 1961 gegen 13 Uhr seine Wohnung am Hindenburgplatz betrat, bereitete Ehefrau Ulla das Essen. Laut Aussage seiner Frau sagte er, nachdem er drei kurze Abschiedsbriefe geschrieben hatte, zu ihr: *„Leb wohl! Sorge gut für die Kinder"*. Darauf begab er sich ins Schlafzimmer. Ulla Blomert vermutete einen seiner bekannten Einschüchterungsversuche und wurde auch nicht mißtrauisch, als sie zwei Schüsse hörte. Erst nach einem dritten Schuß ging sie ins Schlafzimmer, wo sie ihren tödlich verletzten Mann in einer Blutlache fand.

(Staatsanwaltschaft Münster, BKA-Lichtbildmappe zum Gutachten Nr. 3019/65)

Die Eskalation

Blomerts Tod war von einigen merkwürdigen Umständen begleitet, die durch die oberflächlichen Ermittlungen von Kripo und Staatsanwaltschaft nicht vollständig geklärt wurden. Vater und Bruder waren zu dem Schluß gekommen, der Schädel weise mindestens zwei Einschüsse auf – für die offizielle These von einer Selbsttötung sprach das nicht.

Mit ihrem Verdacht und dem Antrag auf Obduktion wandten sie sich an die

18.1 Spiegel – Titel: Justizaffäre Weigand. Siehe auch Bild-Anhang S. 242

zuständigen Justizbehörden in Münster und Hamm, zuletzt an das Ministerium in Düsseldorf, wo sie jedesmal abschlägig beschieden wurden. Darauf trat die Familie an Günter Weigand heran, der zahlreiche Zeugenbefragungen vornahm, ohne ein Selbstmordmotiv zu finden. Die Behörden kanzelten auch Weigand ab, so daß dieser das Gefühl hatte, nicht ernst genommen zu werden, oder sogar einem Mord auf der Spur zu sein.

Es folgten zahlreiche Flugblätter und Eingaben Weigands, die das Berufsethos der Justiz angriffen: Man empfand seine Zweifel als anmaßend. Auf Veranlassung von Oberbürgermeister Peus sollte Weigand lediglich wegen einiger beleidigender Behauptungen auf seine Zurechnungsfähigkeit hin untersucht werden. Nach erfolgter Verhaftung und Überführung nach Münster und nach gutachterlicher Bestätigung seiner Zurechnungsfähigkeit wurde Weigand wegen persönlicher und behördlicher Beleidigungen sowie übler Nachrede angeklagt.

18.3 Flugblatt Nr. 5 vom 1. August 1963

Als die Angehörigen Paul Blomerts mit Günter Weigand Kontakt aufnahmen, fanden sie bei ihm mit ihrer Mordthese ein offenes Ohr. Weigand machte sich in seinem Mißtrauen gegenüber der Justiz den Verdacht der Familie zu eigen. In mehreren Flugblättern erhob er Mordvorwürfe gegen die Witwe und deren Bekannten. Der öffentliche Druck auf die Staatsanwaltschaft wuchs, so daß sich diese zur Exhumierung der Leiche entschloß, obwohl sie vom „Freitod“ Blomerts weiterhin überzeugt war. (Staatsanwaltschaft Münster)

18.4 Schreiben Weigands an den Pressesprecher des NRW-Justizministeriums vom 31. Dezember 1964

Weigand war in seiner Wortwahl nicht zimperlich, wenn er verlangte, daß man sich mit seinem Anliegen ernsthaft beschäftigte. Sobald dies nicht geschah und man ihn auf Druck interessierter Kreise zum „gemeingefährlich Geisteskranken" abstempeln wollte, nahmen seine Formulierungen an Aggressivität zu.
(Staatsanwaltschaft Münster)

18.5 Exhumierter Schädel

Mehr als ein Jahr nach dem Tod wurde der Schädel Paul Blomerts obduziert. Auf dem Foto wird der Schußkanal vom linken Auge durch die Schädeldecke angedeutet. Die Art der Wunde ließ Zweifel an einer beabsichtigten Selbsttötung des erfahrenen Jägers aufkommen.
(Staatsanwaltschaft Münster, BKA-Lichtbildmappe zum Gutachten Nr. 3019/65)

18.6 Zweifel Weigands an Ermittlungsergebnissen vom 16. August 1965, Auszug aus dem Urteil gegen G. Weigand

Im Prozeß gab Dr. Weigand eine Erklärung ab, mit der er in 51 Punkten die Zweifel an der behördlichen Selbstmordtheorie und deren Vorgehensweise gegen seine Person zusammenfaßte. Tatsächlich sind einige der merkwürdigen Begleitumstände bis auf den heutigen Tag ungeklärt, wohingegen sich der Verdacht Weigands von einem zweiten Einschuß (Nr. 26) als Irrtum erwies.
(Landgericht Münster)

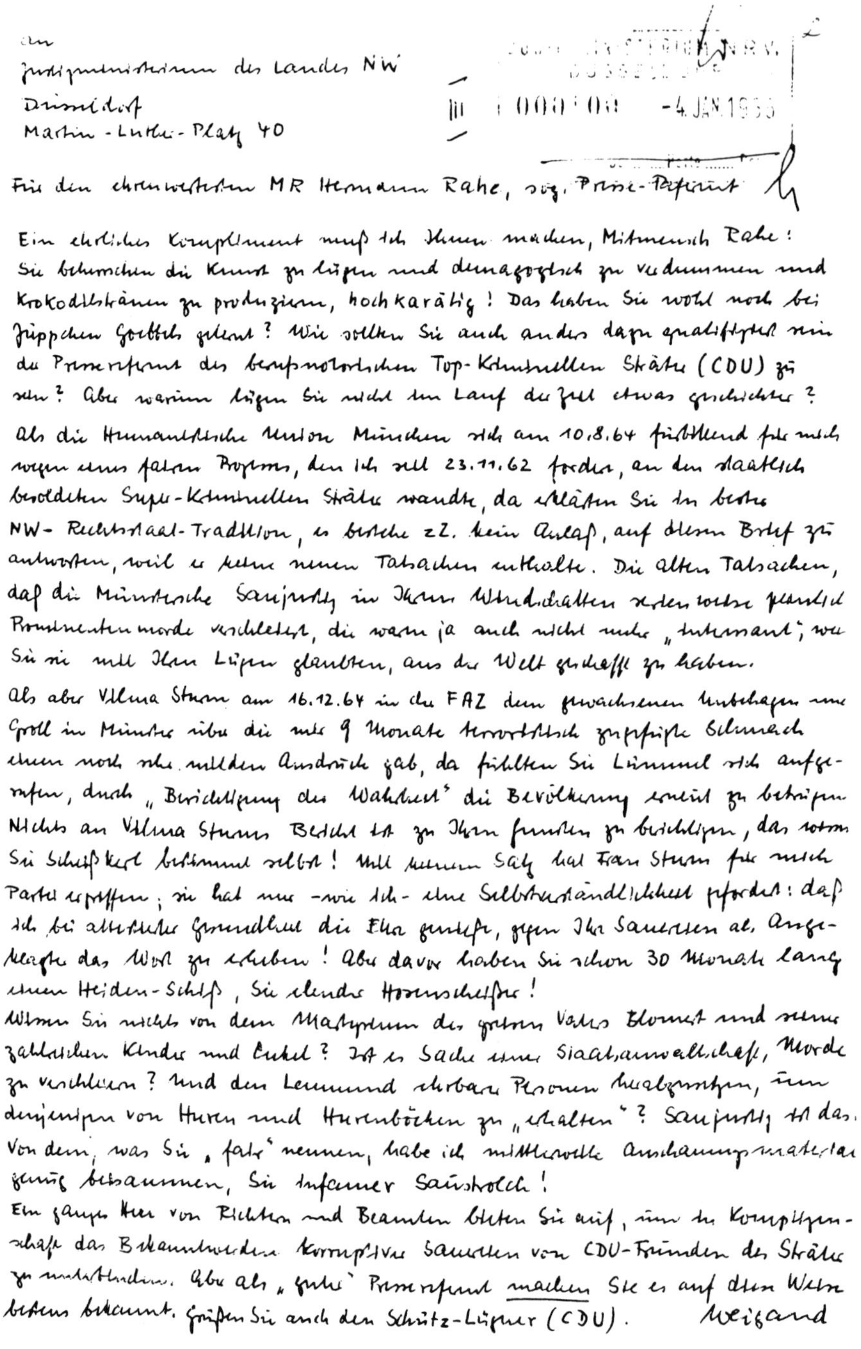
an
Justizministerium des Landes NW
Düsseldorf
Martin-Luther-Platz 40

-4. JAN. 1965

Für den ehrenwertesten MR Hermann Rahe, sog. Presse-Referent

Ein ehrliches Kompliment muß ich Ihnen machen, Mitmensch Rahe: Sie beherrschen die Kunst zu lügen und demagogisch zu verdummen und Krokodilstränen zu produzieren, hochkarätig! Das haben Sie wohl noch bei Jüppchen Goebbels gelernt? Wie sollten Sie auch anders dazu qualifiziert sein, der Pressereferent des berufsnotorischen Top-Kriminellen Sträter (CDU) zu sein? Aber warum lügen Sie nicht im Lauf der Zeit etwas geschickter?

Als die Humanistische Union München sich am 10.8.64 fürbittend für mich wegen eines fairen Prozesses, den ich seit 23.11.62 fordere, an den staatlich besoldeten Super-Kriminellen Sträter wandte, da erklärten Sie in bester NW-Rechtsstaat-Tradition, es bestehe z.Z. kein Anlaß, auf diesen Brief zu antworten, weil er keine neuen Tatsachen enthalte. Die alten Tatsachen, daß die Münstersche Saujustiz in Ihrem Windschatten seit Jahren planmäßig Prominentenmorde verschleiert, die waren ja auch nicht mehr „interessant", weil Sie sie mit Ihren Lügen glaubten, aus der Welt geschafft zu haben.

Als aber Vilma Sturm am 16.12.64 in der FAZ dem gewachsenen Unbehagen und Groll in Münster über die seit 9 Monate terroristisch zugespitzte Schmach einen noch sehr milden Ausdruck gab, da fühlten Sie Lümmel sich aufgerufen, durch „Berichtigung der Wahrheit" die Bevölkerung erneut zu betrügen. Nichts an Vilma Sturms Bericht ist zu Ihren Gunsten zu berichtigen, das wissen Sie Scheißkerl bestimmt selbst! Mit keinem Satz hat Frau Sturm für mich Partei ergriffen; sie hat nur – wie ich – eine Selbstverständlichkeit gefordert: daß ich bei attestierter Gesundheit die Ehre genieße, gegen Ihre Sauereien als Angeklagter das Wort zu erheben! Aber davor haben Sie schon 30 Monate lang einen Heiden-Schiß, Sie elender Hosenscheißer!

Wissen Sie nichts von dem Martyrium des guten Vaters Blomert und seiner zahlreichen Kinder und Enkel? Ist es Sache einer Staatsanwaltschaft, Morde zu verschleiern? Und den Leumund ehrbarer Personen herabzusetzen, um denjenigen von Huren und Hurenböcken zu „erhalten"? Saujustiz ist das. Von dem, was Sie „fair" nennen, habe ich mittlerweile Anschauungsmaterial genug beisammen, Sie infamer Saustrolch!

Ein ganzes Heer von Richtern und Beamten bieten Sie auf, um in Komplizenschaft das Bekanntwerden korruptiver Sauereien von CDU-Freunden des Sträter zu unterbinden. Aber als „guter" Pressereferent machen Sie es auf diese Weise bestens bekannt. Grüßen Sie auch den Schütz-Lügner (CDU).

Weigand

18.4 Protestbrief Weigands an das Justizministerium

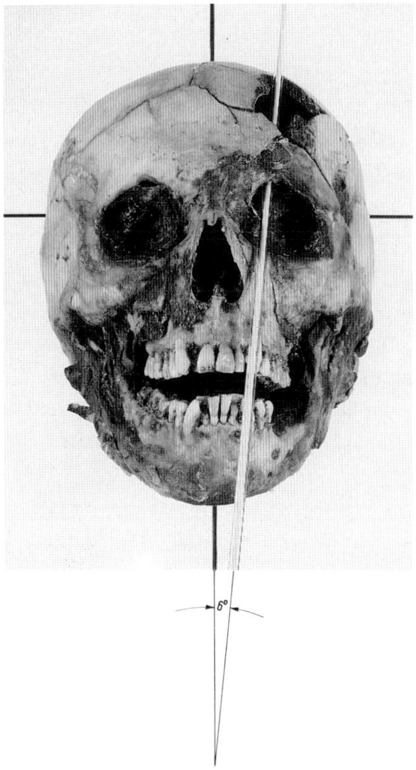

18.5 Exhumierter Schädel Blomerts

18.7 Weigand und Verteidiger Müller-Voss

Günter Weigand wurde vor dem Landgericht Münster der Beleidigung, üblen Nachrede und ähnlicher Delikte angeklagt, da er die offizielle Theorie von der beabsichtigten oder unfallmäßigen Selbsttötung des Rechtsanwaltes Blomert anzweifelte und sich dabei teilweise zugespitzter Mittel bediente. Sein Vorgehen ließ ihn nach Ansicht des Gerichts als psychopathischen Querulanten erscheinen. Im April 1966 verurteilte es Weigand zu zwei Jahren Gefängnis und einer Geldstrafe von 1200 DM. Die siebenstellige Summe der Prozeßkosten hatte er ebenfalls zu tragen.
(Der Spiegel vom 2. Mai 1966)

18.8 Umfrage des Instituts Allensbach

Das Interesse am Verfahren war groß. Weite Teile der Öffentlichkeit traten – informiert durch ein entsprechendes Presseecho – auf Weigands Seite. Dessen Anzweiflung staatlicher Autoritäten nahm sie dankbar auf. Rund zwei Drittel derjenigen, die über den Fall informiert waren, sympathisierten mit Günter Weigand.

18.9 Die Chronologie der Eskalation

25. 08. 1961	Rechtsanwalt Paul Blomert wird erschossen aufgefunden; es existieren drei Abschiedsbriefe: an seine Frau, seinen Vater und an seinen Sozius, Oberbürgermeister Peus
08. 05. 1962	Nach mehreren erfolglosen Eingaben bei der Staatsanwaltschaft um Untersuchung des Falles auf Mord wenden sich der Vater und Bruder des Toten an das Justizministerium
08. 08. 1962	Weitere behördliche Ablehnungen lassen die Blomerts Günter Weigand (GW) aufsuchen, um ihm zur weiteren Verfolgung des Falles eine Vollmacht zu erteilen
05. 10. 1962	Nach ersten Aktivitäten wird GW die Vollmacht von der Familie wieder entzogen
23. 11. 1962	GW verteilt das erste von fünf Flugblättern mit Mordvorwürfen u. a. gegen die Witwe Ulla Blomert und den Bekannten der Familie, Gustav Krabbe
27. 11. 1962	Die von Weigand der Mittäterschaft angeschuldigten Dr. Tiwisina und G. Krabbe stellen Strafantrag aufgrund der im Flugblatt gemachten Behauptungen
01. 12. 1962	Wachsende öffentliche Unruhe veranlaßt die Staatsanwaltschaft zur Obduktion der Leiche; bei einer Hausdurchsuchung in Weigands Wohnung werden Exemplare des längst verteilten Flugblattes beschlagnahmt
04. 12. 1962	GW stellt ergebnislos Strafanzeige gegen OB Peus, welcher ihn auf einer Ratssitzung als „geisteskrank" bezeichnet hatte; Peus wird vom Gericht die Vertretung „berechtigter (öffentlicher) Interessen" zugebilligt
21. 01. 1963	Amtsgerichtsrat Gall erläßt aufgrund weiterer Verdachtsmomente Haftbefehl gegen Ulla Blomert und Gustav Krabbe
23. 01. 1963	Aufhebung des Haftbefehls
25. 02. 1963	GW verteilt das zweite Flugblatt in Münster, das dritte folgt Ende Mai; eine Flut von Anschreiben sowie Besuche bei Justizbehörden begleiten Weigands öffentliche Aktion; GW erhebt schwere, teilweise kränkende Vorwürfe gegen Be-

teiligte bei Justiz und Polizei sowie Privatpersonen

07. 06. 1963 Eröffnungsbeschluß des Verfahrens gegen GW

August 1963 Weigand taucht für mehrere Monate unter

04. 04. 1964 Verhaftung Weigands in Berlin

26. 05. 1964 GW wird in eine psychiatrische Anstalt eingewiesen; nach erfolgter Beobachtung entstehen mehrere widersprüchliche Gutachten; die Hauptgutachter attestieren GW Zurechnungsfähigkeit

27. 01. 1965 Beginn der Hauptverhandlung

27. 04. 1966 Weigand wird vom Landgericht Münster zu zwei Jahren Gefängnis verurteilt, er hat die siebenstelligen Verfahrenskosten zu tragen

10. 11. 1967 Der Bundesgerichtshof lehnt Weigands Revision ab

„Wer mich angreift, wird am Boden zerstört!"

Also sprach und drohte finster
mit dem Donnerkeil Herr Duhme,
Oberstaatsanwalt in Münster,
sich und der Justiz zum Ruhme ... **P. S.**

18.10 Karikatur zum Prozeßende

18.10 Karikatur zum Prozeßende

Oberstaatsanwalt Duhme wurde in der Presse aufgrund seiner selbstherrlichen Ermittlungsmethoden des öfteren angegriffen. Günter Weigand nutzte dies, um Duhme seine nationalsozialistische Vergangenheit als Staatsanwalt beim Sondergericht Bielefeld vorzuhalten. (Stuttgarter Zeitung vom 27. April 1966)

Günter Weigand – Psychopath oder Stechfliege des Staatsrosses?

Günter Weigand hatte eine nachhaltige katholische Erziehung genossen und sich in der Schule stets als Klassenbester hervorgetan. Schon früh traten Spannungen zwischen Vater und Sohn auf. Der Sohn fühlte sich diesem überlegen und entwickelte ein starkes Schutzempfinden für die seiner Meinung nach vom Vater schlecht behandelte Mutter. Die Ehe wurde 1950 gegen den erklärten Willen der Mutter geschieden. Aus diesem Anlaß geriet Günter Weigand zum ersten Mal in Konflikt mit den Justizbehörden.

Im Jahre 1947 trat er in den Postverwaltungsdienst ein. Seine dienstlichen Leistungen wurden positiv beurteilt, wobei Vorgesetzte gleichzeitig Weigands Hang zu Impulsivität und Taktlosigkeit bemängelten. Die in seiner Religiösität wurzelnden Moralvorstellungen und eine gering ausgebildete Kompromißbereitschaft führten ihn in Konflikte mit Vorgesetzten, so daß er 1954 aus dem Postdienst ausschied. Anschließend absolvierte er ein Studium der Volkswirtschaft und Sozialwissenschaft in Münster und wurde 1959 zum Dr. rer. pol. promoviert. Es folgten mehrere Arbeitsverhältnisse und längere Erwerbslosigkeit. 1969 heiratete er eine Gefängnispädagogin, die er während der Haftstrafe kennengelernt hatte.

Als „Sozialanwalt“ betrachtete es Weigand als seine Pflicht, Schwachen und Unwissenden uneigennützig beizustehen. In seiner impulsiven Art provozierte Weigand die Verantwortlichen in Justiz und Politik mit seiner Vermutung, staatliche Behörden hätten im Einklang mit der verfilzten städtischen Elite einen Mord verschleiert. Dabei zeichnete er sich im Fall Blomert, in dem Zweifel am behördlichen Vorgehen tatsächlich angebracht waren, sowohl durch Spekulationen als auch durch Verkürzungen und Vermutungen aus.

18.11 Aussage des psychiatrischen Sachverständigen über Günter Weigand

W. v. Baeyer, einer der drei psychiatrischen Sachverständigen, faßte seinen persönlichen Eindruck des Angeklagten in einer Fachzeitschrift zusammen. Zuvor hatte er das Urteil des Kollegen Selbach, Weigand sei unzurechnungsfähig, revidiert. In diesem Aufsatz versuchte er nun, die eigene Schelte an Selbachs Ergebnissen abzumildern.

„[...] Allen, die mit ihm zu tun hatten, imponierte seine verbale, dialektische Gewandtheit, seine Fähigkeit zu präzisen, manchmal treffenden Formulierungen, eine mehr kritische als selbstkritische Intelligenz, angefacht durch ein hoch greifendes Selbstbewußtsein, das ihn erhabenste Vorbilder für sein Handeln zitieren ließ.

[...] Alle drei in der Hauptverhandlung tätigen psychiatrischen Gutachter [...] stimmten darin überein, daß das Sozialverhalten und die innere Einstellung des Dr. W. als querulatorisch-abnorm zu bezeichnen war und auf nichtpsychotischem, psychopathischem Boden erwuchs. Sie stimmten auch darin überein, daß W. ein Querulant besonderer Art sei, sozusagen ein altruistischer Querulant.

[...] Es begannen damals [z. Zt. der Scheidung seiner Eltern] aber auch zeitlich zusammenfallend mit dem in seinem 25. Lebensjahr anhebenden Streit [...] die Schwierigkeiten im Postdienst, die später zu seiner Entlassung führten. Diese zunächst noch in erträglicher Form auftretenden, dann sich häufenden und steigernden Berufsschwierigkeiten beruhten auf einer immer krasser werdenden Rechthaberei, die zwar immer wieder durch reale Fehler und Unzulänglichkeiten in den Dienststellen gerechtfertigt schien, aber niemals Fünf gerade sein lassen konnte.

[...] Immer war es seine absolute Kompromißunfähigkeit, die ihn zu bissiger Kritik an den vorgefundenen Verhältnissen reizte, Streitigkeiten mit den Arbeitgebern hervorrief und das Ganze alsbald mit freiwilligem Ausscheiden oder Kündigung enden ließ. [...] Er benahm sich bei seinen Crimina [...] tatsächlich so wie jemand, der weiß, was er will und der sich nötigenfalls auch beherrschen, ein Tun unterlassen, auch anders handeln kann [...].“

(Der Nervenarzt 38, 1967)

18.12 Angeklagter Weigand und die Sachverständigen de Boor, von Baeyer und Rauch im Gerichtssaal

(Der Spiegel vom 12. Mai 1965)

18.13 „War es lohnend oder vergeblich? Rückbesinnung nach 30 Jahren“

Die Aufklärung des Todes von Rechtsanwalt Paul Blomert wurde zum zentralen Anliegen Dr. Günter Weigands. Der Prozeß der sechziger Jahre war die große persönliche Auseinandersetzung seines Lebens mit staatlichen Behörden. In einer rückschauenden Betrachtung erörtert er die Ereignisse der sechziger Jahre. Da er seinen Verdacht und seine Argumente weiterhin für unwiderlegt hält, bekennt er sich prinzipiell zu seinem damaligen Vorgehen.

„[...] Natürlich mußte ich mit der Verkennung meiner Motive rechnen und habe das auch getan. Dennoch war es nicht leicht, mit den fortdauernden Schmähungen, Querulant, Psychopath, übler Nachredner und Verleumder, Kohlhaas, Geißel von Münster, aber auch Messias von Münster zu leben. Aber ich habe mich an diese Abwertungen Unwissender gewöhnt und ertrage sie, wobei ich hinzufüge, daß ich keinem Menschen bewußt Unrecht getan, sondern ihre Ehre nach Kräften immer geschont habe.

Das gilt insbesondere für Frau Ulla Blomert. Den Mörderin-Vorwurf hat sie der Verhaftungsmaßnahme des fairen und besonnenen Obduktionsrichters Eberhard Gall zu verdanken. Dennoch habe ich im Schlußwort am 25. 4. 1964, unverschuldet in Beweisnot geraten, gesagt, daß sie natürlich für jedermann als unschuldig gelten muß, solange ihr ein Tötungsdelikt nicht nachgewiesen worden ist. Die Sachverständigen Dr. Frei-Sulzer und Bruno Claasen sind im Laufe des Ein-Jahres-Prozesses umgefallen, also von ihren Eingangsäußerungen abgerückt.

Sollten Sie mich oder sich fragen, ob ich noch einmal ebenso handeln würde, so würde ich wahrscheinlich antworten müssen: Grundsätzlich ja! Nur müßte ich auf Fremdinformationen noch kritischer reagieren. Immerhin habe ich erreicht, daß Münsters Bevölkerung Kenntnis erhielt, wie rechtswidrig Oberbürgermeister, Staatsanwaltschaft Gerichte umgingen, auch in Hamm und Karlsruhe. 16 Jahre habe ich gekämpft, um 1978 beim Verfassungsgericht endlich den Nachweis zu erbringen, daß bei mir die Gerichtspsychiatrie inhuman mißbraucht worden ist.“

19

Der Krüger-Prozeß

Das Gericht legt dar, daß es keinen Unterschied zwischen dem Mord an einem Taxifahrer oder einem Kind und der Ermordung eines Juden kennt.

(‚Westfälische Nachrichten' vom 3. Mai 1968 über den Urteilsspruch im ‚Krüger-Prozeß')

Die Brisanz des ‚Krüger'-Prozesses im unruhigen Jahr 1968: Aburteilung von NS-Verbrechen statt politischer Gesinnungsjustiz

19.1.1 Vorbereitung des Massenmords

Im Mai 1968 fand vor dem Landgericht Münster einer der längsten und aufwendigsten NS-Prozesse der bundesdeutschen Nachkriegsgeschichte statt. Angeklagt waren Vertreter der ehemaligen nationalsozialistischen Sicherheitspolizei, die während des II. Weltkriegs im besetzten Ostgalizien Tausende von Juden auf teils bestialische Weise ermordet hatten, unter ihnen der Namensgeber des Prozesses. Es ging bei diesem Prozeß nicht allein um die nüchterne justizielle Aburteilung der Mordtaten von Gestern, sondern es handelte sich auch um ein Stück emotionsgeladener Vergangenheitsbewältigung, die in den politisch aufgewühlten späten sechziger Jahren ein Politikum ersten Ranges darstellte. Das Gericht hatte sein Urteil im Spannungsfeld zwischen zwei Polen zu treffen: Da waren auf der einen Seite diejenigen, die aus nationalkonservativem Blickwinkel über die grausamen Geschehnisse während der NS-Gewaltherrschaft den Mantel des Vergessens ausbreiten und die NS-Gewalttäter von der vollen Verantwortung für ihre Taten mit dem Argument des Befehlsnotstandes entlasten wollten; auf der anderen Seite stand die rebellierende studentische Jugend, die die NS-Vergangenheit erneut zum Thema machte und all die ungesühnten Gewalttaten der Vätergeneration ans Tageslicht zerren wollte. Das Landgericht Münster schlug sich auf die Seite derer, die der nationalen Apologetik von rechts nicht nachgeben wollten. Es verhängte im Falle der Hauptangeklagten die Höchststrafe lebenslänglicher Haft und verwahrte sich gegen den Vorwurf, es habe sich bei der scharfen Aburteilung der NS-Gewalttaten um einen politischen Schauprozeß gehandelt, in dem politische Gesinnung über Rechtsstaatlichkeit triumphiert habe. Es ließ das entlastende Argument des ‚Befehlsnotstandes' aller Befehlsgebundenheit zum Trotz nicht gelten und maß die Mordexzesse der NS-Sicherheitspolizei an der Elle des bundesdeutschen Strafrechts und nicht an der des ideologischen und militärischen Ausnahmezustandes der NS-Zeit.

19.1 Die Fotos dokumentieren Szenen, die sich im Oktober 1941 im Zusammenhang mit dem Massenmord an Juden im ostgalizischen Stanislau abspielten. Die Aufnahmen wurden der Staatsanwaltschaft Münster von überlebenden Juden aus dem ehemaligen Stanislauer Ghetto übergeben.

Die Fotos Nr. 1–3 zeigen Truppen des Grenzkommissariats der Sicherheitspolizei, die jüdische Bewohner des Ghettos von Stanislau zusammentreiben. Auf dem Foto Nr. 4 vergreift sich ein Angehöriger der Sicherheitspolizei mit der Schere an der Barttracht eines Stanislauer Juden. Die Fotos Nr. 5 u. 6 dokumentieren den Abtransport der Bevölkerung des jüdischen Ghettos zum Ort der

19.1.6 Vorbereitung des Massenmords

Vernichtung. Foto Nr. 7 zeigt einen Ausschnitt des von den NS-Schergen in Brand gesetzten jüdischen Ghettos von Stanislau.
(Staatsanwaltschaft Münster)

19.2 Foto von Hans Krüger in SS-Uniform. Krüger war als Chef des Stanislauer Grenzpolizeikommisariats in leitender Stellung für die Mordexzesse an den Stanislauer Juden verantwortlich.

(Staatsanwaltschaft Münster)

19.3 Auszug aus der Anklageschrift zu Fall 3 in der Strafsache gegen Krüger u. a.

Im Fall 3 des Prozeßverfahrens handelt es sich um den Höhepunkt der Mordexzesse der NS-Sicherheitspolizei am 12. Oktober 1941 im ostgalizischen Stanislau. Dem Exzeß fallen ca. 12000 ortsansässige Juden zum Opfer.
(Landgericht Münster – Ks 4/65 – AK 3/65 Schwur. Bd. 1)

19.4 Auszug aus dem Urteilsspruch des Schwurgerichts des Landgerichts Münster vom 3. und 6. Mai 1968 in der Strafsache gegen Krüger u. a.

(Landgericht Münster – Ks 4/65 – AK 3/65 Schwur. Bd. 1)

19.5 Berichterstattung der ‚Westfälischen Nachrichten' über den Krüger-Prozeß vor dem Schwurgericht des Landgerichts.

Angeklagt sind Vertreter der ehemaligen NS-Sicherheitspolizei, die während des II. Weltkriegs im besetzten Ostgalizien Tausende von Juden ermordet haben. Seinen Namen erhält der Prozeß von dem Leiter des damaligen Grenzsicherheitskommisariats des NS-Sicherheitsdienstes Hans Krüger, der zu den drei Hauptangeklagten zählt und nach Kriegsende zunächst der Strafverfolgung entgeht. Er kann sich unentdeckt als Kaufmann in Recklinghausen niederlassen, wird aber, wenn auch verspätet, 1968 mit weiteren 15 Mitangeklagten vor dem Landgericht Münster für seine Untaten während der NS-Zeit zur Verantwortung gezogen.
(Westfälische Nachrichten vom 4. Mai 1968)

19.6 Zeitungskommentar der Lokalpresse über den Krüger-Prozeß

Dem Ausgang des Krüger-Prozesses widmen die ‚Westfälischen Nachrichten' einen Kommentar, der den konsequenten, von nationaler Apologetik freien Urteilsspruch des Münsterschen Landgerichts würdigt. Die Richter urteilen die NS-Gewalttaten als schwere kriminelle Delikte ab und erkennen zeitbedingte ideologische Verblendung und einen kriegsbedingten Befehlsnotstand als entlastende Argumente nicht an.
(Westfälische Nachrichten vom 4. Mai 1968)

Das Urteil

Über zwei Jahre lang, im längsten NS-Prozeß der Bundesrepublik, hat das Schwurgericht Münster das furchtbare und leidvolle Dunkel um die Ermordung zahlloser Juden im ostgalizischen Stanislau zu ergründen und zu erhellen versucht. Gestern fällte es das Urteil: Lebenslänglich für drei der Angeklagten, hohe Zuchthausstrafen für acht Mitangeklagte, ein Schuldspruch ohne Strafzumessung und Freispruch in drei Fällen.

Das Gericht ist an den 189 Verhandlungstagen jeder nur möglichen Spur, die zur Be- oder Entlastung der Angeklagten führen konnte, mit fast skrupelhafter Gewissenhaftigkeit nachgegangen. Es ließ sich dabei von dem weit verbreiteten Irrtum, bei den NS-Prozessen handele es sich um politische Schau- und Kriegsverbrecher-Prozesse, um politische Vergangenheitsbewältigung, nicht leiten. Ihm ging es einzig und allein darum, wie Landgerichtsdirektor Funke in seiner umfangreichen Urteilsbegründung darlegte, kriminelle Delikte aufzuklären und abzuurteilen.

Für diese nur dem Gesetz und der Gerechtigkeit verpflichtete Haltung hat das Gericht den Beweis erbracht. Unmißverständlich legt es mit den drei „Lebenslänglich - Urteilen" dar, daß es keinen Unterschied zwischen dem Mord an einem Taxifahrer oder einem Kind und der Ermordung eines Juden, geschehen in einer politisch und weltanschaulich entfesselten Zeit, kennt. Das Urteil von Münster revidiert damit in gewisser Hinsicht den Eindruck, der durch andere NS-Prozesse in der Bundesrepublik entstanden ist.

Das Gericht ist überzeugt, daß in Stanislau mehr Exzeß-Morde geschehen sind als abgeurteilt wurden. Das bestätigte Funke ausdrücklich. Doch jeden Fall, in dem auch nur eine Spur von Zweifel an der Schuld eines Angeklagten blieb, ließ das Schwurgericht, getreu dem alten Rechtsgrundsatz: „Im Zweifelsfall für den Angeklagten", für die Strafzumessung unberücksichtigt.

Das Urteil von Münster muß als gerecht und abgewogen bezeichnet werden.

BERND KÖTTING

19.6 Kommentar zum Krüger-Prozeß

20

Münster als Gerichtsstadt

Der Staatsbürger wird in der Behörde in Zukunft nicht mehr eine finstere Macht erblicken, gegen die anzukämpfen unmöglich ist, sondern eine demokratische Einrichtung, deren Handlungen jederzeit überprüft werden können.

(Ministerpräsident Arnold bei der Eröffnung des OVG Münster 1949)

Der Verfassungsgerichtshof

Der Verfassungsgerichtshof entscheidet verbindlich, was nach der Landesverfassung rechtens ist; seine Rechtsprechung unterscheidet sich von der aller sonstigen Gerichte dadurch, daß ihr Prüfungsmaßstab allein das Verfassungsrecht, nicht die übrige Rechtsordnung, ist.

Seine Zuständigkeiten sind im wesentlichen in der Landesverfassung (Art. 75) und in dem Gesetz über den Verfassungsgerichtshof geregelt. Danach urteilt der Verfassungsgerichtshof u.a. über Beschwerden im Wahlprüfungsverfahren, über die Zulässigkeit eines Volksbegehrens, über die Auslegung der Verfassung aus Anlaß von Streitigkeiten über Rechte und Pflichten etwa eines obersten Landesorgans, bei Meinungsverschiedenheiten über die Vereinbarkeit von Landesrecht mit der Verfassung und über kommunale Verfassungsbeschwerden.

Die Entscheidungen des Verfassungsgerichtshofs haben wegen ihrer oft weitreichenden rechtlichen und politischen Auswirkungen vielfach erhebliche Bedeutung für den einzelnen Bürger, der den Gerichtshof – abgesehen von den Verfahren bei der Wahlprüfung und bei Volksbegehren – allerdings nicht selbst anrufen kann.

Seit Beginn seiner Tätigkeit im Jahre 1952 hat der Verfassungsgerichtshof im Rahmen von rd. 270 Verfahren eine Reihe bedeutsamer Entscheidungen getroffen. Im wesentlichen handelte es sich um Gebiete des Schulrechts, der Gemeindefinanzierung, der Planungshoheit der Gemeinden, der Wahlprüfung, des Haushaltsrechts des Landes und der Wahlkampfkostenerstattung. Aufgrund der kommunalen Neugliederung in der ersten Hälfte der siebziger Jahre kam es zu einem Anstieg der Prozeßzahlen, da ca. 100 Gemeinden Verfassungsbeschwerde gegen den Verlust ihrer Unabhängigkeit einlegten. Im Anschluß an diese Neuordnung mußte das Sparkassenwesen reorganisiert werden.

20.1 Verfassungsgerichtshof und OVG

20.1 Verfassungsgerichtshof und Oberverwaltungsgericht, Aegidiikirchplatz

Der Verfassungsgerichtshof ist das mit dem Status eines obersten Verfassungsorgans versehene, höchste Gericht des Landes. Er übt seine Tätigkeit im Oberverwaltungsgericht am Aegidiikirchplatz aus, dessen Geschäftseinrichtungen ihm dafür zur Verfügung stehen. Präsident des Verfassungsgerichtshofs ist der Präsident des OVG.
(Westfälisches Amt für Denkmalpflege Münster)

Die Verwaltungsgerichtsbarkeit

In Deutschland hatte es bis zum Ende des zweiten Weltkrieges eine Verwaltungsgerichtsbarkeit – abgesehen von einigen zaghaften Versuchen im 19. Jahrhundert – nicht gegeben. In ihrer heutigen Form ist die Verwaltungsgerichtsbarkeit erst nach dem Zusammenbruch des nationalsozialistischen Staates entstanden. Die Erfahrung mit der bis zu jenem Zeitpunkt schwachen rechtlichen Stellung des Einzelnen gegenüber staatlichen Organen führte daher zur Gründung von Verwaltungsgerichten, die eine Kontrollfunktion gegenüber der Verwaltung übernahmen. Im Jahre 1949 wurden sieben Verwaltungsgerichte und ein Oberverwaltungsgericht eingerichtet, seitdem ist Münster Sitz des Oberverwaltungsgerichts für das Land NRW und des für den nördlichen Teil des Regierungsbezirks Münster zuständigen Verwaltungsgerichts.

Die Zuständigkeit der Verwaltungsgerichte umfaßt alle öffentlich-rechtlichen Streitigkeiten nicht verfassungsrechtlicher Art, soweit die Streitigkeiten nicht durch Bundesgesetz einem anderen Gericht ausdrücklich zugewiesen sind. Den Verwaltungsgerichten obliegt damit u.a. die Gewährung von Rechtsschutz gegen Maßnahmen der Verwaltung etwa auf den Gebieten des Baurechts, des Atom- und Immissionsschutzrechts, des Schul- und Hochschulrechts, des Beamtenrechts, des Sozialhilferechts, des kommunalen Abgabenrechts, des Ausländerrechts, des Flüchtlings- und Vertriebenenrechts und des Asylrechts.

20.2 OVG und Verwaltungsgericht

Das Oberverwaltungsgericht für das Land NRW ist das größte Oberverwaltungsgericht der Bundesrepublik. Es wurde in Münster eingerichtet, da neben dem rheinischen Düsseldorf als Standort von Landtag und Landesregierung, auch eine westfälische Stadt höchste Institutionen des neuen Landes beherbergen sollte. Seinen Sitz hat das OVG am Aegidiikirchplatz und im benachbarten Heeremanschen Hof in der Königsstraße. Das Verwaltungsgericht Münster befindet sich in der Piusallee.

Die Verwaltungsgerichtsbarkeit wird durch unabhängige, von den Verwaltungsbehörden getrennte *Gerichte* ausgeübt. Die Verwaltungsgerichtsbarkeit in der Bundesrepublik ist dreistufig aufgebaut; in allen Ländern bestehen erstinstanzliche Verwaltungsgerichte und jeweils ein Oberverwaltungsgericht; dritte Instanz ist das Bundesverwaltungsgericht in Berlin. Die Senate des OVG entscheiden im Regelfall in der Besetzung von drei Berufsrichtern und zwei ehrenamtlichen Richtern.

(Westfälisches Amt für Denkmalpflege Münster)

20.3 Eingänge beim OVG 1950–1990

Nach Jahren gleichmäßiger Belastung haben die siebziger und achtziger Jahre eine rasante Steigerung der anhängigen Verfahren und – verbunden mit einer erheblichen Vergrößerung der Verwaltungsgerichtsbarkeit – auch der Erledigungen gebracht. Die Ursachen für die Eingangserhöhungen liegen nicht nur in einem gesteigerten Selbstbewußtsein des einzelnen Bürgers gegenüber öffentlichen Behörden und in der zunehmenden Komplexität der modernen Gesellschaft, sondern auch in spürbaren Änderungen der Lebensverhältnisse in allen Teilen der Welt, was sich insbesondere in der Entwicklung der asylrechtlichen Verfahren niederschlägt.

(Oberverwaltungsgericht Münster)

20.4 Paulus van Husen (1891–1971), Ölgemälde 1959

In der Zeit von 1949 bis 1959 war Paulus van Husen erster Präsident des Verfassungsgerichtshofs und des Oberverwaltungsgerichts Münster. Mit der Stadt verband ihn nicht nur seine Tätigkeit nach dem Zweiten Weltkrieg. Bereits die Schulzeit, einen Teil des Studiums und die Referendarzeit hatte er hier verbracht. Während des Krieges gehörte Paulus van Husen der antinationalsozialistischen Widerstandsgruppe *Kreisauer Kreis* an. Noch am 19. April 1945 verurteilte ihn der Volksgerichtshof daraufhin zu drei Jahren Zuchthaus, doch befreite die Rote Armee van Husen wenige Tage später aus dem Zuchthaus Plötzensee.

(Oberverwaltungsgericht Münster)

Die Finanzgerichtsbarkeit

Die Zuständigkeit des seit 1970 der Dienstaufsicht des Justizministers unterstehenden Finanzgerichts Münster erstreckt sich auf den Amtsbezirk des Oberfinanzpräsidenten in Münster. Es umfaßt damit den größten Finanzgerichtsbezirk der Bundesrepublik. Die Aufgabe der Finanzgerichtsbarkeit besteht darin, Streitsachen zwischen Steuerzahlern und der Finanzverwaltung zu entscheiden und somit zur Sicherung individueller Rechte gegenüber staatlichen Institutionen beizutragen.

Eine Finanzgerichtsbarkeit hatte zwar schon seit 1918 mit der Einrichtung des Reichsfinanzhofes und in Münster seit der Gründung des Finanzgerichts im Jahre 1922 bestanden, doch mangelte es den Finanzgerichten, die den Landesfinanzämtern angegliedert waren, an einer klaren Abgrenzung zur Verwaltung. Hinzu kam, daß die Richter persönlich nicht unabhängig waren, d.h. jederzeit versetzt werden konnten. 1939 wurden die Finanzgerichte durch den Führererlaß zur Vereinfachung der Verwaltung aufgelöst. Der gegenwärtige Status der Finanzgerichtsbarkeit geht auf die Verordnung Nr. 175 der britischen Militärregierung zurück. Am 1. August 1949 nahm das Finanzgericht Münster daraufhin seine Tätigkeit auf.

20.5 Finanzgericht Münster, Warendorfer Straße

(Westfälisches Amt für Denkmalpflege Münster)

20.6 Instanzenzug der Finanzgerichtsbarkeit

(Justizminister des Landes NRW)

20.7 Eingänge beim Finanzgericht 1960–1990

Seit Mitte der siebziger Jahre kam es zu einer Vervielfachung der Eingänge und Verfahren. Wohl auch aufgrund eines gestiegenen rechtlichen Selbstbewußtseins klagten vermehrt Einzelpersonen gegen die Entscheidungen der Fi-

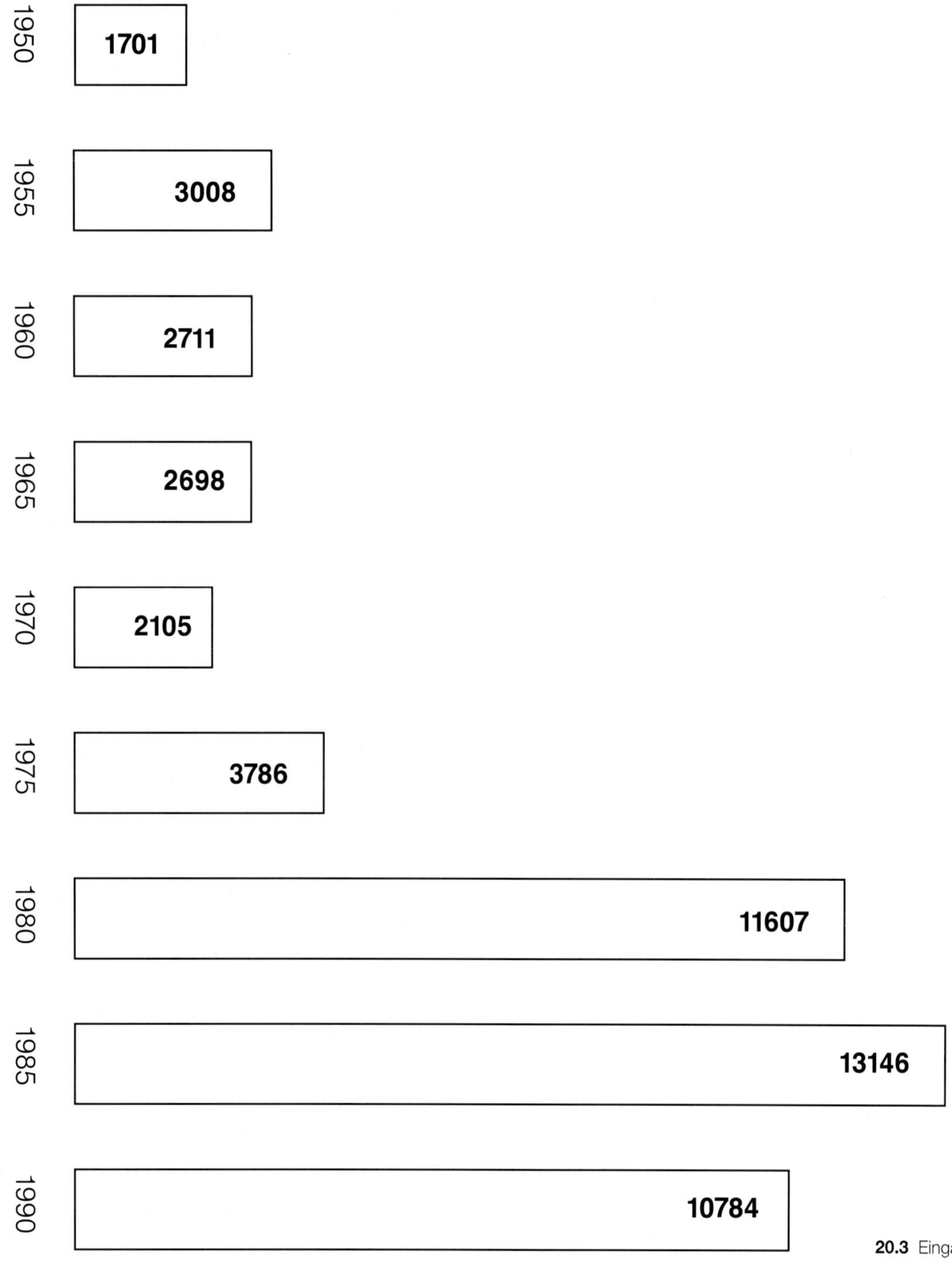

20.3 Eingänge beim OVG

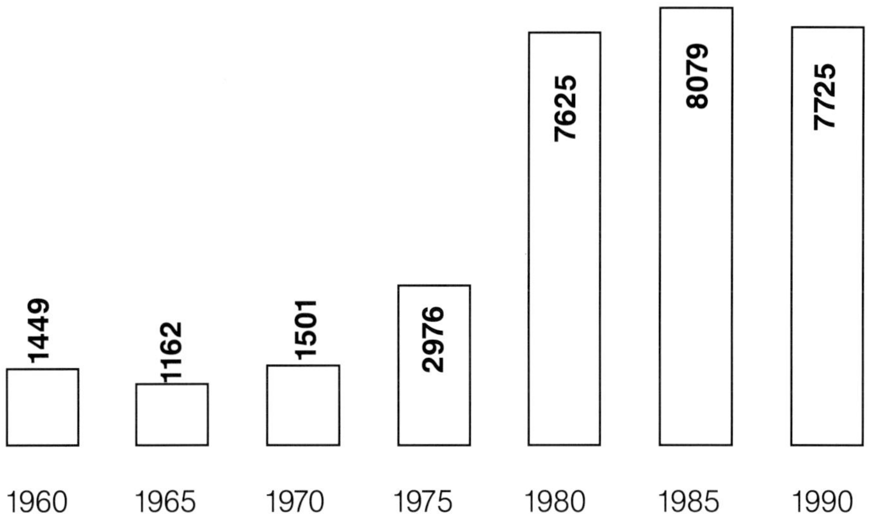

20.7 Eingänge beim Finanzgericht

nanzverwaltung. Entsprechend nahmen seit dieser Zeit ausländische Arbeitnehmer ihre steuerlichen Rechte intensiver wahr, nachdem sie mehrere Jahre in der Bundesrepublik gearbeitet hatten. Neben den Verfahren (1. Januar 1992: 10.000) stieg auch die Zahl der beim Finanzgericht Münster tätigen Richter. Derzeit existieren 16 Senate mit 60 Richtern.
(Finanzgericht Münster)

Die ordentliche Gerichtsbarkeit: Der Landgerichtsbezirk Münster in der Gegenwart

Dem Landgericht Münster sind gegenwärtig folgende 15 Amtsgerichte zugeordnet: Ahaus, Ahlen, Beckum, Bocholt, Borken, Coesfeld, Dülmen, Gronau, Ibbenbüren, Lüdinghausen, Münster, Rheine, Steinfurt, Tecklenburg und Warendorf. Der Landgerichtsbezirk Münster ist wiederum Teil des OLG-Bezirks Hamm. Dem OLG Hamm unterstehen 10 Landgerichte mit Sitz in Arnsberg, Bielefeld, Bochum, Detmold, Dortmund, Essen, Hagen, Paderborn, Münster und Siegen. Ein breites Spektrum von rechtspflegerischen Aufgaben und Zuständigkeiten ist den Amts- und Landgerichten in der Zivil-, in der Straf- und in der freiwilligen Gerichtsbarkeit zugewiesen.

20.8 Schaubild: Organisation des Landgerichtsbezirks Münster in der Gegenwart, s. Ausschlagtafel nach S. 216

20.9 Graphik: Zahlenmäßige Entwicklung der Zivilprozesse im Landgerichtsbezirk Münster (Landgericht + Amtsgerichte) von 1950 bis in die Gegenwart

Ins Auge sticht, daß die Anzahl der Prozesse in den Jahren 1965 bis 1975 und dann wieder zwischen 1980 und 1985 in die Höhe schnellt, während die Prozeßhäufigkeit in den fünfziger Jahren und Ende der achtziger Jahre abnimmt. Dieser Befund läßt bislang nur vorläufige und vorsichtige Deutungen zu. Die stark zunehmende Prozeßfreudigkeit in den sechziger und siebziger Jahren dürfte dem Zusammenspiel einer Vielzahl von Faktoren zu verdanken sein: zum ersten dem gestiegenen Selbstbewußtsein des Bürgers in der Wahrnehmung der eigenen Rechte, zum zweiten der Ausbreitung von Rechtsschutzversicherungen, zum dritten der Zunahme von Konfliktfällen bei der Schadensregulierung von Verkehrsunfällen, zum vierten der sprunghaften Zunahme von Bauprozessen infolge der Rezession von 1967, zum fünften wachsenden erbrechtlichen Auseinandersetzungen nach zwei Jahrzehnten ungebrochener Wohlstandsentwicklung und zu guter Letzt der wachsenden Komplexität der Wirtschaftsvorgänge, die einen höheren Bedarf an Rechtsklärung verursachte. Nach einer gewissen Beruhigung in den späten siebziger Jahren nahm die Prozeßfreudigkeit Anfang der achtziger Jahre aufgrund der nachlassenden Konjunktur mangels wirtschaftlicher Verteilungsmasse erwartungsgemäß wieder zu. Die rückläufigen Prozeßzahlen in den späten achtziger Jahren hatten vermutlich damit zu tun, daß in einer Reihe von Problemfeldern, z. B. bei der Schadensregulierung von Verkehrsunfällen, Fortschritte in der Rechtsabklärung zu

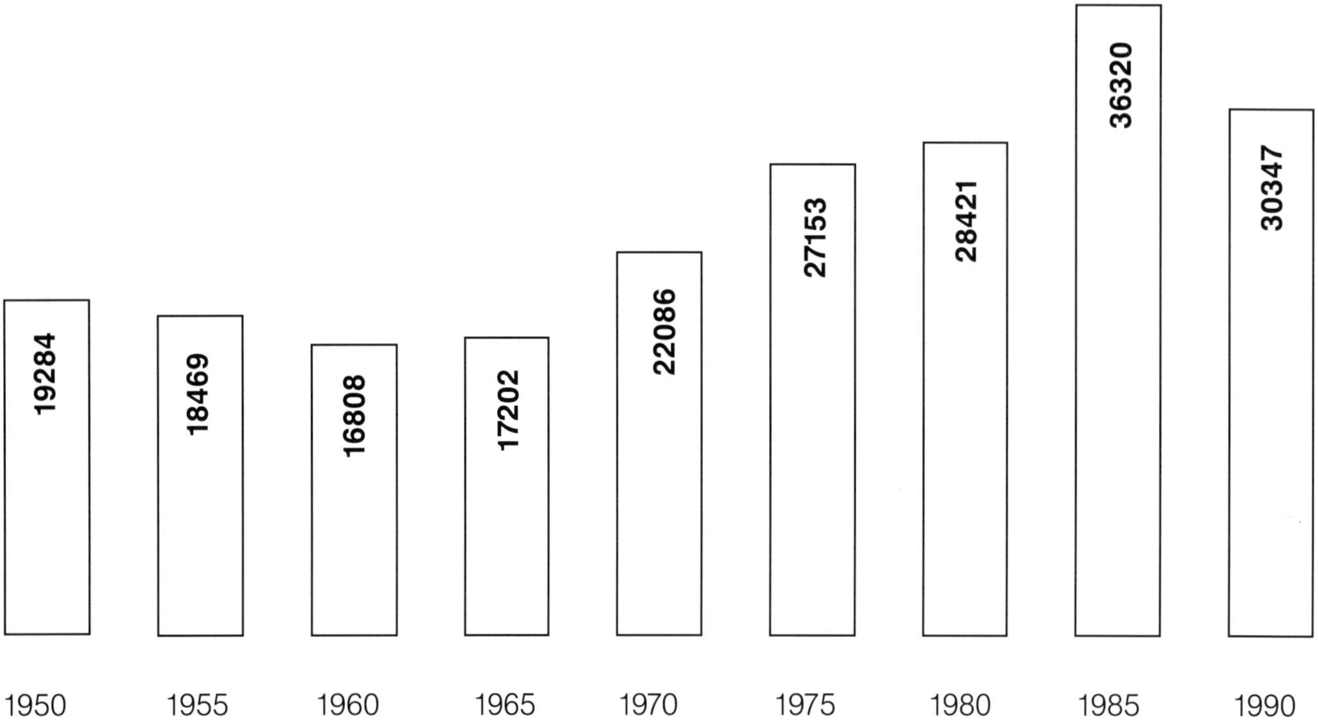

20.9 Summe aller Zivilprozesse (Landgericht Münster und Amtsgerichte des Bezirks)

verzeichnen waren und die lebhafte Wirtschaftskonjunktur mehr Spielraum für Kulanzregelungen ließ.

Die Sozialgerichtsbarkeit

Die Sozialgerichtsbarkeit ist eine besondere Form der Verwaltungsgerichtsbarkeit. Im Gegensatz zu den anderen Organen der Justiz untersteht sie der Dienstaufsicht des Ministeriums für Arbeit, Gesundheit und Soziales. Bis zum Inkrafttreten des Sozialgerichtsgesetzes am 1. 1. 1954 oblag die Rechtsprechung auf den Gebieten der Sozialversicherung und der Kriegsopferversorgung besonderen Spruchgremien, die personell und organisatorisch mit den für die Durchführung der Sozialversicherung zuständigen Versicherungsbehörden (Versicherungsämter) verbunden waren.

Das Sozialgerichtsgesetz löste die Sozialrechtspflege aus der organisatorischen und personellen Verknüpfung mit der Verwaltung heraus, ein Fortschritt im Sinne des Grundsatzes der Gewaltenteilung. An Stelle der Spruchgremien traten Sozialgerichte sowie als übergeordnete Instanzen das Landessozialgericht NRW in Essen und das Bundessozialgericht in Kassel.

Bei der Errichtung der Sozialgerichtsbezirke orientierte man sich zunächst an den Einzugsbereichen der früheren Oberversicherungsämter. So wurden 1954 insgesamt fünf Sozialgerichte errichtet, in Detmold, Dortmund, Düsseldorf, Köln und Münster. Mit den später eingerichteten Sozialgerichten in Aachen, Duisburg und Gelsenkirchen zusammen umfaßt die Sozialgerichtsbarkeit in NRW heute acht Sozialgerichte.

Nach Abschluß der kommunalen Neugliederung erstreckt sich die räumliche Zuständigkeit des Sozialgerichts Münster heute auf die Stadt Münster sowie die Kreise Borken, Coesfeld, Steinfurt und Warendorf. Zunächst war das Sozialgericht Münster provisorisch untergebracht. Im Juni 1959 fand es im neu errichteten Landesbehördenhaus Alter Steinweg 45 eine angemessene und dauerhafte Unterkunft.

Im Jahre 1992 gingen beim Sozialgericht Münster 3494 Streitsachen ein, 3883 Sachen konnten erledigt werden. Es verblieb ein Bestand von 5595 Streitsachen. Die beim Sozialgericht zur Zeit tätigen 14 Richter(innen), denen in der Regel zwei Fachsparten zugewiesen sind, sind Vorsitzende folgender Fachkammern: Kassen(zahn)arztrecht, Unfall-, Renten-, Kranken-, Knappschafts- und Arbeitslosenversicherung und Kriegsopferversorgung incl. Soldatenversorgung und Angelegenheiten nach dem Bundesseuchen-, Opferentschädigungs- und Schwerbehindertengesetz.

20.10 Foto des Landesbehördenhauses am Alten Steinweg, Sitz des Sozialgerichts Münster

(Westf. Amt für Denkmalpflege Münster)

20.11 Schaubild: Instanzenzug der Sozialgerichtsbarkeit

Die Sozialgerichtsbarkeit kennt drei Instanzen: die Sozialgerichte, Landessozialgerichte und das Bundessozialgericht. Das Rechtsmittel Berufung wird bei den Landessozialgerichten eingelegt, Revision beim Bundessozialgericht. Die Sozialgerichte setzen sich aus einem Berufs- und zwei Laienrichtern zusammen, die Gerichte höherer Instanz aus drei Berufs- und zwei Laienrichtern. Die ehrenamtlichen Richter werden wie in der Arbeitsgerichtsbarkeit paritätisch von den Sozialpartnern gestellt, von den Gewerkschaften und den Arbeitgeberverbänden.

2.4 Verhandlung vor dem Stadtgericht Herford

2.5 Eidesleistung. Siehe auch Bild-Anhang S. 220

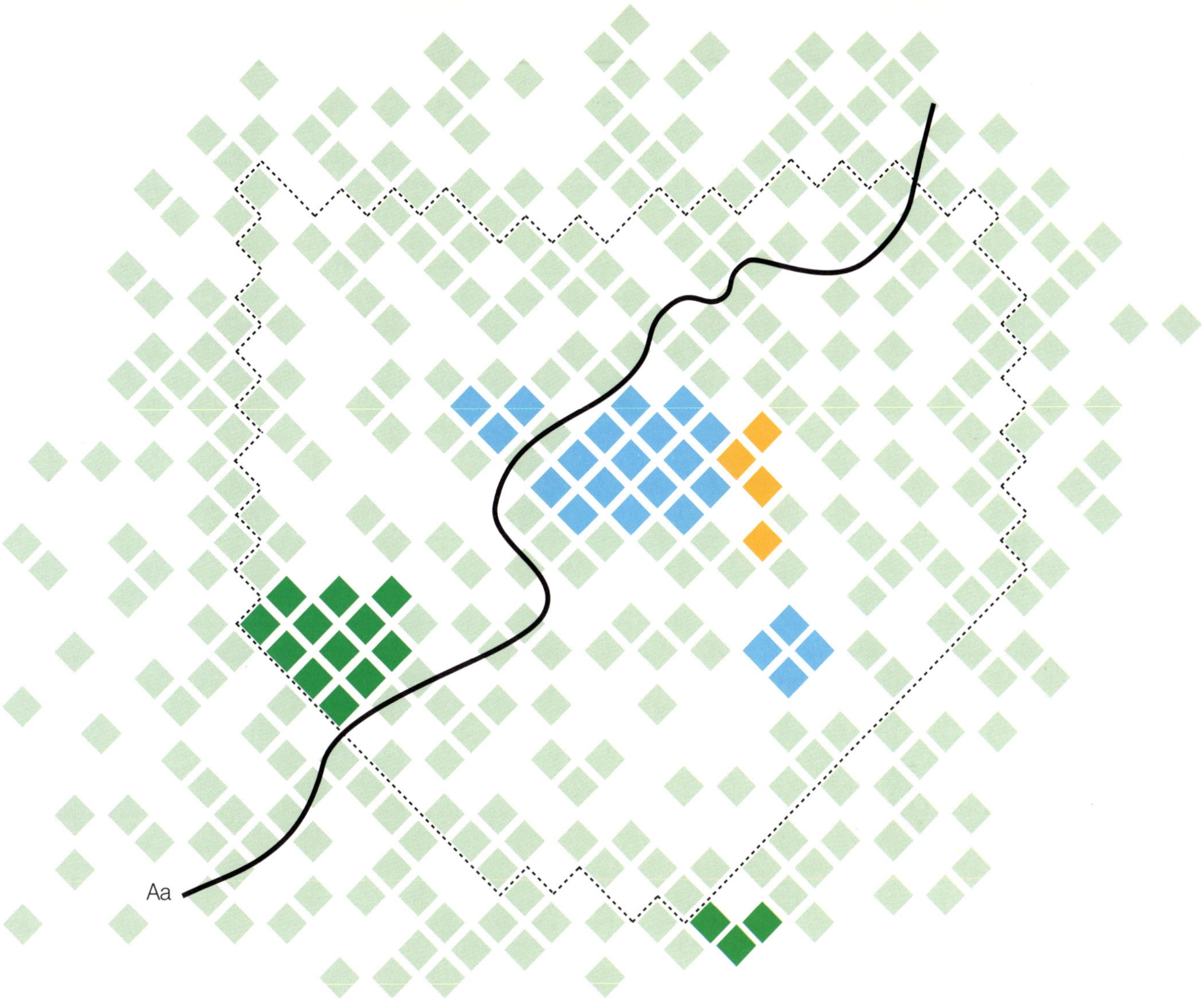

Legende:

Geltungsbereich des Landrechts, ausgeübt durch Vögte (ab 1130 Grafen von Tecklenburg)

Immunitäten (geistlich) mit eigenem Rechtsstatus: St. Marien Überwasser, Domhof mit Pauli-Freiheit

Immunitäten (weltlich) mit eigenem Rechtsstatus: Bispinghof, Brockhof

Bereich des Marktrechts (Kaufleute)

spätere Stadtmauer

2.7.1 Konkurrierende Rechtsverhältnisse in Mimigernaford-Münster zu Beginn des 12. Jahrhunderts

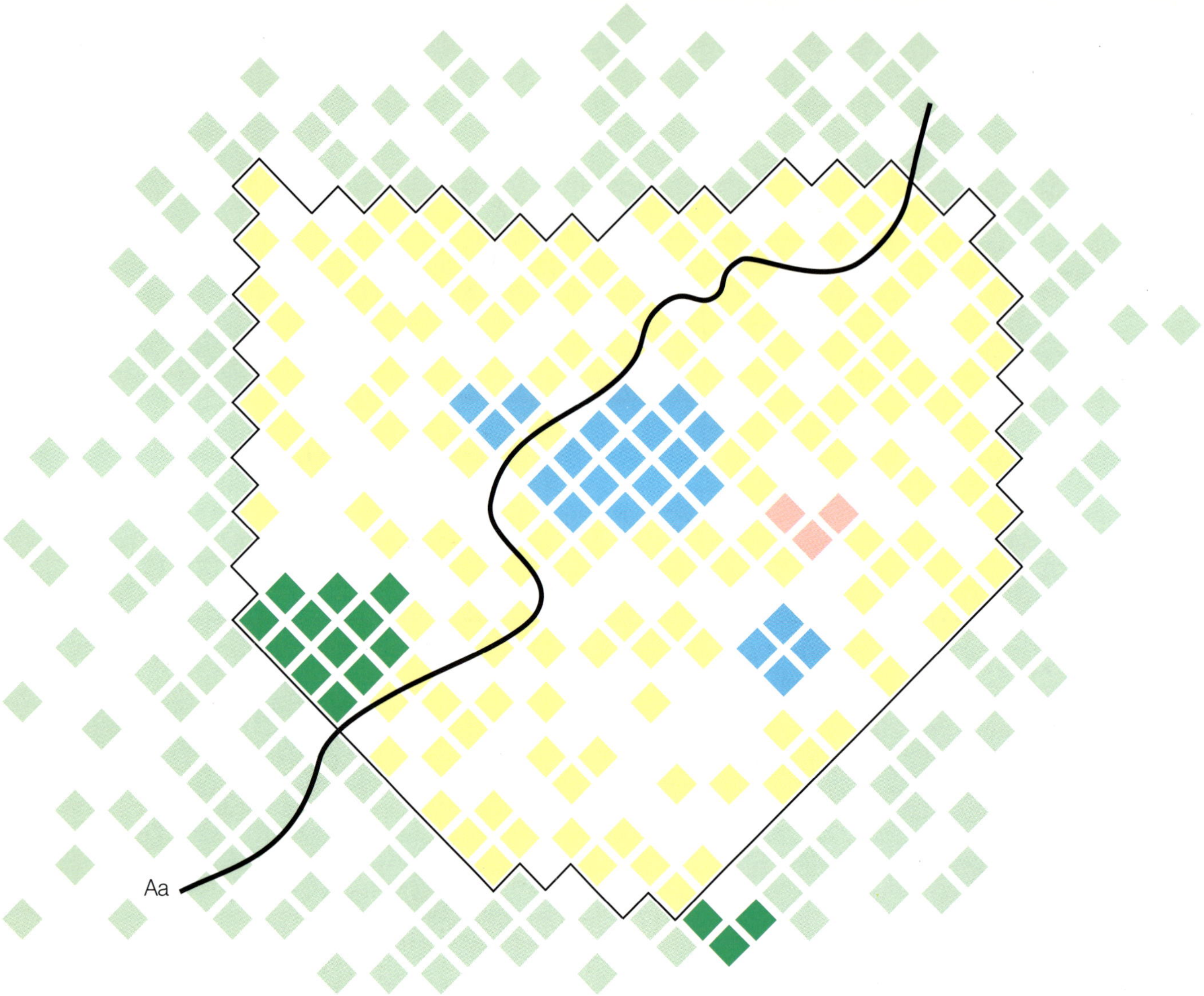

Legende:

- Geltungsbereich des Landrechts, ausgeübt durch Vögte (ab 1130 Grafen von Tecklenburg)
- Immunitäten (geistlich) mit eigenem Rechtsstatus: St. Marien Überwasser, Domhof mit Pauli-Freiheit
- Immunitäten (weltlich) mit eigenem Rechtsstatus: Bispinghof, Brockhof
- Immunität der Synagoge
- Gerichtsbarkeit des Stadtgerichts (bischöfliche Richter)
- Stadtmauer

2.7.2 Konkurrierende Rechtsverhältnisse im 12. Jahrhundert

2.15 Strafe des Räderns

2.17 Strafe des Enthauptens und Verbrennens

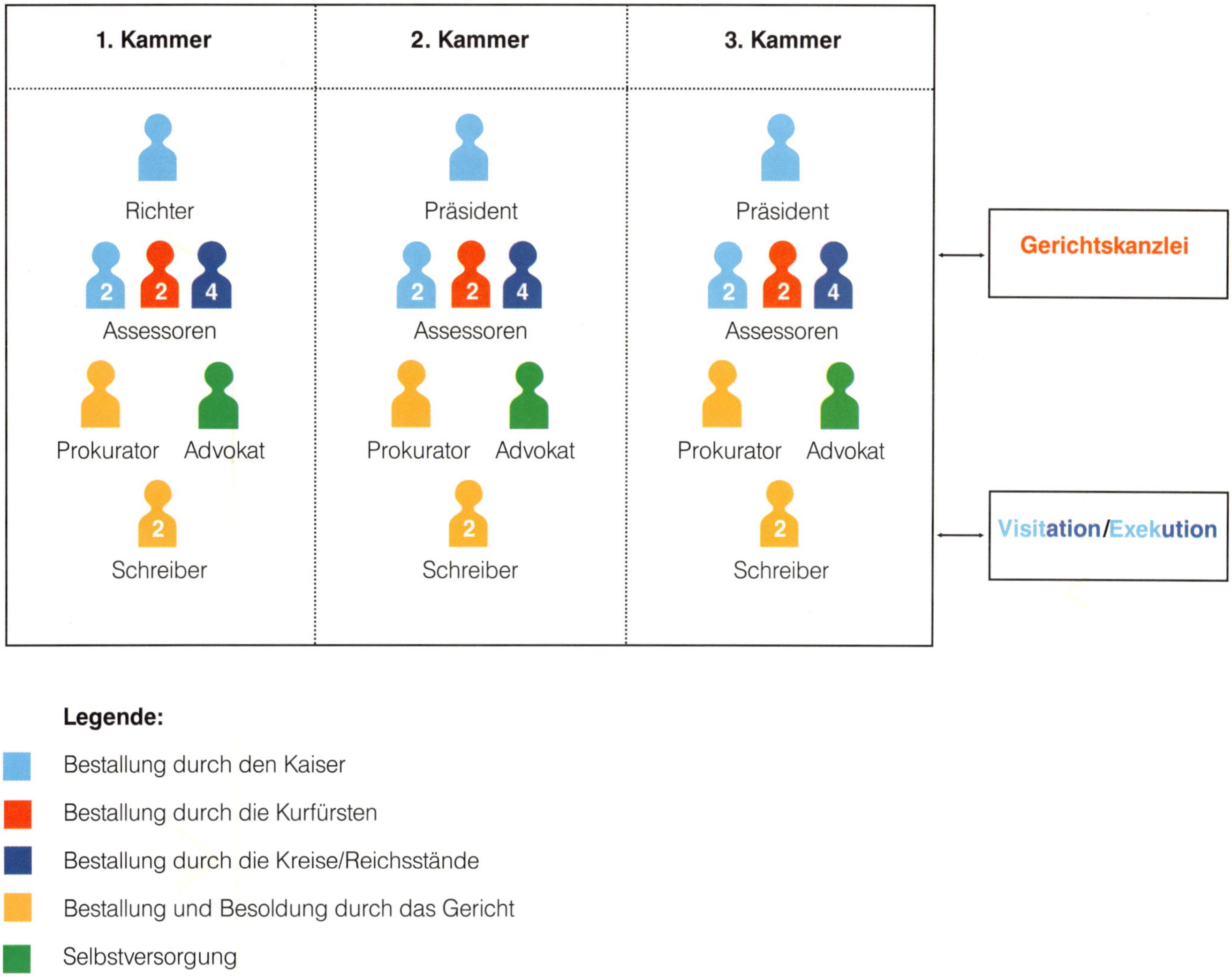

4.5 Aufbau des Reichskammergerichts

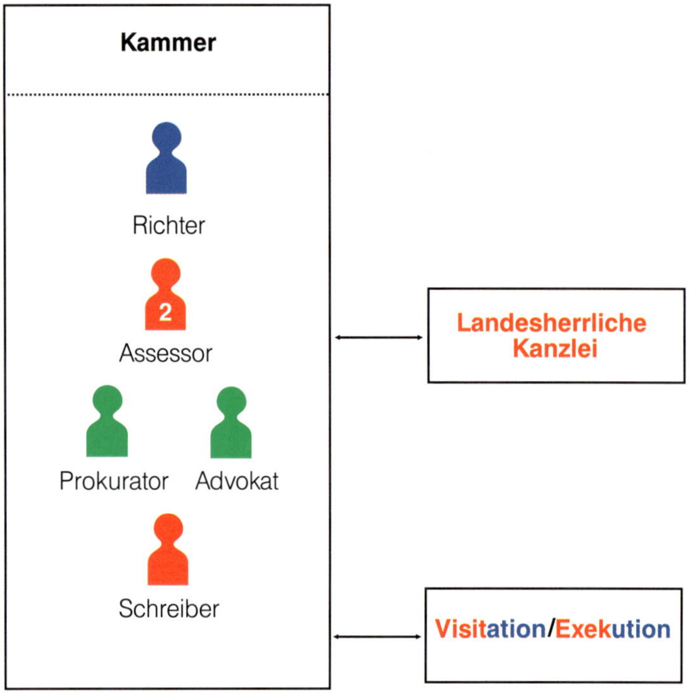

Legende:

- Bestallung und Besoldung durch den Landesherren
- Bestallung und Besoldung durch die Stände
- Selbstversorgung

4.9 Innere Organisation des Weltlichen Hofgerichts in Münster

5.11 Hexenverbrennung in Dernburg

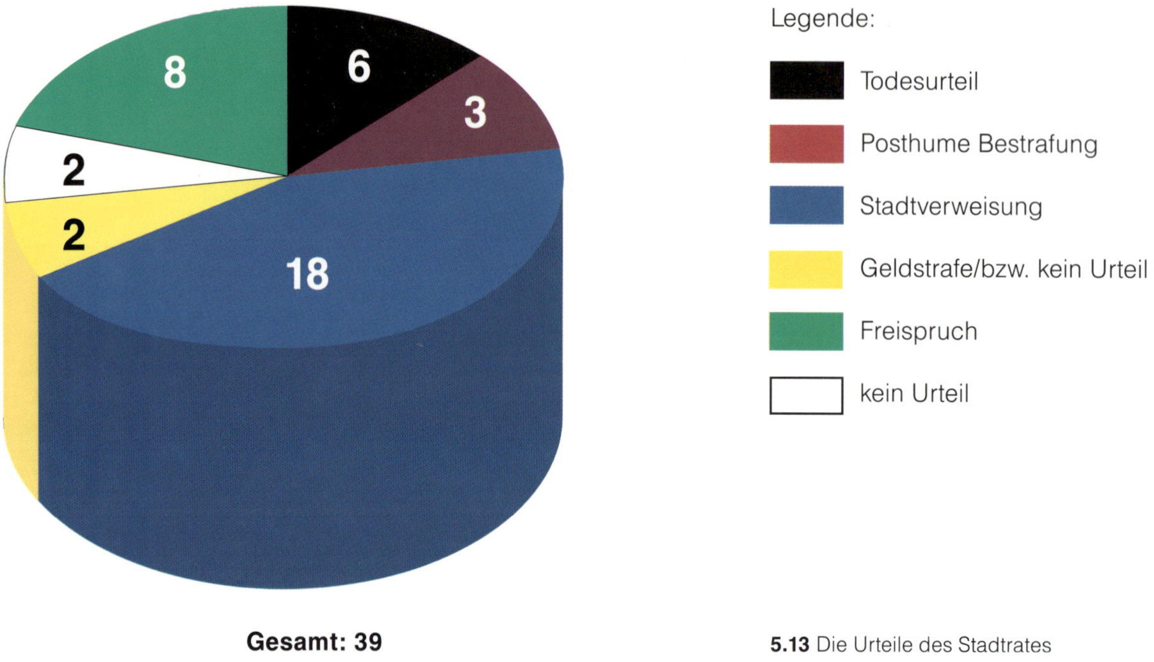

5.13 Die Urteile des Stadtrates

9.6 Gerichtsbezirke in Westfalen nach 1815

10.15 Silberpokal für Temme – Vorderseite

11.8 Bischof Johann Bernard Brinkmann

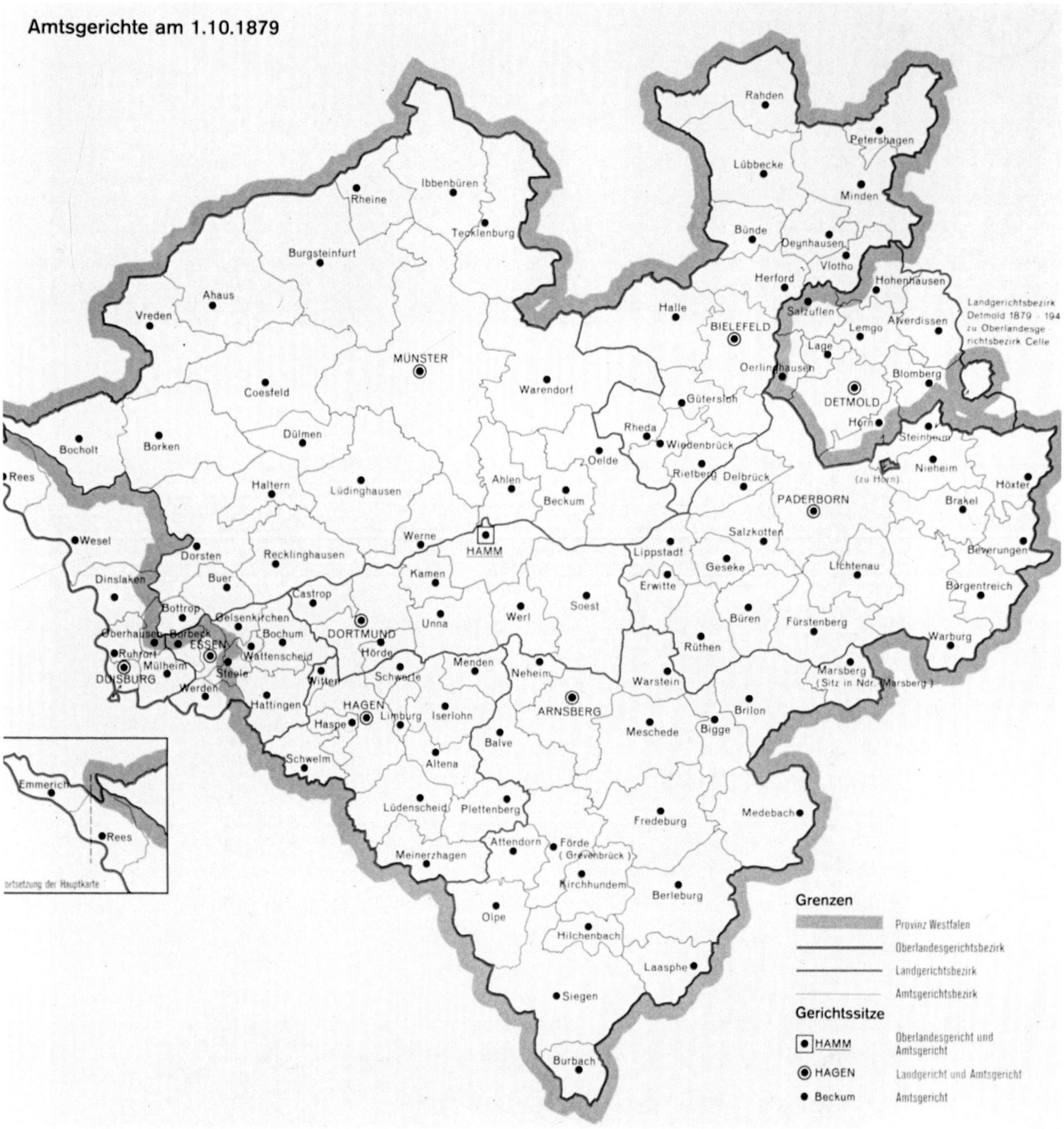

12.1 Gerichtsbezirke in Westfalen ab 1879

13.4 Landgerichtsdirektor und Fähnrich in der Wilhelminischen Ära

13.5 Preußische Justiz und Sozialdemokratie

14.8 Germanenkult um die Varus-Schlacht

14.10.1 Richterschaft und Weimarer Staat

14.10.2 Richterschaft und Weimarer Staat

15.16.1 Konfession der Richter des LG–Bezirks Münster

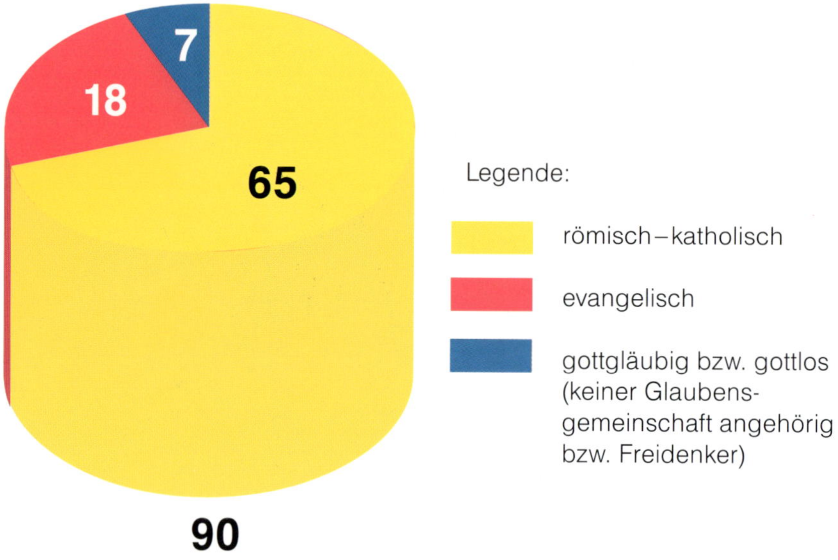

15.16.2 NSDAP–Mitgliedschaft (1944)

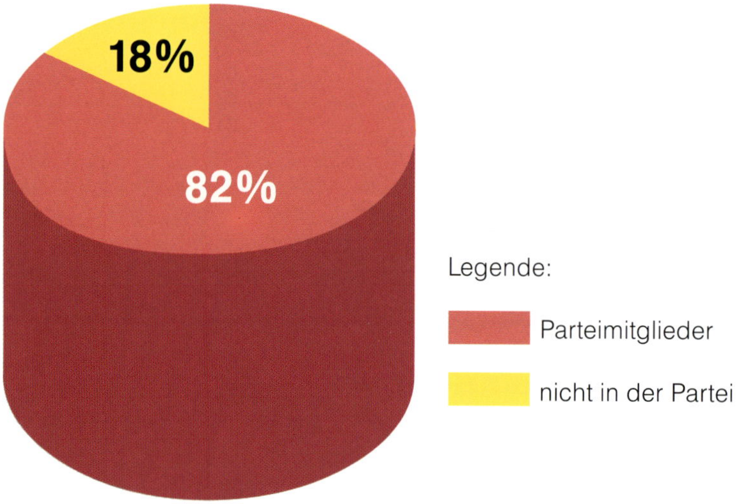

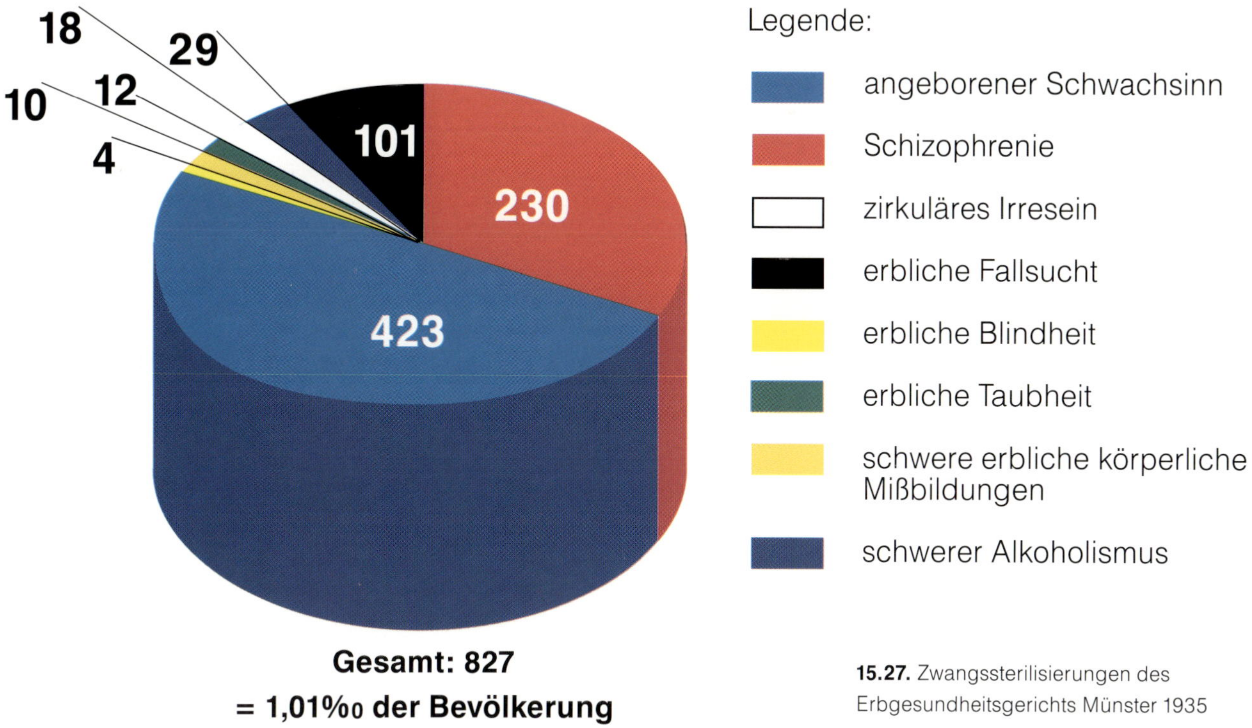

15.27. Zwangssterilisierungen des Erbgesundheitsgerichts Münster 1935

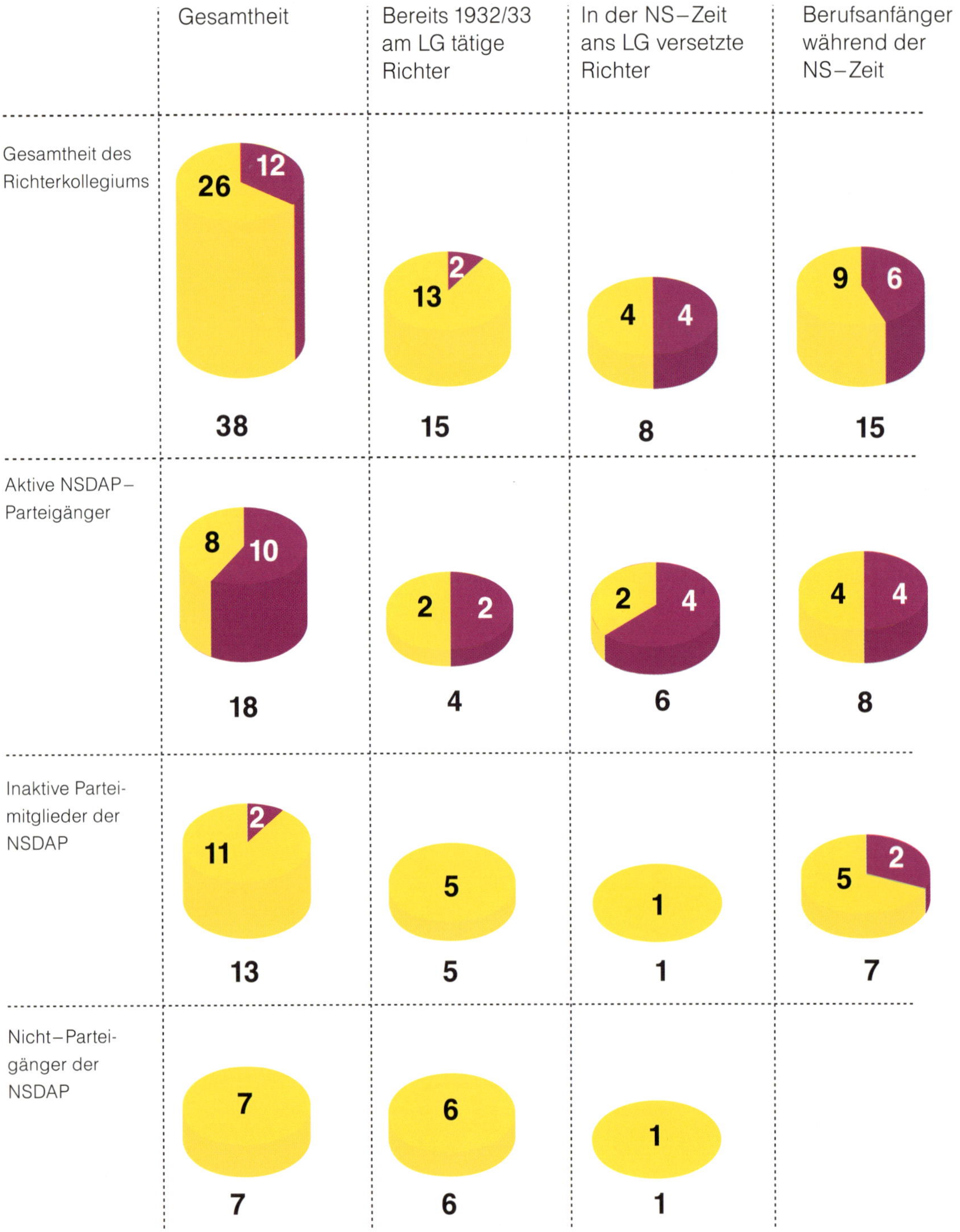

16.6 Kollektiv–Biographie der Landrichter während der NS–Zeit

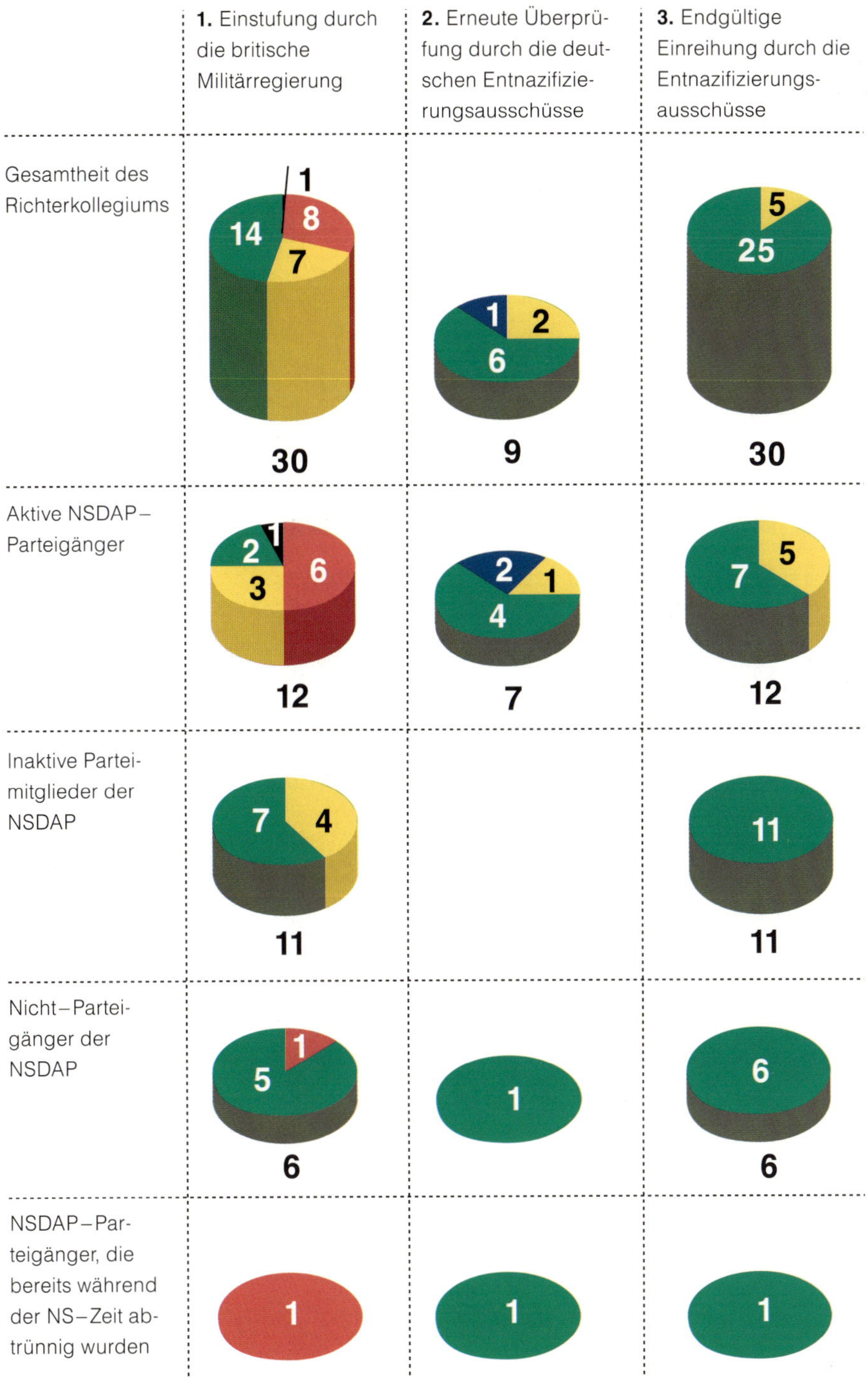

16.7 Entnazifizierung des Landgerichts Münster

Legende zu 1.:

- Wiedereinstellung durch die britische Militärregierung 1945
- Spätere Wiedereinstellung infolge Kriegsgefangenschaft
- Tod infolge Kriegsgefangenschaft
- Entlassung durch die britische Militärregierung

Legende zu 2.:

- Entlastende Neueinstufung von Kat. 4 nach 5
- Entlastende Neueinstufung von Kat. 3 nach 4
- Eingeschränkte Entlastung mit Herabsetzung der Versorgungsbezüge

Legende zu 3.:

- Kat. 4
- Kat. 5

18.1 Spiegel – Titel: Justizaffäre Weigand

Danksagung

Die Ausstellung und der Katalog wurden durch einen namhaften Zuschuß gefördert von

dem Justizministerium des Landes Nordrhein-Westfalen;
der Vereinigung der Rechtsanwälte und Notare Münster e. V.

Dank gilt ferner den ehrenamtlichen Handelsrichtern beim Landgericht Münster, die persönlich oder mit ihren nachfolgend genannten Unternehmen zum Gelingen des Projekts finanziell beigetragen haben:

Firma egeplast Werner Strumann GmbH & Co., Emsdetten
Firma Ferngas Salzgitter GmbH, Salzgitter
Landwirtschaftlicher Versicherungsverein, Münster
Firma Ottenjann GmbH & Co., Greven
Firma Schuhhaus Hch. Zumnorde GmbH & Co., Münster
Firma Stockmeyer, Verwaltungs AG, Sassenberg
Firma Thiekötter Druck GmbH, Münster
Firma Westfalen AG, Münster
Kaufmann Herbert Köhne, Münster
Kaufmann Hans-Martin Möllenbrok, Münster
Kaufmann Günter Werner, Gronau

Unser Dank gilt besonders:

Nordrhein-Westfalen-Stiftung
Naturschutz, Heimat- und Kulturpflege